LETTRES

DU MARÉCHAL

DE SAINT-ARNAUD

1832-1854

DEUXIÈME ÉDITION

ORNÉE DU PORTRAIT ET D'UN AUTOGRAPHE DU MARÉCHAL
ET PRÉCÉDÉE D'UNE NOTICE

PAR M. SAINTE-BEUVE

de l'Académie française

TOME SECOND

PARIS

MICHEL LÉVY FRÈRES, LIBRAIRES-ÉDITEURS

RUE VIVIENNE, 2 BIS.

—

1858

Droits de traduction et de reproduction réservés.

LETTRES

DU MARÉCHAL

DE SAINT-ARNAUD

TYPOGRAPHIE DE A. WITTERSHEIM,
RUE MONTMORENCY, 8.

12. 7bre cinq lieues sud du
Cap Tarkan — cinglant vers la baie
de Kalamita

La fatigue m'a empêché de continuer
ma lettre hier, cher frère, et je la reprends
aujourd'huy. Nous marchons au but —
toutes les flottes et convois sont réunis autour
de nous dans un espace de plus de 7 lieues
c'est imposant au dessus de toute idée
280 voiles allant porter la destruction en
Crimée ! Il faudra se raccorder pour
arriver et débarquer avec ordre et je ne
crains pas que le débarquement puisse
se faire avant le 14 de grand matin
c'est toujours le calcul que j'ai ai fait —

....

adieu, cher frère, je t'embrasse avec
d'autant plus de plaisir que j'ai bien
cru que je ne t'embrasserais plus.
Le Dr Cabrol a été parfait — ses soins m'ont
sauvé — embrasse tous les nôtres
je t'aime de cœur.
Ton frère
Mal de St Arnaud

GUERRE D'AFRIQUE

(1844-1845-1846-1847)

Commandement supérieur de la subdivision d'Orléansville.

Insurrection du Dahra. — Bou-Maza. — Soulèvement général des tribus de l'Ouest. — Combats dans la vallée du Chélif, dans le Dahra et l'Ouarensenis. — Prise de Bou-Maza. — Le duc d'Aumale, gouverneur général de l'Algérie.

A M. LEROY DE SAINT-ARNAUD, AVOCAT A PARIS.

Orléansville, le 25 novembre 1844.

Je suis arrivé à Orléansville, hier, par un beau soleil, et j'ai eu une réception princière. Tous les Arabes étaient venus au-devant de moi en faisant la fantazzia, tous les officiers de la garnison, à cheval, ainsi que les chefs de service. J'ai reçu et harangué tout le monde et me suis installé. J'ai trouvé les quatre murs, pas une chaise : Cavaignac a tout transporté à Tlemcen. J'ai pour maison une espèce de kiosque ressemblant à la loge du bouc au Jardin-des-Plantes. Trois petites pièces se commandant les unes les autres, et entourées d'une mauvaise galerie couverte en toile, composent ce mal entendu séjour. Je fais changer une porte en fenêtre et ouvrir une autre porte, et tout cela est facile, car ma maison est en bois, et, grâce à cette amélioration, mes appartements particuliers, cabinet de travail, petit salon et chambre à coucher seront supportables. En face, je fais élever un autre bâtiment qui se joindra au mien par une galerie couverte et contiendra une salle à manger assez belle et un grand salon de réception.

Orléansville est un désert dans un grand désert. Figure-toi quelques maisons au milieu d'une immense plaine de cinquante lieues de long sur sept et huit de large. Pas un arbre, pas de végétation ; le Chélif au dos avec un pont à l'américaine. Orléansville est sur la rive gauche du Chélif, entre Milianah et Mostaganem, à quatre journées d'infanterie du premier et six du second, ayant au sud-est le pic d'Ouarensenis, au sud-ouest Tiaret, et au nord, à dix lieues, Ténès et la mer.

Je garde le commandement de mon régiment avec celui de la subdivision ; aussi suis-je fort occupé. Dans quelques jours j'irai visiter Ténès, qui est sous mes ordres, et les travaux de la route.

Notre correspondance sera moins fréquente ; nous n'avons courrier que tous les dix jours.

AU MÊME.

Orléansville, le 10 décembre 1844.

Cher frère, nous avons été en retard d'un courrier. La mer n'a pas voulu laisser approcher le bateau à vapeur, et la barque qui a essayé de porter les dépêches à bord a chaviré. La mer devant Ténès est affreuse, aussi je travaille à obtenir un port indispensable pour Ténès et toute la subdivision d'Orléansville. La nature l'a presque indiqué en jalonnant la place par des rochers. Cela coûterait environ huit millions, et ce serait peut-être le port le plus sûr de la côte d'Afrique. J'ai écrit à ce sujet au maréchal et au général Lamoricière. En attendant, je demande qu'on m'autorise à assurer ma correspondance par terre au moyen de courriers arabes ou spahis. C'est nécessaire pendant l'hiver, car le courrier peut rester deux mois sans pouvoir toucher à Ténès.

Que de projets se croisent dans ma tête et l'occupent! Combien il y a à faire dans une ville où il n'y a ni bois ni eau. Le Chélif est en bas de chez nous; c'est vrai; mais je veux amener l'eau dans Orléansville même et dans nos jardins qui meurent l'été.

Nous avons à présent un froid du boulevard de Gand. Pas un arbre. J'ai établi un détachement de bûcherons à trois lieues en amont du Chélif. Je fais couper du bois, construire des radeaux, et tout cela nous arrivera quand les pluies auront mis le Chélif à même de porter des bûches.

Je viens de recevoir pour mon brave régiment une croix d'officier, quatre croix de chevalier et deux grades à l'occasion de l'affaire de Dellys. Voilà le beau rôle du colonel, ses jouissances immenses, ineffables. J'ai attaché tous ces rubans et j'ai vu de douces larmes de reconnaissance couler sur des visages bronzés, j'ai senti des cœurs bien nobles et bien fermes devant l'ennemi battre comme le cœur d'une femme, et le mien battait à l'unisson. Cinq croix à la fois, c'est rare; c'est tout ce que j'avais demandé. Le maréchal a tout fait obtenir, et je vais l'en remercier.

AU MÊME.

Orléansville, le 20 décembre 1844.

... Milianah, à l'époque où j'y commandais et dans les circonstances où je m'y suis trouvé, était important, mais Orléansville l'est bien davantage. Milianah, en 1842 et 1843, était poste d'avant-garde; à présent c'est un centre. La position géographique et politique d'Orléansville est telle que, par la force des choses, d'ici à quelques années le siége d'une division y sera établi. Il faudra donner bien des coups de pioche et de truelle et planter bien des arbres, tracer des routes et creuser des canaux ; mais nous arriverons, tout se fera. Il y a à peine un mois que je suis ici et j'ai fait labourer et semer d'orge par mon régiment seul cinquante hectares de terre. Mille bras travaillent à faire une route. Elle ne sera pas achevée dans un an, et déjà j'ai dans ma tête le projet de deux routes nouvelles et l'établissement de trois villages. L'avenir de ce pays est immense, mais l'or qu'il engloutira est incalculable. Nous vivons sur une ville romaine, et nos tuniques mesquines flottent au même vent qui agitait ces amples tuniques et ces toges romaines si nobles. Je fais niveler ma grande rue, et en fouillant la terre nous avons trouvé des pierres superbes, des colonnes en marbre, des tombeaux bien conservés, et leurs ossements complets, et l'urne classique pleine de petite monnaie de cuivre, as ou deniers. La ville ancienne dort sous nos pieds. Pour faire des fouilles sérieuses, il faudrait du temps et de l'argent; mais nous n'en avons que pour les travaux de première et urgente nécessité. Avant d'exhumer les morts et les ruines, il faut abriter et conserver les vivants. Il y a une mosaïque admirable qui servait d'enseigne au tombeau de saint Reparatus. Je veux faire bâtir l'église chrétienne au-dessus. Une voûte bien faite la conservera visible dans toute sa beauté, et le temple de Dieu s'élèvera là où il était il y a quatorze siècles.

AU MÊME.

Orléansville, le 1er janvier 1845.

Cher frère, je commence l'année en pensant à vous tous dont le souvenir me soutient et m'élève dans mes dures épreuves, et en vous envoyant des souhaits qui, pour arriver jusqu'à vous, traverseront le Chélif et bien d'autres fleuves qui n'ont rien de commun avec le fleuve d'oubli.

Mon année 1845 commence pour moi le 4, parce que ce jour-là je sors d'Orléansville à la tête d'une colonne bien légère et bien bonne, et je vais dans le Dahra opérer de concert avec le général Bourjolly, qui part de Mostaganem pour réduire quelques tribus encore récalcitrantes, repaire de tous les voleurs et de tous les brigands de la subdivision. Nous ne resterons pas plus de quinze jours absents...

AU MÊME.

Orléansville, le 21 janvier 1845.

Si vous avez à Paris le même temps affreux qui nous poursuit en Afrique, tu n'as pas dû être sans inquiétude en pensant que j'étais en expédition. Je t'ai écrit que j'étais sur le point de sortir d'Orléansville pour obéir aux instructions du général de Bourjolly. Je suis parti par un temps incertain, qui dans la nuit est devenu horrible. A une journée d'Orléansville, j'ai reçu ce que j'attendais depuis longtemps, un contre-ordre du général, qui m'annonçait que la persistance du mauvais temps l'obligeait à rétrograder sur Mostaganem et qu'il me laissait liberté de manœuvre. Je n'avais qu'à songer à rentrer le plus vite possible, mais la pluie continuait et les ruisseaux s'étaient changés en torrents. J'ai voulu traverser l'Oued-Raz ; une crue d'eau subite, comme il arrive souvent ici, a élevé en un instant les eaux de cinquante centimètres. Des chevaux montés et des hommes ont été entraînés et ont roulé avec le torrent, quelques-uns jusqu'à six cents mètres. Heureusement, j'avais pris mes précautions. Tout un peloton de nageurs s'est précipité à l'eau ; moi-même, à la tête des mieux montés, j'ai lutté contre la violence du torrent, et nous avons eu le bonheur de sauver tout le monde, hommes et chevaux. Mais quel moment d'angoisse ! j'aurais préféré avoir dix mille Kabyles à combattre. Il était sept heures du matin, j'ai suspendu le passage de la rivière. Une partie de ma colonne était sur une rive et moi sur l'autre. A deux heures, la rivière avait baissé de deux pieds. J'ai recommencé mon mouvement, qui, grâce aux mesures prises, s'est effectué sans un moment d'hésitation et sans accident. Je suis resté au milieu de la rivière avec mon état-major jusqu'à ce que le dernier homme eût traversé. Je n'avais rempli que la moitié de ma tâche. A trois lieues plus loin, j'avais une autre rivière à passer, l'Oued-Ouaran, aussi violent que l'Oued-Raz. Je voulais y arriver avant la nuit et ne pas rester pris entre les deux rivières. J'ai dû chercher un chemin par les crêtes, pour éviter de passer cinq fois l'Oued-Raz. Ce chemin non tracé était bien difficile pour mon convoi chargé. Je l'ai franchi avec bonheur, et à six heures du soir, j'étais sans accident de l'autre côté de l'Oued-Ouaran, à trois lieues d'Orléansville. La route était affreuse, un lac de boue épaisse, de terre glaise délayée, les hommes y laissant leurs chaussures, les chevaux entrant jusqu'aux jarrets. Impossible de faire bivouaquer par la pluie, dans la boue, sans bois. Je me suis traîné avec ma colonne jusqu'à Orléansville, où tout le monde était arrivé à dix heures du soir. On aurait dit des blocs de boue en marche ; trente hommes sont entrés à l'hôpital.

A Orléansville, j'ai retrouvé mes embarras d'administration. Les routes sont défoncées et impraticables, les convois militaires et civils ne peuvent arriver de Ténès. Nous manquons de tout et la pluie continue, et il nous faut plus de huit jours de soleil pour mettre un convoi en marche. Tiens, frère, le pouvoir a plus de mauvais que de bons moments. Je suis aux galères dorées ; je rêve la nuit aux moyens de faire cesser nos embarras, d'obvier à mille difficultés ; mais que faire contre les éléments !

AU MÊME,

Orléansville, le 1ᵉʳ février 1845.

Le temps est si régulièrement mauvais cette année, que nous ne marchons que d'ouragans en ouragans. La mer est presque toujours en furie. Je t'écris aujourd'hui, veille du courrier qui certainement ne touchera pas à Ténès, et ma lettre dormira probablement huit et peut-être quinze jours dans la boîte. C'est le plus mauvais côté de l'Afrique. Nous devrions y être accoutumés, mais je ne puis pas me faire à rester sans nouvelles de vous.

Je viens de donner un bal à Orléansville. J'avais plus de deux cents personnes, trente femmes et quelles femmes! Des femmes de colons travesties en Pompadour, avec des robes faites en pièces de foulards, et des perruques en aloës. La musique de mon régiment était entraînante et on a dansé jusqu'au jour à faire envie aux démons. Je n'avais peur que du feu dans ma maison de bois. Aussi avais-je deux pompes en batterie devant la façade. On parlera longtemps de mon bal à Orléansville. Les ombres des vieux Romains qui peuplent les ruines d'El-Esnam ont dû en frémir. Grand galop final avec accompagnement de cliquetis d'ossements! Musard est dépassé!

Je vais écrire au maréchal ces jours-ci; nous attendons avec impatience ses discours à la chambre.

La discussion du budget d'Afrique et des affaires d'Afrique sera d'un grand intérêt. Le maréchal ne reviendra à Alger que dans le courant de mars. Il viendra visiter Orléansville au mois d'avril, avant d'entrer dans l'est. Il verra combien nous avons travaillé. Mais que les créations sont longues et difficiles! Je plante bien des arbres dont je ne verrai jamais l'ombre......

AU MÊME.

Orléansville, le 14 février 1845.

Je n'ai pas encore reçu une lettre de toi à la date de cette année. Juge, cher frère, de mon ennui, je ne dirai pas de mon inquiétude, car je sais bien que j'ai trois ou quatre lettres de toi enfouies dans les paquets et se promenant depuis un mois d'Alger à Oran, sans pouvoir toucher à Ténès; et me jeter un peu de tranquillité et beaucoup de plaisir.

L'administration des postes ne veut pas se servir, sans l'autorisation de son ministre, de la correspondance par voie de terre que j'ai établie à l'Oued-Rouina, entre Orléansville et Milianah; et toutes nos affaires restent en suspens. C'est une position fort délicate que celle d'une subdivision tout entière restant si longtemps abandonnée à elle-même sans recevoir de la métropole, ni lettres, ni ordres, ni réponse à ses demandes.

Nos vivres s'épuisent et les convois ne peuvent pas et ne pourront pas de longtemps nous ravitailler, et je n'ai cependant dans mes magasins que pour vingt-huit jours de farine et douze jours de biscuit, plus de lard. J'écris à Alger, mais mes lettres n'arrivent pas, et arriveraient-elles, il faut que la mer, toujours furibonde, se calme et permette aux bâtiments d'aborder. Nous avons eu deux sinistres à Ténès ; ce n'est pas encourageant pour le commerce. Le Chélif, qui est devenu un fleuve impétueux, m'a causé une foule de dégâts qui seront difficiles à réparer. Des jardins entiers ont été enlevés, et tu ne peux comprendre de quelle importance sont pour nous des jardins d'où nous tirons tous nos légumes. Deux hommes, un spahi et un ouvrier indigène, ont été enlevés par la violence des ruisseaux devenus torrents et ont péri sous nos yeux sans qu'il fût possible de leur porter secours. J'avais établi un atelier de bûcherons à trois lieues d'ici, chez les Beni-Rached, en amont du Chélif. La crue a été si prompte et si impétueuse, qu'un radeau et un bateau ont été enlevés et sont venus passer à Orléansville sous notre pont, et ont probablement couru jusqu'à la mer. C'était toute la fortune d'un pauvre industriel.

Au milieu de tous ces désastres, j'ai encore trouvé le moyen de faire les affaires du pays. Les Arabes, profitant du mauvais temps et des nuits sombres et orageuses, ont fait de leurs coups. Une bande d'assassins et de voleurs qui existe depuis plus d'un an dans la subdivision, qu'elle a inquiétée par ses crimes, s'est mise en campagne. En moins de huit jours et coup sur coup, ils ont assassiné, près de Ténès, un charretier civil et un sergent-major du 5e bataillon de chasseurs d'Orléans, volé des bœufs à la ferme et des chevaux et des mulets. Cet état de choses ne pouvant durer, j'ai mis mes espions en campagne, semé l'argent, pris des renseignements partout, obtenu des dénonciations et des révélations par menaces et promesses, et une belle nuit, c'est-à-dire une affreuse nuit de neige, de grêle et de vent, très-propre aux expéditions de ce genre, j'ai lancé mes spahis, mes chasseurs avec de bons officiers et de bons guides, et en trois fois vingt-quatre heures, j'ai saisi la bande entière, non-seulement mes assassins et mes voleurs, mais encore les assassins d'un sergent-major du 6me léger, tué il y a plus de six mois, et ceux d'une blanchisseuse espagnole frappée de coups de couteau et volée à Ténès il y a huit mois. D'un seul coup j'ai purgé la subdivision et payé l'arriéré laissé par Cavaignac. J'ai retrouvé jusqu'à une gourde montée en argent qui lui avait été volée. C'est un des bons coups de main de ce genre qui ait été fait. Pour obtenir des aveux de ces misérables, j'ai été forcé de faire le Caligula. Le bâton a travaillé d'une manière énergique. Toute la bande, au nombre de vingt-deux, est en prison et sera dirigée sur Alger, pour être jugée par un conseil de guerre. Il aurait fallu juger tous ces gens-là de suite et à Orléansville. Douze auraient été fusillés sur les lieux, et le reste envoyé en France aux galères à perpétuité ou pour vingt ans. L'exemple eût été terrible et profitable. Dans trois ou quatre mois, quand on me renverra les six ou huit qui devront être fusillés, on aura oublié leurs crimes. Chez les Arabes, la punition comme la récompense doit suivre de près le crime ou le bienfait.

AU MÊME.

Orléansville, le 28 février 1845.

Malgré le mauvais temps et les routes, j'ai été obligé d'aller à Ténès où tout marchait assez mal. J'ai failli périr dans la vase avec mon cheval. Je suis resté littéralement embourbé et on nous a retirés avec des cordes. J'ai perdu ma selle et tous mes effets, heureux d'en sortir la vie sauve! Si mon cheval n'avait pas été parfait, il était perdu. A Ténès, je suis resté bloqué cinq jours par les pluies et le débordement des eaux. Enfin, je suis rentré dans ma capitale un peu malade.

J'ai découvert les menées d'Abd-el-Kader et de ses agents dans le pays et donné avis au général Lamoricière et au général de Bar. Je suis sur mes gardes et en mesure; je pense que ce printemps ne se passera pas sans que nous ayons quelque chose de sérieux.

Je continue à faire collection de souvenirs antiques. J'ai une romaine..... romaine en cuivre, entière et bien conservée, de petits vases, etc., etc., tout cela trouvé dans une pépinière que je fais faire et qui sera fort belle.

AU MÊME.

Orléansville, le 15 mars 1845.

Cher frère, je reçois seulement hier ta lettre du 23 février, et en même temps une double épître de ma mère et de mon frère. Comme les distances sont longues, et quel intervalle entre le moment où nous pensons et celui où ces pensées nous arrivent! Le monde a le temps de finir dix fois, les poudrières de sauter, les maisons de brûler comme mon chalet qui a brûlé intérieurement pendant trois jours. Le feu s'était communiqué aux grosses poutres de la charpente à travers des interstices des briques minces de ma cheminée. Figure-toi une baraque en bois, recouverte avec de la toile goudronnée peinte en gris. Si l'incendie s'était déclaré la nuit, je courais risque de brûler vif. Heureusement, le feu s'est déclaré le jour et nous avons pu l'éteindre. Le surlendemain il n'y paraissait plus.

Il n'est bruit ici que du retour du maréchal que l'on attend à la fin du mois, et de la grande expédition dans l'est. Mon cœur se remue à cette idée. J'aurais bien voulu la faire à la tête d'une colonne ou de mon régiment, mais on ne peut être partout, et partout on peut rendre de bons services. J'ai offert deux beaux et bons bataillons de mon régiment, et on me donnera d'autres bataillons de jeunes soldats des nouveaux régiments, qui feront mes routes et mes foins, pendant que les vieux se battront.

Voilà quarante-huit heures que je passe à écrire des lettres, des rapports, des ordres. Ce matin, à six heures, j'étais à cheval; à neuf heures, j'avais fait quatre lieues, et je faisais mon grand rapport chez moi. Depuis onze heures, j'écris et j'en ai encore jusqu'à minuit. Il y a des jours où je fatigue trois chevaux.

Pour me distraire, quand j'en ai le temps, je lis dans *la Presse* le feuilleton de *la Reine Margot*, mais je crains toujours de voir manquer quelque numéro. Ainsi, le 28 février est absent, et j'ai perdu la conversation intéressante de Charles IX et de sa mère, de Henri IV et de sa femme. Il faut que je devine en lisant le feuilleton suivant. C'est une étude, et je puis me tromper, car l'imagination d'Alexandre Dumas va vite et loin.

Tu feras un agréable voyage en Belgique. C'est un pays curieux et beau; rien de très-remarquable, mais tout bien. Bruxelles te plaira ; Gand et Anvers ont un caractère particulier qui s'éloigne davantage de nos villes françaises.

AU MÊME.

Orléansville, le 13 avril 1845.

J'ai reçu hier des nouvelles du Dahra, qui m'obligent à sortir sur-le-champ pour étouffer à sa naissance une insurrection qui pourrait devenir grave. Ce n'est pas sur le territoire de ma subdivision que cela se passe, mais le désordre gagne ma frontière et je pars. La colonne de Mostaganem est dehors, et se trouve arrêtée par les eaux du Chélif gonflées par les pluies qui nous inondent depuis quatre jours.

Un marabout se disant chérif, c'est-à-dire de la famille du Prophète, en travaillant le fanatisme et la crédulité des Arabes, s'est fait un parti, a prêché la guerre sainte contre nous, et est parvenu à rassembler un camp, où il compte cinq à six cents fusils et une cinquantaine de cavaliers. Ce chérif, nommé Mohamed-Ben-Abdallah, est à trois journées de moi. Je pars demain lundi, mardi je serai à Mazouna, et dans la nuit je me rapprocherai de lui pour le surprendre à la pointe du jour, et en finir d'un seul coup avec ses momeries et ses miracles.

AU MÊME.

Au bivouac de Sidi-Aïssa-Ben-Daoud, le 17 avril 1845.

Ma dernière lettre t'annonçait mon départ pour le 14. Je suis donc sorti ce jour-là, et à peine avais-je marché quelques lieues que j'ai appris que le chérif avait le matin même razzié les Sbéhas, coupé des têtes, et s'était présenté jusque sur l'Oued-Raz à cinq lieues d'Orléansville, à la tête de cent chevaux et trois cents fantassins. Les populations étaient en émoi, l'insurrection grossissait. Ce n'est qu'en apprenant ma sortie que le chérif avait rétrogradé. Il n'y avait pas un moment à perdre, il fallait arrêter l'insurrection et frapper un coup décisif. Ma détermination fut promptement prise. Je donnai le commandement de mon infanterie à mon lieutenant-colonel, auquel je laissai l'artillerie et les bagages, et je lui donnai l'ordre de marcher jusqu'à Aïn-Méran à dix lieues d'Orléansville, d'y former le bivouac et de m'attendre en se tenant prêt à marcher sur les coups de fusil, s'il en entendait. Mes instructions bien données, et une allocution faite à la colonne pour lui faire sentir la nécessité d'une marche forcée, je partis avec ma cavalerie, cent-dix spahis, quarante-huit chasseurs du 4e et environ cinquante cavaliers du goum bien montés : total deux cent huit.

A quatre heures et demie du soir, j'aperçus l'ennemi dans une bonne position sur le sommet d'un mamelon. Il me montrait cent chevaux avec un grand drapeau rouge qui s'agitait en signe de défi, plus bas et sur la droite et la gauche; bien postés sur des hauteurs, environ trois cents fantassins ayant aussi leur drapeau. Les voir et les charger fut l'affaire d'un instant. Je lançai d'abord mon goum, puis je suivais avec les spahis, et les chasseurs formaient la réserve. L'ennemi tint bon jusqu'à quinze pas, mais alors il lâcha pied. La cavalerie fit l'éventail et s'enfuit dans toutes les directions, mais l'infanterie ne pouvait m'échapper si facilement. Malgré les difficultés d'un mauvais terrain, je soutins la charge pendant une heure et demie et je poursuivis l'ennemi pendant trois lieues. Soixante cadavres sur le terrain, trente-neuf têtes que je n'ai pu empêcher le goum et les spahis de couper, rapportées au camp, le drapeau de l'infanterie pris, les troupeaux razziés le matin, repris et rendus à leurs propriétaires, voilà les résultats de la journée. J'oubliais quatorze prisonniers. L'attaque a été si vigoureuse, si bien soutenue, que je n'ai presque pas de pertes à regretter : deux hommes tués, dont un maréchal des logis de spahis qui a tué trois Arabes avant de mourir; quatre blessés, dont un officier, le capitaine Richard atteint légèrement à la tête et qui a pris le drapeau. Mes officiers ont été admirables, chacun a tué un Arabe au moins. Le capitaine Fleury, des spahis[1], a eu

---

[1] Le colonel actuel des guides.

son cheval tué, et les Arabes arrivaient pour lui couper la tête, quand le capitaine Berthaut, mon aide de camp, est accouru pour le dégager. Rarement j'ai vu autant d'élan et autant de traits de valeur. Avec de tels soldats, j'irais au bout du monde. A dix heures, j'étais de retour au bivouac d'Aïn-Méran. Ma cavalerie avait fait vingt lieues dans sa journée, mon infanterie, dix avec sept jours de vivres sur le dos. Si je n'étais pas sorti, j'étais attaqué le lendemain dans Orléansville et mes communications avec Ténès coupées. Aujourd'hui, j'ai rejeté l'insurrection hors de ma subdivision. Le 15, j'étais sous Mazouna, ville double, séparée par un grand ravin. J'ai menacé et effrayé les habitants, et j'ai fait séjour sous la ville pour laisser reposer mes chevaux. Aujourd'hui, j'ai repris la campagne et mes espions m'apportent des renseignements dont je profiterai demain en poursuivant les débris de la bande du chérif. Ce chérif est un jeune homme de vingt ans, cicatrice au front et au nez, se donnant de l'importance, faisant le sultan, quatre chaouchs à sa tente, ne recevant pas tout le monde, mais recevant tous les cadeaux. Il est, dit-on, chez les Achachas.....

AU MÊME.

Au bivouac de Bâl, chez les Ouled-Jounès, le 21 avril 1845.

Cher frère, depuis ma lettre du 15, qui te parlait de mon début en campagne, je me suis encore battu le 17 et le 18. Dans ces trois combats un peu chauds, car le 18, j'avais affaire à quinze cents Kabyles et deux cents cavaliers, j'ai eu quatorze tués et trente-trois blessés, mais j'ai tué à l'ennemi plus de deux cents hommes, brûlé tous ses gourbis, coupé ses arbres et ses orges. Je fais, je crois, jonction demain ou après avec le général de Bourjolly, car c'est dans sa subdivision que je me bats. J'ai cependant affaire chez moi, car la révolte, aidée du chérif, a gagné la lisière de ma subdivision, les Beni-Mennahs et les Cheurfas. Vois ta carte, je suis en avant de l'Oued-Dehlia. J'espère que tu n'es pas inquiet et que tu ne permets à personne de l'être.

AU MÊME.

Ténès, le 26 avril 1845.

Cher frère, la guerre, voici la guerre! vive la gloire! Nous sommes en pleine révolte d'Arabes. Les coups de fusil roulent comme en 1840 et 1842. Il y a deux jours j'étais à vingt lieues de Ténès. J'apprends le 23 au soir que les Kabyles ont attaqué le camp et j'accours à marches forcées. En deux jours, je fais faire vingt lieues à ma colonne et je tombe comme une bombe au milieu de l'insurrection. Le maréchal est enchanté de mes combats et de mes opérations. Il veut être impitoyable avec les révoltés, j'exécuterai ses ordres.

J'entre le 28 chez les Beni-Hidjas qui sont venus attaquer le camp sous Ténès. C'est un affreux pays où je rencontrerai beaucoup de difficultés, mais où je ferai aussi beaucoup de mal à l'ennemi. Je suis horriblement fatigué, j'ai passé la nuit à écrire au maréchal et le jour à donner des ordres, à organiser ma colonne. J'ai deux bataillons de plus, sept bataillons dans ma subdivision. Mon quartier général sera à Ténès pour quelque temps. Les environs d'Orléansville sont encore tranquilles ou ont l'air de l'être. Le maréchal sera le 3 mai à Milianah à la tête d'une forte colonne, prêt à se porter où cela sera nécessaire.

AU MÊME.

Ténès, le 4 mai 1845.

Cher frère, je rentre à Ténès pour me ravitailler. donner des vivres et des munitions à ma colonne, et je repars de suite pour rentrer chez les Beni-Hidjas et achever leur soumission. J'ai eu dans leurs affreuses montagnes deux jolis combats, le 29 et le 30 ; je ruine si bien leur pays, que je les force à demander grâce, et, ce qui ne s'est jamais vu en Afrique, je les oblige à rendre leurs fusils. Le maréchal lui-même ne pouvait croire à ce résultat. Je fais livrer par les Beni-Hidjas cinq cents fusils, trois cents sabres, deux cents pistolets et 25,000 fr. de contributions de guerre, sur lesquels j'indemnise les officiers du 5ᵉ bataillon de chasseurs d'Orléans, dévalisés dans le pillage du camp des Gorges. Les vieux officiers d'Afrique ont peine à croire à la remise des fusils, même en les voyant couchés devant ma tente. Du reste, la révolte s'étend partout. Quand j'aurai soumis ceux-là, je passerai à d'autres et j'en ai pour quelque temps. Ce n'est pas très-grave, parce qu'il n'y a pas de chef sérieux ; mais si, comme en 1842, Abd-el-Kader était là, tout le pays serait en feu. Ma subdivision tout entière est, ou révoltée, ou dans une agitation extrême.

Le maréchal se dirige sur Orléansville avec sept bataillons. Le général Reveu est avec une colonne sur l'Oued-Fodda. Je vais rentrer le 6 chez les Beni-Hidjas, marcher sur les Beni-Rached, et me ravitailler à Orléansville, pour repartir de suite et travailler dans l'ouest les Sbéhas et les Beni-Mennahs, etc. Somme toute, je me porte bien, et comme tous les nerfs de mon imagination sont tendus, les autres sont au repos par force.....

AU MÊME.

Orléansville, le 26 mai 1845.

Je rentre à Orléansville après deux brillantes affaires, une razzia sur les Beni-Merzoug, dans la nuit du 20 au 21, où j'ai tué plus de cent cinquante Kabyles, pris trois mille têtes de bétail, et le même jour, à trois heures du soir, j'ai été attaqué par plus de douze cents Kabyles et deux cents cavaliers, commandés par les trois chérifs en personne, avec leurs quatre drapeaux. J'ai été assez heureux pour prendre des dispositions telles que, par un mouvement tournant avec la cavalerie, j'ai enveloppé l'ennemi et l'ai rejeté dans un ravin où l'attendait le 53e. C'était une véritable petite bataille ; nous avons manœuvré avec autant de sang-froid et de calme qu'au Champ-de-Mars. L'ennemi a laissé plus de deux cents cadavres sur le champ de bataille, et je n'ai eu que sept blessés et deux chevaux tués. J'ai pris un drapeau et beaucoup de fusils. Tout cela se passait sous les yeux du commandant Romeuf, aide de camp du ministre de la guerre.

Frère, je ne respire pas encore librement parce que les oreilles me bourdonnent. J'ai tant écrit, tant causé avec le maréchal qui vient d'arriver ici, reçu tant de compliments, depuis le maréchal et le prince jusqu'aux derniers échelons de l'armée, que j'en suis comme enivré. Mais je repars demain, et le grand air, et les combinaisons militaires me remettront dans mon état normal. Le maréchal m'a chargé de soumettre les Ouled-Jounès qui appartiennent à la subdivision de Mostaganem.

Le maréchal n'a fait que peu de choses dans l'Ouarensenis. Il n'a pas eu de fusils et n'a obtenu que des soumissions imparfaites. Les chérifs n'ont pas osé se frotter à lui qui avait onze bataillons, et ils sont venus pour me manger, moi qui n'en avais que quatre. Ils ont eu là une excellente idée. Mohamed-Ben-Abdallah me veut du bien, et si je le prends, je le lui rendrai.

Il y a, à l'état-major du maréchal, un capitaine de cuirassiers, peintre distingué, ami d'Horace Vernet, qui suit l'expédition pour prendre des sujets de tableaux. Il m'a parlé de M. Longuet et du tableau n° 1111 sur le combat de Dellys. Il m'a dit que tu l'avais acheté, c'est bien. M. Bacuée m'a demandé un croquis du terrain de Si-Abbed, et des dispositions du combat du 21. Il veut en faire un tableau pour l'exposition prochaine. J'en suis content pour mon régiment et mes troupes. C'est d'ailleurs un joli souvenir, car j'ai rarement vu en Afrique de combat mieux soutenu de la part des Arabes, et enlevé avec autant d'ordre et de vigueur du côté des Français. On aurait dit un épisode du Cirque-Olympique, plus les balles. Quelle chance j'ai, frère ! En abordant les Arabes sur le plateau, à la tête de la cavalerie, je me suis trouvé pêle-mêle avec eux, j'ai reçu plus de dix coups de fusil de tous les côtés et à quatre pas sans être touché. Un Arabe m'a tiré à bout portant, pendant que j'étais occupé à regarder la position et les mouvements à ordonner. Son fusil a raté, il a été tué par le capitaine Berthaut, mon officier d'ordonnance. Voilà la seconde fois que cela m'arrive dans la campagne. Il est écrit que je ne mourrai pas de la main d'un Arabe. Le ministère, qui ne veut pas qu'on se révolte et qu'on se batte en Afrique, ne rend pas compte de nos belles affaires, et garde nos rapports en portefeuille. Il se contentera de faire un résumé des événements quand tout sera calmé.

AU MÊME.

Au bivouac de Sidi-Aïssa-Ben-Arfah, le 4 juin 1845.

Cher frère, j'ai reçu en pleine expédition ta lettre du 22 mai, et je te réponds du plus joli, du plus pittoresque bivouac de l'Afrique. Mon quartier général est sur une hauteur, près d'un marabout, au milieu des arbres, auprès d'une fontaine ombragée par un tremble superbe. Les chevaux sont au milieu de l'orge et mes soldats dans les fèves jusqu'au col. Les pauvres enfants ont bien gagné cette petite douceur.

Quelle vie ils mènent depuis bientôt deux mois, quelle vie je mène moi-même !

Mes combats et mes succès continuent. Le 30, le chérif fuyait devant moi avec une trentaine de chevaux. Le 1ᵉʳ juin, il tombait sur mon arrière-garde avec soixante chevaux et deux mille Kabyles. J'étais à établir mon bivouac quand on vint me prévenir. Aussitôt je fais déposer les sacs à mes hommes, je cours sur le champ de bataille. Je prends mes dispositions, j'attaque partout, je pousse les Kabyles, je leur envoie quelques coups d'obus à propos, et je les jette dans les ravins où je les suis à la baïonnette. Il fallait les entendre crier et les voir se sauver. Je suis revenu tranquillement à mon bivouac après avoir tué de cent à cent cinquante Kabyles. Le 2, je les attendais, ils ne sont pas venus; mais hier, 3, il y avait une heure que j'avais quitté mon bivouac, et je traînais péniblement mon long convoi à travers des chemins affreux, quand je vois derrière moi, à une lieue, le chérif descendre encore des montagnes avec ses drapeaux, ses soixante chevaux et ses deux mille Kabyles tout blancs, criant, injuriant. Aussitôt j'arrête la tête de ma colonne, je fais faire demi-tour, et j'établis mon camp sur l'Oued-Belouta, en face de l'ennemi qui s'arrête à son tour, et regagne les crêtes. Mais il n'était plus temps, je laisse mon camp et mes bagages sous la garde d'un bataillon, et avec trois bataillons sans sacs, ma cavalerie, mon artillerie, je m'élance à la poursuite de l'ennemi par des chemins effroyables, à travers les ravins, les bois, les rochers. Ce sont ces difficultés du terrain qui l'ont sauvé d'une perte totale, mais je l'ai poursuivi pendant trois lieues et lui ai tué beaucoup de monde.

A cinq heures du soir, j'étais de retour sur l'Oued-Belouta. J'étais parti à neuf heures du matin. Dans mes deux affaires du 1 et du 3, je n'ai eu qu'un officier et quatre hommes tués et huit blessés. Le capitaine Courson, mon chef d'état-major, a été frappé près de moi d'une balle en pleine poitrine. Heureusement elle a rencontré un bouton, a glissé, et Courson que j'aime beaucoup en a été quitte pour une contusion légère. Il est resté à cheval tout le temps du combat. J'ai eu mon fourreau de sabre cassé par une balle... toujours la même étoile.

Tu vois, frère, où en sont nos affaires. La guerre ne sera jamais bien sérieuse, à moins qu'Abd-el-Kader qui court les champs ne se glisse par ici ; mais elle sera longue, parce que les Arabes nous détestent et sont très-faciles à fanatiser. Ils ont rencontré ce chérif Mohamed-Ben-Abdallah dit Bou-Maza, ce qui signifie *père de la chèvre*, parce qu'il en traîne une avec lui, à laquelle il prête un charme puissant et qui fait des miracles. Et ce chérif, ce père de la chèvre, jeune homme de vingt ans, les séduit, les trompe et les entraîne. Le 14 avril, je le battais dans la plaine de Gri, il avait alors cent cavaliers et trois cents fantassins. Le 21 mai, je le battais encore à Si-Abbed, il était à la tête de cinquante cavaliers et douze cents Kabyles. Le 1er et le 3 juin, je lui inflige de nouveaux échecs et il commandait à soixante cavaliers et au moins deux mille Kabyles ramassés dans vingt tribus du Dahra. Tu le vois, toujours battu et poursuivi, il se relève plus fort parce qu'avec les Kabyles, la religion, la sainteté, la guerre prêchée contre le Roumi ont un pouvoir qui les aveugle. Ils savent qu'ils font une folie, ils l'avouent, mais ils se révoltent... Je n'en ai pas fini avec l'Afrique. Plus je réussis, plus j'y suis enchaîné; colonel, général à deux ou trois étoiles, le maréchal a des vues sur moi ; mes idées sur l'Afrique lui plaisent, ma manière de mener les Arabes en paix ou en guerre lui convient. Toute cette année je vois que je serai obligé d'être dehors d'un côté ou de l'autre : le maréchal m'a dit qu'il me laisserait encore deux bataillons de plus, ce qui fera neuf, et que je ferais mes affaires moi-même. Peut-être, les combats du 1er et du 3 changeront-ils ses idées ? Cela devient plus grave ; cette persistance du chérif, son influence prouvée par ses forces, rappellent les commencements d'Abd-el-Kader.

AU MÊME.

Au bivouac de Sidi-Yacoub, sur l'Oued-Oukelal-Cheurfak, le 27 juin 1845.

Cher frère, voici une campagne commencée bien vigoureusement, fertile en beaux combats et en faits d'armes, qui arrive à sa fin. Les Arabes ne veulent plus de coups de fusil, mais ils ne veulent rendre leurs fusils qu'à la dernière extrémité. Le temps est leur plus puissant allié. Nous ne pouvons rester longtemps dans leur pays, et si nous partons, ils ne payent pas ou lentement, et on s'expose à être obligé de revenir. Le colonel Pélissier et moi, nous étions chargés de soumettre le Dahra, et le Dahra est soumis. Pélissier est plus ancien que moi et colonel d'état-major, j'ai agi avec lui avec déférence. Je lui ai laissé la plus belle part, il était d'ailleurs entré dans le Dahra longtemps avant moi. Les journaux te donneront les tristes détails des extrémités où Pélissier a été obligé d'en venir pour soumettre les Ouled-Riah qui s'étaient réfugiés dans leurs cavernes. Terrible, mais indispensable résolution ! Pélissier a employé tous les moyens, tous les raisonnements, toutes les sommations. Il a dû agir de rigueur. J'aurais été à sa place, j'aurais fait de même ; mais j'aime mieux que ce lot lui soit tombé qu'à moi. Les journaux philanthropes ne vont pas manquer de s'emparer de ce fait pour attaquer encore l'armée d'Afrique. Si l'on a dit que je me promenais le fer, la hache et la torche à la main, que dira-t-on de Pélissier, brave et excellent officier, mais à l'écorce rude? Je voudrais bien que vos journalistes de Paris fissent une campagne avec nous ! J'aurai été trois mois dehors environ, j'aurai perdu trente-quatre hommes tués dont trois officiers, cent cinq blessés dont huit officiers ! Si j'avais voulu, à l'affaire du 24 mai, attendre un quart d'heure de plus pour faire mon mouvement tournant avec ma cavalerie, je tuais deux cents hommes de plus à l'ennemi, mais j'en perdais aussi une trentaine et je n'ai pas voulu. J'en connais d'autres qui auraient bien attendu une demi-heure...

Je suis encore en campagne pour une dizaine de jours : après quoi, je rentrerai dans mon gouvernement pour me livrer à d'autres travaux. C'est une douce chose que de pouvoir faire du bien et j'en fais beaucoup à Orléansville, car depuis le commencement de la campagne, d'après les instructions et l'autorisation du maréchal, j'ai jeté dans ma subdivision plus de 30,000 fr. qui me sont passés par les mains pour aller secourir d'intéressantes infortunes, aider à des travaux utiles, indemniser des pertes connues, etc. Je suis las de ce maniement de fonds et de cette comptabilité qui m'ennuient. Je n'ai gagné qu'une seule chose à tout cela, c'est que j'ai obtenu du maréchal, qui ne me refuse rien de juste et de bon, de payer l'ameublement de la maison de commandement, de sorte que, moi partant, mon successeur trouvera autre chose que les quatre murs. Mon théâtre devait 6,000 fr. ; tout est payé et nous avons des avances. Le cercle devait 3,500 fr., nous avons payé et nous avons 1,000 fr. en caisse. Ainsi, la garnison d'Orléansville se trouve propriétaire de deux établissements d'une valeur de plus de 15,000 f. et c'est à moi qu'on le doit. Orléansville ne saurait être trop encouragé, c'est une ville naissante qui dans dix ans sera remarquable. Mais combien de braves gens engraisseront cette terre ingrate, pleine encore du souvenir de ces Romains persévérants que nous suivons à la piste.

AU MÊME.

Orléansville, le 10 juillet 1845.

Il me tarde d'avoir terminé l'organisation de mes caïds et reglé *l'achour*[1] pour quitter Orléansville et aller m'embusquer dans l'Ouarensenis. Là au moins je trouverai des arbres, de l'eau et de l'air ; ici rien, que le feu du ciel qui brûle tout.

Nous venons enfin de chasser le chérif Bou-Maza du pays..... jusqu'à ce qu'il y revienne. Mon agha Hadj-Hamet, ayant appris que le chérif s'était montré chez les Beni-Séliman, est monté à cheval avec ses cavaliers, et après une poursuite acharnée de dix-huit lieues, il a atteint Bou-Maza chez les Beni-Tigrin, lui a tué sa suite, pris son drapeau, ses chevaux, ses troupeaux, deux mulets chargés de poudre et d'argent. Bou-Maza n'a dû son salut qu'à l'épuisement des chevaux du goum. Il s'est sauvé avec deux cavaliers. Il se dirige vers le sud où il va rejoindre sans doute Abd-el-Kader.

« Et ces deux grands débris se consolaient entr'eux. »

[1] Impôt arabe.

Ernest Dufaÿ est ici. C'est une excellente nature, il a du cœur, de la résolution sans fierté ni morgue.

AU MÊME.

Orléansville, le 19 juillet 1845.

Cher frère, encore un courrier qui m'arrive sans lettre de toi, et jamais je n'en eus plus besoin, car jamais je ne fus plus fatigué de l'Afrique. J'aimerais mieux mourir ailleurs que de vivre ici. Orléansville est un enfer. Il y a une poussière qui aveugle, entre partout, s'unit à tout. Ce n'est pas de l'air que l'on respire, c'est du feu. Au moins j'espérais être un peu tranquille et faire travailler à mes routes, mais voilà que les Sbéhas, tribu de scélérats jamais soumis, viennent de me faire un coup à la numide. Ils ont laissé passer chez eux mon agha Hadj-Hamet, qui allait à Mazouna avec un goum de deux cents chevaux pour chercher une femme à son fils Ali. A son retour, ils ont tendu une embuscade et ont tué l'agha, deux caïds, une douzaine de cavaliers, blessé vingt et pris tout le butin du goum. C'est un coup très-fâcheux, qui me prive d'un homme dévoué et m'oblige à me remettre en selle malgré moi par une chaleur sans nom. Il paraît que c'est une haine de tribu à tribu, Sbéhas contre Sindgès. Il y avait aussi sous jeu quelque émissaire secondaire du chérif, peut-être le chérif lui-même. Quelle que soit la cause, il faut que je détruise les Sbéhas et que j'aille faire le siége de leurs grottes comme Pélissier.

Les nouvelles d'Alger ne sont pas moins graves. On veut imposer au maréchal une administration civile et réduire l'armée. Il a envoyé sa démission au roi et au ministre, ceci entre nous. Un mois après le départ du maréchal, l'Afrique sera en feu de l'est à l'ouest. Que de fautes, frère ! Oter le maréchal d'Afrique, c'est la perdre peut-être. Par qui le remplacer? Ni Lamoricière, ni Bedeau ne sont mûrs. Changarnier n'est pas possible. Si l'on met un gouverneur civil, fût-ce Molé ou Broglie, Thiers ou Guizot, adieu l'Afrique ! Je sais bien que partout où je commanderai des colonnes contre les Arabes, je les battrai, mais je ne marcherai plus avec cette confiance qui décuple les forces. Animé, inspiré par les idées du maréchal, je prends tout sur moi parce que je sais qu'il m'approuvera. Avec un autre la responsabilité serait trop forte. Je n'en veux pas ; si le maréchal rentre, je rentre aussi : je ne veux pas assister à des catastrophes.

Les affaires de l'est ne vont pas comme le maréchal le voudrait. Je crois qu'il va frapper un de ses coups à lui, qui finissent les affaires en quelques jours. La grande expédition, il la fera plus tard... s'il reste, car il demande à partir pour la fin de septembre.

Vois si l'on sait jamais à quoi s'en tenir dans ce pays. Un jour victorieux, on prend des drapeaux, on pousse les Arabes, on les disperse, on s'en croit débarrassé. Quelques jours après, ils se révoltent, vous tendent une embuscade; vous tuent des aghas, des caïds. Cette affaire, au fond, est peu de chose : affaire entre Arabes, il n'y avait pas un Français ; mais sur quoi compter, grand Dieu ! Et au milieu de tout cela, de beaux traits de courage et de dévouement, le caïd des Sbéhas se sauvant sur un cheval à poil, emportant devant lui 800 douros d'impôts recueillis pour le gouvernement. Il a pour cela abandonné ses propres armes, ses selles, ses chevaux, etc.

Je n'ai pas encore reçu de lettres de Dufay. Son fils va bien. Il monte depuis hier la garde dans la tribu de l'agha tué. Il rentre ce soir à Orléansville.

AU MÊME.

Orléansville, le 26 juillet 1845.

Eh bien, frère, que dis-tu de notre bonne Presse française? J'aurais fait et je ferais ce qu'a fait Pélissier, et je suis peut-être appelé à me trouver dans huit jours dans une position identique, et si je fais le siége des cavernes des Sbéhas, j'agirai en militaire, et je ferai essuyer à l'ennemi le plus de pertes possible pour m'en épargner à moi-même. Mes soldats avant tout. Aurait-on préféré lire dans l'Akbhar : La colonne Pélissier a eu deux cents hommes tués devant les grottes des Ouled-Riah, et toute la population a pû s'échapper avec ses armes?

Il n'y a qu'un cri dans l'armée d'Afrique. Cet excellent maréchal qu'on abreuve d'ennuis, toutes ces injures ne lui vont pas à la semelle, mais il a le tort d'y être sensible.

Quant à moi, je suis aussi dégoûté qu'indigné. Comment! nous sommes en Afrique à ruiner notre santé, exposer nos jours, travailler à la gloire du pays, et le premier venu pourra nous insulter, calomnier nos intentions, nous prêter des sentiments coupables qui ne sont pas du siècle, et ne peuvent appartenir à un soldat! Arrière, insulteurs publics! Venez, si vous l'osez, voir de près ceux que vous calomniez, vous n'en regarderiez pas un en face, et le jour du combat vous resteriez cent pas derrière eux... Ne parlons plus politique, cela fait trop de mal par la chaleur qui nous accable.

AU MÊME.

Orléansville, le 6 août 1845.

Tous mes ordres sont donnés, mes dispositions prises ; deux de mes colonnes sont déjà en mouvement, et je pars moi-même, avec la troisième, cette nuit à deux heures du matin. Le 8, je serai chez les Sbéhas, et j'arriverai le 9 devant leurs cavernes. Le chérif est passé sur la rive gauche du Chélif, et cette manœuvre contrarie les miennes. J'aurais aimé à rencontrer tous mes ennemis sur la rive droite. Il faut que je pousse vigoureusement ce Bou-Maza. Il est évident que, si je le laissais dans le pays, il finirait par nous amener Abd-el-Kader, qui l'a reconnu pour son lieutenant et lui a écrit. Bou-Maza, selon les circonstances, dit aux Arabes qu'il travaille pour l'émir ou pour lui. C'est un homme adroit, entreprenant, audacieux, et qui, décidément, exploite bien le fanatisme des Arabes.

AU MÊME.

Au bivouac d'Aïn-Méran, le 15 août 1845.

Cher frère, je voulais te faire un long récit de mon expédition, mais le temps me manque. Je viens d'écrire huit pages au maréchal. La fatigue et la chaleur m'accablent, j'ai passé hier vingt-quatre heures à cheval. Je t'envoie seulement une espèce de journal sommaire de mes opérations. Tu sais que j'avais dirigé mes trois colonnes de manière à surprendre le chérif, le 8, par un mouvement combiné. Tout est arrivé comme je l'avais prévu. J'ai rejeté

Bou-Maza sur les colonnes de Ténès et de Mostaganem qui l'ont tenu entre elles et l'ont poursuivi. Il a fini par s'échapper en passant entre Claparède, Canrobert, Fleury, et le lieutenant-colonel Berthier. On m'a rapporté trente-quatre têtes, mais c'est la sienne que je voulais. Le même jour, 8, je poussais une reconnaissance sur les grottes ou plutôt cavernes, deux cents mètres de développement, cinq entrées. Nous sommes reçus à coups de fusil, et j'ai été si surpris que j'ai salué respectueusement quelques balles, ce qui n'est pas mon habitude. Le soir même, investissement par le 53ᵉ sous le feu ennemi, un seul homme blessé, mesures bien prises. Le 9, commencement des travaux de siége, blocus, mines, pétards, sommations, instances, prières de sortir et de se rendre. Réponse : injures, blasphèmes, coups de fusil... feu allumé. 10, 11, même répétition. Un Arabe sort le 11, engage ses compatriotes à sortir ; ils refusent. Le 12, onze Arabes sortent, les autres tirent des coups de fusil. Alors je fais hermétiquement boucher toutes les issues et je fais un vaste cimetière. La terre couvrira à jamais les cadavres de ces fanatiques. Personne n'est descendu dans les cavernes ; personne... que moi ne sait qu'il y a là-dessous cinq cents brigands qui n'égorgeront plus les Français. Un rapport confidentiel a tout dit au maréchal, simplement, sans poésie terrible ni images.

Frère, personne n'est bon par goût et par nature comme moi. Du 8 au 12, j'ai été malade, mais ma conscience ne me reproche rien. J'ai fait mon devoir de chef, et demain je recommencerais; mais j'ai pris l'Afrique en dégoût.

J'ai fait faire une redoute à Aïn-Méran, et j'y établis un camp qui restera dans le centre des Sbéhas jusqu'à ce qu'ils soient soumis. D'ici, je rayonne jusqu'à la mer. Dans la nuit du 13 au 14, j'ai tenté un coup sur le chérif que je croyais surprendre dans sa retraite. Je l'ai manqué de bien près. Nous avons tué son frère et repris la fille du pauvre agha Hadj-Hamet. La smalah du chérif, son troupeau, soixante-dix-huit bœufs et six cents moutons sont tombés entre nos mains. Le fils de Dufaÿ a entendu siffler ses premières balles. Il s'est bien comporté.

Je rentre le 17 à Orléansville, j'en repars le 24 pour revenir à Aïn-Méran, et je ferai ainsi la navette, essayant d'être toujours où il y aura quelque chose à faire. D'Orléansville à Aïn-Méran, on compte neuf lieues. Je franchis cela en six heures sans fatigue. Cette vie me plairait, si nous étions en avril ou en octobre, mais en août c'est trop.

Le maréchal part le 4, et sera le 8 à Soultberg, et le 15 à Excideuil. Il restera trois mois absent et plus. Dieu veuille qu'il nous revienne !

AU MÊME.

Orléansville, le 18 août 1845.

Cher frère, je reçois à l'instant tes deux lettres des 7 et 8 août. Elles m'ont donné beaucoup à penser, comme tu peux le croire. Mais où allons-nous? Avec quels hommes vivons-nous? Je commence à comprendre l'égoïsme, et je rends mon estime aux égoïstes, car eux seuls, je crois, ont de l'esprit et du sens commun. Quoi! des médiocrités, sous tous les costumes et sous toutes les formes, s'acharnent après le seul homme (*vir*) que nous ayons en France! Et l'aveugle gouvernement, les Bourbons de la branche cadette, qui sont entraînés par la fatalité comme les Stuarts, laisseraient arracher de leurs mains la seule arme qui peut les défendre. Qui soutiendra la monarchie si on l'attaque à la mort du roi Louis-Philippe? Qui? Qui? J'en nommerais mille et je n'en connais qu'un. Il n'y a qu'une épée pour les sauver et c'est celle du duc d'Isly! Et on veut lui ôter l'Afrique!

En même temps que ta lettre, j'en recevais une du maréchal pleine de sentiments affectueux. Il approuve toutes mes opérations, me laisse carte blanche, et voulant avant son départ causer longuement avec moi, il me mande à Ténès où il viendra passer toute la journée du 21. Je pars donc cette nuit pour Ténès.

Je saurai bientôt le fond de la pensée du maréchal. Eynard m'écrit aussi et ne me cache pas que le maréchal est dégoûté. On réduit tous les jours son pouvoir, il ne peut plus donner même le nom à une place et à une rue, sans que l'autorité civile et le conseil d'administration ne s'en mêlent.

Mon camp d'Aïn-Méran va bien et est fort approuvé. Le commandant d'Allonville, que j'ai institué commandant supérieur, a fait une bonne razzia sur l'ennemi et lui a tué quarante hommes. La subdivision a du bonheur. Jusqu'à présent tout y réussit. Le chérif pourchassé par moi, razzié, ruiné, a été poursuivi par les Ouled-Jounès et s'est réfugié on ne sait où. Je le saurai bientôt et j'agirai. On le dit passé sur la rive gauche du Chélif.

Ténès, le 21, dix heures du soir.

Le maréchal est arrivé ce matin à quatre heures, et depuis ce moment je ne l'ai pas quitté. Nous avons longuement devisé de bien des choses et débattu bien des intérêts. Il va à Paris dans l'intention de dire franchement au gouvernement toute sa façon de pensée. « Si on ne me comprend pas, m'a-t-il » dit, ou si l'on ne veut pas me comprendre, je ne » reviendrai pas. Si tout s'arrange, comme je le crois, » je serai de retour à Alger dans les premiers jours » de novembre. »

Nous partons cette nuit à trois heures, avec la lune, pour Orléansville. Le maréchal a avec lui quatorze personnes qu'il emmène à Orléansville et que je recevrai pendant deux jours : le comte Guyot, directeur de l'intérieur, le général Randon, le procureur général, M. Dubodan, M. de Saint-Genès, directeur des domaines, le comte de Latour-Dupin, le baron Vialar qui m'a parlé de toi et de nos souvenirs de la pension Lecomte, des négociants d'Alger, le capitaine Féray, beau-frère de Salvandy, M. Fourichon, commandant *le Caméléon*, etc., etc.

AU MÊME.

Orléansville, le 31 août 1845.

Ainsi que je te l'ai marqué dans ma dernière lettre, cher frère, le maréchal est venu passer vingt-quatre heures à Orléansville. Tout le monde s'est retiré content et le maréchal plus content que tout le monde. Il me promet le plus bel avenir, *Amen*.

Je crois, frère, que si tu vois le maréchal à ce voyage, et je désire que tu le voies, il te parlera de moi. J'ai bien grandi dans son opinion et dans celle de bien des gens. Cette campagne m'a classé, et je sens moi-même que l'on peut me donner des hommes à conduire, quelles que soient les circonstances où le destin m'appellera à jouer un rôle. Si nous avions été des *faiseurs* dans la subdivision d'Orléansville, on n'aurait guère parlé que de nous en Afrique depuis cinq mois. Le maréchal et bien d'autres le savent.

Mon camp d'Aïn-Méran me donne les meilleurs résultats. Toutes les tribus sont terrifiées et se rendent à discrétion. Le nouvel aghalick que j'ai formé et donné à un homme dévoué et vigoureux, Si-Mohammed, sera bientôt soumis. Pour arriver là, il faut que je passe encore le mois d'octobre à courir dans le Dahra. Je n'en ai pas encore tout à fait fini avec les Sbéhas, mais cela avance. Ces Sbéhas sont connus pour les plus grands brigands du monde. Un bey turc a une fois fait couper cent cinquante têtes aux Sbéhas qui s'étaient révoltés. Les Sbéhas ont regardé les têtes tomber et ils ont fait une conduite aux Turcs à coups de fusil. Tels ils étaient, tels ils sont, tels ils seront toujours.

A la fin de l'expédition, j'aurai détruit ou pris plus de deux mille Sbéhas. La tribu entière compte de dix à douze mille âmes. Et peut-être ne seront-ils pas corrigés?

J'attendais une lettre de toi par le courrier. Rien de France que des journaux. As-tu lu un article de l'Algérie qui me traite si bien? Il dit que depuis Cavaignac on n'a fait que des fautes à Orléansville, qu'en 1844, l'impôt de la subdivision a été de 65,000 et qu'on verra celui de 1845.... Malgré la guerre et les révoltes, nous n'avons que 100,000 fr. de plus. Pauvre Algérie! voilà comme on écrit l'histoire. Du reste, je ne suis rien que le protégé et le séïde du maréchal... Ouf! de la boue, de la vraie boue!

AU MÊME.

Orléansville, le 10 septembre 1845.

Je suis en pleine inspection. A peine rentré d'Aïn-Méran le 8, je me suis mis au travail et tu serais effrayé si tu voyais les paperasses dont on nous inonde, pauvres soldats ! J'ai déjà passé deux nuits, j'étais fatigué, le temps est mauvais, c'est la vilaine saison d'Afrique, aussi suis-je fortement éprouvé. J'ai été repris par mes douleurs d'entrailles, je suis à la diète et à la tisane, et cela tombe mal. Ce coup de feu aurait dû venir plus tôt ou plus tard. J'attends le général inspecteur demain et je le garderai trois jours, puis j'irai l'accompagner dans ma subdivision et jusqu'à Ténès.

Le maréchal est parti. Attendons les événements.

Le chérif a quitté le pays. Les Sbéhas, plus que décimés, rentrent chez eux l'oreille basse. Dans le mois d'octobre, je ferai une grande tournée avec une bonne colonne et tout sera fini, j'espère. Alors, nous bâtirons et coloniserons. Orléansville grandit à vue d'œil, mais les sauterelles et le soleil nous font bien du tort.

AU MÊME.

Orléansville, le 24 septembre 1845.

Cher frère, à peine le maréchal est parti et voilà que les affaires s'embrouillent dans l'ouest. La subdivision de Mostaganem est en l'air. Le chérif Bou-Maza que j'ai chassé de chez moi est allé chez les Flittas et il a soulevé tout le pays. On dit, mais ce n'est pas officiel, que Ben-Garma, l'agha de la cavalerie d'Abd-el-Kader, l'a rejoint avec son goum. Ce qu'il y a de certain, c'est que le camp de Khramis a été attaqué, c'est que le général Bourjolly est sorti et a eu plusieurs engagements sérieux dans lesquels le lieutenant-colonel Berthier du 4e chasseurs a été tué, et le commandant Cler du 9e d'Orléans, blessé. Le général Bourjolly fait venir la colonne de Mascara et demande une coopération que je m'empresse de lui donner. Je pars demain avec ma colonne. J'aurai rejoint le général le 27, et Bou-Maza reconnaîtra les vieilles figures qui l'ont déjà fait courir tant de fois.

Tout cela peut devenir sérieux et je suis curieux de voir comment on s'en tirera sans le maréchal.

Je pars avec la fièvre, mais j'espère que le mouvement me guérira. Ce n'est pas la première fois que cela m'arrive. Je compte être dehors douze ou quinze jours.

AU MÊME.

Au bivouac sur l'Oued-Isly, le 3 octobre 1845.

Quelle lettre je vais t'écrire, cher frère ! Elle arrivera après les fatales nouvelles de l'ouest... Abd-el-Kader se ruant sur nous avec quatre mille cavaliers et six mille fantassins en partie marocains ; un bataillon de quatre cent cinquante Spartiates mourant dans de nouveaux Thermopyles, Montagnac, Froment-Coste, Cognord ; cinq capitaines, quatre lieutenants du 8e chasseurs d'Orléans !... De quatre cent cinquante braves, quatorze sont vivants ; les autres sont morts sur des monceaux de cadavres arabes, et nous n'avons qu'un sentiment, le regret de la perte de nos camarades, le désir brûlant de les venger. A Tlemcen, Cavaignac livrant un combat meurtrier, lui blessé, mon pauvre Peyraguey tué, Lamoricière étonné, ému, écrivant au maréchal : « Arrivez, venez tout sauver. » Cependant Lamoricière court à Djemma-Ghazaouat avec cinq bataillons des 3e et 6e léger pour s'opposer aux progrès de l'émir. Qui sait ce qui arrivera ? Abd-el-Kader peut aussi bien être dans la Mitidja dans un mois que fuyant dans le Maroc sans suite avant dix jours. Tout dépendra des premiers coups. Une seule chose est certaine, c'est que la guerre sainte a éclaté et a débuté par une catastrophe qui a attéré les colons et jusqu'aux négociants d'Alger. Voilà les affaires de l'Algérie à l'ouest et la situation politique à l'égard d'Abd-el-Kader. Passons au petit épisode qui me regarde et qui pouvait devenir pour moi, si je n'avais pas été prudent et vigoureux, aussi triste que celui qui nous fait pleurer Montagnac.

Appelé par le général Bourjolly, je suis parti le 25 avec une poignée de monde, huit cents baïonnettes et cent cinquante chevaux. Je n'amenais qu'une colonne de soutien pour concourir à un ensemble d'opérations. C'était assez. Mais la révolte éclate; les Arabes s'assemblent à la voix de Bou-Maza; et le général Bourjolly, après s'être battu le 22 et le 23, a fait un mouvement rétrograde et a été forcé d'abandonner le rendez-vous qu'il m'avait donné. La nuit du 25, des rapports confus me parviennent; on me parle de la retraite du général. En un mot, l'ennemi en force n'est pas loin. Ma prudence s'éveille, et au lieu de m'engager dans la montagne, où j'étais perdu peut-être, je reste dans la plaine et je me dirige sur la Djedouïa inférieure, près du Chélif, où je trouve devant moi Bou-Maza avec deux mille cavaliers et trois mille fantassins. J'étais dans la gueule du loup, il n'a pas osé me mordre. Le but de l'ennemi était visible, il voulait m'engager dans la montagne; moi je voulais rester dans la plaine. Bou-Maza, le 27, le 28, m'entoure dans un cercle de feu auquel je ne réponds pas; mais ma contenance est si calme et si fière, ma petite colonne est si bien ordonnée, que l'ennemi n'ose

pas m'attaquer et se retire par les gorges de la Djé-
douïa. Je craignais un mouvement vers l'est sur
Orléansville. La nuit du 28 au 29, je lève mon camp ;
je passe le Chélif et vais prendre position au Kramis
des Sbéhas, d'où je couvre Aïn-Méran, Orléansville
et toute ma subdivision. L'ennemi ne me suit pas.
Je fais évacuer Aïn-Méran en hâte, et, le 30, le sort
vient à notre aide, car Bou-Maza fait la faute d'aller,
embarrassé de butin, fruit de ses vols sur Sidi-Laribi
et les tribus, passer non loin du camp du général
Bourjolly, renforcé de trois cents chevaux du colonel
Tartas. Le général lance tout ce qui lui reste du
goum de Sidi-Laribi, environ deux cents chevaux,
les fait suivre par ses chasseurs, qu'appuie l'infanterie. Les Arabes, empêtrés dans leur butin, se défendent mal et sont sabrés, l'infanterie massacrée.
La poursuite dure quatre heures et n'est pas arrêtée
par la nuit. Bou-Maza se sauve avec quelques fidèles, et chaque chasseur rentre au camp avec deux
ou trois chevaux arabes en main. La bande du chérif
est dispersée. Voilà un sérieux embarras écarté pour
le moment. Nous savons bien que, quand l'émir ou
le chérif se présenteront, les tribus se soulèveront ;
mais, d'ici là, nos renforts se réunissent et le maréchal arrivera, et avec lui la victoire et la confiance.

Aujourd'hui, je suis dans une excellente position.
J'ai une colonne superbe, dix-huit cents baïonnettes,
trois cents chevaux, trois obusiers de montagne, et
j'attends encore un bataillon et cent chevaux. Avec
cela, ni Abd-el-Kader ni vingt Bou-Maza ne peuvent

passer, et je les attaquerai partout. Je suis sur l'Isly, d'où je couvre toute ma subdivision, l'Ouarensenis et le Dahra. Tu vois que tu n'as pas sujet d'être inquiet de moi.

AU MÊME.

Au bivouac sur l'Isly-Supérieur, le 14 octobre 1845.

Cher frère, si j'avais le temps, je t'écrirais des volumes, et il les faudrait gros pour contenir les événements qui se passent sous nos yeux. Nous sommes au milieu d'un vaste incendie. Quand nous avons mis le pied quelque part et étouffé le feu qui s'élance, nous nous apercevons qu'il a pris dans un autre coin, où il faut courir pour l'éteindre.

Depuis ma dernière lettre, j'ai rencontré sur le Riou le nouveau chérif Ben-Assem, marabout de Calaâh, dont on a brûlé la ville. Je l'ai battu, poursuivi, je lui ai pris son butin, son chapelet, et je lui ai tué une quinzaine d'hommes. Sa bande dispersée, j'ai été au milieu de l'insurrection ravitailler le camp de Ami-Moussa, qu'on avait laissé depuis vingt et un jours avec une garnison malade de quatre-vingt-dix-huit hommes. J'ai fortifié les postes, enlevé les malades et jeté dans le camp trois cents hommes valides de la légion avec le commandant de Caprez.

Le lendemain 11, j'ai été attaqué dans la vallée de l'Oued-Sinsig par trois mille Beni-Ourraghs, poussés par quatre cents cavaliers. Nous nous sommes battus quatre heures. Je les ai complétement défaits ; je leur ai tué deux cents hommes et blessé un très-grand nombre. Ma colonne est chargée d'armes et de burnous. Ce beau combat a arrêté l'insurrection des Beni-Ourraghs, qui entraînait tout l'Ouarensenis et nous embarrassait fort. Maintenant, nous pouvons attendre par ici le maréchal, que l'on annonce du 15 au 20 avec des renforts de France.

Du côté de l'ouest, on dit Abd-el-Kader sur la Tafna et maître de Nedrouma. S'il fait la faute de prendre des villes, il est perdu. L'insurrection est grande et sérieuse.

Je repars après-demain pour le Dahra, où je vais anéantir les Médiouna, qui se sont révoltés. Ils serviront d'exemple aux autres. Quelle guerre ! interminable et toujours renaissant plus furieuse. Les Arabes sont de rudes soldats. C'est une bonne école ; je me fais petit à petit général, et je ne le serai pas que de nom. Quelle vie agitée, frère ! Comme elle intéresse, mais comme elle use !...

AU MÊME.

Orléansville, le 24 octobre 1845.

Cher frère, je suis arrivé hier ici pour déposer mes malades et mes blessés, reprendre des vivres pour ma colonne pour dix-sept jours et je repars demain. Certes, j'aime mon métier de passion ; quand je vois l'ennemi devant moi, je m'exalte, je me monte, je deviens général, et quand je suis victorieux, j'éprouve une de ces joies célestes qu'on sent, mais qu'on n'exprime pas, et malgré tout cela, je comprends parfaitement la lassitude et le dégoût des lieutenants de l'empereur, après toutes ces guerres successives et sans fin... Voilà dix ans que je fais la guerre et presque toujours dans des positions plus élevées que ne le comporte mon grade ; eh bien ! je finis par trouver que c'est long. Quand on a l'espoir de se reposer, on rit de la fatigue ; mais quand on voit que les efforts n'ont pas de terme, on se prend à réfléchir. Cette vie de privations, de fatigues, de dangers continuels, use le corps et l'esprit. Mon corps résiste encore par habitude, mais quelquefois mon esprit est tellement tendu devant des complications graves, que ma tête semble sur le point d'éclater. Cependant, je m'aperçois avec plaisir qu'en face des circonstances les plus difficiles, je prends un calme et un sang-froid que je n'avais pas autrefois : je me sens commander, je m'écoute, je me trouve de l'aplomb et tout marche. Qui sait ce que tout cela deviendrait sur une plus grande échelle et dans un cadre plus étendu !

J'ai donc reçu ta lettre du 5 octobre, tu savais une partie des événements de notre Afrique et quelques-unes des catastrophes qui ont signalé si malheureusement le retour des hostilités. Tout cela n'a fait que croître et se développer. Aujourd'hui l'ouest est en feu, la province d'Oran est presque entièrement soulevée. Avec une petite colonne, en me jetant partout, en me battant partout, j'ai empêché jusqu'ici l'insurrection de me gagner. Mon beau combat du 11 a maintenu les Beni-Ourraghs, qui auraient entraîné tout l'Ouarensenis. Depuis, j'ai brûlé les Ouled-Krouidem, châtié les Ouled-Abbès et les Mazouniens. Dans un combat dans leurs ravins, j'ai tué dix-huit Ouled-Abbès et treize Mazouniens, et par la terreur j'ai obtenu ce que je voulais. Mais ces petits faits, tout méritants qu'ils soient, font peu de chose pour contenir un soulèvement, dont la cause gît tout entière dans la haine des Arabes contre nous, dans leur fanatisme habilement exploité par Abd-el-Kader et les marabouts, dans le naturel même des Arabes qui tend au changement, à l'indépendance, à la vie aventureuse qui leur plaît par-dessus tout. Cette nation-là naît un fusil à la main et un cheval entre les jambes. Il faut qu'elle se serve de l'un et de l'autre contre quelqu'un. Si nous n'étions pas là, ils se battraient contre les Turcs ou même entre eux. Ce sont ces vérités qui amènent à penser que cette guerre ne ressemble à aucune autre guerre. Elle durera toujours sur un point ou sur un autre, sous mille prétextes divers. Ces réflexions ne sont pas faites pour réjouir le cœur, alors même que toutes les étoiles du firmament vous fileraient sur les épaules!

J'avais l'ordre du maréchal d'aller joindre le général Bourjolly pour entrer chez les Flittas et voilà que rendez-vous pris, Bou-Maza me retombe dans le Dahra, menace Mazouna et ma subdivision qui ne demande pas mieux que de se soulever aussi. Pour couvrir Mazouna, ma subdivision et assurer mes communications, il faut que je marche sur Bou-Maza. Je pars demain, je vais m'enfoncer de nouveau dans le Dahra, courir après le chérif, le battre et arriver par la ligne la plus courte sur les Flittas, pour rejoindre le général Bourjolly et travailler en grand.

Le maréchal est revenu. Les services qu'il va rendre le grandiront encore, augmenteront l'acharnement des envieux et des journalistes. Il doit être aujourd'hui près de Téniet-el-Hâad. Il sera le 28 à Tiaret, prêt à tomber de son côté sur les Flittas.

AU MÊME.

Bel-Aul, le 28 octobre 1845.

J'ai fait ma jonction aujourd'hui avec le général Bourjolly. Nous formons une belle division, je commande la première brigade. Nous partons demain pour nous enfoncer chez les Flittas. Après-demain nous traverserons le défilé où a été tué le lieutenant-colonel Berthier. Nous le vengerons. Nous serons rejoints par le maréchal vers le 4. Il est urgent d'en finir vite par ici, car je suis loin de ma subdivision, et pendant mon absence il peut s'y passer bien des événements. Je n'ai que le temps de t'embrasser....

AU MÊME.

Au bivouac sur l'Oued-Melab, le 3 novembre 1845.

Depuis le 29 que nous avons quitté Bel-Aul, pour venir nous établir à six lieues plus loin chez les Beni-Dergour, nous avons fait peu de chose. J'ai enlevé, avec deux bataillons de ma brigade, une position gardée par cinq à six cents cavaliers. Je suis arrivé à trente pas d'eux sans tirer. On a trouvé cela superbe, moi je trouve cela tout simple, c'est notre manière dans ma subdivision.

Le 31, nous avons encore fait un assez beau coup de main sur les populations des Cheurfas-Flittas. C'était ma brigade qui était engagée, nous avons tué environ deux cents Arabes dans les ravins, pris mille têtes de bétail et un butin considérable. Demain, le général va ravitailler le camp de Kramis. Il reviendra de suite et j'irai faire un détour au sud, pour prendre entre lui et moi des populations qui probablement ne nous attendront pas.

Le maréchal est à Tiaret et si, comme on le dit, les affaires vont bien du côté de Mascara, il viendra finir celles des Flittas et des Beni-Ourraghs. Je pourrai alors retourner dans ma subdivision, dont je suis trop éloigné par le temps qui court. J'ai renvoyé à Orléansville le capitaine Richard, mon directeur des affaires arabes, mais j'aimerais mieux y être moi-même. Il faut si peu de chose pour troubler cette tranquillité que j'ai eu tant de peine à maintenir au milieu de la révolte générale.

Voilà huit mois que je me bats sans discontinuer et les journaux écrivent : la subdivision d'Orléansville est tranquille. Nous avons l'air de nous reposer. Nos affaires sont devenues bonnes à force d'activité et de vigueur. Mais qu'importe, tout est pour le mieux, nous n'aurons rien fait. C'est toujours la même chose. Patience; notre temps et notre tour viendront. Mais que cela ne tarde pas trop, j'ai besoin de repos, ma santé n'est pas précisément mauvaise, mais je sens que mon estomac me menace des douleurs de 1843.

Toute cette fièvre de révolution et de révolte chez les Arabes se calmera bientôt. Mais nous aurons appris une chose de l'épisode religieux de la guerre; c'est que nos plus grands ennemis sont les marabouts et les Cheurfas, c'est-à-dire descendants du Prophète. Tous ces chérifs qui paraissent et disparaissent en sont la preuve. Profitons de l'enseignement, et si nous voulons être tranquilles, frappons les marabouts et les chérifs.

AU MÊME.

Au bivouac de Dar-Ben-Abdallah (Flittas),
le 11 novembre 1845.

Nous sommes toujours chez les Flittas, et pendant que je suis occupé ici, ce que j'avais prévu est arrivé. Bou-Maza, dans l'espoir de trouver Orléansville dégarni de troupes, est allé faire une démonstration de ce côté. Il a été repoussé naturellement, mais il a soulevé quelques tribus sur la rive gauche du Chélif. Mon pauvre agha des Sbéhas, Si-Mohammed, le seul Arabe qui nous fût dévoué de cœur, a été assassiné en plein marché des Sbéhas. Qui sait si cette mort ne sera pas le signal du soulèvement nouveau de tout cet aghalick, que la fermeté et la valeur de Si-Mohammed contenaient encore? En trois jours, voilà le fruit de six mois de combats perdu! C'était une faute de m'ôter de ma subdivision que j'avais maintenue soumise, et qui contenait le pays derrière nous. Aujourd'hui, Bou-Maza a entamé la subdivision de Milianah. Les Bou-Rached et les Atafs sont révoltés. Cette communication nous est coupée, et Dieu veuille que je trouve celle de Ténès à Orléansville encore libre!

Notre triste Afrique vous occupe beaucoup, et en vérité il y a de quoi faire réfléchir. Comment les chambres prendront-elles ces nouveaux événements? La Presse attaque toujours le maréchal avec le même acharnement, et lui, il répond par des succès. C'est une barque difficile à mener, frère, et vos journaux n'aident pas à gouverner. Abd-el-Kader les fait traduire, et profite ainsi de nos folies et de nos fautes.

AU MÊME.

Ténès, le 22 novembre 1845.

Cher frère, mon quartier général est à Ténès depuis quelques jours, et y sera encore quelque temps, je suppose. Il n'était pas trop tôt que j'arrivasse: Bou-Maza s'était montré déjà sur les crêtes qui dominent le vieux Ténès, j'ai été reçu comme un sauveur. Pour remonter le moral de tous mes gens de Ténès, le jour même de mon arrivée, malgré la fatigue de mes troupes, j'ai ordonné un coup de main pour la nuit. Je suis parti à minuit, et à la pointe du jour, je tombais à l'improviste sur les tribus ouest de Ténès. Je leur ai tué soixante hommes et pris du bétail. Je ne suis rentré à Ténès qu'à quatre heures du soir, hier. Après-demain je ferai la même chose sur les tribus de l'est.

Du reste, tout le cercle de Ténès est soulevé. Tout ce que j'avais pacifié avec tant de peine en six mois, il faut le reconquérir. C'est un ouvrage de Pénélope, qui coûte bien du sang. Bou-Maza a donné pour consigne aux Arabes de fuir devant nous, et, s'ils étaient pris, de donner des chevaux de soumission et d'attendre les événements. Voilà un système arrêté, c'est celui d'Abd-el-Kader. Mais je n'accepterai pas les soumissions, je prendrai les chevaux et les armes, et ceux qui survivront d'entre les Arabes rentreront chez eux et resteront tranquilles ou quitteront le pays.

AU MÊME.

Orléansville, le 29 novembre 1845.

Cher frère, il est dans ma destinée de ne jamais rien faire de ce qui me plaît qu'à moitié et en courant. Ainsi, je voudrais t'écrire des pages, des volumes, et toujours pressé par les événements, par le temps, par la besogne, je ne trouve à grand'peine que quelques instants pour t'empêcher d'être inquiet de moi.

J'étais à Ténès, occupé à rétablir l'ordre et la tranquillité dans les tribus et par conséquent sur nos routes, quand la nouvelle de la réapparition d'Abd-el-Kader dans le sud et près de Tiaret m'a rappelé en toute hâte ici, pour couvrir le pays et la plaine du Chélif.

Le maréchal est chez les Flittas avec le général Bourjolly, mais je pense qu'il ne tardera pas à avoir des nouvelles du sud, et à se rapprocher de l'émir, qui a devant lui Bedeau, Marey et d'Arbouville. Abd-el-Kader a été reçu avec enthousiasme par les tribus du sud de Boghar, et les a réorganisées à sa manière. Cet état de crise ne peut durer. Marey et d'Arbouville ont eu un combat assez sérieux avec les Kabyles de l'est.

Les journaux continuent à être absurdes et à attaquer notre maréchal. C'est qu'il ne travaille pas, comme tant d'autres, pour les journaux et pour l'opinion, mais pour le pays.

Je n'ai pas reçu une lettre de France. Ingrate patrie! Je voudrais pourtant bien la revoir. Ah! ton coin du feu, frère, avec nos enfants autour de nous, plutôt que ces combats sans fin, et ces répressions nécessaires qui fatiguent et dégoûtent?

AU MÊME.

Au bivouac, chez les Beni-Merzoug, le 6 décembre 1845.

Cher frère, ceci n'est absolument qu'un petit bulletin de santé pour te dire que je suis vivant, et que je m'en aperçois; surtout depuis quelques jours, à de cruelles douleurs d'estomac, qui me rappellent mon affreuse gastralgie.

Je suis depuis le 1er à courir jour et nuit, c'est le mot, car en six jours, j'ai fait trois marches de nuit. Aussi suis-je très-fatigué et mes troupes aussi, mais nous avons fait beaucoup de mal à l'ennemi. Je poursuis à mort les chérifs, qui poussent comme des champignons. C'est un dédale, on ne s'y reconnaît plus. Depuis l'aîné Boū-Maza, nous avons Mohamet-Bel-Cassem, Bou-Ali, Ali-Chergui, Si-Larbi, Bel-Beij; enfin je m'y perds. J'ai déjà tué Ali-Chergui chez les Medjajas, et je viens de tuer Bou-Ali chez les Beni-Derdjin. Je voudrais bien aussi mettre la main sur Ben-Hinni qui soulève les Beni-Hidjas, chez lesquels je vais rentrer dans quelques jours. Après-demain je me ravitaillerai à Ténès, et je reprendrai mes opérations.

Le temps est magnifique et nous protége. Mais cela ne peut durer longtemps. Il faut à l'Afrique ses torrents de pluie qui vont nous chasser tous.

Les journaux t'auront appris les affaires de l'est.

Abd-el-Kader n'est ni aussi vigoureux, ni aussi entreprenant que je l'aurais craint.

AU MÊME.

Ténès, le 11 décembre 1845.

Voici deux jours que je suis à Ténès pour prendre des vivres, et j'espérais voir arriver le bateau hier et avoir une lettre de toi, mais un vent affreux, des vagues hautes comme les montagnes, se mettent contre nous avec les Arabes et rendent les communications plus rares et plus difficiles. Deux balancelles ont fait naufrage et ont été brisées sous nos yeux. Voilà pour l'état atmosphérique. L'état politique est un peu meilleur. L'esprit d'insurrection se calme, les Arabes se lassent. Je viens encore de leur porter un rude coup dans la nuit du 7 au 8. J'ai attaqué les populations de l'ouest de Ténès, surpris la queue de l'émigration et fait beaucoup de mal. Nous avons tué une centaine de Kabyles, fait cent-vingt prisonniers de tout sexe et de tout âge, et enlevé deux mille têtes de bétail. Ce coup vigoureux, arrivé à la suite d'autres aussi vigoureux, ramènera, je l'espère, tout dans l'ordre.

Je pars demain 12, pour rentrer chez les Beni-Hidjas et me dépêcher d'en finir avec eux. Il me faut la tête de leur chef Ben-Hinni, pour compter sur un peu de repos. Je sais où ils se sont réfugiés, c'est dans un repaire sur le bord de la mer. Ils croient que je ne pourrai pas y pénétrer ; mes soldats vont partout. Mon plan est déjà arrêté, et dans la nuit du 14 au 15, les Beni-Hidjas auront de mes nouvelles. Voilà la troisième fois qu'ils se soulèvent et j'ai pardonné deux fois. Il leur faut un châtiment exemplaire, ils l'auront.

Le bruit se répand par les Arabes que le maréchal aurait rejoint Abd-el-Kader dans le sud et l'aurait battu. L'émir aurait eu de la peine à se sauver. A la bonne heure, voilà de la bonne besogne. Je souffrais de voir notre maréchal condamné à ne faire que de mauvaises razzias.

Abd-el-Kader avait donné ordre que l'on préparât dans l'Ouarensenis des gourbis pour beaucoup de monde. Il voulait y passer l'hiver et je me préparais déjà à lui arranger ses quartiers, voilà une affaire réglée. On annonce une nouvelle insurrection dans l'Aurés, cela va ramener Bedeau chez lui.

J'attends avec impatience le discours prononcé par notre frère à l'ouverture des conférences des avocats. Je suis curieux de voir les avocats de Louis XIV, peints par notre avocat de Louis-Philippe. J'ai idée que ce sera bien.

J'espère, en travaillant comme je le fais, être étoilé en 1847. C'est toute mon ambition, puis rester encore un an en Afrique pour payer mon grade, puis du repos en masse, une brigade à Paris, le coin du feu et le whist...... Adieu, embrasse bien ma bonne mère et mon beau-père. Je vais leur écrire cette campagne pour me réchauffer à l'endroit du cœur, car nous aurons froid.

AU MÊME.

Au bivouac de ..., dans l'Ouarensenis, le 17 décembre 1845.

Cher frère, tu me crois occupé à châtier les Beni-Hidjas, tu te trompes de bien des lieues. Je suis chez les Beni-Bou-Boukranous dans l'Ouarensenis, et Abd-el-Kader est chez les Beni-Tigrin. Demain je serai à Mahhamonda, et le 18, sur l'Qued-Arjeur. Si l'émir a toujours marché, nous serons en face l'un de l'autre.

J'étais parti le 14, pour entrer chez les Beni-Hidjas, lorsqu'à deux lieues de Ténès, j'ai reçu la nouvelle qu'Abd-el-Kader entrait dans l'Ouarensenis, et que l'agha d'Orléansville, Djellali Ben-Seha, avait passé à l'ennemi. De suite, j'ai fait tête de colonne à droite, et après une petite allocution à mon 53ᵉ pour lui dire que j'avais besoin de ses jambes et de son cœur, nous nous sommes mis en marche et avons fait treize lieues d'une traite ! A neuf heures du soir, j'étais à Orléansville, c'est merveilleux... sept jours de vivres dans le sac ! Il n'y a que des Français capables de ce tour de force. J'ai fait reposer mes hommes un jour, et le lendemain, je suis reparti après avoir fait arrêter mon autre agha qui trahissait aussi et allait partir comme l'autre. Ces gens-là m'accablaient trop de leurs protestations de fidélité et de dévouement, pour ne pas être des traîtres.

Je suis sûr qu'Abd-el-Kader évitera le combat. Mais si je tombe sur ses traces, je le pousserai ferme. Il n'a que quinze cents chevaux et autant de Kabyles. Moi, j'ai douze cents baïonnettes et deux cents chevaux. J'ai été obligé de laisser deux bataillons à Ténès, au lieutenant-colonel Canrobert, pour maintenir le cercle et battre les Beni-Hidjas qui ont une bien heureuse étoile!

Je ne sais au juste où se trouve le maréchal. Les uns le disent à Tiaret, les autres chez les Flittas.

Adieu, cher frère, me voilà dans les montagnes dans un mauvais moment, car il y pleut, il y neige et il y fait froid plus que partout. Les pluies nous épargnent encore, heureusement, mais le froid sévit comme en Russie. Les nuits sont glaciales sous la tente. De dix heures à quatre heures il fait superbe, ensuite il faut s'envelopper comme au Kamchatka.

A MADAME DE FORCADE.

Au bivouac, sur l'Oued Isly, le 20 décembre 1845.

Chère mère, tu étais souffrante en revenant de Taste, il me tarde de savoir par toi-même que tu as retrouvé ta belle santé. Depuis quelque temps, moi aussi, je suis toujours souffrant. La vie que je mène traîne avec elle trop de fatigues et trop de soucis pour que la santé reste forte et les cheveux bruns.

Je suis en ce moment, par un froid terrible et une pluie battante, en position pour observer les mouvements d'Abd-el-Kader, que le maréchal traque et poursuit. Si l'émir tente de lui échapper en passant par les Beni-Ourraghs et en débouchant par le Bas-Arjeur ou le Haut-Sensig, je suis là pour tomber sur lui et je le ferai vigoureusement; mais il est trop habile pour se mettre dans un pareil guêpier. Je pense que son projet est d'attirer à lui les colonnes françaises pour dégarnir le pays et envoyer ensuite Bou-Maza couper la route de Ténès à Orléansville, razzier notre allié Kobsili, piller et tuer tout ce qui tient aux chrétiens. Mais je le surveille; j'ai un œil sur Abd-el-Kader et l'autre sur Bou-Maza, et je n'oublie pas ma route de Ténès, où j'ai envoyé cette nuit deux cents hommes et dix mille cartouches dans la ferme des Cinq-Palmiers, à moitié chemin entre Orléansville et Ténès.

Je te donne ces détails militaires moins pour toi que pour mon frère, qui les suit sur sa carte. A toi, je te parle de toi, de ton mari, de tes petits-enfants, qui menacent de devenir aussi nombreux que ceux de la mère Gigogne, de féconde mémoire. Quand tu les verras, ces chers enfants, embrasse-les mille fois pour moi et dis-leur que c'est pour eux, pour leur laisser un nom honoré, pour leur faire une position dans le monde, que je m'use le corps et l'âme et que je mène une existence dont un cheval de poste ne voudrait pas.

J'ai reçu hier une lettre du maréchal remplie de témoignages flatteurs de satisfaction. Voici un passage textuel de sa lettre : « J'ai reçu vos mémoires
» de proposition ; il leur sera fait bon accueil. Les
» troupes de la subdivision d'Orléansville ont trop et
» trop bien travaillé pour que je ne réclame pas pour
» elles les récompenses qu'elles ont si bien gagnées.
» Témoignez-leur toute ma satisfaction. Pour vous,
» je vous propose pour la croix de commandeur. »
C'est très-bien, mère, mais j'aimerais mieux te voir et t'embrasser. C'est un désir qui augmente tous les jours, et j'enrage quand je vois, à la tournure que prennent les affaires, que je suis probablement attaché ici pour deux ans encore. Je doute que ma patience et ma santé me conduisent jusque-là sans faire une fugue sur la Madeleine et le quai de la Tournelle. Voilà bientôt deux ans que je t'ai quittée. Depuis, j'ai gagné un grade, peut-être une belle croix...; plus tard, peut-être aussi un autre beau grade, mais c'est payé trop cher.

Adieu, bonne mère, réunis toute la famille autour de toi au jour de l'an, et distribue des baisers bien chauds à droite et à gauche en mon nom. Buvez à ma santé, moi je vous le rendrai du fond du cœur. Je pense trop à vous pour qu'il ne vous en arrive pas quelque chose...

À M. LEROY DE SAINT-ARNAUD, AVOCAT A PARIS.

Au bivouac, sur l'Oued-Isly, le 27 décembre 1845.

... Je suis devenu l'homme des bivouacs, et l'aspect d'une maison m'effarouche comme un sauvage qui n'a jamais rien vu. Dieu, qui sait tout, connaît sans doute la fin de tout ceci ; pour moi, je baisse la tête, à moins que les balles ne sifflent, et je me résigne.

Le maréchal court avec Yusuf après Abd-el-Kader, qu'ils n'attrapent jamais et qui leur glisse entre les doigts. Moi, je suis là en observation pour l'assaillir s'il débouche par une des quatre vallées que je garde. Mais voilà que, incident très-prévu, Bou-Maza, mon ennemi intime, reparaît pour la troisième fois dans le Dahra. Il débute par un assassinat, et se fait recevoir à coups de fusil. Il n'a que peu de monde et veut d'abord se porter en avant ; mais j'étais en mesure. Je fais sortir neuf cents baïonnettes de

Ténès ; j'envoie un bataillon et cinquante chevaux sur la route, à moitié chemin d'Orléansville, et j'attends les événements, car je ne puis quitter ma ligne d'observation. Bou-Maza recule et se retire sur Aïssa-Ben-Daoud, près de la plaine de Gri. Tu vois que son influence diminue ; car, au moment où il reparaît dans le pays, plusieurs tribus parlent de soumission. Les Beni-Hidjas, les Beni-Merzoug demandent l'aman, les Sbéhas de la rive gauche aussi, et pour les y engager plus vite, j'ai fait razzier cette nuit même les Sbéhas de la rive droite. On leur a tué une centaine d'hommes, parmi lesquels se trouve un des assassins de l'agha Mohammed. Doigt de Dieu !... Malgré l'émir, malgré le chérif, tout se calme et se calmera de guerre lasse. Les Arabes ne se défendent plus..... Tout cela n'est ni une belle guerre, ni une guerre amusante. J'en ai mille pieds par-dessus la tête ; mais j'ai trop souffert pour ne pas recueillir le fruit de ces souffrances, de ces privations, de ces dégoûts qui rident le cœur. J'attendrai donc et le collier rouge et les étoiles ; puis, frère, mon septième jour sera arrivé et je me reposerai.

Tu engraisses donc toujours ? Je suis plus mince que jamais, moi, mais aussi plus gris, plus argenté. Cependant cela ne va pas mal. Quand j'ai de la satisfaction, j'ai trente-six ans ; quand je ne suis pas content, j'ai cent vingt ans et plus. Le cœur est toujours jeune et chaud, la tête s'est calmée et est rompue à la réflexion.

Comment finis-tu l'année ? Moi au bivouac, avec

un beau soleil depuis trois jours et un froid superbe de février à Paris, gelée blanche la nuit. C'est admirable ; gare le commencement des pluies, ce sera le déluge.

AU MÊME.

Au bivouac, sur l'Oued-Isly, le 28 décembre 1845.

Cher frère, je veux te donner tes étrennes, à toi et à toute la famille, en transcrivant un post-scriptum écrit de la main du maréchal à la suite d'une longue lettre de service : « Mon cher Saint-Arnaud, » je vous aime plus que jamais, parce que chaque » jour davantage vous me prouvez que vous êtes un » homme de cœur et d'intelligente activité. » Eh bien ! frère, j'aime autant ce peu de lignes de cet homme-là que les étoiles de maréchal de camp. D'autres lui font des bêtises ou ne lui font rien ; moi, son élève, et qui l'étudie chaque jour dans ses moindres faits militaires, je le sers comme il l'entend et je suis fier de son approbation.

Il a battu Abd-el-Kader le 23 à Temda. Avec quatre cents chevaux fatigués et abîmés par le mauvais temps, il a défait les neuf cents cavaliers de l'émir, auquel il a pris une partie de ses bagages et sa tente. Aujourd'hui il va se reposer un peu à Bel-

Assel, pour se diriger ensuite avec un convoi sur Tiaret; puis il reprendra l'offensive sur l'émir, qui a reçu quatre cents chevaux de renfort, et fera sa jonction avec Lamoricière sur la Haute-Mina.

AU MÊME.

Orléansville, le 1er janvier 1846.

Les nouvelles politiques ont amené le maréchal à Orléansville, le 29. Il y a passé le 30 et est reparti hier à midi avec mes troupes fraîches et bonnes, qui ont remplacé les siennes harassées et indisponibles. Infanterie, cavalerie, il m'a tout pris et m'a laissé huit cents baïonnettes à lui et cent chevaux du 9e chasseurs de France, en me disant galamment que je valais une colonne dans ma subdivision où il fallait que je restasse pour surveiller tout et être prêt à tout. En cas de descente d'Abd-el-Kader sur le Chélif ou dans le Dahra, je reprends la colonne que j'ai faite à Canrobert et je réunis encore dix-huit cents bonnes baïonnettes et cent quarante chevaux, avec lesquels je suivrais l'émir jusqu'aux enfers.

Le pauvre maréchal n'est pas content de tout le monde, mais il dit hautement qu'il n'a été secondé par personne aussi bien que par moi, et il fait mon éloge de manière à me susciter beaucoup d'envieux et d'ennemis. Je vois à la façon dont son entourage m'accueille, me consulte et me parle que j'ai beaucoup grandi. J'ai pris voix délibérative et je profite de mon influence pour faire tout le bien que je puis. Le maréchal m'a dit que si nous avions une guerre européenne, je ne le quitterais jamais et j'aurais le plus beau commandement dans son armée. Voilà une bonne lettre, frère, qui te réjouira l'âme et à tous les nôtres...

AU MÊME.

Orléansville, le 10 janvier 1846.

Tu as pu suivre dans les journaux et dans mes lettres, mes pérégrinations du nord au sud, tombant toujours d'Abd-el-Kader en Bou-Maza, sans pouvoir joindre ni l'un ni l'autre.... Abd-el-Kader, qui ne veut pas se battre et juge sainement que le moment n'est pas favorable pour nous faire du mal, se sauve devant le maréchal. Il fait cinquante lieues en deux jours et une nuit, passe entre trois colonnes, traverse la Mina on ne sait où, et va razzier un pauvre douair des Sdamas. Triste dénouement, pâle bouquet! Ce n'était guère la peine de faire cinquante lieues. Mais quelle rapidité de mouvements! Courez donc après de tels cerfs-volants!

Il n'y a pas deux camps dans l'armée d'Afrique, frère. Mais il y a deux hommes : l'un grand, plein de génie, qui par sa franchise et sa brusquerie se fait quelquefois des ennemis, lui qui n'est l'ennemi de personne ; l'autre capable, habile, ambitieux, qui croit au pouvoir de la presse et la ménage, qui pense que le civil tuera le militaire en Afrique et se met du côté du civil. L'armée n'est pas divisée, pour cela, entre le maréchal Bugeaud et le général Lamoricière ; seulement, il y a un certain nombre d'officiers qui espèrent plus d'un jeune général qui a de l'avenir, qu'en un vieillard illustre dont la carrière ne peut plus être bien longue. Moi, cher frère, je suis en dehors de la question, parce que ma réputation est faite et que je pèse un peu dans la balance. Je ne suis pas *Bugeau-lâtre*, mais j'aime et je vénère le maréchal et je le dis hautement.

J'ai vraiment eu un moment de grand plaisir, quand j'ai lu dans ta lettre et dans celle de Dufaÿ, que dans le banquet du lycée Napoléon et du collège Henri IV, on avait porté ma santé. Cela a dû te réjouir le cœur...

AU MÊME.

Orléansville, le 17 janvier 1846.

Les journaux continuent à attaquer d'une manière odieuse l'armée d'Afrique et le maréchal. Le duc d'Isly ennuyé de tout cela, fatigué des civils et de l'administration qui l'entrave, finira par quitter la partie. Je sais de bonne part que Bedeau est aussi las de l'Afrique et des civils, et qu'il va rentrer en France. Il a fait prévenir le maréchal de penser à un successeur pour lui, dans le commandement de la province de Constantine.

Les idées actuelles du maréchal sont celles-ci : finir la tâche commencée par lui dans le centre de la révolte, rentrer à Alger pour y prendre un peu de repos et organiser son expédition du printemps dans le Maroc, puis après un beau coup digne de lui sur les Marocains ou autres, rentrer en France. Le maréchal a raison, mille fois, et Dieu veuille qu'on ne le pousse pas à bout et qu'on ne l'oblige pas à partir avant sa besogne terminée! Quant à moi, je ne resterai en Afrique qu'avec Bedeau ou Baraguey-d'Hilliers. Moi aussi, je suis fatigué de l'Afrique, de ce qui s'y fait, surtout de ce qu'on voudrait y faire avec les utopies d'administration paternelle. Mais laissons la politique. Je m'ennuie à Orléansville, je préfère les bivouacs. Les paperasses me suffoquent, j'écris du matin au soir, je crois même en dormant. Mieux vaut monter à cheval et faire la guerre!

Adieu, frère, il faut te quitter pour aller présider une séance de commission consultative, qui va durer trois heures....

AU MÊME.

Orléansville, le 24 janvier 1846.

On juge mal, à Paris, ce qu'a fait le maréchal dans cette longue campagne, la plus fatigante qu'il ait jamais entreprise. Il n'y avait pas de bataille à livrer, puisque l'ennemi fuyait toujours. Il n'y avait qu'une chose à faire, empêcher l'émir de descendre dans les plaines, l'user en le réduisant à l'impuissance. Pour cela, il fallait se montrer partout, lutter d'activité, de persévérance, d'énergie, courir toujours et souvent frapper dans le vide. J'ai prêté ma colonne au maréchal. Eh bien, tout le monde regrette la vie d'Orléansville, parce que l'on se battait. La fatigue était extrême, mais chaque jour avait son résultat, son intérêt. Le maréchal manœuvre et organise. Le pays est mauvais, on manque de tout, on a l'air de ne rien faire. Pour accepter un pareil rôle, il faut être grand et sûr de soi. Il aurait compromis des réputations moins solides et tu vois bien qu'il qu'il fait jaser les pékins qui n'y entendent rien. La chose la plus facile à la guerre, c'est la bataille, pour l'homme de guerre, s'entend. Mais manœuvrer contre un ennemi aux abois, qui se rattache à tout, qui est mobile comme un oiseau, c'est plus difficile et personne en ce genre n'aurait fait autant que le maréchal.

Le Maroc s'est enfin décidé à agir pour nous contre l'émir. Cette manifestation aura pour résultat, sans doute, de rappeler Abd-el-Kader dans l'ouest. Les Marocains ont inquiété la déïra d'Abd-el-Kader, qui a été obligé de passer sur la rive droite de la Malouïa. Cavaignac, qui s'est bien montré dans toute cette campagne, va l'attaquer par là. L'émir avait cherché à se jeter dans l'est. Bedeau et Marey veillent de ce côté. Le maréchal est à Tiaret, Lamoricière sur la Mina, Korte à Saïda, Renaud à El-Bordj, chez les Hachems. Je ne sais trop comment l'émir pourra échapper, et je suis sûr qu'il échappera. Eynard a battu les Kabyles de l'Ouarensenis, et moi, j'ai razzié les Méchaïas sous les yeux de Bou-Maza, qui se promène dans le Dahra sans oser entrer dans ma subdivision......

AU MÊME,

Orléansville, le 31 janvier 1846.

J'ai reçu hier ta lettre du 15 janvier, et les exemplaires du discours de notre frère. Je n'ai pas encore eu le temps de lire son histoire du barreau sous Louis XIV, malgré mon envie immense de jouir de son succès.

Bou-Maza a reparu dans ma subdivision. Il a fait

une razzia le 28, pour contre-balancer l'effet de notre vigoureux coup de main sur les Méchaïas. Le 29, il a tué sept hommes et blessé dix-huit à la colonne Canrobert que j'avais envoyée après lui. Les Arabes ont perdu beaucoup de monde, et entre autres le fameux Ben-Hinni des Beni-Hidjas. Le 30, le lieutenant-colonel Canrobert a atteint Bou-Maza, qui avait deux cents chevaux et quatre cents fantassins, et lui a tué cent vingt-cinq hommes et parmi eux des cavaliers influens. C'est une belle affaire. Le chérif s'est sauvé, mais j'ai peur qu'il ne se sauve trop loin, car demain, je pars avec une bonne colonne pour le prendre par derrière. J'ai envoyé ostensiblement des renforts à Canrobert, et je fais un grand détour pour surprendre le chérif par un côté où il n'attend personne.

Le maréchal court toujours après Abd-el-Kader, qui est partout et qu'on ne trouve nulle part. Il a fini par se jeter dans l'est pour détourner notre attention de sa déïra.

AU MÊME.

Orléansville, le 14 février 1846.

Cher frère, je reçois ta lettre du 30 janvier, tu ne connaissais pas encore ma nomination de commandeur dans la Légion d'honneur. Comment! personne du ministère ou de la chancellerie n'a pu te donner avis de la bonne nouvelle !....

L'émir se bat comme un désespéré qui joue son va-tout. Il a fait trente lieues dans une nuit, et a passé entre nos colonnes pour venir razzier nos alliés sur le Bas-Isser, à vingt lieues d'Alger. Il a été jusque près du Fondouck, et à sa place j'aurais poussé jusqu'à Alger. A présent, toutes nos colonnes convergent vers l'est, on marche, on court, et on ne trouvera plus personne. Cependant, Gentil et Blangini ont surpris le camp de Ben-Salem. Mais ce n'est pas assez, il faudrait un coup de tonnerre. J'étais sur le point d'entrer dans l'Ouarensenis, quand ces nouvelles sont venues m'arrêter. Je suis à Orléansville, attendant d'heure en heure le moment de sortir. Depuis trois jours la pluie tombe par torrents. Il faut pourtant tenir la campagne puisque l'ennemi la tient. Toutes ces nouvelles vont avoir un triste retentissement en France, où l'on s'alarme facilement, et où surtout, l'on crie beaucoup après cette pauvre armée d'Afrique.

Quelle guerre ! Ces Arabes, ce sont les chouans, les bons chouans de 94... Les chefs leur manquent heureusement, et l'union, car chaque tribu est un peuple qui agit selon ses passions, et dont la tribu voisine est souvent l'ennemie mortelle. Si l'Afrique entière se soulevait comme un seul homme, malgré les bavards qui disent qu'il n'y a pas de population, nous serions bien vite acculés à la mer.

On ne se doute pas en France de ce qui se passe ici.

Vois la catastrophe de Sétif : une armée gelée en Afrique! Il y a quatre jours, nous avions vingt degrés de chaleur, aujourd'hui, trois degrés de froid. Vous traversez un ruisseau à pied sec, pas une goutte d'eau pour mouiller les lèvres; dans deux heures, il y aura dix pieds d'eau : c'est un torrent qui ferme tout passage. et pas de bois, pas de fourrages, pas de maison, rien, rien ! Il faut tout porter avec soi. Nous faisons une guerre sans gloire, et qui nous coûte autant, en résumé, que la bataille d'Austerlitz.....

AU MÊME.

Orléansville, le 27 février 1846.

Le maréchal est retourné le 25 à Alger, où il a eu une entrée triomphale. Il avait bien gagné cette petite compensation; voilà cinq mois qu'il manœuvre par le vent, la neige, la pluie, le soleil et il a fait une guerre ennuyeuse, qui ne sera appréciée que par les Africains et les connaisseurs..... Abd-el-Kader a quitté la Kabylie, en laissant les Kabyles se débrouiller comme ils pourront. Ce n'est guère chevaleresque. Maintenant que va-t-il faire? Retournera-t-il à sa déïra? Va-t-il essayer de rentrer dans le Tell, et chez nous par quelque coin? Je me défie de lui, aussi j'ai hâte d'être dehors, de me montrer avec une belle colonne, et d'être prêt à me porter rapidement partout. L'Ouarensenis est dégarni, il pourrait bien se jeter par là.

Bou-Maza est malade, on le dit empoisonné. J'ai mis Canrobert devant lui avec douze cents baïonnettes et soixante-dix chevaux. C'est tout autant qu'il en faut.

Le temps nous favorise trop ; je crains qu'il ne se gâte. Pour les cultures, il faut de la pluie, mais pour la guerre il n'en faut pas. C'est bien difficile à arranger.

J'ai lu le discours de notre frère avec un vif plaisir. Te l'ai-je dit? Il y a du fond là dedans. C'est bien pensé et bien dit.....

AU MÊME.

Orléansville, le 7 mars 1846.

Cher frère, j'étais sorti pour aller châtier quelques tribus qui figurent sur ta carte, autour de l'Ouarensenis et au bas de ses pentes nord. Le ciel les a favorisées, je n'ai pu les attaquer qu'un jour, mais j'ai encore eu le temps de leur brûler bien des gourbis et de leur couper bien des arbres, puis le déluge est arrivé et je me suis dépêché de partir, car j'avais une rivière derrière moi, l'Oued-Harchoun. Bien m'en a pris, l'eau grossissait à vue d'œil et quelques heures plus tard j'étais bloqué.

Abd-el-Kader est rentré dans le Djurjura, où il prêche la guerre sainte aux Kabyles. Le maréchal est reparti d'Alger le 5. Il m'a écrit une lettre charmante et je crois te faire plaisir en en transcrivant quelques passages :

« Je suis très-heureux que vous ayez reçu la croix
» de commandeur de la Légion d'honneur, récom-
» pense bien due au mérite et à la continuité de vos
» bons services. J'aurais bien désiré que le ministre
» eût mieux traité, sous le rapport des récompenses,
» votre brave régiment qui a si activement coopéré à
» tout ce qui a été fait d'utile dans la subdivision d'Or-
» léansville, depuis que je vous en ai confié le com-
» mandement. Vous savez que je n'avais rien négligé
» pour obtenir du ministre qu'il accueillît favorable-
» ment les demandes que je lui avais présentées pour
» le 53ᵉ, dans mon travail du 5 janvier. Aujourd'hui
» je fais de nouveaux efforts auprès de lui, en lui
» transmettant les mémoires de proposition que vous
» m'avez adressés.

» Je profite de l'occasion pour vous dire que j'ai
» été on ne peut plus satisfait, pendant cette cam-
» pagne, du commandant Marguenat et des deux ba-
» taillons qu'il commande. Aussi, je les garde encore
» quelque temps. Je ne vois rien de mieux, ni même
» d'aussi bien autour de moi. M. de Marguenat a
» beaucoup d'entraînement et il sait le faire partager

» à ses bataillons, qui ont en outre un excellent es-
» prit de corps.

» J'espère, mon cher colonel, que cet exposé
» consolera le chef du 53ᵉ régiment, de tous les pe-
» tits chagrins que, dans cette qualité, il me confie
» dans sa dernière lettre particulière. »

Tu sais, frère, que dans la dernière distribution de croix, je m'étais plaint amèrement que mon régiment n'eût obtenu qu'une croix, la mienne est en dehors. J'ai renvoyé au maréchal les propositions non accueillies par le ministre, et il me répond ce que tu as lu.

Mon Abd-el-Kader à moi, Bou-Maza, dont je n'entendais plus parler depuis quelque temps, vient de reparaître chez les Ouled-Abdallah. Je pars demain pour aller au-devant de lui. J'ai donné ordre à Canrobert de manœuvrer pour le prendre entre nous deux. Je laisse derrière moi un embarras, et pour le combattre je suis forcé de m'affaiblir d'un bon bataillon du 64ᵉ, commandé par d'Aurelles. Je ne puis pas laisser le pays dégarni et ouvert aux attaques de Hadji-Séghir.

AU MÊME.

Au bivouac de Aïn-Titaouin, le 13 mars 1846.

Cher frère, j'ai dix minutes pour t'écrire quatre lignes et je me dépêche. C'est le dernier délai pour le courrier de France et l'Arabe est à cheval qui attend le paquet. Je me porte bien et je fais de bonne besogne, malgré la pluie et les giboulées de mars, que je retrouve ici absolument comme sur la place de l'Estrapade.

Le kalifat de Bou-Maza, Ben-el-Kabili, homme fort influent, est venu se rendre à mon camp. C'est un heureux événement ; cet homme me servira beaucoup. Les Ouled-Abdallah, Cheurfas et Ouled-Jounès, m'ont fait leur soumission que je crois sérieuse cette fois, parce qu'ils sont fatigués de Bou-Maza et de la guerre. Je les ai organisés en fortes smalahs et ils pourront se défendre s'ils ne sont pas des poltrons *esbobignés*, comme dit Rabelais.

Les Médiounas veulent aussi se soumettre et m'attendent pour cela. Je serai chez eux le 15. Si la colonne de Mostaganem me rejoint, nous finirons rapidement. Toute ma subdivision, située sur la rive droite du Chélif, est soumise aujourd'hui...

AU MÊME.

Au bivouac, sur l'Oued-Mogrelas (Dahra), le 18 mars 1846.

Je suis entré, le 14, sur le territoire des Médiounas (subdivision de Mostaganem) et j'ai établi mon bivouac à Sidi-Yacoub, sur l'Oued-Khamis. Tu vois cela sur la carte. Là, j'appris que Bou-Maza était à deux lieues de moi, au Ksâ, avec assez de monde. Il était trop tard pour marcher à lui. Mais le lendemain 15, laissant mon camp et mes bagages sur le Khamis, je partis avec quatre bataillons, deux obusiers et ma pauvre cavalerie, non pas forte mais faible de cent chevaux fatigués et je me dirigeai sur le Ksâ. Après deux heures de marche, je trouvai Bou-Maza devant moi sur les crêtes à ma droite, mais il ne me montrait que le quart à peu près de ses forces. Heureusement j'ai l'habitude de prendre mes mesures pour être prêt à tout événement et j'ai eu à m'en louer ce jour-là. Je donnai des ordres pour faire enlever les positions par le bataillon des zouaves. Le terrain était horrible, on ne pouvait gravir que péniblement. Ma cavalerie devait faire l'éventail dans la plaine et ramasser et rejeter sur moi, qui m'avançais au centre avec le 5e bataillon des chasseurs d'Orléans, les quelques cavaliers qui se montraient. Tout à coup Bou-Maza démasque quatre cents excellents chevaux et six cents Kabyles, et attaque ma cavalerie qui soutient bien le choc et me donne le temps d'arriver au galop. Les chasseurs suivaient au pas de course, mais hors d'haleine. Pendant un moment, nous avons été pêle-mêle et j'avais autant d'ennemis devant que derrière et sur mon flanc gauche, mais cela n'a pas duré longtemps. Nous avons repris la charge et pendant trois lieues Bou-Maza a été poursuivi et chassé de position en position. Mais le beau de l'affaire, c'est que Bou-

Maza a reçu une balle qui lui a fracassé le bras. Si j'avais eu cent bons chevaux de plus, il est probable que je le prenais. Mais, chevaux et hommes, nous étions tous exténués. J'ai tué beaucoup de monde au chérif, et mes pertes ont été minimes : un zouave tué, huit hommes blessés. Le capitaine Fleury, qui commande l'escadron des spahis, a eu son cheval tué sous lui : c'est le troisième depuis un an. Je suis rentré à mon camp où j'arrivais à sept heures du soir. Le lendemain, je suis venu bivouaquer sur le lieu même du combat de la veille. Il y avait encore des groupes nombreux d'ennemis sur les pitons, j'espérais un second combat. Ils ne sont pas descendus et j'ai commencé à couper de beaux vergers et à brûler de superbes villages sous les yeux de l'ennemi. Bou-Maza blessé s'est retiré chez les Beni-Zérouels. Il a laissé son kalifat, Bou-Alem, pour commander son goum, composé de toute la cavalerie du Dahra. J'attends demain les Médiounas à mon camp....

Abd-el-Kader a refait une pointe et une razzia au sud. Camou lui a repris les troupeaux et l'a poursuivi. Yusuf le poursuit, Renault le poursuit, tout le monde le poursuit, et personne ne l'attrape ni ne l'attrapera. Personne n'est dans les mêmes conditions que l'émir. Si on le prend jamais, ce sera un véritable hasard et non une combinaison. J'ai eu une chance pour le prendre à Bêda, en 1843 ; ce sont les ordres impératifs de Changarnier qui m'ont empêché d'en profiter. En voyant la position, le maréchal en est convenu lui-même.

AU MÊME.

Orléansville, le 1er avril 1846.

... Je vais coopérer à une expédition que commande le duc d'Aumale dans l'Ouarensenis. Il va chasser Hadji-Seghir et punir les tribus révoltées. Il aura sous ses ordres les colonnes Eynard, Pélissier et la mienne.

Notre expédition, qui ne durera que huit ou dix jours, n'est que le prélude d'une plus sérieuse, que le maréchal m'annonce pour la fin d'avril, avec quatre colonnes, dont la mienne. L'Ouarensenis dompté, nous irons dans le Dahra. Tu vois que j'ai de la besogne pour longtemps... Dehors, toujours dehors! Bou-Maza est décidément fort malade; son bras droit fracturé va mal: il sera au moins estropié.

Adieu, cher frère; je suis bien pressé, car je pars demain de grand matin, et j'ai encore des ordres à donner et des dispositions à prendre.

AU MÊME.

Orléansville, le 10 avril 1846.

Cher frère, je suis rentré hier soir à Orléansville avec ma cavalerie. J'avais laissé le prince, que j'avais rejoint le 7 à douze lieues d'ici, à Timaxouïn, et je suis revenu pour lui organiser un convoi de trente mille rations de vivres, que je vais lui conduire à M'Sakra, où nous nous réunirons encore le 12.

Jusqu'ici, notre opération dans l'Ouarensenis n'a pas produit de grands résultats. Le 4 et le 5, j'ai eu deux combats contre Hadji-Seghir, qui m'a opposé un millier de Kabyles et une cinquantaine de chevaux. Je l'ai chassé devant moi, et, dans les deux journées, je lui ai tué une soixantaine d'hommes. De mon côté, j'ai eu trois tués et six blessés.

Le 7, j'ai rejoint à Timaxouïn le prince, qui dans sa promenade n'avait eu qu'un léger engagement. Toutes les populations, tous les Kabyles se sont réfugiés dans le Grand-Pic, où le prince va les chercher maintenant avec ses quatorze bataillons.

J'ai été parfaitement accueilli par S. A. R. et son entourage. Beaucoup de bienveillance, de cordialité, une grande déférence à mes idées, J'ai dîné avec lui et son beau-frère, un prince de Cobourg, qui parle fort peu. Il voudrait beaucoup se battre. Je lui ai dit : « Restez avec moi trois mois, je vous procu-
» rerai ce plaisir-là plus souvent peut-être que vous
» ne le voudrez. »

Après avoir quitté les princes, j'irai encore dans le Dahra, où Bou-Maza reparaît avec son bras en écharpe. Je tombe de Hadji-Séghir en Bou-Maza, et toujours ainsi. J'ai fait prendre un nouveau chérif, qui commençait à prêcher dans ma subdivision, et je l'ai fait fusiller au milieu de la tribu qui l'avait reçu, et j'ai envoyé en France dix des gros bonnets de la tribu......

AU MÊME.

Au bivouac de Sidi-Khalifa, le 24 avril 1846.

Cher frère, tout souffrant que je'suis depuis quelques jours, je veux t'écrire quelques lignes pour t'annoncer une nouvelle affaire fort belle que j'ai eue ce matin contre le chef qui remplace Bou-Maza, que sa blessure met hors d'état de commander. Ce chef, homme vigoureux et intelligent, notre ennemi acharné, agha des Beni-Zerouels par Bou-Maza, se nomme Caddour-Ben-Naka. Je l'ai blessé et pris ce matin. Il ne reviendra pas de sa blessure ; la balle lui a fracassé le bras et a pénétré dans la poitrine. J'ai tué à l'ennemi une trentaine d'hommes restés sur le champ de bataille. Un rassemblement considérable s'était formé et attaquait Canrobert depuis deux jours; je suis arrivé ce matin et je l'ai dispersé. Si le terrain avait été meilleur, il ne s'en échappait pas beaucoup.

J'ai l'estomac et les entrailles en bien mauvais état. C'est ma maladie; j'en aimerais mieux une autre, celle-là est trop douloureuse. Me vois-tu à cheval et au galop, sautant des fossés avec des douleurs de damné? Vraiment il faut être de bronze ou d'airain pour supporter cela ; mais qu'y faire? J'en souffrirai jusqu'à ce que je ne souffre plus.

AU MÊME.

Au bivouac, sur le Khamis, rive gauche, entre les
Médiounas et les Achachas, le 30 avril 1846.

Depuis ma dernière lettre, cher frère, écrite sur le champ de bataille même du 24, j'ai encore eu une heureuse affaire le 28. J'ai fait une pointe jusque sur le bord de la mer, et j'ai surpris la queue des populations que je voulais rejeter sur la colonne de Pélissier. Je les ai vues de loin traverser le Khamis jusqu'à son embouchure. Mon camp était sur les plateaux qui dominent au nord les Achachas et les Cheurfas jusqu'à la mer, et au sud la vallée de l'Oued-Oukellal. Nous avons pris une trentaine de Kabyles, fait quelques prisonniers, entre autres un marabout des Achachas, conduit, disait-il, au combat par force et tombé par hasard vivant entre mes mains. Il va me conduire cette nuit même dans la retraite où se cache Bou-Maza depuis sa blessure. Je n'espère pas le prendre, parce qu'il se méfie trop et se garde bien, mais je veux en courir la chance.

Ernest Dufaÿ est en expédition avec moi. Il ne

me donne que de la satisfaction et sera officier bientôt. C'est un charmant sujet que je pousserai loin, parce qu'il répond à mes soins ; je souhaite que mon fils lui ressemble en tout.

Encore un misérable qui tire sur le roi ! J'espérais que, pour notre honneur, de pareilles infamies ne se renouvelleraient pas. Pauvre reine ! encore des chagrins ; elle en aura jusqu'au dernier jour. C'est cette affreuse presse qui cause tout cela. Tu vas voir, quelque jour, notre brave maréchal quitter l'Afrique abreuvé de dégoûts.....

AU MÊME.

Orléansville, le 8 mai 1846.

Je suis revenu dans mon gouvernement en toute hâte, pour organiser une colonne prête à faire face aux nouvelles éventualités qui nous menacent. Bou-Maza, se sauvant du Dahra devant moi, s'est réfugié dans l'Ouarensenis, qu'il va travailler de concert avec Hadji-Seghir. Ils agitent les tribus, et leurs menées vont jusqu'à Zatima et dans les montagnes entre Cherchell, Milianah et Ténès. Je dois donc être prêt à me porter, soit de ce côté, soit dans l'Ouarensenis, selon que ma présence sera plus utile d'un côté ou de l'autre.

Le maréchal arrive aujourd'hui sous Milianah, et entre le 10 dans l'Ouarensenis par l'est des Beni-Zoug-Zoug. Une forte colonne vient de Teniet-el-Hâad, Picouleau est avec le maréchal.

J'ai laissé Canrobert dans le Dahra, opérant avec sa colonne et celle du général Pélissier.

Abd-el-Kader est dans le Djebel-Ameur, avec huit cents chevaux de renfort, que l'on dit lui avoir été amenés de l'ouest par Bou-Hamédy. Il menace l'est et le sud. Cette année sera aussi laborieuse que l'autre, et bien plus difficile parce que le ciel nous a trahis. Il n'y aura pas de récolte. Tout est brûlé et perdu, et ce qui reste sera mangé par les sauterelles. Nos travaux ne marcheront pas, parce que nos bras seront en expédition continuellement. Il faut faire provision de force de toute espèce. Moi, je ne demande que de la santé, j'ai été vigoureusement secoué. Je vais mieux, je rentrerai en campagne le 12 ou le 14.

Voici un passage d'une lettre que le maréchal m'a écrite, pour me féliciter de mon combat du 24.

« Je vous prie de faire bien des compliments à vos
» braves officiers que je porte dans mon cœur. Si
» cette fois nous ne pacifions pas votre subdivision,
» ce ne sera ni de votre faute, ni de la mienne, mais
» surtout ce ne sera pas de la vôtre. Vous y avez tra-
» vaillé avec une énergie et une persévérance que je
» me plais à proclamer, et qui auront leur récom-
» pense. Adieu, mon cher Saint-Arnaud, que Dieu
» vous conduise et vous maintienne en meilleure santé
» que moi. »

Est-ce que notre frère ne songe plus à faire un pèlerinage à Orléansville? J'ai un joli cheval pour lui, il n'en aura jamais monté de meilleur. Il pourrait bien venir passer avec moi septembre et octobre, je lui ferais faire une petite campagne d'une dizaine de jours. J'aurais bien besoin de voir quelqu'un de vous pour me remonter un peu.

AU MÊME.

Orléansville, le 24 mai 1846.

Le maréchal est ici depuis hier, et il m'a fait revenir de mon camp pour me voir et causer. Il me témoigne plus de confiance que jamais. Je t'en donne la preuve, en t'envoyant l'extrait d'une lettre confidentielle écrite par le ministre en réponse à une lettre du maréchal. Tu verras comme je suis traité et placé :

« Je me rappellerai, Monsieur le maréchal, ce que
» vous me dites du colonel Saint-Arnaud, et vous
» pouvez être sûr que, lorsque l'occasion s'en présentera, je serai heureux de faire quelque chose
» pour celui que vous dites être *selon votre esprit et*
» *votre cœur*. C'est l'éloge le plus complet que vous
» puissiez faire de sa personne, et c'est certainement
» ce que vous pouvez dire de plus propre à me faire
» prendre un vif intérêt à son avancement et à son
» avenir. »

Le maréchal rentre à Alger, et c'est moi qui d'ici, parce que je suis malade, dirige les opérations de l'Ouarensenis, où il y a trois colonnes. Je retournerai prendre le commandement dans dix jours, lorsque je serai mieux. Le maréchal a demandé positivement à rentrer. Il est dégoûté, et il a raison.

Abd-el-Kader a fait massacrer nos prisonniers. Les officiers seuls ont été épargnés par les bourreaux, moins cruels que celui qui a donné cet ordre impie. Le maréchal est aussi furieux qu'affligé. Hadji-Seghir et Bou-Maza se sont sauvés vers le sud-ouest. Je n'en ai pas fini avec eux.

Je pars pour Ténès avec le maréchal. Je serai de retour le 27. Cette course va me fatiguer beaucoup dans l'état de santé où je suis, mais le maréchal le désire.....

AU MÊME.

Ténès, le 26 mai 1846.

Cher frère, cette lettre te sera remise par le lieutenant-colonel Canrobert, commandant supérieur de Ténès, dont mes lettres et les journaux t'ont souvent rappelé le nom [1].

---

[1] Le lieutenant-colonel Canrobert, dont il est si souvent question dans cette partie de la correspondance, est le général en chef qui a succédé au Maréchal dans le commandement de l'armée d'Orient.

C'est un des officiers de l'armée d'Afrique que j'aime et que j'estime le plus; vieille amitié de dix ans, qui date de la brèche de Constantine. Reçois-le comme un ami. Il te parlera de nos courses, de nos combats et des faits et gestes de la subdivision.

Canrobert m'a promis d'aller voir mon fils au collége, facilite-lui-en les moyens.....

AU MÊME.

Orléansville, le 28 mai 1846.

Avant de quitter Orléansville, j'ai eu avec le maréchal une longue conversation confidentielle de père à fils. L'excellent homme m'a raconté tous ses chagrins, tous ses déboires, tous ses griefs, et sa résolution inébranlable de quitter l'Algérie et de rentrer en France au mois de juillet. La demande positive est partie, et adressée à tous les ministres en particulier, et au conseil des ministres.

J'ai recu à Ténès une lettre du duc d'Aumale, qui m'annonce son arrivée à Orléansville du 1er au 5 juin. Il passera vingt-quatre heures avec moi ; toutes mes dispositions sont prises pour le recevoir.

Ensuite, je retournerai prendre le commandement de trois colonnes qui m'attendent dans l'Ouarensenis. Nous irons infliger une correction sévère et bien méritée, aux fractions insoumises des Beni-Ourraghs, que j'ai déjà rudement traités l'année dernière, au mois d'octobre. Cette opération terminée, je ramènerai mes troupes à Orléansville, et renverrai les autres chez elles, et après quelques jours de repos, j'irai à Alger par terre. J'y passerai une quinzaine de jours pour me remettre, changer d'air et prendre des nouvelles.

Lamoricière a demandé un congé de convalescence de six mois. Bedeau parle de rentrer. Le maréchal se retire. Qui mettra-t-on à toutes ces places si importantes, si difficiles à remplir? Cavaignac va faire l'intérim de la province d'Oran, Randon celui de la province de Constantine. Tout cela peut aller, mais la tête, la tête..... c'est ce qui me fait croire qu'on ne laissera pas partir le maréchal.

Abd-el-Kader, sentant qu'il n'a plus rien à attendre de sa déïra en lambeaux, se prépare à se jeter dans la Kabylie. En effet, il a encore par là son beau-père, Ben-Salem, et il a laissé dans l'est un petit dépôt. Ni Abd-el-Kader, ni Bou-Maza, ni Hadji-Seghir ne sont encore disposés à nous laisser tranquilles. S'ils font les morts à présent, c'est pour laisser aux Arabes le temps de faire leurs moissons, et de mettre leurs grains en silos. Ils recommenceront après.

J'ai remis une lettre pour toi au lieutenant-colonel Canrobert, mon ami intime et mon lieutenant de choix. Il va en France pour ses affaires, reçois-le bien. Mieux que personne il pourra te dire ce que nous avons fait.

AU MÊME.

Orléansville, le 14 juin 1846.

Le duc d'Aumale a passé deux jours chez moi et est, je crois, parti satisfait. Nous avons longuement causé de l'Afrique, et il m'a témoigné une grande confiance. En somme, il a été parfait pour moi et m'a fait beaucoup de compliments et de promesses. Je n'y compte pas plus qu'il ne faut, j'attendrai tranquillement et en philosophe. Le prince a laissé 500 fr. aux pauvres, 500 fr. à mon théâtre, 200 fr. à mes gens, 200 fr. à ma musique et 5 à 600 fr. de dons particuliers.

On dit, et ce bruit semble prendre quelque consistance, que Bou-Maza a été décapité par ordre de l'émir, qui l'a fait juger pour s'être fait passer pour sultan, avoir trompé les Arabes et s'être donné comme envoyé de Dieu. Les débats auraient duré trois jours. Il ne manquait à la fête que deux avocats de Paris. C'est un des épisodes les plus curieux de l'époque africaine que ce jugement et cette exécution, si tout cela est vrai.

AU MÊME.

Orléansville, le 20 juin 1846.

Je traîne, je suis souffrant, très-souffrant, je ne m'alite pas, je fais mes affaires et même je travaille beaucoup, mais je sens en moi tous les symptômes d'une inflammation d'entrailles. Les médecins m'ont ordonné de changer d'air, et leur ordonnance s'accordant avec les intentions du maréchal qui m'attend à Alger dans les premiers jours de juillet, je pars d'Orléansville le samedi 27 et je voyage à cheval et par terre. Je ferai cinquante-quatre lieues en trois jours : première journée à Milianah, vingt-deux lieues; deuxième journée à Blidah, dix-huit lieues; de Blidah à Alger, quatorze lieues. Si je suis fatigué, j'aurai la faculté de me reposer un jour à Milianah ou à Blidah. J'aime encore mieux cela que le voyage par mer qui me rend si malade. Il y aura plus de vingt mois que je n'aurai vu Alger.

Nos affaires de l'Ouarensenis ont été finies si vite et si facilement, que je n'ai pas eu besoin de m'en mêler, fort heureusement, car j'ai évité de la fatigue. J'ai laissé Répond[1], mon lieutenant-colonel, faire rentrer l'impôt et les fusils. Le général Pélissier

---

[1] Aujourd'hui général de brigade, commandant à Vincennes.

m'ayant écrit qu'il était assez fort avec sa colonne pour faire payer les Beni-Tigrin et les Beni-Ourraghs sans mon aide, j'ai expédié à ma colonne l'ordre de rentrer demain. Toute ma subdivision a payé l'impôt et les amendes exigées, versé ses fusils et nous sommes au calme plat. Si cela dure, nous allons faire de l'administration, de l'agriculture et des constructions.

J'assisterai à Alger au mariage de Mlle Léonie Bugeaud avec M. Féray, chef d'escadron aux chasseurs et officier d'ordonnance du maréchal. On dit que M. de Salvandy viendra exprès de Paris pour le mariage. Féray m'écrit aussi d'arriver et me dit gracieusement que Salvandy, son beau-frère, sera heureux de renouveler connaissance avec moi.

Le maréchal ne pense plus à quitter le gouvernement général. Il y a eu replâtrage avec les ministres. Il va seulement en congé à la fin de juillet, après le mariage de sa fille.

Nous avons les mêmes idées pour les chances, qui doivent amener pour moi ou retarder les étoiles. Il y a du pour et du contre, cela sera débattu en conseil. J'ai quelques titres, je suis bien placé, bien des voix s'élèveront pour moi. Le maréchal qui me propose m'appuiera à Paris. Cependant, je ne m'attends pas du tout à être nommé en 1846, j'ai trop peu d'ancienneté de grade. Comme toi, je m'abonne au mois de mai 1847 et ce sera très-beau. Renault et Blangini passeront cette année. Pour le moment on ne parle que de nous trois pour l'armée d'Afrique. Tout cela m'importe peu, si la santé de ma mère se soutient. J'aurai bien du plaisir à la revoir l'année prochaine, car je passerai au milieu de vous l'hiver de 1847....

AU MÊME.

Alger, le 5 juillet 1846.

J'ai été reçu par le maréchal comme si j'étais de la famille, accueilli parfaitement par M. de Salvandy qui est à Alger depuis vendredi avec sa femme, admis seul d'étranger à la table et dans les réunions des deux familles qui vont s'unir.

La visite de Salvandy marquera en Afrique, il est venu, il a parlé en ministre et souvent très-bien parlé. Il interroge, observe, étudie. Il va faire des pointes à Médéah et à Milianah, il poussera peut-être jusque chez moi. Ensuite il ira à Bone, à Constantine et à Tunis, et reviendra en France. Un ministre du roi aura, enfin, vu un peu d'Afrique. Salvandy me plaît beaucoup, c'est un homme de bonnes manières, de beaucoup d'esprit, sans nulle morgue. Il a dit à tout le monde, et à moi en particulier, des choses d'un à-propos charmant. L'Afrique est très-séduisante vue en passant par un beau soleil, au milieu des fêtes et sous l'impression d'un cœur satisfait.

AU MÊME.

Alger, le 15 juillet 1846.

Cher frère, je suis venu à Alger pour les fêtes et les bals, et j'ai trouvé la maladie et les souffrances. Depuis huit jours, je suis sur un lit de martyr. Encore une fois j'ai failli succomber à une inflammation du tube digestif. Pendant soixante heures je n'ai jeté qu'un cri, on m'a mis dans un bain de glace. Depuis trois jours je renais; tu me connais, je reviens vite, dans huit jours il n'y paraîtra plus.

Cette affreuse maladie tombait bien mal, non pour les fêtes dont je me soucie peu, mais le ministre est allé visiter Orléansville pendant que j'étais ici en proie à toutes les douleurs. Heureusement il est revenu enchanté, mais tellement effrayé de la chaleur étouffante qui brûle tout, que ni lui, ni le maréchal, ne veulent me laisser retourner avant deux mois et prétendent m'emmener aux eaux. Je ne veux pas quitter l'Afrique en ce moment, seulement je mettrai mon quartier général à Ténès pendant les chaleurs, et je respirerai l'air de la mer.

AU MÊME.

Alger, le 20 juillet 1846.

Avant-hier, à six heures du soir, le maréchal et sa famille s'embarquaient sur *le Caméléon*, pour aller à Cette, pendant que le ministre et la sienne montaient sur *le Montézuma*, pour aller faire une visite dans l'est. Au tumulte des cours, aux fêtes, aux banquets, succède un calme plat. J'en profite, me repose et me soigne. Ma santé va mieux, mais les forces se font attendre.

J'ai accompagné le ministre jusqu'à bord et j'ai été comblé de politesses par toute cette famille et de bontés touchantes par celle du maréchal.

Abd-el-Kader n'est pas tranquille, il se remue dans le Maroc, rassemble du monde, frappe des contributions. Je crois que le maréchal sera obligé d'aller de ce côté en octobre. On parle encore de Bou-Maza dans le Dahra et de Hadji-Séghir dans l'Ouarensenis. Qu'ils viennent, je les attends, seulement je voudrais qu'il fît moins chaud. Mardi 27, je m'embarque pour Ténès, où j'établirai mon quartier général pour éviter la fournaise d'Orléansville. Si nous sommes obligés de tenir la campagne en automne, comme cela est fort probable, je ne sais en vérité pas où nous bivouaquerons pour trouver de l'eau dans ma subdivision ; c'est une calamité !

AU MÊME.

Alger, le 27 juillet 1846.

Cher frère, le courrier de France part dans quelques heures, et j'ai juste le temps de t'embrasser, car il faut que j'aille à bord *du Montézuma* saluer M. de Salvandy, qui est en rade pour prendre ses lettres, et repart pour Oran et ensuite pour France. Le ministre me prend mon chef d'état-major, le commandant Courson, qui lui sert de cicerone, et l'emmène à Paris. Tu connais Courson par mes lettres; tu as vu son nom dans mes rapports. C'est un ami; il veut te serrer la main et voir mes enfants.

Nous avons déjà eu des lettres du maréchal et de sa famille. Il est maintenant à Excideuil, où il va s'occuper de sa réélection, qui lui est disputée par un médecin nommé M. Chavoix, qui gagne des voix chaque année, à la honte éternelle d'Excideuil. Vous n'êtes que des épiciers; les électeurs de France n'ont plus le sentiment patriotique. Je parie qu'ils ne nommeront pas Lamoricière. Quant au maréchal, il devrait être député de Paris par acclamation et de dix autres colléges.

Ma santé gagne avec mes forces; je pars demain pour Ténès.....

AU MÊME.

Ténès, le 1ᵉʳ août 1846.

Frère, me voici à Ténès depuis trois jours. Je suis chez moi, dans ma subdivision, dans mon gouvernement ; je fais les affaires, et j'en ai déjà réglé quelques-unes dont tu entendras parler, mais je ne suis pas content de ma santé. Ici l'air est pur, la température très-tolérable ; on peut travailler toute la journée et rester vêtu ; chez moi il fait frais, parce que je suis au premier étage pour aspirer la brise de mer, et avec tout cela je ne vais pas bien... Il faudra malgré tout retourner à Orléansville vers la fin du mois. Le général Magnan, mon inspecteur général, que j'ai vu à Alger, s'est annoncé pour cette époque.

On juge mal, à Paris, M. de Salvandy ; c'est un homme de beaucoup d'esprit, d'instruction, d'un grand mérite ; il a surtout celui de l'à-propos, et a donné ici des preuves de beaucoup de tact. On en est généralement enchanté en Afrique, même Bedeau. Moi, j'avoue qu'il m'a séduit ; peut-être est-ce parce qu'il a été parfaitement bien pour moi ?

AU MÊME.

Ténès, le 8 août 1846.

Je viens de recevoir ta bonne lettre du 24 juillet. Pauvre frère ! tu as souffert de l'inquiétude d'abord; puis de mes atroces douleurs. Ce n'est plus qu'un mauvais souvenir, ne nous en occupons plus. Je t'assure que je me soigne et que je n'ai nulle envie de mourir. Je sens un peu le prix de la vie; parce que je comprends que j'ai encore quelque chose de bon et d'utile à faire en ce monde.

J'entreprends en ce moment même une importante affaire dont le succès me fera honneur. J'essaye de résoudre cette grande question : Vaincre, punir, soumettre les Arabes par les Arabes seuls. Hier, sept cents chevaux et quatre cents fantassins, tous Arabes de diverses tribus, sous les ordres de l'agha des Sbéhas, Bou-Meddin, et de plusieurs chefs braves et entreprenants, ont dû attaquer les Ouled-Jounès et les Cheurfas, qui promettent toujours de payer l'impôt et ne payent pas; et ne sont soumis qu'à moitié: D'après mes ordres, ils les razzieront et m'amèneront des prisonniers. J'attends de minute en minute des nouvelles de ce coup de main. Je ne pouvais pas faire sortir de colonne par cette chaleur, sans exposer mes troupes à de grandes fatigues et peut-être à une catastrophe ; alors j'ai usé de mon influence sur les Arabes soumis pour les jeter sur les insoumis.

Tu as vu enfin Canrobert ; c'est un vrai Duguesclin qui a dû te convenir.

J'ai écrit à Dufay, au château de Launaguet, de me renvoyer son fils de suite. Il est porté sur le tableau d'avancement, mais il faut qu'il soit à l'inspection générale. Il a bien des chances d'être nommé sous-lieutenant.

Je te remercie pour les leçons d'équitation que tu fais prendre à mon fils ; il faut qu'il se brise et s'accoutume au cheval ; c'est bien important dans la carrière militaire. Cela m'a beaucoup servi ; il faut qu'un officier supérieur d'infanterie ou un officier de cavalerie n'aient jamais à s'occuper de leur cheval. C'est un triste général que celui qui ne peut pas aller voir par lui-même un terrain ou une position, parce qu'il est arrêté par un fossé ou une haie, ou qui perd une bataille parce qu'il n'a pas pu galoper assez rapidement pour réparer une faute de ses lieutenants ou profiter de celles de l'ennemi.

Je n'ose te parler du nouvel attentat sur la vie de notre pauvre monarque ; c'est à ne plus les compter ! Voilà les fruits du dévergondage d'idées de la presse et des harangues des ambitieux de la chambre ! Et la reine ! toujours là, près de la cible ! Voilà une véritable et grande majesté ; celle de la vertu résignée !

9 août.

Mon expédition arabe a parfaitement réussi, et j'ai atteint mon but. Mes trois bandes ont bien suivi les instructions que je leur avais données. Les Ouled-Jounès et Cheurfas ont été envahis de trois côtés, culbutés et razziés. On leur a tué vingt-huit hommes ; ils demandent l'aman. Je n'accorderai rien, si je n'ai des garanties sûres et des ôtages. Cette affaire sera du meilleur effet moral. A Alger, on critiquait mon projet ; on disait que mes Arabes seraient battus, ramenés, et que je serais forcé de sortir pour les venger. L'événement m'a donné raison, et je suis dispensé de sortir jusqu'au mois d'octobre.

AU MÊME.

Ténès, le 16 août 1846.

Cher frère, j'ai reçu ta lettre du 25 juillet. Comme nous sommes en retard et que d'événements nous ont dépassés ! Aux distances où nous sommes l'un de l'autre, on vit comme les écrevisses, à reculons. Les élections sont finies ; lisez les journaux de l'opposition, la victoire est tout à fait pour ce parti ; lisez les autres, il n'y a que des conservateurs de nommés,

J'espère, en fait, que ces derniers auront une imposante majorité. Comme les héros d'Afrique ont été traités ! Ni Lamoricière, ni Changarnier n'ont trouvé d'électeurs. Bedeau s'est habilement tenu à l'écart, et l'échec des autres fait ressortir son mérite et sa modestie. Il ne fera pas la faute de se mettre en avant ; il attendra le jour où il pourra être nommé par acclamation, sans candidature que son nom et sa réputation.

J'aborde le plus triste chapitre du monde, frère, ma santé. Elle s'en va, j'ai beau tout faire pour la retenir et la rappeler. Il y a chez moi une désorganisation incompréhensible que j'ai d'ailleurs déjà éprouvée. Je me trouve mal, le cœur me manque, je suis couvert d'une sueur froide, et cela cinq ou six fois par jour. Je me couche, je mange très-peu et digère mal. Je suis au vin de quinquina et aux bains. Cela ne va pas, c'est ce qui me fait désirer ardemment de passer général cette année, pour aller en France en janvier. J'ai vraiment besoin de l'air natal.

Dans quelques jours, je retourne à Orléansville. Croirais-tu que pendant mon séjour à Ténès, je n'ai pas été une seule fois me baigner à la mer ? Les médecins me le défendent, moi je n'ose pas, je souffre tant que je redoute tout. C'est une précieuse chose que la santé !

AU MÊME.

Orléansville, le 29 août 1846.

Cher frère, le courrier ne m'a pas apporté de lettre de toi. Tu étais probablement en route, roulant vers Royan ou Bordeaux. Voyage, c'est très-bien ; mais j'espère que dans tes loisirs campagnards tu m'écriras des volumes.

J'ai reçu une lettre du maréchal qui est fort satisfait de mon expédition arabe. Je crois effectivement que ce coup de main fera bon effet. C'est une heureuse idée que j'ai depuis bien longtemps, et dont je me propose d'user encore quand je pourrai le faire avec succès. Je viens de répondre une longue lettre au maréchal sur la situation du pays qui n'est pas très-rassurante. Le calme où nous vivons cache encore un orage. Après le Ramadan, qui finit le 22 septembre, nous aurons quelques mouvements et moi je serai, Dieu merci, aux avant-postes. Mon Bou-Maza rentrera probablement par les Flittas, et viendra se jeter dans le Dahra. Abd-el-Kader inonde les tribus de ses lettres ; de nombreux agents circulent et annoncent sa prochaine arrivée et celle de ses lieutenants. Tu penses quel malaise, quelles inquiétudes cela jette parmi les Arabes qui, tout fatigués qu'ils sont de la guerre, s'y préparent encore machinalement, parce qu'ils l'aiment et ne nous aiment pas.

Nous aurons donc probablement quelque chose, mais ce ne sera ni long ni sérieux. Au surplus, je suis tout prêt. Le 15 septembre, je recevrai d'Alger trois bataillons de renfort, ce qui me fera dans ma subdivision huit bataillons et deux escadrons. Avec cela je brave Abd-el-Kader et ses lieutenants, et l'empereur de Maroc par-dessus le marché. A la fin de septembre, j'irai établir à Aïn-Méran, dix lieues d'Orléansville, un joli camp d'observation de quatre bataillons et deux escadrons, et nous attendrons les événements.

AU MÊME.

Orléansville, le 11 septembre 1846.

Je suis dans mon coup de feu : inspection générale et préparatifs d'expédition. Le général Magnan, mon inspecteur général, arrive demain. Les nouvelles sont toujours graves. Abd-el-Kader et Bou-Maza s'agitent et agitent toutes les tribus. L'influence d'Abd-el-Kader grandit tous les jours dans le Maroc, et mine le pouvoir ébranlé de l'empereur. Nous aurons peut-être un second Isly. Le Dahra n'attend que Bou-Maza. Je voudrais bien pouvoir jeter le Dahra dans la mer. Ce ne serait pas une grande perte pour l'Afrique, et ce serait un grand débarras pour nous. Voilà des montagnes qui m'auront bien fait courir;

j'aime mieux la pelouse de Taste, et je voudrais pouvoir me mêler à vos parties de cheval. J'envie ton sort, ici nous avons eu trois ou quatre orages terribles, des ouragans, des inondations. Le Teghaout, ruisseau à sec pendant neuf mois de l'année, a emporté son pont, et a failli m'enlever avec cinq ou six hommes que j'ai eu bien de la peine à rattraper. Je n'ai jamais été aussi mouillé de ma vie, et à onze heures du soir et par une nuit noire comme le diable, quand il est noir, car il y en a de roses.....

Ernest Dufaÿ vient d'arriver, il m'a beaucoup parlé de mes enfants. Comme cela redouble mon désir de les voir et de les embrasser ! Écris-moi de Taste de longues lettres, tu en as le loisir..... Le collége Henri IV a encore été battu au concours. Alfred a eu la consolation de faire valoir ses prix d'honneur. Salvandy avait bien débuté dans son discours et Naudet m'a paru très-convenable.

AU MÊME.

Orléansville, le 19 septembre 1846.

Canrobert, qui est venu ici prendre mes ordres pour les opérations que je vais entreprendre, m'a apporté des lettres de ma mère, de ma fille et de mon fils. Il a vu à Paris le duc d'Aumale qui lui a parlé de moi dans les termes les plus flatteurs. Il lui a dit qu'il me regardait comme l'un des meilleurs officiers de l'armée d'Afrique, que j'avais beaucoup grandi dans mon commandement d'Orléansville, et que dans une grande guerre il aurait confiance en moi. Enfin, il a ajouté : « C'est un homme qui ira loin » et qui sera toujours à la hauteur des positions qu'on » lui donnera. » Voilà, frère, de bonnes graines pour l'avenir. Je vais m'efforcer de les faire pousser vite en m'occupant des affaires du pays. Je mets mes colonnes en mouvement les 23 et 25, et le 27 je serai établi à Aïn-Méran avec tout mon monde.

Le général Magnan[1] est parti hier pour Milianah, après avoir achevé son inspection. Je l'ai eu chez moi huit jours avec sa suite. Il y a eu soirée et spectacle. Orléansville était en fête et le régiment superbe. Le général a laissé en partant un ordre du jour comme je n'en avais pas encore vu. Les instructions données aux lieutenants généraux inspecteurs leur interdisent presque les éloges. Le mal doit être signalé, mais ordinairement on se tait sur ce qui est bien, parce que tout est censé devoir être bien. Et cependant le général Magnan a cru devoir témoigner hautement sa satisfaction dans son ordre du jour, qui ne peut manquer de faire quelque bruit au ministère. Cette inspection me fera plus de bien qu'une victoire. On aime peu les victoires dans les bureaux de la rue Saint-Dominique. Le général Ma-

---

[1] Aujourd'hui maréchal de France.

gnan est un homme de mérite, très-militaire, connaissant parfaitement son métier, et passant admirablement une inspection générale. Il voit tout, voit bien et ne tourmente personne. C'est de plus un homme superbe, portant ses cinquante-six ans comme quarante.

Les nouvelles sont toujours les mêmes. Les Arabes croyaient voir arriver de suite l'émir et Bou-Maza. Comme ils ne sont pas venus, il y a eu une petite réaction pacifique dont je ne suis pas dupe. Ils ont peur, et en attendant leurs chefs, ils cherchent à nous abuser par une fausse tranquillité. Je suis sur mes gardes et vais prendre position au milieu de leur pays. Deux bataillons du 38e arrivent demain à Orléansville, avec deux cent cinquante hommes du 22e qui passent au 53e avant de rentrer en France avec leur drapeau. C'est une mesure qui a des inconvénients sérieux. Les soldats que l'on condamne à un séjour si prolongé en Afrique, ne sont pas tous disposés à prendre la chose philosophiquement. Beaucoup sont morts nostalgiques, d'autres sont malades, et tous mécontents. Je tâcherai de relever un peu le moral de ceux qui sont échus en partage au 53e. Je leur ferai demain un petit speech pour leur donner du courage. Pauvres gens, qui croyaient revoir leur mère, leur frère et la France! Je les plains! Pour moi, rien ne m'arrêtera en 1847, à moins qu'on ne se batte sérieusement.

AU MÊME.

Orléansville, le 26 septembre 1846.

Taste me fait du tort, cher frère, tes lettres sont plus courtes qu'à l'ordinaire. Moi, je suis dans les combinaisons et dans les préparatifs. Je quitte demain Orléansville avec ma cavalerie, pour aller m'établir à Aïn-Méran. Mon infanterie et mon artillerie sont déjà parties hier avec les *impedimenta* de la colonne. Tout le monde sera installé demain soir, la colonne de Ténès m'aura rejoint. On parle d'assassinats sur la route de Tlemcen à Oran, de communications interceptées, de convois attaqués. Je crois qu'il y a beaucoup d'exagération dans tout cela, mais il peut y avoir un peu de vrai, et un peu c'est trop.

Le maréchal ne reviendra donc en Afrique que dans les premiers jours de novembre, si les événements lui permettent d'attendre jusque-là. Nous ne sommes pas nos maîtres dans ce pays. Il y a quelque chose, ici, de plus fort que la volonté des hommes raisonnables, c'est le caprice et la folie des Arabes. Ils payent cher cette folie, sans doute, mais ils ne nous font pas moins courir quand ils veulent. Aussi je vais me promener au nord et au nord-ouest pendant un ou deux mois, et ensuite il me faudra revenir au sud châtier une fraction des Beni-Ourraghs, qui a razzié une tribu de ma subdivision. Ces Beni-Ourraghs sont de la subdivision de Mostaganem, mais si loin, qu'ils sont en dehors de toute action de la part de nos troupes. Par exemple ils sont à dix lieues de moi, et ils s'en apercevront un de ces matins.

Je t'ai parlé de mes hyènes, *Marie* et *Fanny*. Elles sont superbes et bien apprivoisées. J'attends deux lions. Ajoute pour compléter ma ménagerie trois gazelles, quarante canards, vingt-neuf oies, douze dindons des gangas et une foule de poules et de pigeons... Adieu, je vais présider la commission consultative, concéder des terrains, délibérer et voter.

AU MÊME.

Aïn-Méran, le 10 octobre 1846.

Mardi 13, je compte partir d'Aïn-Méran pour aller me montrer chez les Cheurfas, qui ne se décident pas à payer leurs impôts. Au moment où je t'écris, j'ai une expédition arabe occupée à razzier les Ouled-Abdallah. Ils étaient trop loin et dans un trop mauvais pays, je les fais attaquer par mes alliés. Je pousse activement mes travaux d'Aïn-Méran; c'est ma création, mon idée. Position militaire magnifique, qui me servira de magasin et de point de ravitaillement en cas de guerre. Je mettrai là dedans quelques Arabes bien dévoués, qui, avec l'agha et de bons chefs, me materont les Sbéhas et auront toujours l'œil ouvert sur le Dahra. Mon cercle de Ténès sera hors d'état de remuer, se trouvant pris à l'ouest entre Aïn-Méran, sa limite, et Ténès. Je veux d'ailleurs que tous les aghas et tous les caïds aient ainsi de petits forts construits par nous, pour se créer un refuge en cas de besoin, où les fidèles viendront se grouper autour du chef. Je donne l'idée et l'exemple. Ces forts ne peuvent rien contre notre canon, et ils peuvent tout contre les Arabes, qui y passeraient plus de temps que les Grecs au siége de Troie.

AU MÊME.

Aïn-Méran, le 21 octobre 1846.

Je suis revenu hier de mon expédition chez les Cheurfas. En trois jours je leur ai fait trois razzias, tué trente-six hommes, pris une quarantaine, brûlé les gourbis, vidé les silos. Ils n'avaient jamais voulu paraître devant des Roumis, et sont venus à mon camp en suppliants. Ils n'avaient jamais payé d'impôt à personne, ils ont tout acquitté, et je crois qu'ils ne songeront plus à la révolte. Je n'ai eu besoin que de passer huit jours chez eux, mais avec la *colonne infernale*. C'est le nom que donnent les Arabes à la colonne d'Orléansville ou d'El-Esnam, comme ils l'appellent.

Dans quelques jours, je rentrerai à Orléansville. Mes travaux d'Aïn-Méran seront terminés dans les premiers jours de novembre, et j'aurai fait là quelque chose de bien et d'utile. Avant trois ans, tous mes aghas seront logés ainsi dans de bons petits forts d'où ils domineront le pays. Il faudra que mes caïds aient aussi leur maison fortifiée...

On dit que le Maroc arme sérieusement contre l'émir; c'est bien, s'il est le plus fort. Si Abd-el-Kader triomphait, nous aurions une belle guerre ; le fils de Mahi-ed-Din détrônerait Muley-Abderrhaman : il y a longtemps que c'est son rêve et son but.

AU MÊME.

Orléansville, le 30 octobre 1846.

Nous avons failli être brûlés à Orléansville. J'y étais revenu heureusement pour le courrier samedi dernier, lorsque le feu a pris à mon magasin à orge, à quelques mètres de mes magasins de foin et de paille. Si le vent, qui, dans l'année, souffle trois cents jours sur trois cent soixante-cinq de l'ouest, avait eu sa direction habituelle, nous perdions tous nos approvisionnements et peut-être nos maisons. Mais Dieu soufflait nord, et, dans la crainte d'un changement subit, nous avons fait des efforts surhumains, et nous avons réussi à ne perdre que quelques centaines de quintaux d'orge et un toit de magasin à refaire. Je suis au lit ; j'ai eu chaud, j'ai eu froid ; j'ai été mouillé par les pompes, brûlé par le feu, et mes affreuses douleurs d'entrailles m'ont repris avec la même violence qu'à Alger. Aujourd'hui je vais mieux, je suis en convalescence, et il faut que je me dépêche de reprendre des forces, car je dois installer l'agha dans son bordj, à Aïn-Méran. Il sera terminé le 10 ou le 12. De là, j'irai à Ténès inspecter l'atelier du boulet, pour lequel le ministre me presse, puis je recevrai le général Vaillant, inspecteur général du génie, qui m'est annoncé, et que je suis bien aise de voir. Il faut que j'obtienne de lui de l'argent pour mes travaux. Je le connais un peu de Paris.

Pendant que le feu brûlait et menaçait ma ville de bois, l'eau envahissait mes travaux de la prise d'eau de Tighaout et me retardait encore de quinze jours. Chaque orage, je suis dans les transes, et cependant j'ai besoin d'eau pour ma prairie ; chaque cri, chaque rumeur de soldat me donne des inquiétudes : je crains quelque accident. Je veux trop bien faire et trop de choses, et je prends tout trop à cœur ; c'est le propre des âmes généreuses, mais ces âmes-là ne vivent pas longtemps ; elles s'usent trop vite et je le sens, mais il n'est plus temps de se changer.....

AU MÊME.

Orléansville, le 7 novembre 1846.

Il est écrit que ma subdivision doit toujours lutter contre quelque chose. Les Arabes sont vaincus, la situation politique est excellente, voilà que les éléments me déclarent la guerre, une guerre acharnée. Il y a quelques jours, c'était le feu ; je combats et je reste maître du champ de bataille, mais je vais me coucher avec la fièvre ; aujourd'hui c'est l'eau, mais quelle eau ! des cataractes, un déluge ! Le Chélif, où il n'y a pas d'eau presque pendant six mois de l'année, est un maître fleuve quand il s'en mêle, et roule comme le Rhin, le Rhône ou la Loire. Enfin, pendant trente heures d'angoisse, nous avons lutté contre la fureur des eaux, qui ont enlevé une maison et trois baraques, et détruit nos jardins. Mais la proie que voulait le Chélif, montant de quatre mètres en quelques heures, c'était notre pont que les eaux auraient entraîné jusqu'à Mostaganem. Déjà la pile du milieu avait marché vers l'ouest ; le pont cintrait, tremblait et craquait sous mes pieds, car je ne l'ai pas quitté une seconde. Enfin la pluie, qui durait depuis soixante heures, a cessé ; le Chélif est rentré dans son lit aussi vite qu'il en était sorti, et notre pont nous est resté..., mais bien avarié. La circulation des voitures est interrompue, et maintenant il faut s'ingénier pour réparer et résister aux premières crues. Je fais mettre des brise-lames en avant des piles, et je m'appuie sur ce désastre pour demander qu'on nous construise un pont en pierre. Je n'ai pas fini: pendant que nous luttions contre le Chélif, l'ouragan s'abattait aussi terrible sur Aïn-Méran, et un vent furieux du nord-ouest, accompagné d'une pluie torrentielle, me causait de graves avaries à mon bordj, à la veille d'être terminé. Les travaux sont retardés d'au moins trois semaines; j'ai envoyé un bataillon de renfort. Ma prise d'eau a été aussi détériorée par les eaux du Tighaout, qui ont suivi la progression de celles du Chélif. Voilà quatre fois en deux mois qu'il faut recommencer des travaux qui, avec deux jours de plus, sans pluie, étaient terminés. Tous ces assauts m'ont trouvé ferme de corps et d'esprit pendant la lutte; mais quand tout a été fini, les mesures réparatrices prises, les ordres donnés, la nature a repris ses droits, l'arc s'est détendu et j'ai encore été retrouver mon lit de douleurs, d'où je suis sorti hier pour faire six lieues à cheval.

Je viens d'avoir la visite d'un aimable et sérieux touriste, tombant du Caucase à Orléansville, le comte de Suzannet, fils du général vendéen. Il a passé six jours chez moi, et a assisté à nos combats pour sauver notre pont. Il est parti ce matin par terre pour Mostaganem, fort satisfait, je crois, de l'Afrique et de nous.

AU MÊME.

Orléansville, le 21 novembre 1846.

Je ne figure pas dans les promotions de généraux, et je ne m'étonne pas qu'on m'ait préféré Herbillon ; il avait deux ans de grade de plus que moi et a rendu des services ; il a toujours été dans des positions spéciales et en évidence. C'est justice, et je n'ai qu'une chose à dire, c'est qu'on aurait bien dû en faire deux, lui et moi. Le maréchal a compris que je devais être peu satisfait, et voici ce qu'il m'écrit : « Mon cher
» Saint-Arnaud, vous n'avez pas été des élus ; vous
» étiez cependant placé, dans mes présentations,
» avant le colonel Herbillon. Sans doute le ministre
» aura trouvé que vous n'aviez pas encore assez
» d'ancienneté de grade. C'est un retard dont il faut
» prendre gaiement votre parti ; vous êtes en posi-
» tion pour que cela ne vous échappe pas, et quand
» vous l'obtiendrez, il y aura une plus forte majo-
» rité pour approuver. Mille amitiés... »

Le maréchal vient à Orléansville dans quelques jours. Il m'annonce son arrivée pour le 24 et celle de quatre députés.

Je suis dans les cultures jusqu'au cou, je fais de la colonisation. On laboure, on ensemence le plus possible, de manière à pouvoir exporter des grains hors de la subdivision. Ce serait un assez joli tour de force après nos malheurs en récolte cette année. Ma ferme aura plus de six cents hectares ensemencés en orge. C'est admirable... soldat laboureur !

Tous mes travaux, Aïn-Méran, pont, prise d'eau, routes et postes télégraphiques, marchent de front et assez bien. Pas de nouvelles politiques, nous sommes au calme plat, nous pouvons faire de l'administration.

AU MÊME.

Orléansville, le 29 novembre 1846.

Voilà cinq jours que mon esprit, mes jambes et mes chevaux ne débrident pas. Le corps est moins fatigué que l'esprit, mais tenir tête à un maréchal qui aime à parler, à quatre députés et deux journalistes qui interrogent sans cesse, *ab hoc et ab hâc*, c'est trop, je suis rendu... Or donc, je suis parti, mardi 25, pour aller chercher le maréchal à l'Oued-Fodda avec un escadron. Nous nous sommes rejoints dans la journée et nous avons dîné et bivouaqué ensemble. Je l'ai trouvé un peu souffrant et je l'ai laissé hier bien portant. Il attribue cet heureux effet au contentement qu'il a éprouvé dans ma subdivision. Il avait avec lui MM. de Tocqueville, de Lavergne, Béchameil et Plichon, députés, et de Broë et de Bussières, gens de lettres (*Débats* et *Revue des Deux Mondes*). M. de Tocqueville posait un peu pour l'observation méthodique, profonde et raisonnée..... Nous avons eu trois repas homériques de dix-huit couverts chacun, réception et entrée royale à Orléansville, canon, troupes en haie, illuminations, spectacles, etc. Il ne manquait que les tours de Fagotin. Mes hyènes y ont suppléé, elles ont eu un succès fou. *Marie* et *Fanny* auront peut-être leur article dans *les Débats* et *la Revue*. Après déjeuner, jeudi, on s'est divisé en deux bandes. MM. de Tocqueville, Béchameil, Lavergne et Bussières, sont partis pour s'embarquer à Ténès. Le maréchal, MM. Plichon et de Broë sont venus avec moi à Aïn-Méran, d'où ils se dirigent sur Mostaganem. Je suis rentré à Orléansville et je repars lundi pour Ténès. Le Juif errant n'était qu'un fainéant!

AU MÊME.

Orléansville, le 5 décembre 1846.

J'ai terminé à Ténès où j'ai passé trois jours mon inspection du boulet n° 8. J'ai installé mes trois bataillons sur la route de Ténès et j'ai jugé, avant-hier, trois affaires fort importantes en cour suprême, robe rouge. Maintenant je me repose dans les détails d'administration, d'agriculture et de travaux de toute espèce. A la même époque, l'année dernière, j'avais cinq cents malades dans mon hôpital. Aujourd'hui j'en compte cent trente-huit. Il est vrai que nous avons eu moins de fatigues cette année. Mes malades sont dans leur hôpital neuf, c'est un palais.

Ne me parle plus ni de paix ni de guerre. Cela m'attriste ; faire la grande guerre en Europe était un de mes rêves et je vois que cela restera à l'état de rêve. C'est dommage, je crois que je me serais bien battu et que j'aurais bien fait battre les autres. Malgré tout, j'en aurai encore plus fait et plus vu que presque tous mes collègues, les colonels de l'armée et même la plus grande partie de mes futurs collègues, les généraux. Voilà quatre ans que je suis général.... au petit pied, c'est vrai. Mais, enfin, j'ai commandé de petites armées bien complètes et livré de petites batailles bien gentilles, où l'on se faisait tuer bravement...

AU MÊME.

Orléansville, le 12 décembre 1846.

Frère, ta lettre du 30 novembre, que j'ai là sous les yeux, a toutes les peines du monde à m'empêcher de geler. Je n'ai que le cœur de chaud, la Russie a fait irruption à Orléansville. On ne sait plus comment l'on vit et où l'on vit.

La politique me fait venir l'eau à la bouche, à l'idée d'une petite guerre. Mais non, nous paraderons, protocoliserons, verbaliserons et de guerre point. Notre roi pacifique n'entend pas de cette oreille. O duc d'Orléans, où es-tu ? Il aurait peut-être entraîné l'armée et l'opinion de la nation.

Tout cela sent le rêve ; revenons au positif. J'attends la fin de janvier avec calme, bien qu'il y ait des propositions nouvelles et une promotion possible, quoique mes étoiles doivent encore reparaître ou filer. Tout le monde dit que je serai nommé ; mais si je suis rejeté encore en mai, je n'en mourrai pas. Morris et moi sommes désignés par l'armée d'Afrique pour faire partie de la première promotion ; cette *vox populi* est déjà quelque chose. Si je suis nommé avec Morris, ce sera double joie. En tout cas, je suis philosophe, je possède l'*œs triplex* à l'endroit des événements du monde et du caprice du sort. Quand, aujourd'hui que je suis plus souverain que des principicules du Nord ou le duc de Modène, je me sens triste, ennuyé, je redescends vingt ou vingt-cinq ans, et je trouve des éphémérides charmantes dans les souvenirs de ma jeunesse aventureuse, et je renais au passé ! Si le mariage veut encore de moi, il me trouvera ; autrement je prends mon parti et je vis en garçon. Tu me laisseras bien aller me chauffer chez toi quand il fera froid comme aujourd'hui, partager ton coin du feu et ton pot-au-feu, quoique je ne l'aime guère ! Comment vont mes enfants ? Je voudrais bien les voir, on les dit si grands. Adieu, cher frère ; finis bien l'année, commence bien l'autre, et embrasse tout notre monde à la fin et au commencement.

AU MÊME.

Orléansville, le 29 décembre 1846.

Il faut que je sorte d'ici à quelques jours pour aller corriger les Ouled-Abdallah, qui viennent d'assassiner leur caïd, nommé et installé par moi. Ce pauvre Ben-Mjéad était bien le plus intrépide brigand de ma subdivision ; je l'avais lâché sur d'autres qui valaient encore moins que lui, et voilà qu'ils l'ont embrassé d'un côté et tué de l'autre. C'est historique ; le tigre Ben-Mjéad a bondi ; puis, frappé de nouveau, il s'est abattu, puis il a été littéralement déchiré, déchiqueté, et ses lambeaux jetés sur un fumier ; son douair, sa smalah pillés et ses femmes mises nues : voilà les gentillesses arabes. Compte les assassinats de chefs nommés par nous qui ont eu lieu et que j'ai punis dans ma douce subdivision depuis deux ans ! Deux aghas..., je ne saurais compter les caïds et les cheicks. Les deux fractions coupables des Ouled-

Abdallah se sont réfugiées dans des ravins inextricables, près de la mer ; j'irai les y chercher, et ils ne m'échapperont pas. Je ne puis y aller maintenant ; les chemins sont impraticables ; il me faut au moins huit jours sans pluie. Ce répit forcé leur donnera de la confiance, et j'en aurai meilleur marché. Tu vois, frère, que je vais commencer l'année 1847 en guerroyant comme à l'ordinaire. Il est écrit que nous ne pourrons pas rester tranquilles. Malgré cela et le mauvais temps, mes travaux marchent... Mes boulangers me donnent de l'ennui ; il n'avaient pas fait d'approvisionnements, parce que les farines étaient chères, et aujourd'hui ils me laissent presque sans pain. Les honnêtes gens sont venus par terre à Alger, disait Rovigo en parlant des civils : il avait certes raison.

Mon ami, le lieutenant-colonel d'Allonville, est à Paris. C'est un vieux et intime camarade dont le nom t'est familier. Il veut aller saluer notre mère et te voir, ainsi que mes enfants. Il te plaira.

Voilà encore une année finie, frère, et l'autre finira de même et nous serons toujours séparés, ballottés chacun de notre côté, sans bonheur, sans existence véritable. Ce n'est pas vivre que de marcher toujours vers un but, qui s'éloigne à mesure que l'on monte. Je vois bien que je suis africain à perpétuité. Mon Dieu, ce n'est peut-être pas un mal, mais je voudrais vous voir tous les ans un peu ; nous verrons ce que nous destine 1847.... Envoie partout, en mon nom, de bons souvenirs aux amis et embrasse cordialement tous les nôtres. Je suppose que vous vous réunirez tous vendredi à la Madeleine. Je saurai que vous y pensez à moi et que vous y buvez à ma santé, je serai de cœur avec vous et je ferai de même à Orléansville.

AU MÊME.

Orléansville, le 8 janvier 1847.

Je reçois à la fois tes deux lettres, frère, c'est un affreux malheur que la mort de notre pauvre beau-père. Je n'y étais pas préparé[1]. J'en suis encore comme étourdi, je pense à ma mère, à son désespoir, et son courage, sa résignation m'effrayent.....

Voilà toute notre vie changée peut-être, nouveaux projets, nouveaux arrangements qui ne tarderont peut-être pas à nous rapprocher et à nous réunir, et c'est ce que je désirerais le plus au monde.....
Nous avons un ami de moins à vénérer et à aimer. Resserrons-nous et aimons-nous mieux, s'il est possible.

---

[1] M. de Forcade venait de succomber à une attaque d'apoplexie foudroyante.

A MADAME DE FORCADE.

Orléansville, le 8 janvier 1847.

Je ne viens pas chercher à te consoler, mon excellente mère, mais je viens m'affliger et pleurer avec toi. Tu as perdu un bon et loyal mari, et nous un ami vénéré et chéri. Plus près que moi des événements, le coup vous a frappés plus fort, mais mon cœur l'a ressenti vivement. Je n'étais pas plus que vous préparé au malheur qui nous atteint. Je croyais mon pauvre beau-père content et bien portant, et il n'était déjà plus.... Je me débats ici dans une cage et tout mon être est à Paris.... Dans quelques jours écris-moi quelques lignes, pour me dire que le malheur t'a trouvée calme et forte, et que tu t'appuies sur tes enfants qui se sont si longtemps appuyés sur toi.....

A M. ADOLPHE DE FORCADE.

Mon pauvre frère, comme je suis malheureux de ne pouvoir te presser sur mon cœur et pleurer avec toi notre bon et respectable père. Quelle affreuse surprise ! Quel coup inattendu ! Deux fois, j'ai relu les lettres de mon frère sans les comprendre et sans y croire, puis j'ai pensé à la douleur de notre mère, à la tienne, et j'ai gémi comme un enfant. Il ne souffre plus et nous protége de là-haut, mais nous le regretterons et le pleurerons toujours. C'était un digne et loyal caractère, plein de noblesse et d'élévation.... Notre mère, notre pauvre et excellente mère.... nous devons nous unir tous les trois pour endormir sa juste douleur et la rendre aussi heureuse qu'elle l'était avec celui que nous pleurons....

A M. LEROY DE SAINT-ARNAUD, AVOCAT A PARIS.

Orléansville, le 15 janvier 1847.

Le courrier ne m'a rien apporté de toi, frère, j'ai reçu de mon pauvre frère Adolphe quelques lignes pleines de douleurs et de larmes, ma mère aussi avait ajouté quelques tristes paroles. Le temps seul portera remède à ces maux-là. J'ai écrit le dernier courrier à ma mère et à mon frère ; nos lettres se croisaient.....

Je fais continuer mes plantations autour d'Orléansville, je planterai cette année plus de quarante mille pieds d'arbres de toute espèce et beaucoup de vignes. Je fais faire aussi une promenade en hippodrome qui sera remarquable. Si je restais encore deux ans ici, nous aurions vraiment quelque chose de bien. Mais ces occupations ne sont pas la guerre et je n'y suis pas de cœur et d'âme. J'ai des moments de nostalgie qui me prennent à la gorge et m'étouffent. Je crie après la France, après vous.....

Bou-Maza cherche à soulever des tribus dans l'est. Nous l'avons usé par ici, et je ne crois pas qu'il ose revenir. Mes Ouled-Abdallah sont fort effrayés, ils se cachent et font demander l'aman. Ils n'échapperont pas au châtiment.

AU MÊME.

Orléansville, le 5 février 1847.

C'est le cœur déchiré et le désespoir dans l'âme, que j'ai à t'apprendre aujourd'hui un affreux malheur. Ernest Dufaÿ était atteint depuis quelques jours d'une indisposition que l'on attribuait à la petite vérole volante. C'était la petite vérole elle-même avec toute sa malignité. Mon pauvre Ernest, que j'aimais comme mon fils, a succombé avant-hier à midi. Ni tous les soins dont je l'ai entouré, ni mes prières ne l'ont arraché à cet affreux destin. Que dire à mon ami? Que dire à ce père qui m'a confié ses deux enfants chéris? Je lui ai rendu l'un bien gravement malade et l'autre est mort dans mes bras. S'il avait été frappé d'une balle à mes côtés, mon chagrin aurait été moins grand. Il était soldat, c'était son métier. Mais mourir ainsi, à vingt-quatre ans! Frère, Henri est mon plus ancien, mon meilleur ami, je comprends toutes les angoisses qui vont le torturer et j'en souffre avec lui, autant que lui. C'est une triste commission que je te donne, mais c'est un devoir; annonce à Dufaÿ son malheur. Dis-lui que son fils, frappé par la fatalité, a été disputé à la mort pied à pied. Les docteurs de mon régiment ne l'ont pas quitté.... C'est un deuil général dans le 53°. Ernest était aimé et estimé de tout le monde. C'était une belle âme, un cœur franc et loyal où germaient les plus beaux sentiments et les plus nobles pensées. Il n'y a que les êtres ainsi doués qui s'en vont.

Les obsèques d'Ernest ont eu lieu hier et jamais triste cérémonie n'a offert un spectacle plus désolant. Tout le monde pleurait. Tous les sous-officiers du 53° et de la garnison l'ont accompagné, c'était leur devoir. Mais ce qui m'a profondément touché, ç'a été de voir derrière cette bière qui renfermait tant d'espérances perdues et tant de regrets, tous les officiers de toutes armes et même les bourgeois d'Orléansville. Tout le monde savait combien j'aimais cet enfant et à quel point il méritait d'être aimé.

Je n'ai pas la force de parler de tous ces détails à ce pauvre père qui n'a plus de fils. Prépare-le à ce malheur. Mon Dieu ! pourquoi m'a-t-il donné ses enfants ? Jamais, jamais je n'assumerai cette effroyable responsabilité.

Je me suis traîné, hier, pour conduire et présider le deuil ; en rentrant, mes douleurs d'estomac m'ont saisi avec violence, et je quitte le lit pour t'écrire à la hâte.

AU MÊME.

Orléansville, le 12 février 1847.

Pas de lettres de toi, frère, pas de lettres de personne : ni courrier de terre, ni courrier de mer. La tempête, les ouragans, les torrents de pluie qui tombent sans relâche sur nos pauvres têtes, nous coupent toute espèce de communication. Nous vivons comme des sauvages dans nos tanières avec nos tristes pensées. Comme toujours mon physique s'en ressent, et j'ai eu plusieurs accès de fièvre et des crises d'estomac. Les chagrins, les contrariétés m'agitent et me rendent malade. Pour me bien porter, il me faudrait un égoïsme profond et un cœur de pierre ; malheureusement pour ma santé, je suis bien loin de là. Je me passionne pour tout, de là des accès de colère ou de sensibilité que je paye cher et vite. Aussi, je m'use avec une rapidité effrayante. On ne se refait pas, j'ai beaucoup gagné en étudiant les autres. Je me suis étudié et je me connais aussi, je ne me corrige pas. As-tu reçu mes lettres? Connais-tu mes nouveaux chagrins? As-tu vu Dufaÿ? Je me ronge au milieu de toutes ces incertitudes pénibles qui me ramènent toujours à souffrir. Je ne m'accoutume pas à la perte d'Ernest. Ce malheureux jeune homme me fait un grand vide et je ne vois pas un de ses camarades sans avoir le cœur serré. J'ai fait embaumer le corps. N'en parle à Dufaÿ que s'il émet le désir d'avoir les restes de son fils au château de Launaguet? Quel commencement d'année! Et si tu savais, après les chagrins réels, combien de petites misères j'ai à supporter! Tout m'est contraire, à commencer par le temps qui me tient dans une irritation continuelle à cause de mes pauvres soldats sous la tente, interrompt mes travaux, nuit à mes cultures et me confine dans mon chalet où je me promène comme l'ours du Jardin-des-Plantes, où je rugis sans cesse comme un vieux lion.... Comment va toute la famille, ma mère, mon frère? Je n'ai plus l'espoir de les embrasser avant juillet ou août. Pas de promotions avant le mois de mai. La vie se passe à désirer et à regretter....

AU MÊME.

Orléansville, le 15 février 1847.

Je reçois aujourd'hui tes deux lettres des 28 janvier et 5 février, plus une lettre de ma mère et de notre frère. Voilà un bon courrier et j'en avais besoin. Le soleil a reparu depuis deux jours, mais non pas un soleil d'Afrique. L'hiver est froid, humide : nous avons de la glace. La lettre de ma bonne mère m'a fait plaisir, parce que je l'ai vue calme, résignée.... Mon Dieu, que j'aurai de bonheur à l'embrasser.....

Je m'occupe peu de politique, parce qu'elle n'est pas selon mes idées. Tous ces hommes d'Etat sont trop profonds et trop prudents pour moi. Si j'avais un duel sérieux, je ne les appellerais pas pour me servir de témoins. L'affaire s'arrangerait, mais l'honneur ne s'en arrangerait pas. Quant à vos émeutes, aux malheureux et aux scélérats qui pillent et tuent, brûlent et détruisent pour avoir du pain ou autre chose, rien de plus triste; et si ma mauvaise étoile m'amenait à la tête d'un régiment ou d'une force quelconque en temps de révolution, on se souviendrait de moi. Voilà où nous conduisent tous vos mauvais journaux et tous les écrivassiers de bas étages. C'est toute cette race qui vicie le goût de l'époque, et imprime à notre siècle un cachet indélébile de mauvais goût et de fausses idées. C'est une plaie terrible que tous ces littérateurs et journalistes, partis de rien, ne tenant à rien, mais se tenant entre eux, qui se louent, s'admirent, s'encensent, se poussent, se coalisent, forment l'opinion, s'en emparent, font et défont les réputations, tuent les honnêtes gens, élèvent les fripons sur leur pavois et deviennent des puissances dont on subit l'influence en rougissant. C'est une véritable plaie, te dis-je, et elle augmente tous les jours. Je me révolte contre tous ces intrigants, ces Robert Macaires qui veulent imposer et s'imposer à tout prix, et qui n'ont pas dans la place vide du cœur qui leur manque, un sentiment généreux. J'ai défendu, dans ma subdivision, qu'on eût aucun rapport avec les journaux et je veux qu'on ne leur envoie rien, ni notes, ni renseignements. Dans quel siècle vivons-nous, mon Dieu! Quels hommes! Quels travers! Quels ridicules! Quels vices! J'aimerais à voyager le reste de mes jours sans jamais ouvrir un journal. Pour conserver quelque estime pour les hommes, il ne faut les étudier que dans les monuments de pierre ou de marbre qu'ils ont laissés derrière eux!

Pauvre Ernest Dufaÿ, tu parles de ses épaulettes! As-tu vu son pauvre père? Quelle année, que de morts, que de deuils et de chagrins!

AU MÊME.

Orléansville, le 26 février 1847.

Le mauvais temps qui s'acharne après nous, avec la disette, la misère, et les fléaux de tout genre, a retenu sans doute ma correspondance à Ténès, à Alger et en mer. Je t'ai écrit plusieurs fois et bien tristement, tu recevras mes lettres par paquets et après un long jeûne. Ne vous plaignez pas de l'hiver et de votre climat de France. Il est impossible d'avoir un hiver plus capricieux, plus humide, plus déréglé que celui qui pèse sur nos épaules. Nos routes sont impraticables, la mer est toujours furieuse et les ouragans nous suivent sur terre. Mon vieux Milianah vient de voir s'écrouler dix-sept ou dix-huit maisons. Malheureusement, il y a eu des victimes à regretter. Quant aux maisons, elles sont mieux par terre que debout. Mais toutes ces catastrophes ajoutent encore à la somme déjà si forte des misères que nous avons à supporter. L'Afrique française est dans un mauvais moment de crise que ne calment pas vos phrases de tribune et vos débats sans dignité, sans patriotisme et où le bout de l'oreille de l'orateur se montre toujours. Tu crains la guerre,... moi je l'appelle de tous mes vœux. C'est peut-être le seul moyen de nous tirer d'affaire, c'est une grande et noble crise qui fera taire toutes les autres. Que le canon gronde et l'on ne se révoltera plus. Tu ne sais pas quel élan sublime s'emparerait de la France et de l'armée, si nous avions une guerre sérieuse et digne. Les battements de l'aile du coq rappelleraient l'aigle qui dort.... Tout le bonheur et la réussite des guerres est dans le moral des armées. Allez-vous-en et ne vous battez pas, si vous n'êtes pas sûrs de vous-mêmes. Le secret de la gloire de Napoléon est dans le moral dont il avait su cuirasser ses soldats, moral né en Italie et en Egypte, malade à Leipsig et mort de consomption à Waterloo. L'Afrique l'a retrempé, un bon chef le relèverait plus fort que jamais. Le maréchal Bugeaud est l'homme qui opérerait le plus vite cette grande cure.

Je viens de faire en une nuit deux razzias. J'ai fait tuer quatre des cinq assassins de l'agha Si-Mohammed. Ils m'avaient échappé jusqu'ici, il n'en reste plus qu'un seul et je l'aurai. Tu vois que si notre justice est lente, elle est inévitable, et il importe que les Arabes le sachent bien. Dans ce pays, on se tue, on se pille, on se vole, sans que cela tire à conséquence pour les Arabes. On tue un homme, prix du sang : cela se compte, se calcule, se débat selon l'importance du mort et ce qu'il rapportait aux vivants. Mais les Arabes ne comprennent pas encore une loi qui fait mourir celui qui tue. L'autre razzia a frappé sur quelques Ouled-Abdallah, qui avaient quitté leur repaire de Guelta et s'étaient rapprochés de leur pays. Je les ai fait attaquer par les Arabes eux-mêmes seuls. On en a tué une demi-douzaine.

AU MÊME.

Orléansville, le 6 mars 1847.

...Les affaires d'Europe s'arrangeront, frère, et j'en serai pour mes châteaux en Espagne. Je le regrette vivement ; ce que je désire le plus, c'est la guerre, quand ce ne serait que pour poser l'armée et pour lui donner la place qu'elle doit occuper dans un Etat.

Abd-el-Kader a, dit-on, quitté le Maroc pour s'avancer dans le sud, où les tribus loin de l'accueillir, fuient devant lui. Je crois qu'il cherche littéralement de quoi manger. Ma subdivision est très-tranquille, je maintiens mes sujets dans un salutaire état de frayeur, qui les rend doux comme des agneaux.

AU MÊME.

Orléansville, le 13 mars 1847.

Ta dernière lettre a rouvert mes plaies au sujet de ce pauvre Ernest Dufaÿ et de son malheureux père. Toutes ces douleurs, toutes ces larmes me sont retombées sur le cœur et sur les nerfs, et depuis deux jours, je suis malade. Dufaÿ désire les détails les plus minutieux sur les derniers moments de son fils. Je le comprends, mais c'est une cruelle tâche pour moi, que de revenir sur un tableau qui ne me poursuit que trop et que je voudrais pouvoir oublier. Il faut répondre, je le ferai, mais ce sera aux dépens de ma triste organisation nerveuse.

Bou-Maza a reparu chez les Beni-Maïda, au sud de l'Ouarensenis; il a été surpris par Margueritte, le chargé des affaires arabes de Téniet-el-Hâad et le bach-agha Amer-Ben-Ferrath. On lui a tué onze cavaliers et il a disparu on ne sait dans quelle direction. Il me pleut des chérifs de tout côté. Il en était poussé un chez les Beni-Ourraghs, il s'est enfui. Aujourd'hui en voici un autre qui est né chez les Achachas et menace mes Cheurfas et mes Ouled-Jounès. Tout cela ne me cause pas de souci, mais des embarras pour les mouvements de troupe et les préparatifs d'une sortie, car il faut être en mesure. Toutes mes troupes sont disséminées dans les camps, aux travaux des routes. Enfin, tous mes ordres sont donnés et, selon les nouvelles, je puis être prêt et dehors dans trois jours. Quel étrange pays? On ne peut compter sur rien, ni faire le moindre projet dans l'avenir. Il n'y a ni calcul, ni probabilité; tout repose sur la versatilité et l'esprit aventureux de ces capricieux Arabes.

AU MÊME.

Orléansville, le 16 mars 1847.

Malborough s'en va-t-en guerre et moi aussi, mais j'espère bien ne pas en revenir comme lui, et porter tout seul mon grand sabre. Les cartes se sont brouillées par ici, et les Arabes veulent encore des coups de fusil, que je vais leur prodiguer à profusion.

Les chérifs continuent à sortir de terre dans tous les coins. Celui des Hallouïa est, dit-on, pris et livré à Mohamed-bel-Hadji. Bien, si c'est vrai, Yahia-Ben-Yahia, ancien chérif de l'année dernière, qui avait fait le mort est ressuscité. Il est près de la mer, entre les Cheurfas et les Achachas. Il a son petit camp, cinquante askers réguliers et vingt-cinq chevaux réguliers. A ce noyau viennent se joindre, à jour dit, tous les scélérats, les mécontents et les turbulents, race innombrable dans ce pays. Si Bou-Maza se joint à lui, nous aurons de la besogne.

T'ai-je parlé, dans mes lettres, d'un certain Aïssa-Ben-Djinn, qui d'abord s'était mis avec nous, puis nous avait trahis pour Bou-Maza, dont il était devenu le premier lieutenant : homme intrépide, rusé, intelligent, capable de tout, qui, un jour, avait abandonné Bou-Maza et était revenu à nous. Au lieu de le faire fusiller, je m'en étais servi et je l'avais fait caïd des Cheurfas, comme on lâche un tigre sur une bande de chacals ou de loups. Aïssa nous trahissait de nouveau, et pour porter un gage à l'ennemi, il voulait couper la tête à notre agha Bou-Meddin. Mais les allures d'Aïssa m'étaient devenues suspectes, je le faisais surveiller ; il était clair pour moi qu'il préparait une nouvelle trahison, et déjà il avait envoyé ses bagages en avant. J'ai envoyé l'ordre à Bou-Meddin de le tuer comme un chien, et mes ordres ont été exécutés avec une rare vigueur et beaucoup d'à-propos. La tâche était rude et difficile pour l'agha. Aïssa était un autre Maurevel, mais il fallait tuer ou être tué. C'est ce que j'ai fait comprendre à Bou-Meddin, que cette exécution sanglante a beaucoup grandi aux yeux des Arabes qui tremblaient tous devant Aïssa. Vois, frère, quelles mœurs, quel pays, quels hommes et quelle force il faut avoir, quel empire sur soi-même pour ordonner froidement des exécutions nécessaires, et ne pas se gâter à cette tyrannie facile, à cette omnipotence dangereuse. J'ai compris toutes les horreurs de l'histoire, souvent si triste, des proconsuls romains en Afrique. Quand le bien et le mal sont également à la portée des hommes, il est rare de leur voir faire un choix convenable. Pour nous, l'histoire des chefs français en Afrique sera pure, belle, instructive et bien intéressante à connaître. Il est à regretter que personne n'y pense, ni ne s'en occupe. Nous sommes plus romains que les Romains, car nous faisons notre devoir par amour pour le devoir, consciencieusement, sans ostentation ni gloriole. Il est vrai qu'on nous marchande souvent nos grades et que nous restons pauvres.

Le maréchal a dû partir hier d'Alger. Il m'a écrit que le gouvernement l'appelait pour soutenir à la tribune son projet de colonisation militaire. Il n'a pas l'intention de rester longtemps en France.

AU MÊME.

Au bivouac des Tléta des Cheurfas, le 31 mars 1847.

Je viens aujourd'hui de terminer à ma satisfaction, et je suis difficile, ma petite expédition. J'ai rudement châtié les bandes révoltées des Cheurfas, Ouled-Jounès et Ouled-Abdallah. J'en ai tué une quarantaine, pris leurs troupeaux, coupé et fait manger leurs orges à mes chevaux. Ils sont venus ce matin en grande djemmaâh, me demander l'aman. Je leur ai imposé une forte amende. Tu les crois punis, corrigés; non, ils recommenceront peut-être dans un mois. Je rentre à Orléansville dans quelques jours pour y recevoir le directeur des affaires civiles, M. Victor Foucher, deuxième personnage de l'Algérie, et qui comprend très-bien l'Afrique. Je laisse à Aïn-Méran un camp d'observation, jusqu'à ce que je sache positivement ce qu'est devenu Bou-Maza, qu'on poursuit toujours et qui se cache on ne sait jamais où. Il est bien fin, et je crois qu'il a le don de l'ubiquité.

Mon expédition a été marquée par un événement fâcheux qui nous a tous attristés. L'aîné des fils du lieutenant général Dampierre, qui est avec son frère dans mes spahis, a reçu une balle dans la main droite. Il a subi avec un grand courage l'amputation de deux doigts. J'ai écrit de suite au pauvre père. Toutes ces tristes nécessités-là semblent s'acharner après moi. J'ai aussi écrit à mon pauvre Dufay, autre père plus malheureux puisqu'il ne lui reste plus rien. Il me demande les restes de son fils. C'est bien difficile, sinon impossible. Je crains que ce projet qu'il caressait dans sa douleur ne vienne l'augmenter encore......

AU MÊME.

Orléansville, le 10 avril 1847.

Le maréchal a renoncé à son voyage à Paris, il est sur le point de faire une excursion à Sétif par Bougie, pour profiter des bonnes dispositions qui se sont manifestées de ce côté depuis la soumission de Ben-Salem. On annonce la rentrée d'Abd-el-Kader en campagne avec cinq cents chevaux : il aurait commencé ses opérations par une razzia du côté de Stitten. Sortirons-nous? Resterons-nous? Aurons-nous la paix? Aurons-nous la guerre? Ferons-nous nos foins et nos orges? Je m'ingénie si bien que j'arriverai, Dieu aidant, à faire vingt-cinq à trente mille quintaux métriques de foin, c'est-à-dire, deux années de ma consommation. Ce serait un résultat superbe, si Abd-el-Kader et Bou-Maza, qui se cache dans des trous et que je fais traquer comme un chacal, m'en laissent le temps. Après les foins, viendront les orges et les blés. Oh! j'ai beaucoup à faire avant de songer à la France. Nos champs sont superbes. Orléansville est entourée d'une immense ceinture verte dans les plis de laquelle il y a une riche moisson. Je donnerais beaucoup pour te tenir quelques jours chez moi. Orléansville est vraiment curieux à visiter. Tu ouvrirais les yeux, en voyant une ville âgée de trois ans et demi et plus de cent mille pieds d'arbres plantés, et une pépinière digne du Jardin-des-Plantes.....

AU MÊME.

Orléansville, le 13 avril 1847.

Bou-Maza est entre mes mains! Il est ici depuis deux heures. C'est un beau et fier jeune homme! Nous nous sommes regardés dans le blanc des yeux. J'ai de suite annoncé la bonne nouvelle au maréchal qui sera bien heureux. J'attends ses ordres pour faire partir Bou-Maza par terre ou par mer. Tu comprends que je le garde bien. J'ai ses pistolets que je te donnerai, et son chapelet pour ma sœur. Voilà une bonne journée, frère ; je n'ai pas le temps d'en écrire plus long aujourd'hui.

AU MÊME.

Orléansville, le 17 avril 1847.

Me voilà un peu sorti du tourbillon où je vis depuis trois jours. Bou-Maza est parti ce matin pour Ténès sous bonne escorte, et d'après les ordres du maréchal, il s'y embarquera pour Alger. Je l'ai fait accompagner par le capitaine Richard, mon directeur des affaires arabes, et par mon officier d'ordonnance de Roman qui est en outre chargé de mes dépêches pour le maréchal. Bou-Maza n'est pas un homme ordinaire. Il y a en lui une audace indomptable jointe à beaucoup d'intelligence, dans un cadre d'exaltation et de fanatisme. Il se croyait appelé à de grandes choses, et comment ne l'aurait-il pas cru? Il avait été élevé et mis en avant par la puissante secte des Muléï-Abd-el-Kader, dont il fait partie. Il est originaire de la famille des Dris du Maroc. L'empereur du Maroc lui-même correspondait avec lui, l'aidait de son or, de sa poudre, l'encourageait à la guerre sainte. Tous nos chefs, presque sans exception, Sidi-Laribi en tête, lui fournissaient des hommes, de l'argent, de la poudre. Ce serait triste si les révélations d'un conseil de guerre venaient mettre à nu ces plaies de notre histoire africaine. Les dernières tentatives faites par Bou-Maza l'ont dégoûté et désillusionné. Partout il nous a trouvés en garde, partout il a rencontré mes camps, mes émissaires. Enfin, il arrive chez un de ses affidés, le caïd des Ouled-Jounès, nommé El-Haceni, qui, s'il eût été seul, se serait prosterné devant lui, mais il y trouve quatre de mes Mokrazeni. Ç'a été le dernier coup. Il a de suite pris sa détermination et a dit : « Menez-moi à Orléansville au colo- » nel Saint-Arnaud lui-même, » ajoutant que c'était à moi qu'il voulait se rendre, parce que c'était contre moi qu'il s'était le plus battu. Les autres ont obéi, ils tremblaient encore devant Bou-Maza, qui a gardé ses armes et ne les a déposées que chez moi, sur mon ordre..... deux pistolets chargés de huit balles. En amenant Bou-Maza, mes quatre Mokrazeni étaient effrayés de leur audace. D'un signe Bou-Maza les aurait fait fuir. L'influence de cet homme sur les Arabes est inconcevable. Bou-Maza était las de la guerre et de la vie aventureuse qu'il menait. Il a compris que son temps était passé, et qu'il ne pouvait plus soulever des populations fatiguées de lui et domptées par nous. C'est un événement remarquable, et il me tarde de savoir comment le maréchal l'aura pris. Les soumissions de Ben-Salem et de Bou-Maza sont de grands pas pour la pacification de l'Algérie.

J'ai demandé plusieurs grades ou décorations pour ma subdivision; c'est peu pour ce que vaut Bou-Maza. Je demande un régiment pour Canrobert et un pour Répon, un bataillon pour Richard, et un escadron pour Fleury, et des croix pour d'autres officiers. Encore un coup, ce n'est pas trop. Si de ce coup-ci, je ne suis pas maréchal de camp moi-même, j'aurai du malheur. Si les promotions de mai ne sont pas faites, mes chances seront belles. Qu'en penses-tu? Mais je déteste demander pour moi. J'ai bien songé à écrire au duc d'Aumale, mais je n'ai jamais pu m'y résoudre. Pour les autres, je suis tenace et hardi; pour moi, non, j'ai trop de fierté! Avec tous ces jalons-là, si je suis maréchal de camp au mois de mai, je pourrais bien être lieutenant général dans quatre ans. Alors, ma foi, je me repose, à moins que nous n'ayons la guerre.

J'ai reçu une lettre de notre frère qui m'appelle vieil aristocrate. Je crois qu'il a raison : c'est la liberté que j'ai vue qui est cause de cela, c'est la presse, c'est la chambre, ce sont vos inutiles révolutions qui ont tué les gens et laissé vivre les abus; enfin, c'est tout ce que je vois tous les jours avec un grand dégoût. Je crois que nous discuterons quand je serai à Paris. Que n'y suis-je! Mon Dieu, que je voudrais être plus vieux d'un mois pour savoir si j'aurai mon grade, et si j'irai en France!

AU MÊME.

Orléansville, le 24 avril 1847.

Le maréchal est enchanté de la prise de Bou-Maza, il l'envoie à Paris accompagné du capitaine Richard, mon chargé des affaires arabes. Richard est un homme de mérite, doux comme un mouton, brave comme un lion, parlant l'arabe comme le français, mais neuf et connaissant peu le monde. Il est sorti de l'École polytechnique pour Metz, de Metz pour l'Afrique où il est depuis 1840, et depuis 43 à Orléansville, qu'il a vu naître. Reçois Richard et présente-le à nos amis.

Le maréchal m'a écrit une bonne et paternelle lettre. On regarde unanimement Bou-Maza comme l'ennemi le plus dangereux que nous ayons eu, Abd-el-Kader à part, et c'est à moi que Bou-Maza est venu, qu'il a voulu se rendre, c'est devant moi qu'il a demandé à être conduit.

On est toujours mal disposé à Paris, à Alger et partout pour ce pauvre maréchal qui s'en tourmente et y perd son repos et sa santé. As-tu vu les épiciers et les bonnetiers de la chambre avec leur protestation contre l'expédition de Kabylie? S'ils veulent dicter la guerre, qu'ils viennent conduire nos colonnes. Dans six mois, nous aurons des représentants du peuple à l'armée d'Afrique. Cela ira bien, je demande à m'en aller.

Je viens d'écrire au maréchal, et je lui ai dit que le moment était opportun, bien choisi, et on dirait fourni par sa bonne étoile pour se retirer noblement. L'Afrique est en paix par lui. Il vient de donner au gouvernement trois de ses ennemis les plus acharnés et les plus habiles, Ben-Salem, Bou-Maza et Bel-Cassem. C'est un beau trophée de gloire avec lequel il peut s'en aller.

AU MÊME.

Orléansville, le 15 mai 1847.

Cher frère, j'ai ici le procureur général de l'Algérie, M. Gillardin, qui vient inspecter la justice d'Orléansville, dont il est fort satisfait, par parenthèse. J'ai donc bien peu de moments à te donner, absorbé que je suis par les devoirs de l'hospitalité et mes longues conversations d'affaires avec l'éminent magistrat qui me visite. Nous nous quitterons, je crois, fort satisfaits l'un de l'autre. Je veux cependant répondre à la partie principale et intéressante de ta lettre, la question de mon voyage en France. Tu ne doutes pas de mon ardent désir de vous voir tous, mais il me répugne de rentrer en France colonel. J'ai si bien gagné les étoiles que ce serait avec déplaisir que je montrerais à ma famille et à mes amis un désappointement qui ne me blesse cependant le cœur que parce qu'il m'éloigne d'eux. On ne m'a pas compris dans les promotions de mai, j'attendrai, *di meliora*... Je crois que je ne dois pas quitter la place avant d'être général. Aujourd'hui, je ne sais quand je serai nommé, mais que ce soit ce soir, demain, dans un mois, dans six mois ou dans des années, je recevrai froidement ma nomination, et je ne remercierai que le maréchal, et le maréchal seul. M. Moline de Saint-Yon ne me connaît pas, je ne dois pas être surpris qu'il me laisse à l'écart, mais le maréchal lui a écrit, et s'est plaint hautement de ce qu'il appelle un déni de justice.

J'ai été assez maladroit pour attraper un refroidissement à la suite d'une course à cheval de neuf lieues pour visiter mes camps de faucheurs. J'ai été pris avec une grande violence comme toujours, et comme toujours j'en ai été quitte assez vite. C'est pendant cette crise que m'est survenue cette autre crise morale prévue par moi, mais toujours sensible.

J'ai reçu du maréchal l'ordre d'être à Alger le 24. Il est parti pour la Kabylie, il ne restera que quelques jours à Alger, après son retour.

AU MÊME.

Orléansville, le 21 mai 1847.

... Que dis-tu de nos députés, qui ne comprennent pas que, quand un pays comme la Kabylie est à moitié soumis et que les soumis insultés et razziés par les insoumis, demandent qu'on les aide, il faut, sous peine de perdre tout, marcher contre les insoumis qu'une démonstration peut abattre. C'est ce qui arrive. Les tribus qui ont fait leur soumission ont dit : « Venez au centre du pays et montrez-vous. On nous » insulte, venez prouver que vous défendez vos alliés, » autrement nous nous retirons de votre cause. » Il n'y avait pas à hésiter. Les ministres savent cela, et au lieu de répondre aux attaques, ils ont préféré se taire et attendre les résultats pour dire : « Nous avons auto- » risé ou nous n'avions pas permis, » selon que l'on aura réussi ou non. Est-ce là du gouvernement, de la dignité? Et tu veux que le maréchal n'abandonne pas la partie! Si, pardieu, et je vais le lui conseiller encore. Je l'estime trop pour ne pas être sûr qu'il se retirera, et il fera bien.

Tu as vu Bou-Maza, c'est un personnage curieux; mais je suis de ton avis, on le gâte trop. Je l'ai traité bien et avec égard, mais à grande distance de moi. Je ne vois pas de mal à ce qu'on l'élève, c'est m'élever moi-même qui l'ai combattu, vaincu, ruiné et enfin livré, mais on va beaucoup trop loin. Je n'écris pas à Richard, parce que je ne sais pas si ma lettre le trouverait encore à Paris. En tout cas, dis-lui de m'écrire et de revenir le plus tôt possible.

AU MÊME.

Alger, le 26 mai 1847.

Voici, cher frère, une révolution tout entière et qui m'entraîne probablement dans ses ruines. Mais ma conscience est légère et j'ai fait mon devoir.

Le maréchal est arrivé aujourd'hui à onze heures du matin. Les journaux t'auront appris son combat du 16 et ses succès en Kabylie. Aujourd'hui sa détermination est arrêtée. Le même bateau qui te porte ma lettre écrite au bout de sa table, emporte à Paris l'annonce de son retour. Il part dans quelques jours et ne veut plus de l'Afrique ou plutôt du gouvernement qui ne le soutient pas.

Moi, je suis colonel du 53e et pour longtemps peut-être ! Qui viendra ici, je l'ignore. Mais je reste ferme et fort de moi. Attendons les événements....

AU MÊME.

Alger, le 28 mai 1847.

Eh bien, cher frère, mes quelques lignes du 26 t'ont annoncé en grande hâte la révolution africaine que nous subissons, et, nenous y méprenons pas, c'en est une réelle pour tous, pour le pays et pour nous surtout, vieux soldats qui avons vieilli et grandi avec l'homme que nous regretterons toujours.

Fatigué de lutter contre des ministres qui repoussent ses idées et veulent faire prévaloir d'autres systèmes, le maréchal se retire et cette fois-ci sa détermination est irrévocable. Il a fait de nobles adieux à l'armée, tu liras son ordre du jour.

Nous avons tenu conseil, et voici les combinaisons que le maréchal a arrêtées et soumet au roi : Bedeau ou Baraguey-d'Hilliers, ou bien (et dans l'intérêt de l'Afrique, c'est mon avis) le duc d'Aumale avec un des deux pour commander les troupes. Tout cela se débat à Paris dans ce moment-ci. Le maréchal a écrit au ministre les lettres les plus nobles et les plus dignes. Il se plaint qu'on n'ait pas eu égard à ses propositions pour les promotions dans l'armée d'Afrique, etc.

Pour moi, frère, je suis là, debout sur des ruines... ne voulant pas perdre ma position que j'ai bien gagnée, mais le cœur serré et révolté surtout de l'injustice des hommes. Je ne dois pas quitter Orléansville sans les étoiles, mais après, je crois que je quitterai l'Afrique pour toujours. Cela dépendra du gouverneur qu'on nous donnera.

Le maréchal compte s'embarquer le 5 juin pour France, moi, le 8 pour Ténès. J'ai bien à faire à Orléansville.

AU MÊME.

Alger, le 5 juin 1847.

Cher frère, ces quelques lignes te seront portées par le même bateau qui emporte en France notre brave maréchal, et la fortune de l'Afrique.

Le prince de Joinville est arrivé hier avec son escadre. Il a vu le maréchal, et j'assistais à l'entrevue qui a été affectueuse et cordiale. Le maréchal a exposé au prince les motifs qui le mettaient dans la nécessité de quitter son gouvernement, le prince l'a approuvé.

Le maréchal m'a dit de lui écrire souvent, et m'engage, si je vais en France, à aller le voir à Excideuil, ce que je ferai certainement..... Dans une heure l'armée et tout ce qu'il y a de bien dans la population civile ira faire ses adieux au maréchal. C'est une triste cérémonie, j'irai l'accompagner jusqu'à bord *du Caméléon.*

Cette crise, frère, nous éloigne de nos entretiens de famille. Comment vont tous les nôtres, notre mère, ta femme, nos enfants? J'attends vos lettres avec impatience.

AU MÊME.

Orléansville, le 12 juin 1847.

Cher frère, je suis rentré avant-hier dans mon gouvernement, et j'y ai trouvé une besogne à effrayer un limonier flamand. Depuis hier je travaille à me débrouiller. J'ai encore le cœur triste et serré du départ de notre noble chef. Je vois les conséquences de sa retraite et mon avancement compromis. Que veux-tu? C'est un malheur, mais je ne pouvais pas en conscience lui conseiller de rester, quand à sa place je serais parti. Je devrais rester dix ans colonel que je ferais encore ce que j'ai fait. En considérant l'affaire sous toutes ses faces, je me rattrape à bien des considérations, et à quelques espérances. Le maréchal est un homme trop considérable pour qu'on puisse le laisser sous la remise. On le voudrait qu'on ne le pourrait pas. On lui donnera quelque haute position : sa protection demeurera puissante.

Tu comprends, frère, qu'avec de pareilles idées on doive rêver beaucoup. Ainsi fais-je, et le temps passe, mais lentement, car mon imagination le devance de trop loin. Attendons, et que le ciel ne m'envoie pas de fièvre cérébrale!.....

Adieu, je retourne à mes foins et à mes orges. Dans une heure, je monte à cheval pour aller visiter tout cela.

AU MÊME.

Orléansville, le 25 juin 1847.

J'attends les nouvelles de Paris. Ta lettre ne me dit rien, mais je sais qu'à la date du 17 rien n'était décidé. Le ministre de la guerre avait écrit au maréchal à Excideuil, pour l'engager, au nom du roi, à retirer sa démission et à venir à Paris s'entendre avec le gouvernement. Le maréchal avait refusé, se retranchant derrière son état maladif et la nécessité du repos. Il insistait pour qu'on lui nommât un successeur. Alors M. de Salvandy a écrit de nouveau au nom du conseil pour vaincre cette détermination du maréchal. On ne connaissait pas sa réponse. Je pense qu'il persistera, et les derniers débats des chambres ne sont pas faits pour l'engager à revenir gouverner.

Voilà le mois de juin à peu près fini et j'ai peur qu'il ne change rien à notre position..... Si jamais tu viens à Orléansville, tu m'estimeras d'y être resté si longtemps et d'y mourir à petit feu, c'est-à-dire, au feu du sirocco. Quelquefois je me sens au bout de ma résignation. Perdre trois ans de sacrifices, c'est absurde, et cependant je demande au ciel la prolongation d'une patience que je sens qui m'échappe, parce que mes forces, que soutenait l'espérance, diminuent et s'éteignent.

Je quitte Orléansville le 2 juillet pour aller établir mon quartier général à Ténès, j'y resterai tout juillet et une partie d'août. La chaleur est intolérable ici; à Ténès, il y a douze degrés de différence. Je prendrai des bains de mer s'ils me réussissent.

AU MÊME.

Orléansville, le 1er juillet 1847.

Je reçois ta lettre du 21 juin; oui je suis rentré chez moi et j'y suis rôti, bouilli.... Je vais demander aux bains et à l'air de la mer une tranquillité nerveuse que je cherche en vain depuis longtemps. Chaque courrier si impatiemment attendu ne m'apporte qu'un désappointement et des désirs de plus. Rien ne marche, les affaires se traînent sans solution et semblent reculer avec le temps. Toujours des conjectures, des probabilités, des calculs; c'est un désert où l'on se perd, où l'on se débat. Mieux vaudrait être enseveli dans le sable.

Ton post-scriptum, qui dit que le maréchal est mandé à Paris pour prendre le portefeuille de la guerre, n'est pas acceptable. Le maréchal sait trop ce qu'il vaut pour entrer comme *bouche-trou* dans un ministère qui n'a pas d'avenir. Il est fort indécis, on le travaille sans relâche. Il paraît que Salvandy a été à la Durantie pour frapper un grand coup. C'est peut-être ce voyage qui a donné lieu au bruit que tu rapportes. Je pense qu'il n'est question que de l'Afrique.... Tout le monde est fort embarrassé, la chose publique ne bat que d'une aile. Rien n'avance, on dirait qu'on a peur de prendre un parti et qu'on ne compte que sur le temps. Faiblesse, faiblesse! Nos gouvernants n'ont d'énergie que pour faire des fautes.

Je suis toujours dans les foins et dans les moissons. J'aurai quarante mille quintaux métriques de foin et seize mille quintaux de paille, c'est-à-dire, un approvisionnement en fourrage d'environ trois ans. C'est un beau résultat.

Je pars pour Ténès samedi à trois heures du matin. J'ai envoyé des chevaux à moitié chemin et je serai arrivé avant neuf heures du matin à Ténès, après avoir visité les quatre camps qui sont sur la route. Treize grandes lieues! Pour marcher ainsi, il ne faut ni ventre ni point de côté. Toujours même vigueur, même agilité, même activité! Je peux faire la guerre encore quinze ans, et Dieu veuille que cela arrive!

AU MÊME.

Ténès, le 18 juillet 1847.

Le général Bedeau vient d'être nommé par ordonnance royale gouverneur général par intérim. On lui a envoyé d'Alger un bateau pour le chercher. Nous verrons ce que Bedeau fera, s'il accepte. Le gouvernement avait arrêté la nomination du duc d'Aumale. Les affaires du Maroc ont amené un ajournement. On a été effrayé de la gravité d'un début dans une expectative de guerre et on a essayé de l'intérim Bedeau. Il n'est pas question de Lamoricière.

AU MÊME.

Orléansville, le 20 août 1847.

Cher frère, je suis en pleine inspection générale depuis ce matin. Le général Baraguey-d'Hilliers a été beaucoup plus vite qu'il ne pensait pouvoir le faire, et au lieu d'arriver en septembre comme je le croyais, il vient de descendre chez moi presque à l'improviste. Quel temps pour passer une inspection générale ! Un sirocco affreux depuis quatre jours.

Le général Bedeau a témoigné le désir de me voir à Alger, pour causer des affaires du pays et de la subdivision. J'accompagnerai le général Baraguey-d'Hilliers dans son inspection, et je m'embarquerai pour Alger le 29.... Adieu, je t'écris au murmure de la théorie que mes sous-officiers ânonnent au lieutenant général.

AU MÊME.

Alger, le 1er septembre 1847.

Je suis à Alger depuis le 30, j'ai vu le général Bedeau. Nous avons parlé affaires, politique, etc. Il craint le Maroc où Abd-el-Kader fait des progrès, et la boule de neige finira par rouler sur nous.

Le duc d'Aumale est décidément notre gouverneur, c'est bien. Il arrive avec Changarnier. Bedeau retournerait à Constantine et Lamoricière à Oran; voilà ce que Bedeau dit et croit. Il pense aussi que le prince n'arrivera qu'à la fin de septembre....

Que dis-tu de l'atmosphère morale au milieu de laquelle nous vivons? Partout des vols, des concussions, des corruptions, des scandales. Quel siècle et quelle crise! Quelle époque fatalement marquée! Des ministres, des pairs, des généraux, des intendants, la tête, l'élite de la société en accusation, et pour combler la mesure, l'aristocratie de France, frappée au cœur par le poignard d'un Choiseul-Praslin! Quel est le cœur un peu droit qui ne se sent attristé! Quel est le membre de cette société malade qui n'est pas atteint d'une fièvre de dégoût? Pour moi, je suis tellement frappé du noir de la situation et de sa triste gravité, que si je n'avais pas d'enfants, j'irais demander à un air plus pur et bien éloigné de me rendre un peu de vie et d'illusion...

Et la réunion du Château-Rouge qui croit avoir sauvé la France! C'est aux Petites-Maisons que ces braves gens-là devraient faire leurs banquets.

AU MÊME.

Orléansville, le 11 septembre 1847.

Je me suis embarqué le 8 à Alger, à trois heures de l'après-midi, par une fort mauvaise mer. Le lendemain, j'étais à Ténès à huit heures du matin, et à onze heures je montais à cheval pour retourner à Orléansville où j'arrivais à cinq heures du soir, un peu fatigué, mais heureux d'être quitte de l'ennui de voyager par mer et par terre.

Nous recevons du Maroc des nouvelles contradictoires. Il y a quelques jours, on nous disait qu'Abd-el-Kader s'était emparé de Taza et marchait sur Fez.

C'était toute une révolution qui allait s'accomplir. Et voici qu'hier j'expédiais une dépêche télégraphique annonçant que l'empereur de Maroc avait rencontré les Hachems, les avait massacrés et avait fait rentrer cinquante tentes à Tlemcen. Abd-el-Kader est retourné à sa deïra sur l'Oued-Kert.

Tu penses bien que je ne puis me prononcer encore sur mon voyage en France. Je le désire ardemment, mais il faut que j'attende et ma nomination et l'arrivée du prince.

AU MÊME.

Orléansville, le 15 octobre 1847.

Je lis *les Girondins* de Lamartine et en méditant sur ces hommes, sur ces fautes, sur ces crimes, je fais de tristes réflexions ; mais le sentiment qui domine chez moi, c'est la haine des révolutions. Girondins, jacobins, cordeliers et autres, hommes de talent, d'énergie, de génie ou niais politiques et fanatiques ridicules, ne m'inspirent que du dégoût : les uns poussant au mal, les autres n'ayant pas la force de l'arrêter, tous ne voyant que leur intérêt ou leur ambition. De tous ces noms-là, il n'y en a qu'un que j'excuse sans l'estimer, parce qu'au milieu de ses intrigues vénales il y avait de l'intrépidité, des éclairs de génie et du patriotisme, c'est Dumouriez. Malgré la faiblesse de ses lieutenants, il a sauvé la France dans l'Argonne.

Ce livre m'intéresse, me remue, me passionne, m'attendrit aux larmes et m'irrite jusqu'à la colère. Quelle puissance de style a Lamartine! Mais voilà tout, il n'a pas de logique, et souvent il sacrifie l'histoire à sa poésie et à ses idées. Le poëte est partout, mais c'est la plus riche et la plus puissante imagination du siècle.

Si j'avais commandé au château le 10 août, le roi ne serait pas parti, et nous aurions battu les faubourgs ou nous serions tous morts. C'eût été pour la monarchie française un plus noble tombeau que le Temple et l'échafaud...

La chaleur nous est revenue, et jamais nous n'avons eu autant de malades : quatre cents à l'hôpital et deux cents couchés dans les chambres à Orléansville. Même proportion à Ténès. Beaucoup de fièvres, peu de mortalité. J'attends la fin de l'année avec une impatience qui me fait battre le cœur, je serais bien malheureux, si je ne pouvais pas aller en France.

AU MÊME.

Orléansville, le 13 novembre 1847.

Les jours se suivent et ne se ressemblent pas, cher frère. Le télégraphe m'a appris avant-hier, 11 novembre, que j'étais nommé maréchal de camp. 11 novembre, précieuse éphéméride, il y a dix ans que je recevais à Bone la croix de la Légion d'honneur gagnée à Constantine. En 1837, je débarquais sur cette terre d'Afrique, triste, inconnu et lieutenant d'infanterie. En 1847, je suis heureux, connu, apprécié, maréchal de camp et commandeur de la Légion d'honneur! Mon but est atteint, mes enfants ont un nom et une position, et moi, par la force des choses, même avec la paix, je serai lieutenant général dans six ans.

Maintenant, frère, nous pouvons rire à l'avenir qui nous sourit. Dans deux mois, nous serons tous réunis. A moins d'événements extraordinaires, je m'embarquerai à Alger le 22 décembre, et je serai à Paris dans les premiers jours de janvier, et je passerai trois mois avec vous... En vérité, je crois rêver. Tout cela m'est tombé, en vingt-quatre heures, comme une pluie d'or. Le 10, je me suis couché colonel et triste; le 11, les ficelles du télégraphe me réveillent général et heureux. Car vous brillez tous, à mes yeux, bien plus que les deux étoiles que je crois avoir gagnées. Le temps va mè paraître bien long d'ici à 1848, mais je vois le terme de mes ennuis. Que de choses à nous dire, à nous raconter! Sera-ce assez de trois mois?

AU MÊME.

Orléansville, le 27 novembre 1847.

Ce soir, ma demande de congé part pour Alger: pure formalité, car tout le monde est prévenu. Qui fera mon intérim? Sera-ce Bosquet, que tu ne connais pas, mais qui est fort connu et fort apprécié en Afrique; homme de mérite, d'esprit et de sens, qui à commencé sa carrière, étant capitaine d'artillerie, comme officier d'ordonnance du général Lamoricière, et qui, poussé par lui et ses services dans les bureaux arabes, est monté rapidement jusqu'au grade de colonel? Sera-ce Canrobert, nommé colonel du 2º de ligne? Sera-ce enfin Répon, qui sera bientôt colonel?

Je quitte Orléansville le 10 décembre; je vais passer l'inspection du boulet à Ténès, et je m'embarque pour Alger le 12, le 15 ou le 19, selon le temps et la mer... Je viens d'être malade: deux forts accès de fièvre. J'ai avalé un picotin de pilules de quinine, et je vais mieux; ce n'est pas le moment d'être malade. Chaque soir, en me couchant, au lieu de ces pensées tristes et tumultueuses qui venaient m'assaillir, je m'endors avec l'espoir de vous embrasser tous bientôt ; je m'endors près de vous, au milieu de vous, et chaque matin je me lève heureux.

A M. LE BARON DUFAŸ DE LAUNAGUET.

Orléansville, le 29 novembre 1847.

Cher Henri, il y avait bien longtemps que je n'avais reçu de tes nouvelles, et je n'osais pas t'écrire. Il me semble que chacune de mes lettres doit te faire verser une larme nouvelle, car la tienne a rouvert toutes mes plaies du cœur. Ce nouveau grade dont tu me félicites, comme il en aurait été heureux, lui ! Pauvre ami ! en allant chercher au fond d'une armoire ses épaulettes, qui y dormaient depuis près d'un an, j'avais le cœur bien serré. Je croyais au temps plus de puissance qu'il n'en a pour endormir les véritables douleurs. Comme toi, je redoute notre première entrevue et je la désire en même temps. Je prends un congé de trois mois ; je serai à Paris dans les premiers jours de janvier, et j'y resterai jusqu'à la fin de mars. Je te verrai donc ; adieu, ami, du courage et de la force.....

A M. LEROY DE SAINT-ARNAUD, AVOCAT A PARIS.

Orléansville, le 7 décembre 1847.

Cher frère, je comptais quitter Orléansville le 10 et m'embarquer de suite; mais le duc d'Aumale m'écrit qu'il désire que je ne quitte pas mon important commandement avant d'avoir conféré avec le colonel Bosquet, qui est appelé à faire mon intérim. Bosquet est chef du bureau arabe à Mostaganem, et ne me paraît pas très-pressé de venir commander ici le 53e ni la subdivision. Cependant je viens de lui envoyer un courrier : je ne suppose pas qu'il tarde plus de huit jours.

Je crains que les affaires de l'ouest ne nécessitent quelques mouvements de troupes. Abd-el-Kader est fort gêné dans le Rif, habité par des sauvages, et pressé d'un côté par les fils de l'empereur du Maroc, à la tête d'une armée imposante, et de l'autre par Lamoricière, qui s'est porté à la frontière avec une forte colonne. Abd-el-Kader a, dit-on, proposé à l'empereur du Maroc de se soumettre à lui. L'empereur ne s'est pas soucié de cet embarras, et il a donné avis au prince de la situation. Le prince a envoyé Beaufort, son aide de camp, aux nouvelles, et nous en sommes là. Beaufort est revenu, mais rien n'a transpiré.

AU MÊME.

Alger, le 30 décembre 1847.

Cher frère, après toutes les traverses, tous les ennuis imaginables causés par le mauvais temps, une prison forcée de huit jours à Ténès, un voyage à Oran pour être sûr de m'embarquer, je suis enfin arrivé à Alger hier soir. Mais les contrariétés m'y suivent : je ne puis m'embarquer que le 5 janvier. J'ai ici beaucoup d'affaires à terminer, et voulant éviter Toulon, je suis obligé de prendre le bateau *le Philippe-Auguste*, qui part le 5 pour Marseille. Ma place à la malle-poste est retenue pour le 8.

Je ne te parle pas du grand événement, de la soumission d'Abd-el-Kader. J'étais à Oran le lendemain de son départ, et j'ai eu les plus curieux détails de la bouche même du prince et du général Lamoricière. Je te garde tout cela pour la conversation. C'est un immense événement pour l'Afrique et le prince, et la nouvelle arrivera pour l'ouverture des chambres. Tout y est, jusqu'à l'à-propos. Le prince était fort content ; il m'a reçu avec sa bienveillance et sa cordialité ordinaires ; il m'a dit : « Vous reviendrez en Afrique après votre congé. » Je lui ai répondu que c'était mon intention. Il m'a serré la main en me disant qu'il fallait revenir le plus tôt possible.

AU MÊME.

Alger, le 4 janvier 1848.

Cher frère, je t'écris cette lettre, que j'emporte avec moi demain, mais qui partira de suite de Marseille et arrivera avant moi à Paris.

J'ai dîné hier chez le prince. J'étais à table à côté de la princesse. Nous avons beaucoup causé Naples, duchesse de Berry, voyages, etc. Elle est bien, sans façon, spirituelle, fort gracieuse.

Je dîne ce soir chez l'évêque Pavy, qui m'a pris en amitié. Nous avons causé religion, dogme, etc. Je lui ai tenu tête. C'est un homme d'esprit, mais il parle de tête plus que de cœur ; je prêcherais mieux que lui.

Enfin j'embarque demain, et le temps se remet au beau. Mon Dieu, quand serai-je à Paris !

AU MÊME.

Marseille, le 8 janvier 1848.

Je suis arrivé hier soir à huit heures plus qu'à moitié mort. Quelle mer ! quelle traversée ! et qu'il faut aimer la France pour y revenir en hiver sur *le Mérovée !*

J'apprends en arrivant la mort de la princesse Adélaïde ; c'est un grave événement pour le roi : il suivra sa sœur de près.

On voulait ici me fourrer dans les honneurs, dans les inaugurations et bénédictions de chemins de fer de Marseille à Avignon. J'ai refusé, je suis pékin ; je pars le 10..... Je reverrai Abd-el-Kader à Paris; c'est original. O destinée !

RÉVOLUTION DE FÉVRIER

(1848.)

A MADAME DE FORCADE.

Paris, le 24 février 1848, 6 heures 1/2 du soir.

Bonne mère, je suis sain et sauf chez mon frère Saint-Arnaud ; après quelles traverses, grand Dieu ! Tout le monde est bien. Je t'embrasse de cœur.

A M. DUFAŸ DE LAUNAGUET,

AU CHATEAU DE LAUNAGUET (HAUTE-GARONNE.)

Paris, le 20 mars 1848.

Mon cher Henri, je ne t'ai pas écrit depuis les événements sans exemple et sans nom qui, en quelques heures, ont changé une vieille monarchie en une jeune république. Tant de choses se sont passées depuis ce temps-là, que je crois vivre dans un autre siècle, dans un autre monde. Ce n'est pas une simple révolution politique ; la société est bouleversée, frappée au cœur. Que sortira-t-il de ce chaos, de ce cataclysme ? Personne ne peut le prévoir, et si Dieu ne nous protége pas, si quelques têtes bien sûres, bien bonnes ne nous dirigent pas, je ne sais pas où nous irons. La destinée semble être pour nous, car ce qui se passe en Allemagne, à Vienne, à Berlin, donne quelque grandeur à notre révolution, qui péchait par là.

Dans tous ces événements, j'ai fait mon devoir jusqu'au bout. J'ai été blessé, heureusement sans gravité. Mon cheval a été blessé, celui de mon officier d'ordonnance tué ; mon aide de camp a été renversé de cheval, meurtri, etc. Je n'ai dû la vie qu'à un miracle, et je ne me suis pas senti la force de remercier Dieu de l'avoir fait. Quelque jour, je te raconterai ces tristes détails ; il serait trop long de te les écrire [1].

---

[1] Dans la nuit du 23 au 24 février, à deux heures du matin, le maréchal Bugeaud fit appeler auprès de lui le général de Saint-Arnaud, qui était en congé à Paris, et lui donna le commandement d'une brigade. Dans la matinée du 24, le général enleva au pas de course les barricades de la rue Richelieu, qui furent à peine défendues, mais se réorganisaient après le passage des troupes. De retour sur la place du Carrousel, le général reçut l'ordre d'aller occuper la Préfecture de police avec trois bataillons de l'armée et un bataillon de garde nationale. Celui-ci se débanda au Pont-Neuf. Défense était faite au général de faire usage de ses armes. Malgré cet ordre, et tout en l'observant, le général occupait la Préfecture et s'y maintenait, lorsqu'il apprit l'ab-

Après ce grand événement public, je vais t'en dire un tout particulier qui a bien son importance : je me marie. Se marier au milieu des orages révolutionnaires, lier à sa destinée la destinée d'une femme, c'est de l'audace, n'est-ce pas ? Que veux-tu ! j'ai foi en moi et en ma femme. J'épouse la sœur de la femme de mon frère, la fille du marquis de Trazegnies ; je dis marquis, parce que le niveau révolutionnaire n'a pas encore passé en Belgique, et que la famille de ma femme est belge et habite la Belgique.

Mlle Louise de Trazegnies est gracieuse, spirituelle, parfaite d'éducation, de tenue, de principes. Je désire ardemment que tu sois à Paris pour mon mariage ; il ne peut avoir lieu avant les dix premiers jours d'avril ; arrange-toi pour venir. Ma femme me suit en Afrique ; elle est très-dévouée. Je deviens par elle neveu du comte de Mercy-Argenteau, cousin du prince de Ligne et des Mérode.

Adieu, mon ami, réponds-moi de suite et annonce-moi ton arrivée.

dication et le départ du roi, l'envahissement des Tuileries et de la Chambre des Députés. Il essaya de se retirer sur Vincennes avec ses troupes, au milieu desquelles il avait placé les gardes municipaux. Arrêté sur le quai de Gèvres et la place de l'Hôtel-de-Ville par les barricades, le général ne put empêcher les soldats de se disperser aux cris d'abdication. Il fut pressé, entouré, renversé de cheval, contusionné, menacé de mort ; dégagé par un officier de la garde nationale et conduit à l'Hôtel-de-Ville où se constituait le Gouvernement provisoire, introduit et gardé dans une des salles, il reprit sa liberté avec l'aide d'un ouvrier bijoutier nommé Caylus. Il sortit de l'Hôtel-de-Ville et se rendit chez M. Leroy de Saint-Arnaud, pendant que celui-ci, prévenu des dangers que courait son frère, venait de se rendre à l'Hôtel-de-Ville à sa recherche.

A M. LEROY DE SAINT-ARNAUD, AVOCAT A PARIS.

Marseille, les 24-25 avril 1848.

Nous sommes arrivés hier à Marseille, frère. Ma femme a parfaitement supporté le voyage : elle était moins fatiguée que moi. Nous avons été à la messe ; nous avons couru la ville, et, ce matin, nous sommes frais et dispos. Demain, à midi, nous serons à bord de *l'Eurotas*, corvette à vapeur de l'État de cent soixante chevaux ; à défaut des bateaux Bazin, tous en réparation, elle nous transporte à Alger. N'est-ce pas un bonheur ? Ces gros bateaux ont une bonne installation et tiennent bien la mer ; Louise sera moins malade.

J'ai trouvé Marseille calme, au milieu de l'agitation fébrile des élections. Tout se passe tranquillement ; les honnêtes gens sentent partout le besoin de l'ordre et de l'organisation. J'ai trouvé en route l'image grotesque de notre situation politique : la désorganisation, le désordre, l'anarchie jusque dans la poste ; le chemin de fer qui n'avançait pas ; la malle devant quitter Bourges à deux heures du matin et ne partant qu'à six heures ; la vitesse réduite de plus de moitié, de sorte que l'on se serait cru en patache ; les postillons compétitant ; les chevaux faisant une manifestation continuelle pour ne plus marcher qu'au pas. Ne plaisantons plus ; je t'ai quitté dans des idées politiques très-noires ; pourtant j'ai confiance que la tourmente révolutionnaire se lassera et que nous nous réunirons.

Je te recommande mes enfants. Écris à ma mère ; elle ne recevra de nos nouvelles que d'Alger. Adieu, je t'aime toujours comme tu sais.

J'ai vu hier le commissaire du gouvernement pour le département des Bouches-du-Rhône ; c'est un jeune homme de vingt-quatre ans, qui porte lunettes. Les élections feront sortir de l'urne Thiers et Berryer ; en général, les choix sont bons. Cette assemblée-là ne sera pas du goût de tout le monde.

GUERRE D'AFRIQUE.

(1848-1849.)

Commandement supérieur des subdivisions de Mostaganem et d'Alger. — Expédition chez les Beni-Seliman, aux environs de Bougie. — Réflexions sur l'état de la France. — Mort du maréchal Bugeaud.

A M. LEROY DE SAINT-ARNAUD, AVOCAT A PARIS.

Alger, le 29 avril 1848.

Cher frère, nous sommes arrivés hier à Alger à six heures du soir, après une traversée mêlée de calme, de roulis et de tangage. Louise a été malade beaucoup moins que je ne craignais ; elle a supporté ce mal cruel avec énergie : elle serait promptement faite à la mer.

J'ai été bien reçu par Cavaignac, il voulait absolument me faire loger au palais avec ma femme.

J'ai refusé poliment. Il n'a pas voulu me laisser le commandement d'Orléansville, trop peu important pour moi, disait-il ; il m'a laissé le choix entre Tlemcen, Mostaganem, et Mascara. J'ai choisi Mostaganem à cause de ma femme qui sera mieux dans un port de mer, et dans une ville offrant quelques ressources. Nous allons donc à Mostaganem. Je m'y rends seul avec mes chevaux. Je reviendrai prendre Louise à Alger. J'ai peur que Cavaignac un peu dégoûté ne veuille rentrer en France. Qui nous donnera-t-on ?

AU MÊME.

Orléansville, le 6 mai 1848.

Cher frère, j'ai reçu ta lettre du 25 avril à Orléansville, où je suis arrivé en poste jeudi.

J'ai eu à Ténès, à Orléansville, surtout, une réception superbe. Tous les civils sont venus au-devant de moi à cheval. Banquet, manifestation, pétition au gouvernement pour me conserver ici, rien n'y a manqué. Mais plus je vois Orléansville et l'inflexible misère qui pèse sur elle, plus je me trouve heureux de partir. Je ne pourrais plus faire de bien, j'aime mieux m'en aller. La colonne était en expédition chez les Beni-Ourraghs, mais le colonel Bosquet, les ca-

capitaines Richard, Fleury et Lambert, sont venus du camp et ont fait bien du chemin pour me serrer la main. J'ai été bien touché de cette marque d'attachement.

Je te dis donc que j'ai trouvé Orléansville bien pauvre : les arbres y poussent bien, et ma maison eût été une belle habitation, mais je n'aurais pu y entrer avant six mois. Le gouvernement a retiré tout argent au génie qui est obligé d'arrêter les travaux, nouvelle cause de misère pour le pays. Je pars donc pour Mostaganem sans regrets. Nous aurons maille à partir avec les Arabes, ils se remuent ; après la récolte nous nous reverrons.

Je crois que nous nous battrons plus ici qu'en Italie. Je ne m'occupe pas de politique, elle me fait mal.

Adieu, frère.

AU MÊME.

Mostaganem, le 13 mai 1848.

Nous voici donc arrivés et installés, ma pauvre femme a été plus fatiguée de cette courte traversée que de la première. Elle a eu son installation pour se reposer. Sous sa main de fée tout se range et s'embellit. Elle commence à se plaire et à sourire, j'en suis heureux. Leflô est encore ici, sa femme est une ressource pour Louise ; mais Leflô va rentrer avec son régiment, et s'il est nommé général, comme je l'espère, il ira sans doute à Mascara.

Voilà Cavaignac parti et remplacé par Changarnier. Je regrette Cavaignac, il a été bien pour moi.

Les élections sont trop bonnes, frère ; nous aurons la guerre civile. Elle a déjà commencé à Lyon, Rouen, Limoges, Nîmes, où est mon 53ᵉ. Les provinces sont mal disposées pour la république, la Bretagne surtout. Avec la guerre civile, viendra la guerre extérieure, la guerre européenne. Tel est notre avenir. En vue de tels événements, il faut se préparer et se pétrir un cœur d'airain, c'est ce que je fais.

Adieu, cher frère, Louise vous embrasse tous, enfants et neveux. Je suis le mouvement de toute mon âme.

AU MÊME.

Mostaganem, le 27 mai 1848.

Cher frère, tu dois penser avec quelle joie nous avons reçu tes deux lettres, la dernière du 15 et 16 mai ; l'heureuse délivrance de notre sœur Eugénie, qui a si bien répondu à son énergie. Vraiment, nous avons cru n'apprendre la naissance que quand l'enfant marcherait seul. Cette incertitude nous était pénible.

Tout est heureusement fini ; une Française de plus est arrivée pour saluer la république et m'appeler son oncle!

L'assurance qu'il ne t'était rien arrivé dans les échauffourées humiliantes, déplorables des 15 et 16, nous a remis du baume dans le sang. Quelle scène, frère, que cette honteuse séance! Quoi, dans neuf cents représentants de la France, pas une tête, pas un cœur! Ni force, ni dignité, ni courage! Un président plus faible que ne le fut Sauzet! Notre pauvre pays s'en va. Pas un homme, pas l'ombre d'un homme! Des criards, des phraseurs, des trembleurs. Caussidière est celui qui m'a diverti davantage. Quel drôle de discours!

Je commence à croire la guerre inévitable quelque part et bientôt. Elle devient utile pour nous comme contre nous. Je regrette presque de n'avoir pas accepté un commandement aux Alpes.

AU MÊME.

Mostaganem, le 17 juin 1848.

Cher frère, ce courrier ne nous a rien apporté de France. Ma femme est toute colère, et moi tout triste.

Que te dirai-je des affaires publiques? Rien de bon. Tout est pâle, et l'assemblée plus pâle que tout.

Que font donc tous ces gens? Ont-ils une idée, un but? Ils bannissent les d'Orléans, proposent de rétablir le divorce, diminuent ou suppriment certains impôts, sans remplacer les ressources dont ils se privent. Que de petites et tristes choses, quand ils en auraient de si grandes à faire ! Les Italiens se battent et veulent un roi ; les Napolitains ne veulent plus de celui qu'ils ont ; les Autrichiens sont mal à leur aise. Ce pauvre globe où nous tournons compte bien peu de gens heureux et paisibles.

Nous attendons une longue lettre par le premier courrier. Adieu, frère, à toi de cœur et d'âme.

AU MÊME.

Mostaganem, les 1er et 8 juillet 1848.

Je reçois ta lettre du 20, puis une dépêche télégraphique qui nous apprend que l'on se bat à Paris depuis le 22. La garde nationale et l'armée, cette fois réunies, ont affaire avec les ateliers nationaux. C'est la bourgeoisie et le vrai peuple, les bons ouvriers contre les Cabétistes, communistes, sequelle de Ledru, Barbès et Louis Blanc. C'est aussi un peu la misère qui descend dans la rue, un fusil à la main, pour chercher fortune... Dieu ! que je voudrais être là ! Voici, frère, des moments ou l'éloignement me pèse de tout son poids.

J'espère que tu auras été prudent pendant tout ce gâchis. Je ne te recommande pas de ne pas te battre, ce serait inutile ; je te recommande seulement de te *bien* battre, et de t'arranger de façon à sortir de la bataille avec ce qui te reste de cheveux. C'est un grand art de tuer sans se faire tuer, et, dans c siècle, il faut le connaître et en user.

Le mot d'ordre était donné, le plan concerté pour toute la France. Le 22, au matin, les barricades s'élevaient, et le feu commençait dans beaucoup de grandes villes. La poudre aura sa traînée, la conflagration sera générale. Tant mieux ! finissons-en tout de suite. Voilà Cavaignac dictateur ! A-t-il la taille d'un tel rôle ? Les Napoléon sont loin. Qu'il fait sombre dans l'avenir ! Il faut laisser couler le torrent ; vouloir l'arrêter, c'est folie. Ce cataclysme aura sa fin ; on s'arrêtera pour reconstruire ou réparer, en se repentant. Passer la vie à faire des sottises et à les regretter, n'est-ce pas l'histoire du monde ?

A part les moments où nous souffrons de vos agitations, de vos dangers ; à part aussi les heures où nous payons notre tribut à la société et au devoir, nous sommes tranquilles et heureux.

Nous pensons à vous, nous parlons de vous, nous vous aimons avec autant de dévouement que de tendresse......

Nous recevons ta lettre du 25 ; n'aurais-tu pu nous

écrire encore le 26 et le 27? Ce n'était pas fini. Que de barbarie! Sont-ce des sauvages, ces honnêtes républicains qui assassinent? Le dernier mot n'est pas dit ; le Janus de la guerre civile a ouvert son temple : il ne le fermera pas de sitôt. J'ai l'âme navrée. Que de victimes! Je ne parle pas de celles de l'armée ; c'est notre métier, notre devoir de finir ainsi. Heureux ceux qui n'ont pas trop souffert en tombant sur les barricades et qui n'y ont pas été mutilés! Mais la garde nationale! elle paye cher son stupide aveuglement de février.

J'ai vu, parmi les amputés de la 2e légion, Paillot fils ; est-ce celui que nous connaissons? Dis-le moi, que j'écrive à sa famille.

Je suis bien inquiet de mes enfants. On s'est battu dans le lycée Corneille ; on s'est battu à Saint-Denis. Où sont-ils? Quels événements! J'y pense sans cesse. Je n'aurais jamais cru qu'une telle bataille pût durer quatre jours avec ces atroces épisodes!

Partout la liberté et la fraternité apparaissent le poignard en main et dans des mares de sang!

Voici les noirs qui, dans l'autre monde, ont massacré les blancs : beaux fruits de l'émancipation! Les utopistes, frère, la terre devrait s'entr'ouvrir sous leurs pas!

En Afrique, nous sommes tranquilles, mais tristes. Donne-moi de tes nouvelles sans délai ; écris-nous avec détail.

A MADAME DE FORCADE.

Mostaganem, le 18 août 1848.

Chère mère, ma lettre va te trouver au milieu de toute la famille, et je suis heureux de ne plus te savoir isolée. Notre pensée te suit pas à pas à Taste et dans les environs. Nous serions bien mieux là qu'à Mostaganem! L'Afrique n'est pas la France, toute gâtée, toute souillée qu'elle soit. Nous ne nous ennuyons pas, parce que l'on ne s'ennuie pas avec les gens qu'on aime; mais nous appelons de tous nos vœux le moment où nous serons réunis pour ne plus nous séparer. Louise se porte bien ; toujours gentille, toujours gracieuse, toujours dévouée. Elle me protége contre mes colères, mes mauvaises humeurs, mes tristes pensées; car je deviens de jour en jour plus irritable. Quand je tombe dans mes noirs en pensant à notre avenir politique et à nos misères futures; quand je vois l'enfer de notre gouvernement, un sourire de ma femme me ramène doucement sur la terre, et je la remercie de me forcer à croire que le bonheur n'a pas encore fui pour toujours.

La république vient encore de m'enlever d'un coup de filet 3,200 francs. De 4,600 francs, nos frais de représentation sont réduits à 1,400. Tu comprends quelle économie nous devons déployer pour vivre, avec une maison aussi lourde que la nôtre. Plus de dîners, plus de réceptions. Nous vivons dans notre intérieur. Louise touche du piano, prend des bains de mer, monte à cheval, et le temps passe.

A M. LEROY DE SAINT-ARNAUD, AVOCAT A PARIS.

Mostaganem, le 25 août 1848.

Vous voici en Belgique, frère, à Ittre, à Argenteau, partout au milieu des vôtres. Je voudrais bien me trouver avec vous,

« Libre du joug superbe où je suis attaché. »

Nous menons toujours même vie. Je ne te parle pas politique, mon pauvre cœur en est ridé. Les Italiens et les Autrichiens se battent : ils sont bien heureux. En attendant, chez nous, les hommes se dessinent et s'usent.

Est-ce que tu crois que c'est fini? Les insurgés ont été et seront ménagés. Les républicains de la veille et du lendemain ont peur d'eux ; il n'y a que ceux qui ne sont républicains ni du lendemain ni de la veille qui ne les craignent pas.

Voici encore pour nous un déplacement inattendu. A peine installé à Mostaganem, je reçois l'ordre de venir prendre à Alger le commandement de la subdivision et du territoire. C'est l'ordre du ministre.

Il est la conséquence de la nomination au grade de général de brigade du colonel Bosquet. Bosquet vient prendre la subdivision de Mostaganem, où il a, pendant cinq ans, dirigé le bureau arabe avec une réelle distinction. C'est après neuf mois de grade de colonel, que Lamoricière l'a nommé général. Quel avancement! Le ministre me donne un semblant d'avantage en m'appelant à Alger. Je n'ai rien à dire ; j'obéis et je me tais.

Ce gouvernement, frère, fait comme celui qu'il a renversé: Il veut la paix à tout prix ; il périra par là. Mon Dieu, que ce soit donc bien vite! Ils ne comprennent ni la France, ni les Français, ni la position qu'ils se sont faite. Tombés dans le chaos, ils n'en sortiraient que par un immense effort et beaucoup d'éclat : c'est une chance qu'il faut savoir courir. Il faut la guerre, imposer au monde, faire la loi, parler haut, se battre, ou il faut mourir avec cent pieds de honte sur la tête!

AU MÊME.

Blidâh, le 14 septembre 1848.

Tu vois, cher frère, par l'en-tête de ma lettre, où je suis ; j'exerce par intérim le commandement de la division. Arrivé d'hier, j'ai déjà retourné la division.

Je fais partir, ce soir, une colonne pour châtier les voleurs et les mauvaises têtes de quelques tribus. Je connais les Arabes ; il faut frapper d'abord, on s'explique après. Je suis seul à Blidah. Je me débrouille, Louise viendra plus tard. L'élévation de Charron au gouvernement me va. C'est un homme de bien et un homme capable.

Je ne me fais pas illusion, frère, sur ma position. Je sais que je suis noté comme hostile, d'opinion du moins, à la république. Je la souffre ; c'est vrai, je ne l'aime pas. J'aime mon pays et je le sers en homme loyal. On utilise mes services, ma spécialité africaine, ce que je vaux ; mais on me tient éloigné et l'on n'est porté pour moi d'aucune bonne volonté.

Qu'ai-je à dire? Je ne suis général de brigade que depuis un an et je n'appartiens à aucune coterie.

D'ailleurs, frère, en ce temps, l'homme sage et droit attend les événements avec calme, prêt à y faire face toujours, à les dominer, s'il le peut. Rien de ce qui est aujourd'hui ne sera probablement dans trois mois, dans six mois, dans un an, le temps n'y fait rien. Mais il est impossible, par cela même, de saisir un élément de durée et de ne pas voir une fin quelle qu'elle soit. Les révolutions, et nous y pataugeons toujours, usent vite les hommes. Où est Lamartine? Où sera bientôt Cavaignac, et ceux qui lui succèderont dans cette route de l'oubli. J'en serai fâché pour Cavaignac, cœur chaud et noble auquel je ne reconnais qu'un défaut, celui d'être un des petits *du National;* et *le National,* comme Saturne, dévorera tous ses enfants et sera dévoré lui-même quand l'équilibre de la raison et de l'ordre aura mis chacun à sa place.

Le prince Louis a des chances énormes d'être nommé président, si le suffrage universel nomme.

Comme cette pauvre constitution se traîne! Tu verras qu'ils ne voudront qu'une chambre. Ces gens repoussent tout ce qui les sauverait. C'est leur destinée!

Adieu, frère, espérons des temps plus calmes et meilleurs. *Di meliora!*

AU MÊME.

Blidah, le   octobre 1848.

Je trouve un moment et me hâte, frère, de t'écrire quatre lignes. Je commence à croire qu'on me laissera à la division. Le maréchal Bugeaud, qui m'a écrit le 10 et le 14, pense qu'on m'a mis là pour m'y laisser jusqu'à ma troisième étoile. Nous y sommes heureux et tranquilles, chevauchant, promenant, lisant, pensant à vous quand nous n'en parlons pas. Louise est toujours charmante, sa santé est bonne. Nous avons écrit au marquis de Trazegnies pour l'inviter à venir passer l'hiver. La distance, l'âge et la mer nous priveront peut-être de sa visite.

Que dis-tu des affaires de Vienne? Cela se complique. Notre gouvernement est encore de plus en plus incolore et indécis. Cela m'afflige à cause du *sabre* qui y domine. Il est vrai que les avocats y sont encore moins brillants. Plus de tribune, plus d'éloquence, plus de dignité : c'est une descente de Courtille.....

AU MÊME.

Blidah, le 24 novembre 1848.

Notre sort vient de se décider, frère, Blangini reprend sa division. Je redescends à Alger. Charron n'est pas content, Blangini non plus, moi, je m'incline.

Je me tue le corps et l'âme pour installer, organiser les émigrants, dont on nous accable dans la saison la plus défavorable aux établissements. J'ai préparé les projets pour la division. Approuvés par le gouverneur, ils sont modifiés par le ministre, renvoyés au gouverneur qui persiste et récrit. De là des ordres, des contre-ordres, un surcroît d'embarras dans la situation la plus urgente.....

Te parlerai-je de toutes les intrigues qui préludent au grand événement du 10 décembre. Les biographies pleuvent. Nous y apprenons de curieuses choses. Ce n'est ni Clausel, ni Valée, ni Bugeaud qui ont conquis et pacifié l'Algérie. Le maréchal Bugeaud *n'a rien* fait que par le conseil des hommes qui ne devraient pas souffrir qu'on abusât ainsi de leur nom. Quoi! ils ont pris Alger, Constantine et gagné la bataille d'Isly! *risum teneatis*..... Tout cela est imprimé; et on parle d'intrigues électorales! Cinq cent mille exemplaires de ces morceaux d'histoire! Qui paye cela? Quel gouvernement a vu de pareilles choses?

AU MÊME.

Alger, le 14 décembre 1848.

Cher frère, nous avons fait un pas de plus : si les élections de France ressemblent à celles de l'Algérie, Bonaparte est élu. Constantine n'a pas encore envoyé son résultat, et il sera plus Bonapartiste encore que le nôtre.

Pourquoi s'étonner? Chacun ne cherche-t-il pas l'inconnu pour échapper au connu? Sans nous être consultés, nous avons laissé tomber tous les trois le même bulletin dans l'urne.

Où tout cela va-t-il nous conduire? Le maréchal Bugeaud est appelé à Paris, il sera toujours l'homme du pays; sa place est peut-être marquée à notre tête au printemps.

Pour moi, frère, j'attends les événements non sans inquiétude, mais comme un homme préparé à choisir sa ligne. Nous faisons des économies. La république a cela de bon qu'elle ne pousse pas à la dépense.

Louise se porte bien et est heureuse. Je jouis de son bonheur qui est mon étude. Nous avons reçu des lettres de mon fils, de ma fille, des Forcade. Je vais répondre. Je voudrais être vieux de quelques mois. Pauvre France, si grande, si forte, si glorieuse, *olim!* se réveillera-t-elle? Et Dieu voit tout cela! Il le souffre! Et le pape qui se sauve du Vatican!! Je lui pardonne, parce qu'il sera peut-être un *casus belli*.

Embrasse bien mes enfants, ta femme, et tes marmots. Ecris-moi longuement.

A M. ADOLPHE DE FORCADE.

Alger le 15 décembre 1848.

Cher frère, il y a un siècle que je ne t'ai écrit; la faute n'en est pas à moi, qui ai bien pensé à toi, mais à toutes les promenades qu'on m'a fait faire, aux installations répétées qu'il nous a fallu subir, aux occupations sérieuses que l'organisation des colons m'a données. Enfin, me voilà à Alger, et je respire autant qu'on peut respirer dans l'atmosphère de tristesse qui enveloppe notre pauvre pays. Louise voulait écrire à ta femme aujourd'hui, mais elle est encore au milieu des paquets qu'elle défait, des rideaux qu'elle attache, etc... C'est son métier depuis quatre mois, métier le plus sot, le plus ruineux et le plus fatigant du monde. Puis les visites, puis les rangements, les dérangements. Et, après tout cela, qui sait si nous resterons, ce que nous ferons, ce que nous deviendrons? Qui peut dire où il sera dans quinze jours?

Nous sommes à la veille de grands événements, et je les vois sous les couleurs les plus noires. Nous n'échapperons pas à la guerre civile, et la guerre européenne suivra de près. Celle-là nous sauvera peut-être : il y aura du moins de l'honneur à la faire. Comme toi, comme mon frère, j'ai voté pour le prince Louis, parce que c'est l'inconnu et que, dans l'inconnu, il y a de l'espérance. Il n'y en a pas pour moi dans ce qui existe. Tout mon sang, toute ma raison, tout mon orgueil se révoltent à l'idée d'être gouvernés par la coterie *du National.*

Ton chef Changarnier doit travailler sa garde nationale ; si vous allez franchement, il vous mènera bien : il est plein d'audace et d'énergie. Mais serez-vous unis? N'aurez-vous pas peur de la garde mobile? Si vous comprenez qu'il faut se battre vigoureusement et ne pas craindre quelques jours de fatigues et de périls, vous entraînerez l'armée et vous sauverez la France. J'ai peine à croire que l'armée se divise ; le maréchal Bugeaud, s'il se met à sa tête, ralliera tout. Je voudrais être là, frère, et, si je n'étais pas marié, je m'y fourrerais jusqu'au cou, et un peu plus vigoureusement que tous les autres. J'ai écrit au maréchal : j'attends.

Je n'ai pas besoin de te recommander d'être calme dans les événements qui se préparent. Fais ton devoir suivant ta conscience. Si tu descends dans la rue, sois bien armé et ouvre l'œil ; le sang-froid est un bon bouclier ; il faut regarder devant toi, à droite et à gauche, et être toujours prêt à faire feu. Je te recommande le fusil à deux coups, et, dans les bonnes occasions, deux balles dans chaque canon, ou une balle et quatre chevrotines. Ne fais pas la bêtise de te faire blesser comme un niais ; je voudrais t'avoir près de moi au feu. Je souffre bien des soucis que les événements nous préparent ; que veux-tu ? Αναγχη.

A M. LEROY DE SAINT-ARNAUD, AVOCAT A PARIS.

Alger, le 26 décembre 1848.

Cher frère, voici une lettre qui vous arrivera dans les premiers jours de 1849, différent de 1848, espérons-le.

Nous avons un président et un ministère : voyons venir. Le président n'est encore qu'un nom ; le ministère essuie les plâtres. Le maréchal est à l'armée des Alpes ; est-ce une signification, une position vis-à-vis des étrangers?.

Changarnier a bien tiré son épingle du jeu ; il est ambitieux et fin ; avec son énergie jointe à cela, on va bien....., jusqu'à ce qu'on tombe.

On ne parle pas de notre Afrique. Nous espérons qu'on nous laissera Charron ; ce n'est pas un homme politique ; mais, je te l'ai dit, il est sage et capable.

Je n'ai jamais autant souhaité d'être obscur et tranquille ; à moins que ce ne fût pour faire une bonne guerre, je ne voudrais bouger de deux ans.

J'entre dans l'année 1849 avec quatorze mois de grade de général. Je ne suis en position pour rien ; il faut attendre et laisser aux autres le temps de s'user. Le dernier mot de ce drame n'est pas plus dit que le dernier acte n'est joué. Notre tour viendra peut-être d'entrer en scène. Je ne voudrais de rôle que dans la guerre ; j'ai la politique en aversion : elle est rarement honorable.

Je passe des revues. Vous en aurez à Paris sur une grande échelle ; je suis sûr qu'on y criera vive l'Empereur!...

AU MÊME.

Alger, le 2 janvier 1849.

Cher frère, l'année commence pâle ; rien à dire de la nouvelle forme de gouvernement. Je ne crois ni à sa solidité ni à sa durée. Les pouvoirs confiés à Changarnier ont provoqué à la tribune des explications aigres, passionnées et de mauvais goût. Rien n'est changé : mêmes hommes, mêmes idées, mêmes ambitions.

Je ne pense pas que le maréchal m'appelle à l'armée d'Italie si nous n'avons pas la guerre. Si l'on se bat, tout le monde en sera ; en cas de paix, je préfère l'Afrique. J'y attendrai mes trois étoiles, et, si je le puis, j'y resterai même comme général de division. Il n'y a point de projets à faire sur l'avenir ; laissons arriver les événements.

Louise se porte bien et vous embrasse. Nous sommes heureux ; nous nous aimons beaucoup, et nous n'aurions rien à désirer si vous étiez près de nous. Quelle chose triste de vivre si loin les uns des autres !

Nous espérons garder Charron ; on fera bien. On parle déjà de changer le cabinet. Allons, courage !

Adieu, frère ; je t'aime, cette année, comme celles qui sont derrière nous, comme celles qui courent devant.

AU MÊME.

Alger, le   janvier 1849.

Ta lettre, cher frère, ne reflète pas des idées couleur de rose. Quel tableau ! Et, ce qu'il y a de plus triste, c'est qu'il est vrai. Partout la crainte pour l'avenir; chacun est mécontent, honteux de soi-même; on se regarde avec défiance, on n'ose pas s'interroger. Le secret de cet état insupportable est dans notre turpitude; on est humilié de ce qu'on a fait et laissé faire; on s'avoue avec terreur que, d'ici à longtemps, il n'y a pas de gouvernement à espérer, je veux dire de gouvernement stable, raisonnable, glorieux.

La monarchie n'est pas possible; qui tiendrait l'emploi de roi? Les idées du peuple ne vont point de ce côté, et, pour aborder le trône, il faudrait un cœur, une main, une tête de fer.

En Algérie, nous sommes tranquilles, mais, tout autant que vous, en désarroi. Tout y sent le provisoire. La métropole nous oublie, nous délaisse; on nous ôte des courriers, et nous en sommes prévenus par les journaux; notre ministre ne nous écrit pas, les autres écrivent au préfet d'Alger, et lui parlent d'un directeur général comme d'un défunt, tandis qu'il y a encore un directeur général et pas de préfet..... Rien ne se fait, rien ne marche, si ce n'est le temps, qui traîne après lui la tempête qui nous bouleversera !

Je te dirai en passant que, dans un remaniement du personnel africain, je pourrais bien être envoyé à Constantine. Cela m'irait ; à Louise aussi, qui aime les voyages.

On parle de dix mille hommes qui vont débarquer à Civita-Vecchia ; cela peut devenir grave. Le roi de Naples est le seul qui ait su faire son métier de roi : il m'intéresse. Les affaires d'Italie ne sont pas claires ; quelques éclats nous atteindront.

A M. ADOLPHE DE FORCADE.

Alger, le 1er février 1849.

Cher frère, ta lettre m'est parvenue hier. Elle est venue nous délivrer d'un énorme poids, en nous rassurant sur la santé de notre frère et de ta femme...... Qu'as-tu l'intention de faire au milieu de notre gâchis politique ? Rester avocat, c'est peu de chose quand on ne veut pas vociférer à l'endroit de la chose publique.

Nous sommes tellement dans le provisoire, que l'homme sensé est impuissant à former des projets et des plans de conduite. Qui prévoit l'avenir ? Qui serait assez intrépide pour se fier à lui ? J'attends les événements, et je me tiens à l'écart : le printemps nous amènera autre chose que des feuilles.

En attendant, vous ne gagnez pas la santé. A peine sorti du chevet de notre frère, tu te réinstalles dans les fonctions de garde-malade auprès de ta femme; c'est, en vérité, un triste début d'année. Ma pauvre petite sœur va passer un fâcheux hiver. Louise écrit à Adèle. Ne nous laisse pas sans nouvelles, et rappelle-nous au souvenir de Mme de Praingy, qui a bien dû souffrir de la maladie de sa fille. Ce sont de vilaines douleurs, que les rhumatismes articulaires; mais où donc Adèle a-t-elle pu prendre cela? On laisse ces misères aux vieux soldats comme moi. Il est odieux de penser que cela se ramasse dans un bal, au milieu des fleurs, comme dans nos bivouacs.

Pendant que tu seras auprès de ta femme, tu ne courras pas les rues et ne rencontreras pas l'émeute; c'est une compensation. Je m'attends bien tous les jours à vous voir vous fusiller dans Paris. Vous ne vous débarrasserez de vos montagnards que le fusil à la main. Adieu, frère.

A M. LEROY DE SAINT-ARNAUD, AVOCAT A PARIS.

Alger, le 19 février 1849.

Cher frère, j'ai reçu tes quatre lignes, qui ne m'ont que médiocrement satisfait. Au nom de notre vieille amitié, soigne-toi comme tu as l'habitude de soigner les autres. Puisque tu ne dis rien de ta maison, c'est que tout y est bien.

Le maréchal m'a écrit de Moulins en m'envoyant son discours de Bourges....., passe ; mais, à Lyon, autres discours nombreux, bons par la pensée, péchant par la forme, l'opportunité. Les furieux de la chambre s'en sont emparés. M. Barrot y a trouvé l'occasion de quelques malignes bonnes choses, dont je serais peu flatté si j'étais le maréchal.

As-tu vu ces montagnards criant : A bas les Africains ! Ils ont raison de les vouloir à bas ; ce sont les Africains qui les écraseront, et Dieu veuille que je sois de la fête ; je ne m'y épargnerai pas : ils perdront la France si on les laisse faire.

Tous ceux qui reviennent de France s'accordent, avec les lettres qu'on en reçoit, pour dire que la république n'est plus en faveur et que l'on demande un roi ; mais lequel ? Monarchie, Empire ? Il faut que le nom et la forme du gouvernement changent. Chacun en a assez de cette inconcevable surprise qui a jeté la France à la merci de quelques fous, pour faire un essai nouveau de république tout aussi malheureux que le premier.

En attendant, les représentants continuent à se moquer de la France. Ces messieurs parlent de leurs petites affaires et de leur amour-propre en pleine tribune ; de petits grands hommes s'y insultent à la face du pays, comme si le pays faisait grande attention à tout cela. Que de haines invétérées ornées d'envie se font jour dans ces tristes débats ! Quelle garantie pour l'avenir, si tel est l'accord qui règne dans ceux qui sont la tête et l'espérance de l'armée ?

Le pape veut à toute force rentrer au Vatican et ressaisir ses pouvoirs : il a remué les cendres sous lesquelles couvait l'incendie.

Les Arabes aussi se remuent ; ils attendent un chef et il en naîtra un. Depuis nos événements politiques, qu'ils comprennent mal, les Arabes nous méprisent ; ils disent que nous n'avons ni *roi* ni *raison*.

Adieu, frère, je laisse ma plume à Louise, qui veut gronder sa sœur. Embrasse tout notre monde, petits et grands.

AU MÊME.

Alger, le   avril 1849.

J'ai eu tant de lettres à écrire, frère, que j'allais te remettre encore au bateau du 5, quand les nouvelles d'Italie sont arrivées. J'aurais bien désiré avoir une lettre de toi, pour connaître ton avis et l'effet que ces nouvelles ont produit à Paris et en France. C'est grave. Les Autrichiens à Turin, Charles-Albert abdiquant et retiré en France. Que de conflits cela peut amener ! Et cependant je ne crois pas à la guerre. Je sens, je vois que nous n'avons pas les moyens de là faire. En présence des factions qui déchirent la France, serait-il sage d'envoyer l'armée, seule garantie de l'ordre, guerroyer au dehors, pendant qu'on brûlerait le dedans?

Notre Afrique s'en va, frère, nous ne pesons plus dans la balance.... Les ministres lui refusent tout. On dirait qu'ils veulent abandonner l'Algérie. Notre gouverneur a reçu la défense d'entreprendre aucune expédition sérieuse. Celle de Kabylie était indispensable. Les Arabes s'agitent. Si l'on ne va pas chez eux leur montrer que nous sommes toujours forts, ils attaqueront nos avant-postes.

Je me renferme dans ma coquille. Je me raisonne, puisqu'il faut que je reste ici, mais nos beaux jours sont passés. Il faut à l'Afrique un ministre qui l'aime et la comprenne. Je fais mon métier en conscience, mais tout cela ne me satisfait pas...

Nos affaires se gâtent décidément en Afrique. Auprès de Bougie, dans ma subdivision, les Kabyles ont brûlé trois villages amis. La fermentation chez les Kabyles est générale. Je m'embarque le 21 sur *le Titan* avec quatre compagnies d'élite, je vais voir par moi-même.

Dans ma petite tournée préparatoire, j'emmènerai Louise; cela lui fera voir Dellys et Bougie. C'est intéressant et mérite le voyage. Nous serons huit à dix jours absents d'Alger. Puis je repartirai seul pour trois semaines environ.

Je t'écrirai à mon retour à Bougie, et te marquerai l'époque fixe de mon expédition.

AU MÊME.

Alger, le 30 avril 1849.

Cher frère, ta lettre du 16 nous arrive quelques heures après notre débarquement. Nous avons terminé notre excursion à Bougie. Louise a été malade; mais elle prétend n'avoir pas payé trop cher les intéressantes courses qu'elle a faites autour de Bougie. En effet, jamais femme n'a été si loin, ni si haut. Nous sommes montés au Gouraya à cheval, ascension longue et périlleuse qui dure une heure et plus, par un chemin à lacet toujours suspendu d'un côté sur un précipice. Louise n'est descendue de cheval ni pour monter ni pour descendre, et c'est très-brave. J'avais plus peur qu'elle, mais elle montait un cheval sûr.

Jamais mes prédécesseurs n'en ont fait autant avec deux bataillons : j'ai vu toutes ces positions; j'ai plongé dans l'historique de Bougie avec un vif intérêt. Je n'ai pu m'empêcher de m'étonner que, depuis quatorze ans, on se soit laissé bloquer dans Bougie. Un seul chef de bataillon, M. de Wengy, avec sept cents hommes, est maître chez lui dans un rayon de quatre lieues.

J'ai vu les affaires de ce pays ; il faut que j'y retourne pour punir les Beni-Seliman. Je n'aurai que dix-huit cents baïonnettes à cause des difficultés du transport. On laisse Alger sans bateaux à vapeur, mais Herbillon viendra de Sétif avec quatre mille hommes. Nous aurons devant nous cinq à six mille fusils et un pays effroyable. Je pars le 11 mai, je commencerai le 14. Je serai de retour dans les premiers jours de juin.

Louise a des invitations pour son veuvage chez les Feray, les Saint-John au consulat d'Angleterre; mais elle restera chez elle pour préparer le logement des Rougé, qu'elle espère voir arriver prochainement.

Puisque ta femme est à Noisy, dis-lui de me rappeler au souvenir du docteur Sureau. Et moi aussi je voudrais bien être à Noisy, ne fût-ce que vingt-quatre heures. Nous aurions bien à causer, mais je suis lié à l'Afrique. Est-ce un bien, est-ce un mal? Je crois que c'est ce qui me convient le mieux.

Adieu, frère, je vais présider à un embarquement de troupes et de matériel pour Bougie. Tout part demain par *le Phare* que commande le fils de Kergrist. Il dîne aujourd'hui chez moi. Tu l'as vu élève de marine à Brest.

AU MÊME.

Au bivouac de Bougie, le 16 mai 1849.

Je suis ici depuis le 13, frère, et j'ai déjà fait une rude visite aux Beni-Seliman. Je leur ai tué une trentaine d'hommes et brûlé un village. Le soir, je suis rentré à mon camp avec trois blessés et quelques contusionnés. Les affaires de ce pays s'embrouillent.

Herbillon a des soucis dans sa province. Il a pris Barral et toutes les troupes de Sétif, pour aller combattre un fantôme de chérif qui vient de paraître.

S'il n'y a plus à Sétif assez de troupes pour composer une colonne, je ne puis rien faire seul. Je saurai cela cette nuit.

J'ai laissé Louise chez Mme Feray. Elle ira m'attendre à la campagne du gouverneur. Mme de Rougé ne viendra pas, le voyage l'effraye. On nous annonce à Alger la visite de M. le duc d'Uzès, chez qui Louise a été si bien reçue. Il me contrarie bien de ne pas être là pour le recevoir comme je le voudrais.

Pendant ce temps, que deviennent les affaires d'Italie? Elles boitent plutôt qu'elles ne marchent. L'armée est toujours à San-Paolo, ce n'est pas Rome. Le proverbe a menti : tout chemin n'y mène pas.

C'est triste pour notre armée d'être arrêtée par une telle tourbe, la première fois qu'elle prend sérieusement les armes en Europe.

Nous sommes loin de la paix et de la tranquillité, mon pauvre frère, plus encore de la véritable grandeur et de la gloire. Notre pays est en décadence. J'en suis fâché pour l'auguste corps auquel tu appartiens : nous devons ces malheurs surtout aux avocats. Avec la nouvelle loi électorale, l'Assemblée sera empoisonnée de petits avocats, de petits médecins, de petits propriétaires, et tout cela ne fait ni de grands orateurs ni de bons représentants.

L'Afrique est comme la France, elle craque avant de s'entr'ouvrir. Sera-t-on donc obligé de renvoyer Bugeaud et cent mille hommes, si l'on ne veut pas être chassé d'Afrique ?

Écris-moi toujours à Alger, ma Louise me fera passer tes lettres.

AU MÊME.

Au bivouac, sur l'Oued-Djemma, le 25 mai 1849.

Cher frère, il est tard, je suis fatigué. Je t'écris pour te donner seulement de mes nouvelles, et te dire que, selon mon usage, j'ai battu les Kabyles. Ils croyaient avaler ma petite colonne de quatorze cents baïonnettes avant ma jonction avec la grande colonne. Ils se sont tournés tous contre moi et je les ai bien mal menés le 21. Le 24, après la jonction, quand il a fallu enlever les positions qui défendaient le col de Tizy, j'ai fait la besogne avec trois bataillons.

J'aurai terminé mes opérations vers le 5.

Le maréchal m'écrit qu'en cas de guerre, il me demandera au gouvernement.

A M. CHARDRON, CHEF DE BATAILLON EN RETRAITE [1].

Au bivouac, sur l'Oued-Djemma, le 29 mai 1849.

Mon cher Chardron, votre lettre du 9 m'est arrivée hier à mon bivouac. Elle a été reçue avec un vif plaisir. Il y a dix jours que je patrouille dans le plus horrible pays du monde. Figurez-vous des pains de sucre mis à côté les uns des autres. Malgré ces difficultés, j'ai eu trois belles et sérieuses affaires, où j'ai fort mal traité les Beni-Seliman et leurs alliés. J'ai eu quatre officiers tués, quatre blessés légèrement, douze hommes tués, et j'ai envoyé une cinquantaine de blessés à Bougie. Vous pouvez juger que tout cela a été assez chaud. J'en ai encore pour une vingtaine de jours avant de rentrer à Alger.

Ce que vous me dites de votre réunion préparatoire m'afflige sans m'étonner. Tous les honnêtes

---

[1] M. Chardron est l'ancien chef de bataillon au 64ᵉ de ligne, dont il est question dans les lettres écrites de Blaye et de Bordeaux. Il était resté l'ami du Maréchal.

gens font comme vous; ils se dégoûtent et se retirent. Qu'arrivera-t-il? C'est qu'en laissant la place aux ennemis intérieurs, au lieu de lutter contre eux, ils ouvrent la porte de l'Assemblée et du pouvoir aux rouges et aux niveleurs. Il faut lutter, morbleu! partout et vigoureusement, et la victoire restera aux honnêtes gens. Voilà ce qu'il faudrait crier sur les toits.

A M. LEROY DE SAINT-ARNAUD, AVOCAT A PARIS.

Au bivouac, sur l'Oued-Djemma, le 4 juin 1849.

Les Russes sont en Allemagne, les Hongrois marchent contre les Russes; les Italiens se défendent et se déchirent; nos armées font la grimace, l'arme au bras, en Italie; les élections nous envoient l'huile et le feu; je me grille en Kabylie plus au soleil qu'au feu des Kabyles dégénérés, car leur pays est une forteresse que quinze hommes défendraient contre une armée; et, au milieu de tous ces sujets de correspondance, sans compter le changement de ministère, tu restes impassible et tu n'écris pas une ligne à la pauvre Afrique.

Le courrier m'est arrivé cette nuit: rien de toi, rien de Paris, de son esprit, de ses craintes, de ses espérances, s'il est encore permis d'espérer par le temps qui court et les affaires qui se font. Avant peu, si l'on n'y veille, vous serez débordés. Les Russes, Autrichiens et Prussiens me préoccupent moins que les ennemis intérieurs, dont le nombre s'accroît chaque jour. Vois les élections. Quelques exclusions, toutefois, me donnent à penser et à rire ; elles frappent sur des fondateurs et des plus.... provisoires. Croyez donc à quelque chose ! Mais je déplore l'élection des sous-officiers, c'est la ruine de l'armée. Les rouges savent bien ce qu'ils font, ils frappent au cœur. Nous avons perdu notre robe virginale. Il n'y a plus de discipline possible, partant plus d'armée.

Après quelques combats, de grandes courses, des tours de force en fait d'enlèvement de pics et de positions, la confédération des Beni-Seliman est brisée. Des quatorze fractions composant cette tribu, douze ont fait leur soumission ; les deux autres vont y venir. Après-demain nous serons sous Bougie, et, le 8, je repartirai pour l'ouest avec ma colonne. Tout sera terminé vers le 14, et le 16 je serai de retour à Alger.

Le maréchal Bugeaud est à Paris ? Que fera-t-on de lui ? Un ministre, un général en chef ? Il sera bien partout. Mais à Paris la popularité est chère à acquérir et ne dure pas longtemps. Vois Changarnier; les rouges le craignent et ils s'acharnent après lui. Ils en tueront bien d'autres.

Que fait le Président ? Qu'en disent Paris, la France ? Si l'on avait du moins l'esprit de se rallier à lui, on résisterait au Rouge qui déteint sur tout.

Au reste, je me porte bien. J'attends les événements. Je me sens assez de force et de cœur pour ne reculer devant aucun. J'espère les traverser avec bonheur.

A quoi pense donc Bedeau? Il ne monte à la tribune qu'ému et pleurant. Que signifie son élégie sur la tentative de viol de la Constitution? Est-ce qu'il veut épouser la Constitution? Comme avec de l'esprit, les mieux pourvus sont quelquefois maladroits!

Pourquoi donc Lamoricière refuse-t-il le portefeuille de la guerre? Qu'y a-t-il là-dessous? Le premier courrier sera intéressant; d'abord il m'apportera tes lettres, je l'espère.

Le choléra vous quitte; mais en partant il emporte le dernier souvenir des roses de l'Empire. Mme Récamier va ouvrir ses salons sous les bosquets de l'Élysée; elle le préférera au paradis, c'est plus poétique.

Nous avons, même dans les montagnes, une chaleur terrible. J'étais, hier, entre Bougie et Djidjelli; j'ai pu voir les maisons blanches de Djidjelli, cela m'a fait plaisir. Si le gouvernement veut me donner cinq mille hommes au printemps prochain, je lui soumets tout entre ces deux villes; mais où serons-nous le printemps prochain?

Embrasse tes enfants et les miens, mon frère et sa femme; comme il y a longtemps qu'ils ne m'ont écrit!

AU MÊME.

Au bivouac, sous Bougie, le 15 juin 1849.

Cher frère, mon expédition est terminée : Bougie vivotera tranquille pendant un an et, à moins d'événements qu'on ne peut prévoir, elle est garantie du blocus qui la menaçait sérieusement.

L'année prochaine, si cela est possible et si je suis en Afrique, choses douteuses, il me faudra venir passer ici au moins deux mois avec une colonne de quatre à cinq mille hommes, et je réponds de dompter les Kabyles et de rendre le cercle aussi soumis, aussi sûr que la plaine de la Mitidja. Si le gouverneur le veut, je lui rendrai les communications faciles de Djidjelli à Dellys et je lui ferai sa route de Bougie à Sétif, c'est-à-dire que je lui livrerai toute la Kabylie.

Les Kabyles ne sont pas si méchants qu'on les fait. Je les ai chassés de positions inexpugnables par leur nature et qu'ils avaient pris soin de fortifier. Je les ai poursuivis sur des pics inaccessibles, où ils disaient que les aigles seuls venaient les visiter. Nous ne sommes pas des aigles, et nous y sommes montés en battant la charge. Nous n'avons eu que deux tués, cinq officiers et vingt-deux soldats blessés. Nous aurions dû y laisser cinq cents hommes et ne pas réussir.

La défaite et la soumission entière des Beni-Seliman a produit un excellent effet. On les regardait comme invincibles, c'était la tête de la révolte. J'ai coupé cette tête, la révolte est tombée. En deux mots, voici les résultats : la tranquillité de Bougie assurée, 60,000 francs d'impôts rentrés dans les caisses de l'Etat, les frais de la guerre payés par l'ennemi et un pont jeté à ses frais sur le......... C'est assez bien par le temps qui court.

Demain, je me rembarque, je serai le 17 auprès de ma femme, récompense qui m'est bien chère et, je t'assure, bien désirée.

Quelles nouvelles de France par le dernier courrier ! Quel début dans l'Assemblée législative ! Le plan de la Montagne est de se montrer toujours furieuse. Et vous ne trouverez pas un homme pour mettre le holà ? Ils poursuivent Changarnier avec acharnement, parce qu'ils le sentent capable de les exterminer ; il le fera et fera bien. La France lui devra de grandes actions de grâces.

Le maréchal n'a donc pas voulu entrer au cabinet ? Il ne doute pas de la guerre, il la doit désirer même, tant il la croit utile au salut de la France. Que n'y a-t-il eu, pour son repos, plus d'exclusions de la Chambre, parmi ces intrigants qui ont escamoté la révolution de Février.

Après tout, frère, ces événements qui nous entourent et nous pressent peuvent éclater et nous couvrir de ruines. Ou la France s'en tirera par des victoires et des gloires nouvelles, et l'on verra sortir de nos luttes un gouvernement qu'on ne peut définir, mais digne et raisonnable ; ou vaincus, déchirés par la guerre civile, nous deviendrons la proie de l'Europe : et cet avenir, je ne le verrai pas se dérouler devant moi, je serai tombé sur quelque champ de bataille...

A M. ADOLPHE DE FORCADE.

Au bivouac, sous Bougie, le 15 juin 1849.

Cher frère, voilà un siècle que je ne t'ai écrit. Depuis un mois je perche sur les montagnes et les pics de la Kabylie : notre frère te donnera l'historique de mes opérations. Mes résultats sont bons, je m'embarque demain pour Alger ; après un mois d'absence, je vais rejoindre ma femme chérie. Tu comprends le bonheur que j'éprouve. Quelle bonne chose, un bon ménage, une femme qu'on aime ! Tu le sais, c'est le paradis sur la terre ; ceci dit, sans mépriser l'autre.

Et toi, frère, que fais-tu ? Cette révolution, qui marche de fautes en ridicules, comment te traite-t-elle ? Aussi mal que tout le monde. Encore si nous avions la guerre ! Je ne la désire pas pour moi, soldat, traîneur de sabre, comme tu voudras ; mais c'est l'unique moyen de relever l'armée qui se perd et s'en va, l'armée qui seule peut sauver la France. La garde nationale ne vaut rien : elle se serait peut-être battue et mal battue quand elle avait quelque chose à perdre ; mais, aujourd'hui, chaque jour amène sa ruine, et qui veut se battre pour l'inconnu !

Oh ! le barreau, quel mal il nous a fait et nous réserve encore !

Vas-tu à Taste cet été ? C'est, je crois, ce que tu as de mieux à faire. Je vais passer le temps des chaleurs à la campagne, Louise y sera bien. Ici, j'ai eu la ressource des bains dans cette magnifique baie de Bougie. Si nous y étions tous les trois, quel délicieux plaisir ! Pauvre frère, il y a déjà plus d'un an que je ne t'ai embrassé... Adieu, écris-moi, embrasse mes enfants quand tu les verras...

A M. LEROY DE SAINT-ARNAUD, AVOCAT A PARIS.

Alger, le 20 juin 1849.

Cher frère, en arrivant ici, je trouve ta lettre du 11. J'ai appris à mon passage à Dellys et par les Arabes l'affreuse nouvelle de la mort du maréchal Bugeaud. T'exprimer ma douleur est impossible. Je l'aimais comme on aime un père, et jamais fils n'a ressenti pareille angoisse. Depuis le 17, je suis malade de chagrin. Tout le bonheur que j'avais à rejoindre ma femme a été troublé par cette catastrophe. Je viens d'écrire à la maréchale, à Feray; Louise écrit à Léonie. Frère, Dieu s'est retiré de la France. La France a compris la perte qu'elle a faite. Tout le monde pleure le maréchal, excepté, si tu le veux, quelques envieux qui ne lui allaient pas à la cheville, et les Rouges, heureux d'avoir remporté sans combat une éclatante victoire.

Mourir du choléra, quand les champs de bataille de l'Europe allaient s'ouvrir devant lui ; mourir, quand de lui seul, peut-être, dépendait le salut de la patrie ! C'est affreux à penser, frère.

La maréchale doit être à Paris. Porte chez elle les deux lettres que je joins ici ; si elle était partie pour Excideuil, mets-les sous enveloppe à son adresse.

Aucune idée d'égoïsme, aucun sentiment personnel ne se mêle à la douleur profonde que j'éprouve. Le maréchal me laisse assez haut pour que je puisse m'élever encore sans lui. Mais, comme Français dévoué à mon pays, amant de sa gloire et de sa prospérité, je verse des larmes de sang. Quelle destinée est la nôtre, et quand notre sort est marqué, comme il faut baisser la tête ! Nous attendons avec anxiété les nouvelles de Rome et de Paris. Un siége meurtrier d'un côté, l'émeute grondant de l'autre : quelle sera la fin de tous ces drames ? Je voudrais être en Italie, je voudrais être partout où je crois que je pourrais servir utilement. Les événements sont bien rétrécis en Afrique, comparativement à ce qui se passe en Europe. Je ne puis me défendre d'un sentiment de crainte qui part de mon peu de confiance dans les hommes dirigeants. Si les rouges l'emportent, frère, je m'en irai ; advienne que pourra, je ne servirai pas contre ma conscience et mon cœur, à moins que l'étranger ne souille notre sol sacré.

Adieu, frère, embrasse ta femme et nos enfants, et que Dieu vous préserve tous de l'affreux fléau qui vient de nous priver d'un homme que je pleurerai toute ma vie.

AU MÊME.

Mustapha, le 9 juillet 1849.

Cher frère, nous avons reçu ta lettre. La pauvre maréchale ne se consolera jamais de ne pas avoir assisté aux derniers moments de son mari. Le maréchal avait envoyé le capitaine Saget, son aide de camp, à Marseille pour conduire ces dames à la Durantie ; où il avait l'intention d'aller après le mieux trompeur qu'il a éprouvé, et c'est là, à la Durantie, que la fatale nouvelle sera arrivée. La maréchale est atterée. Son désespoir est sombre et concentré, elle donne de sérieuses inquiétudes à ses enfants. Léonie supporte la perte immense qu'elle a faite avec plus d'énergie ; elle est enceinte et sa santé résiste. Feray a été forcé de rejoindre son régiment qui est sur le Rhin. Voilà où en sont les choses pour la triste famille. Je n'ai pas encore reçu de nouvelles directes ; mes lettres ne sont arrivées que tardivement à la Durantie, puisqu'elles ont passé par Paris. Pour moi, frère, je ne m'accoutume pas à ce malheur. Chaque jour, chaque nuit, je pense au maréchal. Mon cœur saigne. Je le regrette plus encore pour la France que pour moi, qui perds un si précieux ami.

Nous sommes donc enfin dans Rome ! Nos embarras commencent. Qu'y ferons-nous ? Quelles conditions imposerons-nous ou nous imposera-t-on ?

AU MÊME.

Alger, le 19 juillet 1849.

Cher frère, je viens de recevoir une lettre de mon fils fort gentille et très-pressante. Mon Adolphe a le plus grand désir de venir en Afrique : il le demande comme une récompense promise à ses efforts. Sa lettre s'efforce d'être logique ; il appelle sa petite mère à son aide, etc.

Nous voudrions de grand cœur ce qu'Adolphe désire ; mais la raison parle et doit être écoutée. L'année est mauvaise, la chaleur excessive, il y aura en automne force maladies, le choléra peut-être... Cela m'effraye. D'un autre côté, nous craignons que notre

Adolphe ne soit trop excité, trop exalté par les plaisirs qu'Alger lui réserve.

Le spectacle de la position élevée du père peut fausser les idées du fils, lui ôter le goût d'un travail nécessaire, faire manquer la réception de Saint-Cyr. Toutes ces considérations donnent à penser. Tu connais Adolphe mieux que moi, tu vois mes craintes. Je te laisse la décision. J'écris à mon fils que tu causeras avec lui…. Le meilleur est de t'envoyer ma lettre.

En vue d'un succès ou d'un insuccès d'examen, le mieux n'est-il pas d'attendre à l'année prochaine, et de réserver le voyage comme un appât puissant ?

Si Adolphe n'est pas reçu en 1850, il faudra prendre un parti, et le parti nous le mûrirons ici.

Les chaleurs continuent, et tu ne nous écris pas pour nous rafraîchir le sang. Je suis un peu souffrant ; toujours les entrailles. J'ai dîné hier avec Paturot-Reybaud ; je l'ai trouvé d'une simplicité naïve et spirituelle du meilleur goût, c'est un aimable homme, le connais-tu ?

AU MÊME.

Mustapha, le 10 août 1849.

Cher frère, nous revenons de la mer à sept heures du matin avec une chaleur à cuire un bœuf. Le sirocco soufflait, au grand désespoir de ma femme : mauvaise année.

Les Arabes s'agitent et l'on choisit ce moment pour nous ôter deux régiments ; le gouverneur espère mener l'Afrique et dominer les événements de son cabinet où il travaille beaucoup... c'est une erreur. On parle toujours de le remplacer, mais la matière manque. Nous vivons des bruits de France. C'est notre ministre qu'on donne pour successeur à Molitor à la Légion d'honneur. La difficulté sera de trouver un ministre avec la position faite à Changarnier. Il a été question de Bedeau ; soit !

Notre expédition du printemps a reçu quelques croix et la promesse de quelques grades.

As-tu lu dans les journaux ma lettre au maréchal Reille, et le manifeste de la commission pour le monument à élever au maréchal Bugeaud ? Le manifeste est dans *l'Akhbar* du 5, ma lettre dans celui du 7. Nous avons déjà près de 10,000 fr., ce n'est pas assez. Eussions-nous 30,000 fr., nous ne ferions pas grand'chose.

Les affaires politiques ne vont pas vite ; mais la révolution, qui partout a montré son nez, commence partout aussi à rentrer dans son trou. Nous sommes les derniers à jouir de son absence. Qu'il est triste de penser que longtemps encore nous pouvons nous traîner dans cette ornière !

Que font mes enfants ? Parle-moi de mes neveux : que fait Delattre ? Travaille-t-il ? Promet-il un homme ?

Je vois souvent Vialard, notre camarade d'enfance

de la pension Lecomte[1]. Il me parle de toi. C'est un homme d'esprit. Il est de la commission consultative de la subdivision et de la commission pour le monument. Je les préside toutes deux.

Forcade et sa femme sont-ils partis pour Taste? Comment va notre bonne mère? Adieu, frère, écris-moi longuement.

AU MÊME.

Alger, les 9 et 19 septembre 1849.

Frère, quand ma Louise a terminé ma lettre interrompue par la maladie, j'étais fort avarié et je ne suis pas trop robuste encore, quoiqu'en voie de convalescence, je l'espère. Cette année est maudite comme son aînée. Je ne crois plus au bien ni au bonheur en république. Si je me portais bien j'en serais surpris. Nous sommes donc dans de mauvaises conditions de santé. Nous avons tous un dérangement qui rentre dans la famille des cholérinettes, précédant les cholérines, lesquelles précèdent le choléra. Il sévit à Marseille; nous avons des cas à Alger. Je ne m'en effraye point, j'attends. J'ai pour moi l'expérience; puisque je me suis tiré du vrai *morbus*,

---

[1] Le Maréchal avait passé quelque temps dans cette pension, aujourd'hui l'institution Jubé, avant d'entrer au lycée Napoléon.

j'enterrerai les autres. Très-fataliste en beaucoup de choses, je crois que ceux qui sont marqués par Dieu pour mourir cholériques doivent subir leur destin, mais je ne les livre pas sans combat. J'ai beaucoup médité sur le choléra, beaucoup lu ce qui a été écrit sur cette affreuse, si peu connue et formidable maladie, devant laquelle les médecins les plus forts se croisent les bras en ordonnant au hazard ; je me suis arrêté à la cure par les moyens homœopathiques. J'ai fait venir l'instruction du docteur Chargé et sa pharmacie portative. Je soigne ma famille, ma maison, mes amis auxquels je cherche à infiltrer ma foi (ouf!), mon moral surtout. Tu le sais, c'est la foi qui sauve ; il faut l'avoir pour soi et du moins pour les autres, il faut dire qu'on l'a. Mon Dieu. si mon homœopathie ne fait pas de bien, elle ne fera pas de mal comme l'on dit, et je saurais y ajouter les moyens curatifs extérieurs dont je connais la bonté.

Je prends la résolution de ne plus passer l'été en Afrique. Juillet, août, septembre, me verront en France aux eaux de Vichy ou des Pyrénées. J'en ai besoin, toi aussi. Nous y serons ensemble.

Les Arabes nous tiennent en éveil. J'opine pour qu'on patiente jusqu'au printemps ; en automne, en hiver, on fait de triste besogne. On est trop à la merci du temps.

Les nouvelles politiques sont bien pâles. Quand verra-t-on clair dans l'avenir? Quand ne se noiera-t-on plus dans un océan de conjectures, de suppositions, d'espérances, d'impossibilités? L'incertitude est le plus réel des maux. Au moment d'aborder un danger inconnu, le cœur peut battre ; mais en face de ce danger, on redevient calme.

Ta femme, tes enfants, comment vont-ils? Embrasse-les pour moi, et de cœur, et Louise, et Adolphe, et mon frère, et sa femme. La mienne vous dit un million d'amitiés. Je voudrais bien être sorti de tous les choléras pour la retrouver souriante et heureuse. Elle craint pour moi, je ne crains que pour elle, et ces idées n'amènent pas le rire sur les lèvres. Il faut avoir foi en Dieu et en son étoile.

Adieu, frère, je t'aime bien.

A M. ADOLPHE DE FORCADE.

Alger, le 3 octobre 1849.

Te voilà encore plus campagnard à Taste que tu ne l'étais à Boissy-Saint-Léger, mon cher frère. Tu vas t'enfoncer dans les cuves et tourner les pressoirs; tu auras beau faire, tu ne seras jamais aussi gros que Bacchus.

Je suis en convalescence, convalescence longue et pénible, qui se traîne et m'ennuie fort. J'ai été vigoureusement touché, toujours le même côté faible, gastralgie et inflammation des intestins. Je ne me rétablirai qu'après avoir passé une ou deux saisons aux eaux de Vichy. Alger est fort triste : on se soigne, on se renferme, on ne se voit pas. Nous faisons quelques promenades en voiture. Je ne suis pas encore en état de monter à cheval. Tu sais comme le repos, la diète et le lit me vont. J'ai fait des cuves de mauvais sang depuis deux mois, et cela ne me rend pas la santé.

Tu es auprès de notre bonne mère. Soigne-la bien, et embrasse-la chaque matin pour nous. A quelle époque viendras-tu à Paris?

Retourneras-tu à ton palais? Je t'avoue que je n'aime pas t'y voir comme avocat. Je préférerais pour toi la magistrature. Le parquet surtout te conviendrait. En trois ans tu peux être avocat général à Bordeaux. Cela te mène à tout, cela t'ouvre les portes de l'Assemblée. A ta place, je ne viserais qu'à cela, comme moi je vise plus tard à commander la division de Bordeaux, si nous n'avons pas la guerre, bien entendu.

Nous sommes appelés à vivre dans un triste siècle, et j'avoue que je suis aussi saoûl que possible des hommes et des choses. *Di meliora...* Toi, tu en verras peut-être; moi, je n'ai jamais autant désespéré de la patrie...

A M. LEROY DE SAINT-ARNAUD, AVOCAT A PARIS.

Alger, les 3 et 9 octobre 1849.

Cher frère, nous sommes rentrés à Alger depuis le 29 septembre, reçus par le choléra qui nous tient toujours. Mon pauvre notaire, M. Barrois, atteint hier, sera mort ce soir. Je le regrette, c'était un brave et honnête homme.

Je reçois ta lettre des 22-26. Je ne te laisserai pas dans l'inquiétude, c'est une trop mauvaise condition... J'attendrai ma troisième étoile en Afrique, puisqu'il faut qu'elle arrive là ; mais je sens dans mon cœur toute généreuse ambition prête à s'éteindre. Je ne ressusciterais que si j'entendais le canon russe ou prussien, et, en vérité, je ne crois plus à la guerre.

Les Autrichiens ont le beau rôle en Italie, les Russes en Hongrie, les Prussiens chez eux, le roi de Naples chez lui, il n'y a que nous qui n'ayons de rôle nulle part.

Quoi! les cartes se brouillent en Turquie! Je m'en réjouis. Je ne parle plus de Rome, c'est affaire réglée ; mais que je serais heureux de frapper sur la Russie, conjointement avec l'Angleterre! Le ciel nous devrait cette compensation.

Par ici, un bon coup de main nous a débarrassés du faux Bou-Maza. Il est probable que nous ne serons pas obligés de sortir avant le printemps.

Herbillon va opérer dans l'Aurès où il trouvera de la résistance. La mort du brave Saint-Germain a exalté les Kabyles; dans tout le sud l'agitation est extrême. La position n'est pas rassurante : on nous retire du monde ; nos hôpitaux sont encombrés ; on ne comprendra toutes ces fautes que devant des catastrophes d'où sortira un mal irréparable. Le maréchal Bugeaud n'est plus là pour reconquérir l'Afrique. Il est vrai qu'Abd-el-Kader n'y est plus pour la défendre... S'il revenait, et qu'on nous laissât dans de telles conditions, avant six mois nous en serions réduits au littoral.

Et toi, tu pêches! N'as-tu pas de honte, au milieu de la tourmente politique et des malheurs publics!... Comme tu dois être dans un beau calme, tous les écoliers étant rentrés aux classes. Tu restes avec tes *Momaques*, comme dit Eugène Sue..... Quel affreux mot! Adieu, frère, je t'aime de cœur.

AU MÊME.

Alger, les 24 et 29 octobre 1849.

Cher frère, le gouverneur est de retour d'une tournée dans l'ouest, et je suis descendu de mon trône intérimaire. Je n'en suis pas fâché ; c'est la responsabilité sans la direction. J'aime mieux le repos..... Le repos, les Arabes m'ont bien l'air de ne pas vouloir nous le laisser longtemps. L'est, le sud nous menacent et s'agitent. Dans les Zibans, l'étendard de la révolte est levé. Le général Herbillon fait le siége d'une mauvaise oasis qui tient cinq mille hommes en échec. Zaatcha se défend avec l'énergie du fanatisme. Nous perdons beaucoup de monde. Cela commençait le 8; ce n'est pas fini le 13, siége plus long que celui de Constantine. Canrobert a dû partir; je lui ai envoyé un fort bataillon du 16ᵉ et un escadron.

Dans la Kabylie, nous avons, tu le sais, tué un chérif, le faux Bou-Maza; il en est repoussé trois, tous prêchant la guerre sainte. L'ouest a son ennemi, c'est le choléra. Le jardinier de notre maison de campagne a été enlevé en cinq heures. Comme je suis content d'être rentré à Alger! Cette mort aurait pu effrayer Louise.

Qu'est-ce que cela? M. Thiers qui se bat en duel! Cavaignac qui se perd dans les nuages comme un homme incompris! Montalembert qui prêche en père de l'Église! Et Victor Hugo! Grand Dieu! quel mauvais vent a soufflé sur les poëtes!

AU MÊME.

Alger, le 2 novembre 1849.

Je reçois la lettre du 25, cher frère. Ne te tourmente pas de ma santé; mon état n'a rien d'inquiétant. Je ne veux pas quitter l'Afrique; on ne pourrait pas me donner en France la position que j'ai ici : je ne veux pas perdre les deux années que j'y ai semées pour mon avenir. Nous allons voir sous peu sans doute la fin des affaires de l'est. Le 27, Herbillon n'était pas dans Zaatcha. Cela pourrait bien devenir grave.

Que dis-tu des séances de la chambre et de la haute cour? Quel spectacle!

Notre politique extérieure n'en est pas plus claire ni plus prompte. Tout s'arrange autour de nous, et, pour nos péchés, nous sommes condamnés à vivre et à mourir républicains..... malgré nous. Nous l'avons bien mérité.

Mon pauvre frère, je vois toujours l'avenir sombre. Avec la guerre, j'aurais eu quelque espoir ; j'aurais bravé tout, fait face à tout : j'ai foi en moi; mais la paix nous étrangle. C'est le terrain des intrigants, des esprits médiocres, des faiseurs et des phraseurs ; ce n'est pas le mien.

Le pauvre colonel Claparède, mon ami de trente ans, vient de mourir à Alger, enlevé en six jours par une fièvre cérébrale. Cette mort m'a beaucoup peiné; cependant il est plus heureux que nous : plus d'inquiétudes, plus de soucis.

Louise va bien et t'embrasse, ainsi que sa sœur et tous les petits; je fais comme elle.

AU MÊME.

Alger, les 10 et 15 novembre 1849.

Je crois, cher frère, que ma position va changer. Le gouvernement de Constantine passera en d'autres mains, et c'est un fardeau qui doit m'échoir : lourd fardeau, car tout est à faire ou à refaire dans cette province; mais je me sens de force, et j'accepterai. C'est un déplacement considérable, une grosse dépense, mais c'est un avancement certain. C'est la troisième étoile dans dix-huit mois et de la réputation. Cela peut me mener plus loin encore, et il faut songer aux enfants et à l'avenir.

Que dis-tu du changement de ministère? Notre ministre est peu africain, mais spirituel. Qu'il me nomme à Constantine, il fera bien; d'ailleurs il me connaît.

Zaatcha tient toujours. On se fait tuer du monde sans y entrer. Nous perdons de bons officiers et de bons soldats par le feu et les maladies.

Je reçois ta lettre du 3. Je pense exactement comme toi. Le Président a bien fait de changer son ministère; sa position n'était pas acceptable. Mais que veut-il, et surtout que peut-il? et où allons-nous? Ah! monsieur Barrot!

A M. DE FORCADE.

Alger, le 22 novembre 1849.

Cher Adolphe, M. Dufourc d'Antist fils m'a remis ta lettre hier. Je l'ai accueilli comme un ami de toi et de Chamblain..... J'ai lu avec un vif plaisir les détails que tu me donnes sur ta position au barreau de Paris. Certes. elle est loin d'être mauvaise et promet de s'améliorer encore ; mais, que veux-tu que je te dise, le siècle m'a profondément ulcéré contre les avocats: Il y a parmi eux tant de gens de mauvaise foi politique que, bien que deux frères tant aimés de moi fassent partie de ce corps, je ne puis m'empêcher de l'avoir en aversion. Combien à désigner qui, toujours prêts à plaider la cause de l'insurrection et à la légitimer, ne sont pas pour faire aimer la robe par les gens loyaux et sincères.

Vois-tu, je te préfèrerais simple juge et ne devant arriver que tardivement à la cour, plutôt que le premier et le plus riche des avocats de Paris. Je sais bien que c'est un tort de généraliser; je sais qu'il y a d'honnêtes et généreux avocats, puisque vous l'êtes: mais *apparent rari nantes*..... et l'immense majorité dans toute la France est bonne à pendre. C'est un amas de tracassiers, de parleurs et de révolutionnaires quand même. C'est aux avocats que nous devons les malheurs de 1848. Que Dieu leur pardonne; pour moi je ne leur pardonnerai jamais. Vienne le jour de la revanche, ils s'en apercevront. En résumé, ne reste pas avocat, entre dans la magistrature, c'est ton lot, c'est ta place; passe par les parquets si tu veux, mais sois magistrat. Je sais bien qu'il vaudrait mieux que la magistrature te vînt chercher, mais le fera-t-elle? Elle peut craindre un refus. Il faut faire connaître au moins tes intentions, tes désirs. Ne laisse pas échapper l'occasion si elle se présente. Mon frère a dû te parler de mes espérances. Je saurai, dans quelques jours, à quoi m'en tenir sur la division de Constantine. C'est un héritage que peu m'envient, car je le prends dans des conditions peu séduisantes.

Quand tu verras mes enfants, dis-leur que je compte sur leurs efforts; fais bien comprendre à Adolphe l'importance de son admission à Saint-Cyr; fais-lui voir le sac et le mousquet suspendus sur sa tête, comme l'épée de Damoclès.

Adieu, frère, nous pensons bien souvent à vous et les oreilles doivent vous tinter. Embrasse pour moi notre bonne mère à son arrivée.

A M. LEROY DE SAINT-ARNAUD, AVOCAT A PARIS.

Alger, le 4 décembre 1849.

Zaatcha est tombé enfin, cher frère, tombé glorieusement à cause du résultat obtenu. Huit cents fanatiques de tous les coins de l'Algérie sont restés sous les décombres, les chefs en tête fusillés. Bou-Zian aspirait à la succession d'Abd-el-Kader, son nom grandissait. Les Arabes n'attendaient qu'un chef : sa mort est donc un fait capital.

La conséquence de la chute de Zaatcha, dont pas un homme ne s'est échappé, sera la pacification des Zibans et de la subdivision de Bathna.

J'ai dîné hier chez le préfet avec M. Lestiboudois de la Législative. Nous avons parlé de toi et de la famille Blazy. Il était venu me voir et m'avait dit qu'il te connaissait.

M. Lestiboudois [1] m'a paru très-partisan de l'armée et par cela même anti-civil. C'est un homme distingué. Je suis toujours en joie quand tu m'annonces qu'autour de toi le petit monde et le grand vont selon tes désirs. Distribue mes tendresses. Louise, qui vous embrasse, chiffonne avec la fille d'un conseiller à la cour. Ces dames discutent la constitution délicate..... d'un chapeau.

[1] Ancien député, maître des Requêtes au conseil d'État.

AU MÊME.

Alger, les 19 et 29 décembre 1849.

Cher frère, quand ma lettre te sera parvenue, notre mère sera à Paris. Je te charge de l'embrasser pour moi et de lui faire agréer nos vœux bien ardents. Nous lui écrirons dès que nous saurons où elle descend. Encore une année qui passe, bien au-dessus de l'an 40, duquel nous étions appris à nous moquer depuis notre enfance, comme ne devant jamais arriver. Le voilà dépassé de dix ans! Je ne sais combien le ciel nous en réserve encore, mais ce que je sais, c'est qu'ils nous trouveront toujours les mêmes, toujours unis, toujours avec le même cœur chaud et dévoué, et c'est plus qu'une consolation, c'est une jouissance et une force. Je t'embrasse donc, frère, toi, ta femme, tes enfants, notre frère et Adèle, tous les nôtres; il est bien temps, une fois, que nous songions à nous réunir pour ne plus nous quitter. A peine général de division, je veux rentrer en France, j'y suis décidé. Je dois renoncer à mon congé de l'année prochaine. Je fais ce sacrifice à mon devoir, un peu à mes intérêts, il ne faut pas quitter la place. Adieu, frère, Louise et moi nous t'aimons de cœur.

A M. MARCHAND, CONSEILLER D'ÉTAT[1].

Alger, le 29 décembre 1849.

Mon cher Armand, je viens de lire dans les journaux ta nomination d'officier de la Légion d'honneur. Je m'en réjouis, et je t'en fais mon bien sincère compliment. Si la République ne faisait que des actes comme celui-là, on lui pardonnerait presque.

Voilà bien longtemps, mon ami, que je ne t'ai serré la main. Je t'avais vu reprendre ta place au conseil d'État. Je n'avais pas douté un instant qu'on ne t'y rappelât. Dans les temps même les plus extraordinaires et les moins raisonnables, les hommes d'une valeur réelle trouvent toujours leur place.

Que de choses se sont passées depuis mon dernier voyage en France, et que de choses nous sommes encore destinés à voir ! Nous avons vécu au jour le jour, désespérant souvent de la fortune de la France; et il faut qu'elle soit bien forte, cette pauvre France, pour avoir résisté à la folie, à l'aveuglement de tous les intrigants qui l'ont exploitée. En sortirons-nous ? Retrouverons-nous le crédit, la confiance, la sécurité ? Dieu seul le sait, mais j'ai bien peur qu'il ne nous faille encore passer par de dures épreuves. Les honnêtes gens, les âmes droites et loyales ne valent

---

[1] M. Marchand était un ami d'enfance du Maréchal.

rien en révolution. Ils se tiennent à l'écart, et les énergumènes s'agitent, travaillent, trompent les populations, faussent leurs idées et amènent de ces crises terribles qui se terminent dans les rues à coup de fusil.

C'est ce qui me fait rester en Afrique. Ici, je sers mon pays et je m'éloigne des mauvaises passions. J'ai commandé à Mostaganem, puis on m'a appelé à Alger ; aujourd'hui, il est question de me donner le commandement de la province de Constantine. Cette position est belle, et me conduira, d'ici à dix-huit mois, au grade de général de division. Une fois là, je verrai s'il me convient d'entrer dans la politique ou de rester soldat, cela dépendra des circonstances.

Ma femme se plaît en Afrique où je lui donne toutes les distractions possibles. Nos santés, un peu éprouvées pendant les chaleurs de l'été, se sont parfaitement rétablies, et je ne regrette que d'être loin de mes enfants et de mes amis.

A M. LEROY DE SAINT-ARNAUD, AVOCAT A PARIS.

Alger, le 29 décembre 1849.

Cher frère, nous avons reçu vos lettres des 18 et 19, et nous sommes heureux de voir que vous finissez tous bien l'année. La famille sera complète, moins les deux Africains qui penseront bien à vous. J'attends avec patience le remaniement des commandements, bien résolu à quitter l'Afrique si l'on ne me fait pas la position pour laquelle chacun me désigne ; bien résolu, dans le cas contraire, à ne la point quitter avant la troisième étoile. Canrobert vient d'être fait commandeur, c'est une preuve qu'on ne veut pas le nommer général, c'est fâcheux. On ne nomme que Daumas, bon choix, mais ce n'est pas assez. Voyons les débuts de 1850. Peu de moments nous en séparent. Remets la lettre ci-jointe à notre bonne mère en l'embrassant pour nous.

A MADAME DE FORCADE.

29 décembre 1849.

Chère bonne mère, tu es à Paris. Où? Je l'ignore, j'adresse ma lettre à Adolphe l'ancien, qui te la remettra. Tu vas finir l'année au milieu de tes enfants: deux te manqueront, mais ils seront auprès de toi par le cœur et par la pensée. Louise et moi, nous t'embrassons de toute notre âme, nous désirons bien te revoir, chère mère. Combien le temps nous dure depuis que nous n'avons pas joui de ce bonheur.

Si je vais à Constantine, comme je le crois, mon voyage en France sera ajourné. Je ne pourrai quitter mon poste avant la fin de 1851. La troisième étoile vaut bien ce sacrifice. Constantine ne sera peut-être pas un séjour bien agréable pour ta fille, mais j'y gagnerai plus vite mon dernier grade, et là gît la compensation. Il faut penser à nos enfants, à leur avenir : c'est notre préoccupation de tous les instants. Je ne sais si les socialistes, communistes et autres espèces du même genre, nous laisseront un avenir ; mais je suis, avec tous les honnêtes gens, bien disposé à leur disputer ma part du soleil jusqu'à la dernière goutte de mon sang. Nous ne nous laisserons pas *esgorgiller doucettement* comme nos pères en 1793 ; vois-tu, mère, je me ferais plutôt chef de parti, s'ils veulent absolument la guerre civile, nous placerons le remède à côté du mal.

Je pense, ma bonne mère, que ton séjour prolongé à Taste sera suivi d'une longue résidence en famille, et que tu ne vas pas songer de longtemps à quitter Paris. Caresse bien nos enfants. Je laisse la plume à Louise, et te serre contre mon cœur.

A LA MÊME.

Alger, le 10 janvier 1850.

Bonne mère, nous avons reçu ta lettre du 3 et les détails que tu nous donnes sur mes enfants et sur toute la famille m'ont rendu bien heureux. Et toi aussi, bonne mère, tu dois être heureuse au milieu d'une nombreuse famille qui te vénère et te chérit. Tous les cœurs qui se pressent autour de toi et battent à l'unisson dans une même pensée à Paris, comme en Afrique, te font une douce vieillesse et contribueront à la prolonger bien longtemps. Nous espérons que Dieu nous en fera la grâce.

Nous touchons à une crise, bonne mère, et j'en attends le résultat, sinon sans impatience, du moins sans inquiétude, parce que ma détermination sagement mûrie est arrêtée.

Si je n'ai pas le commandement de la province de Constantine, je suis décidé à rentrer en France. La position qu'on m'a faite à Alger blesse mon amour-propre et ne convient ni à mes goûts, ni à mes habitudes d'autorité et de services réels. Je suis trop jeune pour une sinécure, je n'en veux plus. Nommé, je vais à Constantine ; sinon je prends de suite un congé et j'arrive à Paris, je dis adieu à cette Afrique que l'on oublie, que l'on rabaisse, que l'on perd peut-être et où je navigue depuis quatorze ans. Tu vois, bonne mère, qu'avant un mois, je puis être près de toi et je n'ai pas besoin de te dire avec quel plaisir je t'embrasserai.

Nos santés sont assez bonnes, grâce au docteur Chargé de Marseille, et à son homœopathie. Je t'écris pendant que Louise dort. Elle a chanté hier soir jusqu'à minuit. Ma femme travaille la musique ; elle a une charmante voix de contralto et chante des duos avec plusieurs dames et demoiselles d'Alger très-bonnes musiciennes.

A M. LEROY DE SAINT-ARNAUD, AVOCAT A PARIS.

Alger, le janvier 1850.

Cher frère, ta lettre et celle de Forcade m'avaient si peu satisfait au point de vue de la solution de nos affaires d'Afrique que j'étais décidé à m'embarquer demain, je venais à Paris chercher la fin d'une incertitude intolérable. J'en avais conféré avec le gouverneur, mon départ était arrêté. Une réflexion m'a retenu : militaire ou civil, le monde est peu charitable ; on ne manquerait pas de dire : « Le général Saint-Arnaud se rend à Paris pour desservir Herbillon et prendre sa place. » Il ne me convient pas de me laisser donner ce vernis : j'attendrai. Un bruit qui prend de la consistance tend à faire croire que le général d'Hautpoul se réserve le gouvernement de l'Algérie. Il paraît que c'est le rêve de tous les ministres de la guerre. Ceci rend mon voyage encore moins opportun, vis-à-vis du ministre, s'il songe au gouvernement de l'Afrique.

Tu vois, frère, que je commence l'année avec assez d'agitation, dans la pensée du moins. J'ai reçu de mon fils une lettre bien peinte, pas mal tournée et qui m'a fait plaisir. Remercie ma mère, mon frère et toi-même du cadeau collectif de vins : nous le boirons à vos santés. Ma pauvre mère, quel plaisir j'aurais eu à la revoir ; mais il ne faut faire que des démarches réglées par la convenance et la raison.

Je vois sans étonnement et avec un vif plaisir que nous avons en politique les mêmes idées, les mêmes répugnances. Je ne sais pas si nous avons les mêmes sympathies ; j'ai bien peur que les miennes ne se puissent satisfaire de longtemps. La France est bien malade ; si elle en revient, ce ne sera que par une crise terrible. On verra l'armée du Président, l'armée du Parlement, peut-être celle des Princes, assurément celle des Rouges et ce sera la plus dangereuse. J'abhorre la guerre civile et ne voudrais d'aucune de ces armées. Je reste donc à végéter en Afrique, jusqu'à ce qu'une circonstance me fasse surgir. Cette circonstance peut se présenter d'ici à peu de temps. Traversons d'abord le gouvernement de Constantine.

Le soleil a reparu : avec lui, les promenades et la santé. Louise va bien, elle cultive le bal avec un peu de fatigue et beaucoup de succès, je fais mon devoir de mari en conscience. Je ne presse jamais ni pour sortir, ni pour rentrer.

« De sa suite j'en suis, »

comme dit le poëte qui tourne si mal. As-tu vu quelque chose d'aussi violent et de plus déraisonnable que son discours ? C'est à démolir la tribune. Je suis heureux de n'être pas représentant. Il me serait impossible de garder mon sang-froid en entendant de pareilles théories. Cette Assemblée nous mènera bien loin et bien bas....

Adieu, cher frère, dis à la famille que je vous aime bien tous, qu'il m'ennuie de ne pas vous voir. Je ne crois pas, cette fois, que j'attende quatre ans ce bonheur.

AU COMMANDANT CHARDRON, EN RETRAITE A SÉDAN.

Alger, le 20 janvier 1850.

Mon cher ami, en 1850, comme en 1849 et toujours, je vous aime bien ; c'est avec un vif plaisir que je reçois de vos nouvelles.

Je me porte assez bien, Dieu merci, et ma gracieuse petite femme de même. Nous faisons un charmant ménage, bien uni, plein d'affection et de dévouement. Je suis aussi heureux qu'on peut l'être... sous la République et avec la perspective de la guerre civile. Il ne faut pas se faire d'illusion. Les Rouges, les *démoc* et les *soc* ne feront pas grâce aux honnêtes gens, toujours moutons et niais et présentant la gorge. Pour ma part, je suis déterminé à défendre ma peau, je ne me laisserai tondre sans ruer ni mordre.

Nous vivons en Afrique, comme vous en France, au jour le jour. Rien de stable. Depuis trois mois on nous menace chaque jour d'un nouveau gouverneur.

Il est un peu question de me donner la province de Constantine.

Mes enfants vont bien. Louise grandit et embellit. Elle est à Saint-Denis encore pour deux ans au moins. Adolphe est un charmant cavalier (vieux style). Il pioche pour entrer à Saint-Cyr. Ma mère vient d'arriver à Paris où elle passera l'hiver, puis elle retournera dans ses terres où la vie active qu'elle y mène convient à ses goûts et à sa santé.

Mes frères sont heureux près de leurs femmes. Voilà, mon ami, la position de la famille. Et vous, vous gouvernez-vous comme tout bon chrétien doit le faire ! Vous avez bien assez souffert pour trouver un peu de repos. Et la bonne Rosalie, comment va-t-elle ? Adieu, mo nbon ami, portez-vous bien.

A M. LEROY DE SAINT-ARNAUD, AVOCAT A PARIS.

Alger, le 30 janvier 1850.

Enfin, frère, j'ai reçu, le 27, ma nomination de commandant de la division de Constantine. Le décret présidentiel est du 21. Tu apprendras cette nouvelle avec plaisir, car me voilà tout à fait en position. Pourvu que les affaires n'aillent pas trop mal, je ne sortirai de là que général de division dans deux ans au plus tard. Alors, nous aviserons. Le rappel d'Herbillon est peu encourageant pour les commandants en chef en général, et pour son successeur en particulier. Je lui ai écrit pour lui témoigner toute ma sympathie.

Le revers de la médaille, c'est la dépense du déplacement, du voyage et de l'installation. Je pars le 11 pour Philippeville; je serai le 14 à Constantine. Louise viendra me rejoindre, elle est enchantée de sa nouvelle position. La société ne lui manquera pas. Je serai moins souvent absent; il me faudra courir pour connaître le pays, ses besoins, ses ressources, voir les Arabes et leur inspirer confiance. Les dernières affaires n'ont pas laissé la division de Constantine dans de bonnes conditions. Il y manque l'union, l'entente et le tact des coudes. Je remédierai à tout cela. J'aurai beaucoup à faire, mais je réussirai.

AU MÊME.

Alger, le 3 février 1850.

Cher frère, j'ai reçu en même temps tes deux lettres. Le journal t'avait appris ma nomination. Je suis, en tout, complètement de ton avis. Je te l'avais écrit avant de lire ta lettre. Les positions élevées donnent la liberté d'action. Armée du Président, armée du Parlement, je n'aimerais rien de cela, je me rallierais à celle qui ne voudrait pas de République que je n'aime, ni pour elle-même, ni pour ses formes, ni surtout pour ses hommes. La France ne lui va pas ; la France la repousse. Après nos désordres et nos folies, il nous faut une main de fer pour gouverner. Un passage par le régime despotique absolu pourra seul nous ramener à un gouvernement constitutionnel sage. Où sont les escamoteurs de Février? On les cherche dans l'obscurité où ils se cachent. Honte éternelle pour la France ; elle l'a déjà payée de sa ruine, elle la payera peut-être du plus pur de son sang. Laissez faire les Rouges.

Je pars toujours le 11. Je me prépare tous les jours. Je travaille avec le gouverneur. J'étudie toutes les questions graves de ma province, et il y en a beaucoup ; mais je ne suis point effrayé et me rends à mon poste avec résolution. Je connais mes forces. Je voudrais bien qu'Adolphe fût reçu à Saint-Cyr cette année. Recommande-lui de bien travailler avec persévérance, la récompense est au bout. Dis-lui que je lui écrirai de Constantine.

Me voilà, frère, dans un beau chemin. Plus j'y pense, plus je vois que si je réussis à Constantine, je m'ouvre la porte du gouvernement général de l'Algérie. Ce serait une belle fin d'une belle carrière. Pour cela, il faut plus administrer que guerroyer. Si je suis obligé de donner sur les Arabes, je le ferai vite, fort et bien, mais en silence. Il y a de la mode en tout. La guerre d'Afrique est un peu passée de mode. A force de le dire, on croit l'Algérie soumise. On trompe tout le monde et soi-même. Je ne m'y trompe pas et j'agirai en conséquence. Ton avis là-dessus, frère, et en général, une fois pour toutes, tes conseils sur tout....

AU MÊME.

Alger, les 5 et 10 février 1850.

Cher frère, le général Daumas, appelé par le ministre, se rend à Paris ; il reviendra, je pense, à Constantine où il doit prendre le commandement de la subdivision. Il s'embarque dans une heure. Il te verra, sans doute, je n'ai que le temps de te le recommander comme un ami. Nous avons apporté quelque modification à nos projets ; je pars avec ma femme. C'est de l'inquiétude et de l'argent épargnés. Nous irons jusqu'à Bone et j'aurai visité tout le littoral de ma division. Nous avons reçu ta lettre.... Tu auras vu, par la mienne du 30, que je juge exactement ma position de la même manière que notre frère et toi vous la jugez. Si je réussis à Constantine et que je sois nommé général de division, je puis, en me posant comme administrateur, arriver à tout. Le souvenir laissé par mes prédécesseurs ne m'effraye point. On n'a pu encore que faire peu de chose à Constantine. J'ai déjà bien médité le sujet ; je me plais toujours dans un travail qui m'intéresse. Aujourd'hui j'ai un but : je le vois, je le touche et j'y marche avec assurance. Ma fortune militaire, celle de ma famille est là.

GUERRE D'AFRIQUE

(1850-1851)

Commandement supérieur de la province de Constantine.

Les transportés de Bone. — Expédition chez les Nemenchas et dans l'Aurès. — Les ruines de Lambessa et de Tebessa. Réflexions politiques. — Bou-Akkas. — Expédition de Kabylie.

A M. LEROY DE SAINT-ARNAUD, AVOCAT A PARIS.

Constantine, le 21 février 1850.

Cher frère, je suis entré hier au palais au bruit du canon et des fanfares, par un soleil magnifique et de bon augure ; je l'ai accepté tout entier.

Ce palais est féerique ; il vous transporte au milieu des contes réalisés des *Mille et une Nuits :* Louise est dans le ravissement. Ce palais mérite seul le voyage de Paris. Avis à toi, à mon frère Adolphe, à vos femmes. Vos chambres sont déjà préparées.

Ce matin, j'ai reçu et harangué avec assez de bonheur les autorités civiles et militaires. En passant, j'ai visité Bone. J'avais laissé Louise à Philippeville, où je suis revenu la prendre. A Stora, la mer était devenue furieuse ; nous avions eu le courage de débarquer au milieu d'un quasi-naufrage. Louise est un petit héros en jupon ! elle n'avait pas poussé un cri.

Je croyais repartir de Bone le 17, mais le vent et la mer en avaient décidé autrement ; je n'ai pu rentrer à Philippeville que le 19. Mon commandement commence bien. J'ai beaucoup vu ; j'ai causé avec bien des gens, entendu beaucoup d'inutilités et de très-bonnes choses : je n'ai retenu que celles-là.

AU COMMANDANT CHARDRON, EN RETRAITE A SÉDAN.

Constantine, le 27 février 1850.

Votre lettre du 31 janvier, mon cher Chardron, m'est parvenue le lendemain de mon entrée triomphale dans l'antique Cirtha, aujourd'hui Constantine, siége du vieux royaume de Juba, Massinissa, Jugurtha, Syphax, mes antiques prédécesseurs dans le gouvernement de cette belle et riche Numidie.

Je suis logé dans un vrai palais, mais j'y travaille dix heures par jour..... : revers de la médaille.

Je suis bien fâché d'avoir une mauvaise nouvelle à vous apprendre au sujet du maréchal des logis Pillard ; ce brave sous-officier est mort à l'hôpital de Biskra des suites de sa blessure. J'aurais été heureux de le faire récompenser et de vous être en même temps agréable.

Ma femme a été bien fatiguée de son voyage et de son installation ; elle commence à se reconnaître. Mes enfants, ma mère, mes frères vont bien ; j'espère que vous faites de même. Adieu, je n'ai que le temps de vous serrer cordialement la main.

A M. LEROY DE SAINT-ARNAUD, AVOCAT A PARIS.

Constantine, le 7 mars 1850.

Cher frère, depuis que je suis arrivé dans mon gouvernement, à peine si j'ai eu le temps de penser à moi, à toi, à mes enfants, à notre *nous*.

Levé tous les jours à six heures, je travaille avec mes chefs de service jusqu'à dix heures. Je déjeune et retourne à la besogne de midi à six heures. Le soir, après dîner, je prends des dossiers que je lis jusque dans mon lit.

Les rares moments libres, de midi à six heures, je les emploie à visiter les établissements, à faire des visites d'installation, visites qui, une fois faites, ne se renoûvellent plus.

Je n'ai pu qu'une fois faire avec Louise une promenade en voiture ; nous avons été voir la fameuse chute du Rummel, qui tombe en quatre nappes de cent cinquante pieds d'élévation : c'est admirable !

Le 9, je pars pour une tournée qui durera jusqu'au 20. Déjà je laisse ma pauvre femme seule. Elle est encore étourdie dans son palais; la solitude, qui la menace souvent, l'effraye. Je voudrais bien qu'Adélaïde et mon frère pussent venir passer, cet automne, un ou deux mois avec elle.

Excuse-moi auprès de notre bonne mère ; je n'ai pas trouvé le moment de lui écrire comme je le voudrais. Dis à mes enfants que je les aime, que je les embrasse, que je travaille pour eux.

AU MÊME.

Bone, le 15 mars 1850.

Ta lettre du 25 février, cher frère, m'arrive à Bone, où je suis à la moitié de ma tournée. J'ai visité avec soin un magnifique pays, des ruines curieuses, des centres agricoles fort misérables et très-arriérés; il y a ici énormément à faire. Pour le bouquet, j'ai passé, ce matin, trois heures à la Casbah avec les énergumènes les plus forcenés, les fous les plus pitoyables que l'on puisse imaginer ; amas hétérogène de tout ce que peuvent réunir les débris d'une révolution vaincue ; mélange d'artisans et d'instruments de désordre : journalistes, poëtes, maçons, instituteurs, peintres, puis des échappés de prison....., tous socialistes, tous rouges, mais, pardessus tout, tous fous enragés, posant pour un martyre que personne ne songe à leur infliger ; hurlant, vociférant, demandant des juges, criant vive tout, excepté ce qui est honnête ; ennemis jurés de la société, qu'ils ont voulu renverser, et qui les repousse. Ce sont des gens dangereux, mais je ne les crains pas. Ton plan était le mien ; calme, froid, digne, j'ai voulu leur faire entendre le langage de la raison ; ils m'ont répondu en demandant des juges. Je n'ai pas essayé de les calmer ; je leur ai ordonné de rentrer dans leurs chambres, où je les ai suivis. J'ai écouté toutes leurs réclamations, toutes leurs protestations curieuses et solennelles ; j'ai la biographie de tous ces amants de la justice et du droit : c'est effrayant ! Je les tiens sous clef. Six s'étaient évadés dans le désordre de l'arrivée ; ils sont tous repris et au cachot. Ce sont six journalistes ; ils m'ont récité des articles de journaux rouges ; je les ai arrêtés court en leur disant : connu.

Je pars demain pour Bone ; je ne serai pas à Constantine avant le 20. Ma Louise s'ennuie un peu dans son grand palais, et cela se conçoit. J'ai reçu une lettre de ma fille ; dis-lui que je lui répondrai à mon retour. Je suppose ma bonne mère repartie pour Malromé[1]. As-tu vu Daumas? Revient-il à Constantine? Je crains que non. J'irai en expédition au mois de mai; je ne sais si je prendrai le commandement de l'expédition de l'Aurès ou de celle de Djidjelli. Il faut d'abord que l'on consente à me laisser faire ce que je crois raisonnable et bon.

A M. ADOLPHE DE SAINT-ARNAUD,
ÉLÈVE AU LYCÉE NAPOLÉON.

Constantine, le 22 mars 1850.

Mon cher enfant, je n'ai pas encore trouvé un moment pour t'écrire, et j'ai cependant bien pensé à toi. Je sais par ton oncle tout ce que tu fais, et je suis tes progrès, tes travaux. Ne t'étonne pas de mon silence, mon Adolphe chéri, j'ai tant d'affaires qu'il me reste peu de temps pour la correspondance. Il y a plus de deux mois que je n'ai écrit à ta bonne maman.

Je suis rentré hier d'une tournée dans les centres agricoles de ma division. J'ai vu bien de la misère, j'ai vu de pauvres diables se débattant contre la faim et la maladie. Bien peu réussissent, c'est cependant un beau pays. Travaille vigoureusement, cher Adol-

[1] Taste ou Malromé, même propriété.

phe, pour être reçu cette année à Saint-Cyr et venir passer deux mois avec moi avant d'entrer à l'École. Tu verras la vieille Numidie, tu suivras les pas des héros de Salluste. Tout le pays est encore plein des ruines qui parlent de ces grands hommes, c'est la partie la plus intéressante de l'Afrique. Alger ressemble à toutes les villes du Levant. Oran est moitié espagnol, moitié français et fort peu arabe, mais Constantine ne ressemble qu'à Constantine. La chute du Rummel est un beau spectacle.

Ta petite mère t'attend pour faire avec toi des promenades à cheval. Ta chambre est prête. J'écris par ce courrier à ta sœur, et je te charge de l'embrasser quand tu la verras. Tu auras probablement la visite du général Daumas et du colonel Canrobert qui sont à Paris.

J'attends de tes nouvelles avec impatience. Tu ne m'as pas écrit depuis que je suis à Constantine, et voici un mois que je suis arrivé. Tu pioches beaucoup et moi de même.

J'ai déjà passé douze jours hors de chez moi. Ma province est aussi grande que les provinces d'Alger et d'Oran réunies; tu comprends quel temps il faut que je donne au travail pour administrer tout ce pays. Je ne vois ta petite mère qu'aux heures du repas et le soir. Adieu, mon Adolphe, sois laborieux, apprends de bonne heure à devenir un homme. Ta petite mère t'embrasse.

Présente mes compliments et amitiés à ton proviseur.

A M. DE FORCADE, AVOCAT A PARIS.

Constantine, le 22 mars 1850.

Cher frère, je rentre d'une tournée de douze jours que je viens de faire dans ma division. J'ai vu bien du pays et un magnifique pays, beaucoup de centres agricoles et encore plus de misères en tout genre. Les pauvres gens ! Le peu qui en restera aura payé bien cher le pain qu'il arrachera de ses sueurs. Triste expérience et qui ne fait pas honneur à ceux qui l'ont faite.

J'ai passé trois heures avec les transportés. Il faut voir ces gens-là, causer avec eux pour s'imaginer où peuvent conduire la folie, l'aveuglement, l'exaltation. J'ai voulu leur parler raison, les éclairer sur leur véritable position. Ils m'ont répondu par des vociférations : « Des juges, des juges, des juges ou la » mort. »

Je leur ai dit alors bien tranquillement : « Que je » ne m'expliquais pas comment la plupart d'entre » eux demandaient encore des juges, eux qui savaient » si bien ce que rapportait la justice. » Sur quatre cent quarante-huit transportés, il y a environ trois cents repris de justice. J'ai déjà donné à notre frère des détails qu'il pourra te communiquer.

J'ai retrouvé Louise bien triste et bien ennuyée de mon absence. Que sera-ce quand je vais être deux mois dehors, mai et juin? Je donnerais beaucoup pour t'avoir à Constantine avec Adélaïde. Je sais bien que c'est difficile à cause des affaires du Palais, mais Constantine vaut la peine d'être vu.

J'ai donné un très-beau bal le jeudi de la mi-carême. On a dansé jusqu'à quatre heures du matin. Les galeries étaient tapissées et faisaient salon. Tout était illuminé à giorno. C'était vraiment beau et j'avais trois cents personnes dont cinquante-huit femmes et quelques jolies toilettes.

Ce palais a été créé pour les fêtes, c'est une décoration des *Mille et une Nuits*, malgré tout ce qu'on a déjà fait pour le gâter. Louise a trois salons : un petit salon particulier près de sa chambre à coucher, meublé par elle avec un goût parfait, un salon plus grand pour les réceptions ordinaires, et un grand salon superbe, suivi d'une salle à manger pour quarante personnes. Nous allons prendre un jour après Pâques, et nous recevrons une fois par semaine. On aura bien de la peine à réunir la société assez divisée de Constantine.

Tout cela ne me fait pas une vie douce. J'ai trop à faire et une responsabilité énorme. J'ai beau avoir le travail facile, j'ai bien de la peine à pouvoir faire face à tout. Je travaille donc pour arriver plus vite à la troisième étoile, et alors j'irai me reposer en France, à Bordeaux. C'est une belle division, mais bien petite auprès de celle de Constantine.

Écris-moi et donne-moi des nouvelles. Si j'en croyais les lettres adressées aux transportés, lettres que j'ai lues, la France serait bientôt dans le sang, les Rouges au pouvoir, et les modérés et les bourgeois à l'eau. Nous verrons bien.

A M. LEROY DE SAINT-ARNAUD, AVOCAT A PARIS.

Constantine, le 30 mars 1850.

Ta lettre du 13 mai, cher frère, m'est parvenue le 26. Vous êtes toujours dans la douleur, mes pauvres amis, et vous y serez longtemps encore. Je le conçois ; je ne vous donne pas de consolations : en est-il à offrir à une mère, à un père qui perdent un enfant chéri ! Seulement, je vous dirai, la pauvre petite Marie, après sa congestion cérébrale, eût vécu paralysée, si elle avait pu vivre. Dieu, qui avait permis ce malheur, a donc bien fait de la ramener à lui. Respectons sa volonté. Louise se désole en pensant au chagrin de sa sœur ; mais elle regrette moins de n'avoir pas d'enfants. C'est une grande bonté du marquis de Trazegnies, d'être venu, à son âge, consoler sa fille ; c'est d'un noble cœur. Hélas ! pauvre frère, pourquoi étions-nous si loin ! comme lui, nous serions venus pleurer avec vous.

Ne me parle plus politique. La politique me brise le cœur. Vos Parisiens payeront leur sottise un peu cher. Quel choix ! C'est incroyable. Il y aura une fête chez les transportés de Bone. Ils auront un collègue pour les défendre à Paris. Le gouvernement voit cela d'un œil tranquille. Quel génie assez puissant vous arrêtera sur le bord de l'abîme? La France s'en va : avant dix ans, nous serons à la queue des nations. Jusqu'à nos hommes d'Afrique qui ressemblent à des lampions éteints. Changarnier seul est debout ; homme d'esprit et d'action, brave, ferme, vigoureux,.... mais pas homme d'État. Il s'enveloppe dans les nuages du mystère, parce qu'il ne sait pas lui-même ce qu'il veut, quel parti suivre et ne se sent pas assez fort pour choisir son but. Il est cependant le seul sur lequel on puisse compter pour comprimer le désordre et mâter les méchants. Pauvre France !! Je me trouve heureux d'être ici. Ma machine marche. Je commence à sentir ma division dans la main. Ce n'est pas une petite chose que de faire fonctionner une armée de vingt-cinq mille hommes, éparse sur une grande province, entourée d'une frontière sourdement hostile, au milieu de tribus nombreuses et mal intentionnées, en face de chefs arabes mal soumis, conspirant toujours, volant leurs administrés, et tout cela côte à côte avec une administration mal assise, toujours sur la hanche, et nous entravant au lieu de nous aider. Débrouille-toi dans ces difficultés-là....

J'ai un plan pour ma campagne de printemps dans l'Aurès. Je le crois bon. Je te l'expliquerai, tu me suivras sur tes cartes. Il faut d'abord que le gouverneur et le ministre donnent à mon plan leur approbation.

Le fils du général duc de Clermont-Tonnerre est chez moi depuis quelques jours. Il nous était recommandé de Paris. C'est un charmant jeune homme. Il ira vous voir et vous parler de nous. C'est le père de ce jeune homme qui, étant ministre, me fit entrer en 1827 au 49ᵉ, que je quittai sottement. Je serais heureux de m'acquitter envers le fils de ce que le père fit pour moi [1].

Mon aide de camp, M. de Place, vient de faire une longue et douloureuse maladie. Il est en convalescence; mais si faible que je ne crois pas qu'il puisse me suivre dans ma prochaine expédition. J'ai renforcé mon état-major du capitaine Boyer, fils du général de ce nom, celui qu'on avait surnommé Pierre-le-Cruel, très-brave homme du reste, habitant Paris. Son fils est un officier distingué. Tel est le personnel de ma maison militaire, avec M. des Mesloises, maréchal des logis de spahis, faisant fonction de secrétaire.

Charron nous revient plus fort et plus ancré, Charron nous revient marié. Je suis heureux au possible de cette double chance pour notre gouverneur, que j'aime et que j'estime infiniment.

Ferons-nous une ou deux expéditions au nord et au sud? Rien n'est encore décidé. Le ministre aime la paix, craint la guerre, et provoque mon avis. Je l'ai servi selon ses goûts. Je lui ai répondu. Je m'en-

---

[1] Attaché en 1852 à l'état-major du ministre de la guerre, le marquis de Clermont-Tonnerre accompagnait le Maréchal à la bataille de l'Alma.

gage à maintenir ma division calme et tranquille, et, dans tous les cas, à rester le maître chez moi..... Mais, laissez-moi faire. Si je fais la guerre, je ne vous demanderai, à vous gouvernement, ni argent ni hommes. Alger est là. Pour le moment, il serait assurément bon et utile de frapper en même temps au nord et au sud, mais il n'y a pas urgence, rien ne périclite. Deux expéditions vous effrayent, la Kabylie surtout, ajournez-la. J'irai au sud, je me fais fort de maintenir l'ordre partout; et je continuerai mes négociations avec Bou-Akkas. L'année prochaine, libres du sud, nous serons dans de meilleures conditions pour agir dans le nord, en raison même de nos relations avec Bou-Akkas et les Ben-Azzedin. Je crois que c'est bien raisonné, qu'en dites-vous, mon maître?

Mes négociations entamées avec Bou-Akkas, qui a toujours refusé de venir à Constantine, même sous le duc d'Aumale, marchent bien. Sais-tu que ce serait un résultat immense, et plus grand que bien des victoires?

AU MÊME.

Constantine, le 15 avril 1850.

Voici deux courriers, cher frère, celui de France et celui d'Alger, qui m'arrivent sans une ligne de toi ou d'Eugénie, sans un mot de mon frère Forcade. Tu comprends mon inquiétude. Je n'aurai de lettre, maintenant, que le 24 ou le 25. C'est presque un mois sans nouvelles de toi. Je ne reconnais pas là ton exactitude habituelle. Je suis d'autant plus tourmenté que, ni ta femme ni toi, vous n'êtes remis de la terrible secousse qui vous a si cruellement éprouvés, et que ta santé n'était pas bonne. J'attends le 24 avec anxiété.

Le ministre et le gouverneur ont approuvé mes plans. L'expédition de Kabylie est renvoyée à l'année prochaine. Je fais l'expédition des Nemenchas et de l'Aurès comme je l'ai proposé.

La tournée sera longue et fatigante, mais, je l'espère, fertile en bons résultats.

Le général de Barral conduira une colonne de Sétif à Bougie, et fera les affaires de sa subdivision. Je reviendrai par Sétif où il sera de retour à mon passage. Louise viendra m'y rejoindre. Ce serait une belle occasion pour notre frère et Adèle de voir le centre de l'Algérie.

As-tu suivi mes opérations futures sur la carte? Tu as pu voir que j'allais parcourir du pays. J'ai modifié quelque chose dans le plan que je t'ai décrit. Au lieu de commencer par l'Aurès, où il y a encore des neiges, et pour éviter les mauvaises chances en me trouvant dans les montagnes inactif et gelé, je commencerai par les Nemenchas. J'aurai moins chaud pour y aller, et cette opération demandant quinze à vingt jours, je n'entrerai dans l'Aurès que vers le 20 mai, alors il n'y a plus de neige à craindre. J'irai directement de Bathna à Aïn-Ghenchela, et de là à Négrin, pour prendre les Nemenchas par l'extrême sud ; ensuite, je rentrerai de Tebessa à mon poste-magasin, et, bien ravitaillé, je pénètrerai dans l'Aurès, d'où je ne sortirai qu'après l'avoir organisé..... puis, je descendrai jusqu'à Biskra, Bouçada, etc... C'est un plan hardi. Je vois tout, j'examine tout, et je reviens par Sétif, connaissant tout le sud et sud-ouest de ma division. Tu me suivras du doigt sur la carte, frère.

AU MÊME.

Constantine, le 26 avril 1850.

Enfin, ta lettre du 9 avril me parvient hier, et je pars le 29. J'étais dans de cruelles transes. Je vous rêvais tous malades, Eugénie et toi... Le 30, je serai à Bathna, et je ferai mon premier mai sur les ruines de Lambessa ; le 15, je serai à Tebessa.

Mlle d'Avannes, fille d'un conseiller à la cour d'Alger, sera ici le 27. Je laisse donc Louise avec une société agréable, c'est un grand poids de moins que j'ai sur le cœur.

J'avais bien pensé, en effet, que Forcade ne pourrait pas quitter le Palais dans le moment qui doit y

décider de son avenir. Je le comprends et le regrette.
Je n'espère pas davantage le voir à l'automne. Il ira
à Malromé auprès de notre mère, c'est naturel. Je
ne le verrai donc pas à Constantine, j'en suis fâché.

Mon fils m'écrit. Le pauvre enfant travaille et
semble prendre un peu de confiance. Son examen
l'effraye dans une perspective encore éloignée. Il ne
doit ni se désoler, ni se décourager. Qu'il fasse tout
ce qu'il pourra, nous verrons après.

Ne me laisse pas longtemps sans lettres. Quand je
ne reconnais pas ton écriture sur l'énorme paquet que
m'apporte chaque courrier, je jette tout dans le panier avec humeur.

A M. DE FORCADE, AVOCAT A PARIS.

Constantine, le avril 1850.

Cher frère, j'ai reçu ta lettre et tout en maudissant
le sort et les circonstances, je ne puis m'empêcher de
trouver tes raisons justes et bonnes. Il est évident
que, dans ce moment où tu perces et tu montes, une
absence te serait préjudiciable. Fais donc ton nid,
travaille, fais fortune..... pourvu que la république
sociale et le communisme ne se marient pas, et ne
prennent pas ta fortune et celle de tout le monde
pour dot. Quel siècle, cher frère, et qu'il est bon

d'être loin de toutes les horreurs qui se préparent ! Je verrai tous ces malheurs en servant mon pays. J'espère qu'ils ne gagneront pas notre Afrique. Nous avons des repris de justice déguisés en Rouges, mais nous sommes forts ; j'en ferai fusiller vingt à Constantine, autant à Bone et à Philippeville et nous serons tranquilles. Je n'hésiterai pas une seconde. Je te réponds que ma province ne sera pas envahie par les Rouges.

J'ai reçu du duc d'Aumale une lettre très-réservée, mais pleine d'affections et de sentiments nobles et généreux. Il plaint la France, la regrette, et gémit de la voir tombée et malheureuse.

Louise est désolée de ne pas voir arriver ta femme. Elle se faisait un bonheur de passer quelques mois avec elle. Elle avait complétement arrangé votre appartement. La peau de lion et de panthère y dominait avec les tapis et les nattes du pays. J'avais arrangé pour vous un voyage à Sétif, où vous seriez venus me chercher.

Je pars après-demain, et je vais faire une longue et importante expédition. J'ai envoyé mon plan de campagne à notre frère. Je n'y ai apporté qu'une modification. Je commencerai par les Nemenchas, pour n'entrer dans l'Aurès que le 20 mai, après les neiges et pour y arriver avec le bon effet moral du châtiment et de la soumission des Nemenchas.

J'ai reçu une lettre de notre frère, mais le temps me manque pour lui écrire. Je le ferai à Bathna, après avoir vu Lambessa.

A MADAME DE SAINT-ARNAUD, A CONSTANTINE.

Bathna, le 1er mai 1850.

Chère bien-aimée, je rentre de Lambessa où j'ai passé huit heures dans une admiration continuelle. Ces ruines magnifiques ont produit sur moi un effet inconcevable. Déjà disposé aux idées sérieuses, je me suis trouvé au milieu des restes morts d'une ville jadis florissante. Toutes ces inscriptions, toutes ces colonnes encore debout me parlaient d'un passé auprès duquel nous sommes petits, et je me disais : Ce n'est pas la peine de se donner tant de mal pour créer, quand on voit quelle est la fin des plus belles choses. Nous avons déjeuné près du temple d'Esculape, et la musique de la légion venait frapper les échos si longtemps muets des ruines de Lambessa. J'ai donné à M. Couenes un petit morceau de marbre calciné pris sur les ruines du temple d'Esculape. Il te le remettra comme un souvenir qui te dise que partout je pense à toi. Je suis arrivé hier à cinq heures et demie à Bathna, après avoir été traversé par la pluie qui nous a trempés depuis midi jusqu'à quatre heures. J'ai fait mon entrée à la tête d'un goum magnifique de deux mille chevaux et au bruit du canon. Ce goum nous a fait pendant la route une superbe fantazzia qui a failli causer des malheurs. Figure-toi que M. F... s'était joint à mon état-major ; or, il ne tient pas plus à cheval que la rosée sur la feuille après midi. Je ne pensais guère à M. F... et, en voyant le goum rangé en bataille, je me suis porté au galop pour le passer en revue. Mon état-major et plus de cent cavaliers qui étaient avec moi ont suivi le mouvement. Le cheval de F... s'est animé et il n'a pas pu s'en rendre maître, et il est arrivé comme une avalanche, comme un ouragan sur le cheval de Bizot, l'a pris en travers, et le choc a été si violent que les deux hommes et les deux chevaux ont roulé dans la poussière, et les cavaliers qui étaient derrière ont passé par-dessus. Enfin, chacun s'est relevé et personne n'était mort. Il n'y avait pas même une lunette de faussée ni un verre cassé. J'ai eu un moment d'angoisse terrible, je les croyais tués tous les deux. F... a juré que jamais on ne le rattraperait dans une pareille bagarre.

J'ai beaucoup travaillé aujourd'hui et je suis fatigué ce soir. Demain, je t'écrirai encore. Je partirai le 3 pour Ghenchela et j'y arriverai le 6. Mes affaires vont bien. Les Arabes ont peur, ils viennent se soumettre. Ma carte de visite leur coûtera cher.

A LA MÊME.

2 mai 1850.

Nous avons aujourd'hui un vent froid ; je ne fais pas de courses à cheval et je vais visiter l'hôpital, les casernes et les magasins. Je ferai ma correspondance pour Alger, Constantine, France, et je donnerai mes ordres pour le départ de demain. Demain, chère Louise, je m'éloignerai encore un peu plus de toi, car à Ghenchela et chez les Nemenchas, notre correspondance sera plus difficile.

N'oublie pas de t'occuper du logement du gouverneur et de ton petit salon d'en bas, afin que tout soit bien organisé.

Ton autruche est arrivée ici, veuve de sa compagne qui est morte en route. On va en faire demander une autre. Installe les gazelles dans ton petit parc. Tout cela t'amusera.

Adieu, chère bien-aimée ; dis à toutes ces dames, que MM. de Mirbek, de Brancion, Legrand, Farenc, se portent à merveille. Nous sommes tous rouges comme des écrevisses, c'est affreux....

A M. LEROY DE SAINT-ARNAUD, AVOCAT A PARIS.

Bathna, le 2 mai 1850.

Cher frère, je suis ici depuis le 30 avril ; j'ai passé une partie de la journée d'hier au milieu des ruines de Lambessa. Quel peuple, quelle ville, quelles ruines ! Quatre lieues de pierres énormes, gigantesques ; une *via sacra* de deux kilomètres, menant au temple de la Victoire admirablement conservé ; colonnes debout, mosaïques, point de toitures ; ruines parsemées de temples, de cirques, de bains, de monuments funèbres et d'arcs de triomphe ; un temple d'Esculape, sur les marches duquel je suis resté absorbé une heure, pendant que la musique de la légion me jouait des valses de Strauss.

On a relevé des fouilles une statue d'Esculape, une statue d'Hygie.... admirables... marbre blanc ; Hygie a perdu la tête et un bras, Esculape est entier, moins un bras. C'est une des belles statues que j'aie vues de ma vie: Là, près de cette Lambessa, jadis si belle, si florissante et dont les ruines parlent si haut, je vais créer.... quoi ? un pénitencier pour renfermer les fous furieux que la France rejette de son sein. J'ai reculé de deux kilomètres l'établissement projeté,... j'ai peur pour mes ruines.

On dit que celles de Tebessa sont plus belles encore ; que sont-elles donc ?

Avant d'arriver à Bathna, j'avais vu le tombeau de Syphax, appelé par les Arabes le Madrazzin. C'est un vaste monument conique à escaliers, comme les pyramides, et avec une couronne de colonnes ; on en a découvert l'entrée.

Singulier rapprochement! la 3ᵉ légion romaine était à Lambessa, elle était commandée par Flavius. C'est le colonel Carbuccia, commandant la 2ᵉ légion, qui a retrouvé le tombeau de Flavius, son collègue, comme il dit, et lui a fait ériger un monument où le fait est rapporté.

J'ai été reçu à Bathna par un superbe goum de plus de deux mille chevaux. Les chefs en tête sont venus au-devant de moi, en faisant une fantazzia monstre. Ces hommes ont de beaux chevaux. Le mien ne le cédait à aucun des leurs.

La politique va bien. Les Nemenchas ont peur, payent l'impôt et parlent de se soumettre. Je crois que je ne tirerai pas un coup de fusil.

J'ai laissé ma femme bien chagrine, j'ai moi-même une peine profonde d'être loin d'elle. Je l'aime tous les jours davantage. Il est difficile d'être plus gracieuse qu'elle, et surtout d'avoir des sentiments plus nobles et plus élevés.

A MADAME DE SAINT-ARNAUD, A CONSTANTINE.

Au bivouac de l'Oued-Bou-Freis, le 4 mai 1850.

Nous avons eu une journée assez fatigante, chère Louise : elle a commencé par un brouillard et du froid, de sorte que jusqu'à dix heures, j'ai conservé mon caban. Mais après le déjeuner, le soleil d'Afrique a paru et je suis arrivé au bivouac à trois heures, la tête un peu lourde. Nous avons chassé un lièvre, mais *Plock* a dégénéré, il ne chasse plus que les lézards et a couru après mon cheval sans voir le lièvre. Nous marchons au milieu du gibier. On organise une chasse au lion dans l'Aurès et j'espère que tu auras une belle peau.

A Constantine, vous êtes en fête aujourd'hui : revue, illuminations, salves d'artillerie, etc. J'ai prescrit au colonel Bouscarin de donner au préfet, à la milice et aux autorités militaires, un grand banquet. Je ne dois rien à personne au camp et je suis bien aise de pouvoir me dispenser de fêter la République et sa constitution, qui me paraît débile....

Adieu, chère bien-aimée, le courrier va partir. Je ferme le paquet en y fourrant mille baisers.

A LA MÊME.

Ghenchela, le 7 mai 1850.

Chère amie, je suis arrivé hier à Ghenchela, mais j'ai été si occupé que je n'ai pu trouver une minute pour t'écrire. La colonne d'Eynard arrivait par le nord pendant que la mienne arrivait par l'ouest. Il m'a fallu établir mon camp, visiter ma redoute qui avance beaucoup, voir les chefs arabes, donner à dîner aux officiers de la colonne Eynard. J'ai cinq mille hommes à nourrir et onze cents chevaux ou mulets. Toute cette masse passe comme un nuage de sauterelles, dévore tout et ne laisse rien derrière elle.

Je ne sais encore si les Nemenchas voudront la

paix ou la guerre. Ils ne sont pas tous venus à mon camp et je crois que je serai forcé d'agir..... Les affaires, surtout avec les Arabes, vont toujours lentement. Ils ne se pressent jamais, parce qu'ils espèrent au lendemain, et, avec moi, le lendemain est absolument pour eux comme la veille.

La position de Ghenchela est très-militaire. Nous sommes à l'entrée de trois plaines immenses que nous commandons. Il y a des ruines, du bois et de l'eau très-belle et très-abondante. Plusieurs ruisseaux d'eau courante traversent mon camp. J'en ai devant ma tente, et mon vin y est au frais. Tout cela serait charmant, si tu n'étais si loin de moi....

A M. LEROY DE SAINT-ARNAUD, AVOCAT A PARIS.

Au bivouac de Ghenchela, le 8 mai 1850.

Crois-tu, cher frère, que je t'écris dans ma tente fermée, un brazero au milieu, et les pieds et les mains gelés ! Ce n'est pas la peine de pérégriner dans le sud pour y jouir d'un froid de Sibérie. Hier nous avions vingt-sept degrés, aujourd'hui nous gelons et demain peut-être nous grillerons. Charmant climat ! Il a beaucoup neigé dans l'Aurès, mais je n'y entrerai pas avant le 20.

La jonction de mes colonnes a eu lieu comme par

enchantement, à la même heure, le 6. J'ai formé un camp immense, organisé mes brigades, assuré mes vivres, fourrages et convois, et demain je pars pour El-Zuni, d'où je me porterai par une marche de nuit rapide sur Aïn-Guiber où sont les insoumis et leur chef. Le 10, tout sera fini. Je resterai quelques jours dans le pays pour faire payer et organiser, puis je marcherai sur Tebessa où je serai le 16 ; vers le 20 ou 22 je serai de retour à Ghenchela et le premier acte de mon drame sera joué ; le deuxième se passera dans l'Aurès ; le troisième dans Bathna ; le quatrième à Sétif et à Constantine.

Je me suis imposé, frère, une lourde tâche ; me voici au milieu des Arabes toujours mal disposés pour nous. Le long discours que je viens de faire à leurs chefs, pour les engager à payer et à rester tranquilles, sera-t-il écouté ? Il faut qu'ils soldent l'impôt de 49, celui de 50, le transport de ma colonne et la construction du fort de Ghenchela ; tout cela fait un total de 165,000 francs, c'est beaucoup... J'ai cinq mille fantassins et cinq cents chevaux, plus deux cent cinquante mulets. Il faut nourrir hommes et bêtes. J'ai cent mille rations à Ghenchela, j'en fais venir de Bathna, j'en fais porter à Tebessa, j'en retrouverai à Biskra. Ce sont bien des combinaisons, c'est un vrai casse-tête. J'y suis fait. Viennent maintenant les opérations de guerre, c'est la partie amusante et facile. Je n'aurai guère qu'un ou deux combats dans les Nemenchas et pas davantage dans l'Aurès, si j'en ai.

A MADAME DE SAINT-ARNAUD, A CONSTANTINE.

Au bivouac de Zoui, le 9 mai 1850.

Chère Louise, j'ai fait hier à Ghenchela plusieurs coups d'État avec les Nemenchas. J'ai changé leur caïd et je leur ai donné un homme intelligent et vigoureux qui m'est dévoué et qui saura les mener. J'ai une colonne magnifique : je la regardais aujourd'hui dans ces vastes plaines brûlées par le soleil, elle tenait plus d'une lieue. Il y a de quoi mettre à la raison tous les Nemenchas. D'ici à deux ou trois jours, je verrai la tournure des affaires et je saurai à peu près quand je serai à Tebessa. Je n'entrerai peut-être pas dans l'Aurès avant le 25, et cela me mènerait au 10 juin pour arriver à Biskra. C'est bien tard : il fait trop chaud par là pour les pauvres soldats.

Mes levriers nous ont donné, ce matin, le spectacle d'une jolie chasse au lièvre. *Plock* était en tête : il allait saisir l'animal, lorsqu'il a été dérangé par le cheval de M. Vignart, et *Léda* qui suivait de près a remporté la palme et saisi la pauvre bête qui sera mangée demain.

A LA MÊME.

11 mai 1850.

Je suis contrarié, chère amie : je croyais cette nuit surprendre les insoumis, et à minuit j'ai appris qu'ils s'étaient enfuis. J'envoie demain une petite colonne avec le colonel Mirbek et Espinasse pour faire payer les tribus et hâter les affaires, mais je vois avec regret que je ne serai pas à Tebessa avant le 18. Je suis pour au moins quatre jours dans ce bivouac. C'est le centre du pays. Envoie-moi mes tabourets et chaises de bivouac. Ceux que nous avons sont vieux et se brisent. De Neveu en a déjà tué trois sous lui, et il a manqué se tuer lui-même en tombant dans une cave que j'avais fait faire près de ma tente pour tenir le vin au frais. Il en est quitte pour une contusion.

A LA MÊME.

Au bivouac de Raz-Gueber, le 12 mai 1850.

Chère bien-aimée, je t'écris au bruit du plus épouvantable orage qui, depuis une heure, est venu assaillir mon pauvre camp établi au milieu d'un bassin entouré de montagnes. Le tonnerre est si effrayant que les chevaux se cabrent, et ceux qui sont mal attachés s'échappent et courent au hasard. A deux reprises différentes, il est tombé des grêlons plus gros que des pois. On vient de m'en envoyer une pleine gamelle, dans laquelle on peut aisément faire frapper du champagne. Quel temps ! le 12 mai, au sud, de la glace, de la grêle ! Demain nous étoufferons ; ce matin dans la poussière, à présent dans la boue.

Je n'ai pas de lanternes pour ma tente. Si tu en trouves deux bien fortes en cuivre jaune avec les glaces bombées, comme celles que j'avais à Alger, envoie-les moi avec des bougies que l'on puisse adapter à l'intérieur. Si j'avais eu ces lanternes, Neveu, Bizot et Eynard ne seraient pas tombés autour de ma tente qui est perfide à cause de ses grandes cordes.

Je n'ai encore pu jouer qu'une seule fois le whist, et encore pour m'obliger à veiller, parce que je voulais faire partir une colonne à minuit. J'avais invité tous les colonels. Nous avons bu du vin chaud. Un courrier extraordinaire m'arrive : je le fais repartir avec cette lettre... Je t'envoie mille tendresses.

A M. LEROY DE SAINT-ARNAUD, AVOCAT A PARIS.

Au bivouac de Raz-Gueber, le 12 mai 1850.

Me voilà en pleins Nemenchas, frère; parcourant un pays où les ruines obstruent nos pas. Des temples chrétiens avec ces inscriptions curieuses : *Fide in Deo et ambula.* — *Si Deus pro nobis, quis adversus nos?* Tout cela est devant mon bivouac. J'ai fait faire quelques fouilles, on a trouvé de petites médailles sans valeur. Hier, nous avons reconnu les ruines d'une grande ville. J'y ai envoyé trois compagnies pour fouiller, rien ne dit encore le nom de tous ces lieux divers. Mes levriers ont chassé un lièvre, et l'ont pris sur les marches d'un temple. Il n'en était pas plus dur. Les Nemenchas ne veulent pas de coups de fusil et payent. Je reste au milieu d'eux pour hâter la fin du compte.

Depuis quelques jours, nous sommes rôtis le matin et gelés le soir ; cette vie est dure. Louise m'écrit souvent, elle fait comme moi, elle trouve le temps long et lourd. La Fontaine a raison :

« L'absence est le plus grand des maux. »

Je voyage comme le Juif errant. Je marche au milieu des sables. La bonne affaire, puisque je n'entends plus parler politique. Je voudrais vivre longtemps ainsi dans le désert, mais avec tous les miens. Peut-être en rentrant en France, tout vieux que je serai, j'aurai moins de rides que de plus jeunes agités au milieu des soucis et des excitations politiques. Je commence à devenir furieusement philosophe, et à prendre les choses de ce monde en grande pitié. De longues lettres de toi me viendraient bien à propos.

J'avais déjà vu des ruines en Grèce, en Italie, en Asie, mais elles m'impressionnaient moins. Peut-être mon admiration pour l'antique était-elle moins développée, en raison de mon peu de réflexion; peut-être aussi que je trouve les ruines plus dignes d'attention à mesure que je me rapproche d'elles? C'est un langage bien poétique et bien profond que celui de ces énormes pierres séculaires qui sont restées debout au milieu des tempêtes et de la destruction des mondes.

Je rapporterai à ma femme un curieux album. J'ai un dessinateur attaché à ma colonne. C'est un jeune fourrier aux chasseurs qui a été à l'École polytechnique, renvoyé pour opinion. Son crayon n'est pas rouge. J'ai aussi, dans la légion étrangère, un ex-officier hongrois que j'ai fait sergent; il dessine fort bien.

J'ai un aumônier, l'abbé Parabère, que je viens de faire recevoir chevalier de la Légion d'honneur devant la deuxième brigade. Il va nous dire la messe en face d'un vieux temple chrétien. Toute l'armée y assistera. Est-ce que tu ne trouves pas qu'on élève mieux son âme vers Dieu en plein air que dans une église; le vrai temple de Dieu, c'est la nature. L'abbé Parabère est enchanté de dire sa messe. Moi, je penserai à vous tous, à ma femme, à mes enfants. Comment vont-ils? Adolphe travaille-t-il? Son moment fatal approche. Que faire s'il échoue, conseille-moi. Enfin, frère, Dieu nous aidera. Nous étions dans une position moins bonne que celle de nos enfants.

A MADAME DE SAINT-ARNAUD, A CONSTANTINE.

Au bivouac de Ridjlen, le 15 mai 1850.

Rien de bien neuf depuis ma dernière lettre, ma femme chérie. Mirbek est rentré hier avec la colonne que je lui avais confiée et il m'a ramené quarante-cinq prisonniers-ôtages, pris parmi les chefs et les grands des Ouled-Rechaich. J'en tirerai le meilleur parti possible.... Demain, en arrivant au bivouac de Aïn-Sabaïm, je partirai moi-même avec ma cavalerie et des troupes sans sacs, et je razzierai les Alaârmes qui ne veulent point payer l'impôt. Je leur apprendrai comment on fait les coups de main vigoureux.

Hier, trois lions sont venus à cinq cents mètres de notre camp et se sont rencontrés à peu de distance avec un capitaine de spahis et son ordonnance qui se promenaient. Le pauvre officier a eu une grande émotion, comme tu penses. Il prenait les lions pour des veaux, puis pour des bœufs, et enfin pour ce qu'ils étaient. Aujourd'hui nous avons vu un troupeau de gazelles; quelques Arabes les ont chassées inutilement, c'était un spectacle charmant de les voir courir.

Un bruit affreux court au camp; il vient de Bone par un bateau d'Alger. On dit que le 4, à Alger, pour célébrer la fête, on a fait sauter une mine trop chargée, que douze personnes ont été tuées et quarante blessées. On cite parmi les morts, sans les nommer, un général et un président de la cour. Les mauvaises nouvelles volent à travers les airs. Je voudrais que mes baisers pussent prendre le même chemin pour arriver jusqu'à toi.....

A LA MÊME.

Au bivouac d'Aïn-Sabaïm, le 16 mai 1850.

Aujourd'hui nous avons chassé le lièvre et la gazelle. J'ai pris pour toi une jolie petite gazelle et une belle antilope, mais j'aurai bien de la peine à les faire parvenir à Constantine. Cependant j'essayerai. J'ai reçu ta lettre du 13. Les malheurs de ton autruche m'ont fendu le cœur, mais puisque :

« L'on a graissé la patte à ce pauvre animal, »

j'espère que cela ira bien. Il faudrait cependant

qu'elle pût vivre en bonne intelligence avec les gazelles ses concitoyennes.

La catastrophe du 4, toute malheureuse qu'elle soit, a fait beaucoup moins de victimes qu'on ne le disait. C'est un vilain jeu que ces mines, et je frémis à l'idée que tu aurais pu être parmi les curieuses avec moi, si j'étais resté à Alger.....

A LA MÊME.

Tebessa, le 17 mai 1850.

En arrivant ici, j'ai été reçu ce matin par toute la population, drapeaux en tête, fantazzia, etc.; mais la chose la plus amusante, la plus curieuse, est celle-ci : on avait recouvert deux hommes avec une peau de lion superbe et toute fraîche. Les deux Arabes imitaient l'animal dans la perfection. Cavaliers, piétons, chassaient le faux lion qui, à chaque coup de fusil, se dressait, sautait, roulait. Nos chevaux se cabraient, nos chiens hurlaient; enfin, le lion a été abattu et est venu tomber à nos pieds. On lui a de suite arraché sa peau, qui est magnifique et ornée d'une belle crinière, et on me l'a offerte. Elle t'arrivera avec une belle couverture fort curieuse donnée par le caïd de Tebessa.

A LA MÊME.

Tebessa, le 18 mai 1850.

Je t'écris gelé, transi. Depuis hier soir, la pluie tombe à torrents. J'ai été mouillé jusque dans mon lit. Je n'ai pas encore eu le temps d'aller visiter Tebessa, ses temples, ses ruines, ses murailles romaines. J'irai demain s'il ne pleut pas. Le ciel est noir et menaçant. Quel temps pour le 18 mai à Tebessa, à quatre pas de la régence de Tunis dont je vois la frontière.

Je ne sais pas si nous pourrons nous rejoindre à Sétif. Cela dépendra des affaires, de Barral et de mille circonstances; mais ce que je sais, c'est que de Biskra j'irai directement à Sétif par El-Cantara. Je te verrai donc vers la fin de juin.

A LA MÊME.

Tebessa, le 19 mai 1850.

Chère bien-aimée, toujours même horrible temps, noir, froid, pluvieux. Nous sommes en plein décembre. Il a neigé dans l'Aurès et dans mon malheur, je me trouve heureux de ne pas y être. Je rentre à

Tebessa que j'ai été visiter malgré la pluie et la boue. Quels contrastes! Des ruines magnifiques, une porte triomphale de toute beauté : tu en auras les dessins ainsi que ceux d'un amour de petit temple ; des colonnes énormes en marbre rouge : je t'en rapporte un morceau, et tout cela au milieu d'un cloaque immonde, d'une ville de décombres! Les jardins sont admirables; il y a des noyers séculaires et des arbres fruitiers de toute espèce.

Ce mauvais temps-là, si inconcevable, n'avance pas mes affaires. Je devais recevoir ici un énorme convoi de moutons qui n'ont pas pu voyager ni passer les rivières que j'aurai moi-même peine à traverser demain, s'il pleut encore ce soir et cette nuit.

A LA MÊME.

Au bivouac, sur l'Oued-M......, le 22 mai 1850.

Ta lettre est venue bien à propos pour me faire oublier une journée bien longue, bien fatigante et pleine de sirocco, et par-dessus le marché traîner une queue de dix à douze mille moutons... deux lieues de gigots... Je m'en débarrasse demain et j'envoie tout cela à Constantine. Ma razzia a réussi à merveille. Les Nemenchas sont épouvantés et payent. Le soir même ils m'apportaient de l'argent. J'ai obtenu un résultat à peine espéré.

Je viens de voir un village digne de la Suisse, Oskou : des cascades magnifiques, des jardins admirables : pays sauvage, type tout à fait arabe.

Je saurai après-demain, à Ghenchela, si je garderai la cavalerie jusqu'au 20 ou si je la renverrai le 27. Ainsi, tu peux annoncer aux aimables veuves qu'elles auront leurs maris à Constantine le 31 mai ou le 5 juin. Ils sont plus heureux que moi.

A M. LEROY DE SAINT-ARNAUD, AVOCAT A PARIS.

Au bivouac d'Aïn-M'toussa, le 23 mai 1850.

J'ai obtenu un résultat excellent. Jamais les Nemenchas n'avaient payé leurs impôts; fuyant vers le sud, ils se moquaient des colonnes. Je les ai tournés par le sud. Aux tribus récalcitrantes, j'ai tué vingt bons cavaliers et un cheik, j'ai pris quinze mille moutons et quatre cents chameaux. Ils payent les impôts de 1845 et de 1850, environ 75,000 francs. Ils payent les frais de la guerre et la construction du fort de Ghenchela. J'espère qu'on sera content à Alger et à Paris.

A MADAME DE SAINT-ARNAUD, A CONSTANTINE.

Au bivouac de Ghenchela, le 25 mai 1850.

Ce matin, à six heures, j'ai été réveillé par le courrier d'Alger et ta lettre m'a causé une grande inquiétude. Quelle peur tu dois avoir eue, ma Louise chérie, à la vue de cet incendie si près du palais, et comme j'aurais voulu être près de toi pour te rassurer. Mon Dieu, je tremble à l'idée du malheur qui aurait pu arriver, si le feu avait gagné le palais. Ce pauvre Morel, que fera-t-il? Tu as bien fait de secourir la malheureuse femme.

J'ai reçu la triste nouvelle de la grave blessure de Barral. J'en éprouve un chagrin mortel. J'aimais Barral et depuis longtemps. Frappé au milieu d'un succès, il ne sentira pas la douleur. Celle de ses amis sera bien plus vive. J'espère encore qu'on le sauvera.

Rassure-toi pour moi, mon amie, je ne cours aucun danger.

A LA MÊME.

Au bivouac de Tamorgue, le 27 mai 1850.

Chère bien-aimée, dans quelques jours les courriers ne seront plus faciles, et je m'empresse de profiter de mes derniers bons moments. J'aurai une lettre de toi cette nuit ou demain, mais après cela, je n'en aurai peut-être plus qu'à Kanga le 1ᵉʳ juin ou même à Médina le 6.

J'ai reçu cette nuit le rapport du colonel de Lourmel sur l'affaire du 21. Ce serait trop beau si toute ma joie n'était empoisonnée par la blessure si grave du pauvre Barral. Les Kabyles ont perdu deux cents hommes, on a brûlé leurs villages. Ils ont déjà demandé à se soumettre.

Je vais entrer demain dans les montagnes de l'Aurès où nous aurons moins chaud. Il fait de l'orage et en t'écrivant, j'entends le tonnerre gronder. Voilà bientôt un mois que je t'ai quittée, et je ne te verrai pas avant un mois. Que c'est long!

Nous avons eu la messe hier. Après la messe, spectacle; un spectacle curieux donné par l'abbé qui, dans un accès de mauvaise humeur, a livré un combat *singulier* à sa mule. J'ai bien ri et, comme toute chose me ramène à toi, j'ai pensé à ta gentille mine si tu avais vu cela...

A LA MÊME.

Au bivouac de Taourlent, le 30 mai 1850.

Je suis arrivé aujourd'hui à l'échelon le plus élevé de l'absence, ma Louise. Je vais descendre l'échelle à partir de ce jour... Le mauvais temps m'a retardé de vingt-quatre heures de marche et de quarante-huit heures pour mes affaires. J'ai encore de bien mauvais chemins à traverser aujourd'hui et demain, et tout le temps que je resterai dans l'Aurès jusqu'à Biskra. Heureusement, j'ai deux chevaux d'une merveilleuse adresse, *Malek* et *Pacha*. Quel affreux pays nous parcourons, rien que des trous et des pierres, c'est le chaos....

A LA MÊME.

Au bivouac de Djelaïl, le 30 mai 1850.

Chère bien-aimée, je suis bivouaqué sous un rocher au sommet duquel est perchée une ville exactement comme Constantine du côté du ravin. Tous les habitants couronnent les hauteurs et me regardent établir mon camp. Les habitants n'ont jamais rien payé à la France. Je leur donne trois heures pour payer, ou je vais détruire leur nid de vautours et le jeter dans le ravin. Leurs jardins sont charmants. Ces arbres, ces jardins dans les fentes de rochers arides, ressemblent à des perles sur du fumier... De loin, le désert se déroule à mes yeux comme une vaste mer. C'est une vue imposante et belle.

Les chefs arabes arrivent ; je te quitte. Demain, mauvaise et longue journée dans les montagnes.

A LA MÊME.

Au bivouac de Kriran, le 31 mai 1850.

Chère Louise, quel pays sauvage et horrible ! Pas un arbre, pas de végétation, pas même d'insectes, ils fuient cette terre maudite. Ma colonne tient trois lieues à travers ce chaos désolé ; nous marchons sur un, à la queue, dans des sentiers détournés où l'on roule sur des cailloux. Nous sommes partis à cinq heures du matin de Djelaïl que je n'ai pas détruit, parce que les habitants ont payé, et je suis arrivé à Kriran à une heure et demie. Mon arrière-garde ne sera pas installée au bivouac avant cinq heures du soir.

Après ces rochers arides, incultes, affreux, nous sommes tombés dans une oasis ressemblant à un village égyptien.... Des palmiers sur le bord d'une rivière, grossie et jaunie par les dernières pluies, des jardins assez beaux, quelques cultures, un village assez propre que je viens de parcourir.

Aucune colonne française n'avait encore passé par le Djebel-Chechar. Pour moi, je suis content d'y être venu, mais je n'y reviendrai plus. Le temps est lourd et encore orageux, nous n'en avons pas fini avec les tempêtes.

A LA MÊME.

Au bivouac d'Oueldja, le 1ᵉʳ juin 1850.

Pas de lettres de toi, ma Louise, pas de courrier, pas de nouvelles. Je suis d'une tristesse noire... Oueldja est une horrible ville bâtie en terre, au milieu de trois délicieuses oasis de palmiers, d'oliviers, de grenadiers. C'est une tache de boue noire au milieu d'un bouquet. Tout autour un horizon de montagnes très-rapprochées, et nues et arides. Ce contraste est admirable. Mon bivouac est dans un immense champ déjà moissonné et entouré de palmiers de trois côtés.

Je te rapporte de cette tournée des coquillages pétrifiés très-bien conservés, ramassés sur le pic le plus élevé du Djebel-Chechar. La mer a passé par là. Je te rapporte aussi une charmante écharpe de Tunis en belle soie. Je l'ai achetée au fils du cheik de Kanga.

A M. LEROY DE SAINT-ARNAUD, AVOCAT, A PARIS.

Kanga, le 1ᵉʳ juin 1850.

Cher frère, cherche sur ta carte, entre Negrin et Biskra, un point qu'on appelle Kanga. C'est de là que je t'écris. Je viens d'y descendre du Djebel-Chechar par des chemins sans nom. Je ne sais pas comment j'ai osé y jeter ma colonne. Au milieu de ces rochers arides et nus, vieux comme le monde, j'ai bivouaqué sous trois oasis délicieuses, bâties en terre grise, et entourées de palmiers et de grenadiers. Autant de petites Zaatcha que j'ai contraintes à payer et que j'aurais jetées dans le ravin en une heure. Telles sont Djelaïl, Khisan, Oueldja et Kanga.

T'ai-je écrit depuis la belle affaire qu'a eue la colonne de Barral dans la Kabylie? Nous en aurions tous été trop joyeux si elle n'avait failli coûter cher. Barral, au commencement de l'action, a reçu une balle en pleine poitrine. Il a remis le commandement à de Lourmel[1], qui a merveilleusement achevé l'œuvre. Barral va mieux; on a extrait la balle au-dessus de l'épaule gauche.

Nous avons cru, ici, Paris en état de siége. La nouvelle était prématurée; mais cela vous arrivera. On dit que Changarnier a pris des mesures draconiennes en cas d'émeute. État de siége pour toute la

---

[1] Depuis général, tué glorieusement sous les murs de Sébastopol.

France, ordre de faire feu sur telle ou telle légion de la garde nationale, si elle se présente en armes. Tout cela est vigoureux et bien. Il faut en finir ou tendre le cou.

A MADAME DE SAINT-ARNAUD, A CONSTANTINE.

Oueldja, le 2 juin 1850.

Je rentre de Kanga, ma bien-aimée, et je viens de parcourir un pays qui doit être plus mauvais que celui qui mène aux enfers. Figure-toi des escaliers entre des rochers à pic et des précipices, et puis le lit d'une rivière encaissée. On voyage ainsi pendant une heure et demie, puis on entre dans une forêt de palmiers où nous avons déjeuné à l'arabe. J'avais amené la cavalerie et cinq cents hommes sans sacs. Ma colonne n'aurait pas pu passer. J'avais une suite de plus de cent officiers, tout le monde a mangé le couscoussou de Kanga. Nous avons dévoré des abricots....

Demain, je m'élève de nouveau vers le nord pour redescendre ensuite sur Biskra. C'est là que nous souffrirons cruellement de la chaleur! Je n'y resterai pas longtemps.

A LA MÊME.

El Bordj O Cheurfa, le 3 juin 1850.

J'ai reçu cette nuit ta lettre, et la douloureuse nouvelle de la mort de Barral. Je n'étais pas couché, je veillais pour une affaire grave. J'ai pleuré mon vieil ami, j'ai déploré cette mort, toute glorieuse qu'elle soit. Arriver si haut, remplir si bien sa place, et mourir de la balle d'un obscur Kabyle. Encore s'il eût été tué en Russie ou en Angleterre, j'aurais moins de regrets. Pauvre Barral, âme loyale s'il en fut jamais !

Sois tranquille pour moi, chère amie, mon heure n'est pas encore venue, et elle ne doit pas sonner en Afrique. Ce serait déjà fait, si cela avait dû être.

Quand je t'écrivais hier, à cinq heures du soir, d'Oueldja, j'étais loin de penser que quelques heures plus tard, cette oasis n'existerait plus. Les habitants ont refusé de payer l'impôt, et ont eu l'audace de m'assassiner deux soldats du 20ᵉ. L'un a eu la tête coupée, et l'autre est revenu au camp couvert de sang. J'ai demandé les coupables, on me les a refusés. Il était huit heures du soir. A minuit, la ville était investie et à trois heures et demie, à la pointe du jour, la charge battait, on enfonçait les barricades, on entrait dans la ville, on se battait dans les rues, dans les maisons et, à cinq heures, Oueldja était en mon pouvoir, ses maisons en feu, et cinquante cadavres sur le terrain ; le reste s'est enfui. J'ai envoyé les femmes et les enfants dans l'oasis voisine de Bou-Hamed, route de Kanga. C'est une leçon terrible qui effrayera les oasis et les Arabes. Je n'ai eu que quelques blessés, Oueldja n'existe plus.

A LA MÊME.

Au bivouac de Medina, le 6 juin 1850.

J'ai reçu ton jambon, des légumes, du vin, et du pain de Bathna. Il était temps, notre pain était moisi et nous manquions de légumes depuis longtemps. Je ne me remets pas vite de la secousse que m'a causée la mort de Barral. Quand j'ai appris cette nouvelle j'étais très-préoccupé de mon affaire d'Oueldja que je faisais déjà investir. Je me suis contenu, et j'ai beaucoup pris sur moi, mais je l'ai payé : hier au soir, j'ai eu mes crampes d'estomac avec violence. J'ai pris douze gouttes de mixture qui m'ont calmé. Depuis, je suis toujours souffrant... Nous allons nous reposer ici demain, pas moi, car les jours de repos pour la colonne sont mes jours d'écriture et de travail.

A M. LEROY DE SAINT-ARNAUD, AVOCAT A PARIS.

Au bivouac de Medina (Aurès), le 7 juin 1850.

Cher frère, tu ne me gâtes pas dans cette longue expédition. Je n'ai guère de ta prose et j'ai peur que ton silence ne soit une preuve de mauvaise santé. Chacun a ses douleurs dans ce fragile monde. J'ai appris, le 3, la mort de mon pauvre ami Barral, tombé glorieusement sous le plomb d'un Kabyle.

Les gens d'Oueldja, comptant sans doute sur leurs palmiers, leurs murs et leurs jardins, ont refusé l'impôt, et, par voie de passe-temps, ils m'ont assassiné deux soldats du 20ᵉ qui s'en allaient pêchant,

« Dans le courant d'une onde pure. »

L'un est resté sur le coup, l'autre est revenu au camp raconter l'attaque. Je me suis fâché, j'ai demandé les coupables, on m'a promené.

Cette nuit, à deux heures du matin, je faisais investir la ville barricadée, et, à la pointe du jour, pendant que je faisais occuper les palmiers et les jardins, trois bataillons pénétraient de vive force dans la ville où l'on se défendait de chaque maison. J'ai passé brûlant tout et laissant, dans les rues d'Oueldja, cinquante cadavres. Tout cela fut l'affaire de deux heures.

Les oasis et les habitants étaient terrifiés! Ils reconnaissent aujourd'hui, un peu tard, qu'ils ont ce qu'ils ont mérité. L'impôt sera payé.

Demain je pénètre dans la vallée de l'Oued-Abiad où jamais colonne française ne s'est montrée. Nous verrons quel sera l'esprit de la réception dans ce pays que notre visite n'amuse guère.

La mort de Barral, les affaires du cercle de Bougie, la nomination provisoire de Lourmel, exigent ma présence à Sétif. Je dois songer à y rentrer.

A MADAME DE SAINT-ARNAUD, A CONSTANTINE.

Au bivouac de Senef, le 8 juin 1850.

Chère Louise, je suis bivouaqué par une chaleur de quarante degrés, au milieu de vingt villages superbes, qui ne se sont jamais bien soumis, qui ont plus d'une faute à se reprocher et que je vais punir en une fois de toutes leurs iniquités. Les premiers villages étaient froids et arrivaient lentement me saluer. Je les ai si mal menés, que les autres sont arrivés en masse. Je leur ai donné jusqu'à ce soir pour payer les impôts et les amendes que je leur inflige. S'ils ne s'exécutent pas, je ferai comme à Oueldja, j'enverrai trois colonnes brûler tout. Ce sera dommage, car c'est un beau pays. Je crois et j'espère qu'ils payeront.

A LA MÊME.

Tighaminine, le 9 juin 1850.

Je viens d'arriver dans un entonnoir entouré de rochers à pic, qu'on pourrait appeler la fin du monde. Pour seule issue, une bordure de rochers d'une élévation de cinq cents mètres. C'est dans ce défilé dangereux, que je vais demain engager ma colonne. Jamais troupes françaises ne se sont montrées ici. Une inscription taillée dans le roc constatera notre arrivée, notre passage, le numéro des régiments, de la colonne, et mon nom comme commandant de l'expédition. Dans ce moment six cents hommes travaillent à combler les trous, élargir les passages, couper ou faire sauter les rocs ; demain nous passerons tous. Le défilé a environ six cents mètres de longueur, et nous aurons ensuite une montagne à gravir en lacets. La colonne mettra cinq heures à gagner la plaine. Hier, j'ai fait le méchant : j'ai menacé, terrifié les populations pour gagner la force morale dont j'ai besoin avant de m'engager dans un tel passage. Si je devais avoir des coups de fusil, je n'exposerais pas ma colonne dans le Kanga-Tighaminine.

Les Arabes eux-mêmes n'y passent pas et ne comprennent pas comment j'ose m'y aventurer. Je le ferai, je passerai, et j'ouvrirai la route aux Arabes. J'aime mieux cela qu'une victoire. Tous les villages ont payé hier soir et ils ont bien fait, je les aurais anéantis. Adieu, ma Louise chérie, je vais visiter, surveiller et activer mes travaux. C'est magnifique.

A LA MÊME.

Biskra, le 12 juin 1850.

Je suis arrivé ce matin ici à neuf heures, avec cinquante degrés de chaleur. J'ai placé mes hommes sous les palmiers, j'ai fait couler l'eau partout. Pour moi, je me suis réfugié dans un bain maure en construction. Je suis au milieu des gravats, des planches, de tout l'attirail des maçons, mais je suis protégé contre le soleil par les gros murs et les grosses voûtes et j'y vois clair par les portes. J'espère que je dormirai, car voilà deux nuits que je ne ferme pas l'œil.

Demain j'ai à courir, à visiter Biskra avec le colonel Bizot qui vient d'arriver. Depuis ce matin nous sommes dans les événements et les accidents de tout genre. Tous les chefs arabes sont venus au-devant de moi avec de la fantazzia et des juments. *Malek* est devenu furieux et s'est cabré tout droit. Il a failli me désarçonner, mais je tiens bien et je l'ai rudement éperonné. J'en suis quitte pour un petit coup de tête dans le front.... bagatelle. Il était superbe et faisait l'admiration des Arabes.... Un pacha bai magnifique s'est jeté sur mon Salem noir, l'a abattu à coups de pied et a cassé la selle de Roman qui était dessus. De Place a reçu un coup de pied de cheval et est étendu sur son lit. Ce ne sera rien. De Neveu m'a encore cassé un tabouret. Tu le plaisanteras quand tu le verras avec son long bâton dont il te contera l'histoire.

J'écris à mon frère et à ma mère, et je t'envoie les lettres. Tu ajouteras quelque chose et tu les feras partir. J'attends le courrier de France.

A M. LEROY DE SAINT-ARNAUD, AVOCAT A PARIS.

Biskra, le 12 juin 1850.

Me voici dans Biskra, frère, étouffant par cinquante degrés de chaleur. Heureusement, c'est le commencement de la fin. Nos opérations seront bien finies, bons résultats, succès partout.

Les Nemenchas razziés, Oueldja qui voulait jouer le jeu de Zaatcha brûlée et punie, l'Aurès traversé, visité dans tous les sens et toujours en maître, nos baïonnettes brillant où pas une ne s'était montrée avant elles et passant partout, jusque dans ce fameux défilé de Kanga, que les Arabes disaient impraticable. J'y étais à dix heures du matin pour le reconnaître avec mon capitaine du génie; à midi, j'y jetais six cents travailleurs; le soir, à six heures, la route était praticable, et le lendemain, mes colonnes franchissaient en trois heures et sans accident le passage de Kanga. Entreprise audacieuse qui a prouvé, une fois de plus, que les Français surmontent tous les obstacles; l'effet moral est grand. Je laisse, outre le souvenir d'une difficulté vaincue, le bienfait d'une route où l'on ne supposait pas un sentier praticable.

Nous nous flattions, cher frère, d'avoir passé les premiers dans le défilé de Kanga : erreur. Au beau milieu, gravée dans le roc, nous avons découvert une inscription parfaitement conservée, qui nous apprenait que, sous Antonin le Pieux, P. P. IIII, père de la patrie pour la quatrième fois, la 6ᵉ légion romaine avait fait la route à laquelle nous travaillons seize cent cinquante ans après; car, si je ne me trompe, c'est cent quarante ou cent quarante-trois ans après Jésus-Christ que, sous Antonin le Pieux, ces événements devaient se passer.

Nous sommes restés sots. Il n'y a rien de nouveau sous le soleil, et celui de Biskra est trop chaud.

A MADAME DE FORCADE.

Chère bonne mère, je suis arrivé ce matin sous Biskra. Figure-toi une forêt de palmiers entourant des maisons en terre grise, tristes et affreuses, de véritables taupinières. C'est une singulière idée d'avoir songé à occuper Biskra. Le duc d'Aumale croyait y amener le commerce du sud, il s'est trompé.

J'ai réussi partout, j'ai battu les Nemenchas qui n'avaient jamais rien payé et qui m'ont soldé environ 150,000 francs ; j'ai donné quelques sévères leçons et effrayé le pays. Je suis passé là où personne n'avait osé passer depuis Antonin le Pieux, qui y avait envoyé une légion romaine. J'ai fait reconnaître partout notre force et notre autorité, et je vois avec bien de la joie la fin de mon expédition et de mon absence si longue. Dans douze jours, je serai à Constantine auprès de ma femme... Le 14, je pars pour Sétif où des affaires m'appellent. La mort du pauvre général Barral rend ma présence nécessaire dans sa subdivision...

A M. LEROY DE SAINT-ARNAUD, AVOCAT A PARIS.

Sétif, le 20 juin 1850.

Je touche au port, cher frère, je suis à Sétif, et j'y ai trouvé tant de besogne que j'y resterai jusqu'au 22.

Est-ce qu'un tailleur de Lyon ne m'a pas envoyé à Constantine un billet de moi de 550 fr., payable le 15 juin 1820, à Paris ! Je ne me rappelle ni le billet, ni le tailleur. Il y avait ma foi bien prescription de trente ans ; mais nous n'usons pas de ces moyens. J'ai répondu que l'on payât. Cette queue de jeunesse est plus longue que celle de M. Considérant ; mais, quel œil elle possède aussi [1] ! Ah ! mon fils, quelles leçons il recevra de moi ! Je ne pense pas qu'il fasse jamais de dettes. Je lui raconterai l'histoire de ma vie, pour garantir la sienne des mêmes dangers. Comme il me tarde de le voir arriver à Constantine auprès de moi ! Ces enfants nous poussent. Nous vieillissons, frère, il n'y a que notre cœur et notre amitié qui resteront toujours jeunes et chauds. C'est une consolation. J'en ai besoin en ce moment : je suis dans la maison de Barral ; tout m'y parle de lui, et je le cherche en vain. Il avait trop d'ardeur pour un général. Il a regretté la vie qu'il s'était faite belle.

Voilà une longue et intéressante expédition. En rentrant, je ferai avec soin un résumé pour le gouverneur. J'ai organisé l'Aurès et consolidé notre puissance. J'ai stupéfié les Arabes par l'audace de mes marches. Ah ! si je courais après les Prussiens, je passerais bien autre part ! Mais Dieu ne veut pas. Tu n'as pas besoin de me recommander des Mesloises qui est avec moi depuis quatre ans, que j'affectionne

---

[1] Le Maréchal avait, à cette époque, liquidé les dettes de sa jeunesse ; quelquefois des réclamations isolées et insignifiantes se présentaient comme celle dont il est question dans cette lettre. On voit les observations moitié plaisantes, moitié sérieuses qu'elles suggéraient au Maréchal, et la manière dont il les acquittait.

et que je serai heureux de voir officier et décoré. Nous y arriverons.

AU MÊME.

Constantine, le 25 juin 1850.

Cher frère, je suis ici depuis le 23. J'ai eu à peine le temps d'embrasser Louise. Des monceaux de lettres et d'affaires, un courrier d'Alger ; une colonne à former et à faire partir ; le choléra à Tunis et le bateau qui me vomit cent cinquante Tunisiens à Bone, et que je fais parquer au fort Génois ; un complot avorté à Oran ; les voltigeurs algériens qui font leurs farces à Philippeville, et que j'envoie à Bathna ; les transportés de Bone : il y a de quoi occuper dix bonnes têtes et je n'en ai qu'une.

Que ne viens-tu passer tes vacances à Constantine. Ta toux céderait à l'air chaud de l'Afrique. Il faut venir. Voici une lettre pour mon fils.

A M. ADOLPHE DE SAINT-ARNAUD.

Mon cher enfant, j'ai reçu ta lettre et je vais y répondre en détail. Tu dois être dans le coup de feu de tes examens, et je ne passe pas une journée sans penser à toi et faire des vœux pour que tu réussisses. Quel que soit le résultat, tu as travaillé : je dois une récompense à tes efforts. Pars donc pour l'Afrique le plus tôt possible, tu es attendu à Constantine, les bras ouverts. Ton oncle te donnera toutes les instructions nécessaires et l'argent de ta route. J'ai, d'ailleurs, encore l'espoir que ton oncle voyagera avec toi : cette distraction lui fera du bien. La chaleur rétablirait sa santé. Je vais le presser beaucoup. J'aurai le temps de t'écrire encore une fois. Je n'ai pas besoin de te recommander d'être en voyage poli avec tout le monde, mais de ne te lier avec personne.

Il faut toujours se méfier dans le monde, et surtout en voyage, des gens qui parlent beaucoup, font patte de velours, et se jettent à votre tête. Le bon sens te dira que les aigrefins recherchent l'inexpérience des jeunes gens. Sois toujours calme et sérieux, regarde les hommes dans le blanc des yeux, la main sur ta bourse : avec ces précautions tu peux voyager. Fais tes petites affaires et n'en parle jamais à des étrangers. Adieu, cher enfant, à bientôt, ta petite mère et moi, t'attendons avec une vive impatience.

A M. LEROY DE SAINT-ARNAUD, AVOCAT A PARIS.

Eh bien, frère, si tu es raisonnable, tu viendras avec mon fils et tu comprendras mes raisons. Ta maladie traîne, tes nerfs s'aiguisent par la douleur, ton imagination est tendue vers les mêmes idées, il te faut une secousse, un changement d'air et de régime, un repos complet de tête ; tu as tant travaillé ! Il te faut un exercice salutaire. Tu trouves tout cela réuni dans le voyage de deux mois que je t'offre. Ne viens qu'en août, tu es à la veille de tes vacances du Palais. Tu n'as qu'une seule objection passable à me faire.... objection de père de famille, l'argent ! Eh bien, frère, tu me permettras bien à moi, qui ai reçu si souvent ta bourse tout entière, de t'offrir un morceau de la mienne. Nous partagerons en frère toutes les dépenses du voyage. Notre frère fera ton Palais et tout sera pour le mieux. Tu ne laisseras pas Eugénie seule. N'a-t-elle pas ses enfants, Adélaïde, notre frère, Jean, toute la famille ? Tu vois que j'ai pensé à tout, prévu tout.

AU MÊME.

Constantine, le 5 juillet 1850.

Le courrier d'Alger m'arrive, frère, sans m'apporter de lettre de toi, et ma lettre partira avant que le courrier de France ne me parvienne. Le gouverneur me donne de flatteurs éloges sur mon expédition, ses résultats, la manière brillante dont j'ai conduit l'opération et débuté dans le commandement. Il a envoyé mon rapport d'ensemble au ministre.

Oui, c'est un beau commandement, tu en jugeras si tu viens. Je croyais ne pas avoir à me préoccuper de politique, et voilà que le complot d'Oran nous a mis la puce à l'oreille. Je me suis constitué une police. J'ai été obligé de faire quelques changements de résidence. Mes transportés de Bone sont toujours en exaltation, en conspiration. L'arrivée d'un certain Hugelmann, enragé de premier ordre, va augmenter ces bonnes dispositions. Ils me feront quelques mauvais coups et je leur laverai la tête avec du plomb. Ils me gâtent mes centres agricoles où ils ont retrouvé des frères en barricades. Tout cela me donne de la tablature. Ajoutes-y le choléra que Tunis vient de communiquer à Bone.

Je viens d'envoyer Eynard avec une colonne sur la frontière de Tunis. Un établissement de mine, assez maladroitement concédé, nous cause des embarras. Je ne l'aurais certainement pas autorisé dans cette situation. La frontière n'est pas régulièrement délimitée et les mines se trouvent sur l'extrême lisière. C'est une question brûlante et qui peut nous amener des conflits avec Tunis. J'en comprends l'importance et je veille au grain.

Je m'arrête avec confiance et bonheur à l'idée de te voir venir avec mon fils. S'il en est autrement, j'en aurai un véritable chagrin. Allons, frère, viens nous voir, viens t'étonner devant la vieille Cirtha.

Embrasse ta femme et pars. Ne me prive pas du bonheur de t'embrasser comme je t'aime.

AU MÊME.

Constantine, les 20 et 25 juillet 1850.

Cher frère, le courrier de France m'apporte tes deux lettres du 26 juin et du 3 juillet. Je me suis d'abord livré à la joie de savoir franchie la première moitié des examens d'Adolphe. J'en suis heureux. C'est d'un bon augure pour le reste. Dans tous les cas, j'approuve tes idées si Adolphe n'est pas reçu; et, dans ce mécompte, il n'y aurait rien de fâcheux, tu le mettras dans une maison spéciale où il piochera de nouveau. Tout est entendu sur ce point.

Si cette première partie de ta lettre m'a parfaitement satisfait, il n'en est pas de même de la seconde. Tu ne viens pas. Je comprends tes raisons, je les sens et je les combats. Qu'est-ce qu'une absence de deux mois? Tu retrouveras tes moutards grandis et plus gentils, ta femme embellie; l'absence sied aux femmes légitimes. Allons, ta première lettre m'annoncera le jour de ton départ et j'en aurai bien de la joie.

Depuis que je sais que mon fils doit venir, le temps me semble d'une durée interminable. J'attends cet enfant avec une impatience que partage sa petite mère. C'est déjà bien qu'il ait été déclaré admissible. Ce serait magnifique s'il était reçu. S'il ne l'est pas cette année, il sera admis l'an prochain, voilà tout. En attendant, qu'il vienne vite et que je l'embrasse, c'est tout ce que je désire.

Le courrier d'Alger m'arrivera dans quelques jours et fixera mes incertitudes.

J'ai augmenté ma ménagerie de deux lions, *Juba* et *Cirtha*. Aussitôt que mon fils en aura joui un peu, je m'en débarrasserai. Ils font une peur terrible à Louise. Du reste, ils sont charmants, joueurs comme des chats, suivants comme des chiens. Rien de plus comique que leurs jeux avec les singes : ceux-ci passent dans leur crinière de familières inspections ; mais quand *Juba*, ennuyé de ces privautés qu'il souffre, menace et gronde, les singes, en deux bonds, gagnent le haut de leur colonne et, de là, insultent le roi des animaux. Les gazelles, l'autruche, les cigognes aiment peu le moment où mes lions se promènent dans le jardin et, quand ils y sont, les chiens refusent d'y descendre. Tout cela sera bon pour deux mois encore, puis je les proposerai au Jardin-des-Plantes.

Le choléra nous entoure sans nous inquiéter. Il sera sur la frontière de Tunis, aidé par son allié le Rhamadan. On finira par ne plus faire attention du tout au choléra et l'on en mourra moins.

AU MÊME.

Constantine, le 15 août 1850.

Cher frère, j'ai reçu mon fils en bonne santé, heureux, joyeux d'être à Constantine comme nous le sommes de l'y voir. Je l'ai trouvé grandi, presque homme. Tu l'as mis en état de monter son cheval et les miens. Je lui ai fait voir une fantazzia superbe par les plus beaux cavaliers de la province. Tout est nouveau pour lui. Nous avons fait des armes, c'est ton élève. Il sait déjà se défendre gentiment. Il retournera à Paris cavalier et saura tirer le pistolet comme il faut le savoir. Je le fais travailler, je l'interroge sur l'histoire, la géographie historique. Mon aide de camp l'entreprend sur les mathématiques.

Il est on ne peut mieux avec sa petite mère qui est charmante pour lui. Enfin le jeune homme est choyé, caressé, accueilli partout. C'est une belle et noble nature, nous la cultiverons. Tu t'apercevras de son passage en Afrique. Il t'écrit une longue lettre, sans doute son journal depuis qu'il est ici. Il se porte bien et supporte la chaleur en homme; elle est cruelle en ce moment. Je travaille dans mon cabinet et la sueur coule de mon front.

Je suis content de la force d'Adolphe dans la natation. Tu nous auras à tous enseigné cet art.

AU MÊME.

Constantine, le 15 septembre 1850.

Cher frère, je n'ai jamais été si longtemps sans t'écrire. Je pars demain pour Guelma et Bone, avec une smalah énorme. Ma femme, mon fils, mes aides de camp, six chevaux, etc. Nous ferons un voyage intéressant pour eux, très-occupé pour moi, mais, au moins, je prendrai de l'exercice dont j'ai besoin.

Louise a été sérieusement indisposée, elle a gardé le lit pendant quatre jours; elle pleurait de la peur de ne pas aller à Bone; moi je souffrais de la voir souffrir. Adolphe a été charmant d'attention et de soins pour sa petite mère. Je te dirai avec bonheur que Louise aime beaucoup mon fils, et que celui-ci aime ma femme, comme il eût aimé sa mère. Cela me rend heureux, parce que j'espère qu'il en sera de même avec ma fille. Ta belle-sœur a, quand elle veut, un caractère si gracieux, qu'il est difficile de ne pas l'aimer.

Ton neveu a bien pris à Constantine, il y avait des écueils. Ni trop fier, ni trop familier, il est bien. Il a de la tenue et de la bonté à la fois. Excellent naturel, partout il se fait aimer. Il lui reste encore quelques gestes collégiens qui ne sentent pas la bonne société. Il se formera.

Il rentrera à Paris, bourré de cadeaux pour ses

tantes et sa sœur, il en saute de joie.... Sa mère lui a changé sa montre en argent pour une montre d'or très-jolie. On le gâte un peu et je laisse faire. Je ferai mouvoir les grands ressorts quand on partira. Il faudra travailler ferme. Il en sent la nécessité. Il s'en ira sous l'impression de bons conseils et de frappants exemples. Il appréciera ma position et tâchera de se montrer digne de son père et de notre nom.

Tu travailles trop, tu ne songes ni à ta femme ni à tes enfants. Tu négliges ta santé. Je vois ton voyage de Lyon avec plaisir, ce sera de la distraction et un peu de repos en outre. Ah! si tu avais voulu venir!

Louis-Philippe est donc mort, hélas! et dans l'exil! Les Bourbons ne sont pas heureux. S'ils ont quelques défauts, ils ont de royales qualités. Que feront les autres, aînés et cadets, et la duchesse d'Orléans, et le comte de Paris, et la République et l'Empire? Pauvre France! Nous sommes plus tranquilles ici. On ne bronche pas dans mon gouvernement. Ma foi, je frapperais dur.

AU MÊME.

Constantine, le 6 octobre 1850.

Cher frère, pendant que ma femme et mon fils s'amusaient et jouissaient d'un voyage agréable, moi, je piochais, j'inspectais régiments et villages, et je me couchais harassé de fatigue. Ajoutez à cela la représentation, les réceptions, les discours et les dîners. Louise et mon fils ont fait plus de cent vingt lieues à cheval gaîment et enchantés. Ils ont tout supporté, ondées de pluie et de soleil, et se font une fête d'aller à Bathna et à Lambessa.

Le 13, j'ai des courses, le soir bal au palais ; le 16, nous partirons.

Adolphe a eu un bon moment : il m'a demandé de lui-même à partir par le bateau du 23, pour pouvoir reprendre son travail à Paris, le 2 novembre. J'ai trouvé cela bien. C'est un garçon qui a un bon fonds, de l'esprit, un peu de légèreté, du cœur et du sens.

Il n'a pas fait grand'chose ici ; c'est vrai ; mais comment travailler au milieu de tant de sujets de distraction! Il a vu beaucoup d'officiers et nourrit le désir de porter l'épaulette. Il emportera de bons souvenirs, et l'envie de se revoir sous le toit paternel.

Quand il te reviendra, fais-lui comprendre la nécessité du travail. J'espère que ma sœur Eugénie et ses enfants sont toujours florissants. Adieu, frère.

AU MÊME.

Constantine, le 15 octobre 1850.

Il faut que je trouve un moment pour t'annoncer une bonne nouvelle, frère. Bou-Akkas, dont je t'ai parlé, ce fameux Bou-Akkas qui jamais n'avait voulu se faire voir à Constantine, refusant d'y venir, au Prince, à Galbois, à Bedeau, à Herbillon ; Bou-Akkas, le dernier des grands chefs non entièrement soumis, est ici depuis le 12. Il assistait le 13 à nos courses, le 14 il a déjeuné chez moi avec tous les chefs arabes, auxquels je l'ai bien fait voir. C'est un grand bonheur pour moi que le succès de cette longue et délicate négociation. Cela me fera plus d'honneur qu'une victoire.

Le ministre sera satisfait. Ce sont des résultats comme il les aime, positifs et sans perte d'hommes ni d'argent. La porte de Djidjelli est ouverte : me permettra-t-on d'y passer?

La soumission de Bou-Akkas, c'est l'inviolabilité du Ferdjouah disparue au souffle de la puissance française!! Dis cela à tous ceux qui te demanderont ce que c'est.

AU MÊME.

Constantine, le 22 octobre 1850.

Cher frère, il y a quelques heures, j'ai mis mon pauvre Adolphe en voiture. J'ai le cœur d'autant plus serré que je me suis contraint davantage. Cette lettre le précèdera auprès de toi tout au plus d'un jour.

Il m'a laissé de lui une heureuse et douce image. Son caractère bienveillant, son humeur agréable, l'ont fait aimer ici. Ce voyage lui aura servi beaucoup. Il a vu notre métier sous son plus séduisant aspect, il le trouve superbe. Je ne lui ai montré que des officiers bien nés, bien élevés, animés de bons sentiments. Il les croit tous de même. Au jour de la désillusion, il saura faire un choix.

Sa petite mère et lui se sont embrassés en pleurant. Louise l'aime comme son fils.

Adolphe te racontera Lambessa, ses ruines, la forêt des cèdres... il a beaucoup vu et partant beaucoup retenu. Il faut maintenant, frère, me faire travailler ce monsieur fort et ferme. Qu'il soit reçu où la giberne l'attend.

Tu me diras si tu l'as trouvé grandi, formé.

Que dis-tu de Bou-Akkas? Un événement qui, en Afrique, a retenti jusque dans le désert, passera-t-il inaperçu chez vous? C'est ma foi possible. Ça n'en serait pas plus agréable. Cependant le gouverneur en écrit au ministre, et m'a fait à moi de sincères compliments.

Voilà cette pauvre reine des Belges morte aussi ! Encore une noble femme éteinte avant le temps ! Encore une poignante douleur pour la reine Amélie ! Le ciel n'a pas pitié de cette noble famille. Les détails de cette mort nous ont tous attristés.

AU MÊME.

Constantine, le novembre 1850.

Encore une révolution algérienne, frère, le général d'Hautpoul remplace le général Charron dans le gouvernement de l'Afrique ; le général Schramm prend le portefeuille de la guerre. Je regrette le premier, je n'ai rien à redouter du second, le troisième me connaît. Donc tout ceci me touche peu. C'est M. d'Hautpoul qui m'a nommé où je suis. Je ne suppose pas que le gouverneur regrette l'œuvre du ministre. Depuis huit mois, j'ai travaillé, j'ai grandi, je me suis assis.

Je sais mon devoir ; j'ai demandé l'autorisation de me rendre à Alger pour prendre les instructions du nouveau gouverneur.

Le départ de Charron m'attriste. C'était un ami, et c'est un homme loyal.

J'allais oublier de te dire que je viens d'être l'objet d'une haute faveur de la part du Pape. Sa Sainteté aura su l'appui que je donne à la religion et aux bons prêtres, elle m'a nommé grand officier de l'ordre du Christ.

Mon affaire de Bou-Akkas est arrivée à Paris dans un mauvais moment, elle a passé inaperçue entre les deux ministres.

J'ai dans ce moment trois colonnes dehors sous les généraux Bosquet, Luzy et le colonel Marulaz. Je ne laisse guère reposer les Arabes.

As-tu lu *l'Ère des Césars* par Romieu? livre spirituel, érudit, bien écrit, audacieux, et qui a du vrai. Il est certain que moi, homme loyal, homme de cœur, je ne me laisserai jamais dominer par la rue, Plutôt mille fois lever la bannière du chef de bande! Et de là à devenir César, où donc est l'impossible?

J'ai reçu du duc d'Aumale une lettre vraiment gracieuse au sujet de Bou-Akkas. Ce pauvre Bou-Akkas, il a déposé sa carte sur un fauteuil vide. Cependant le ministre Schramm m'a complimenté.

AU MÊME.

Alger, le 20 novembre 1850.

Cher frère, je t'ai annoncé quatre lignes d'Alger, et je tiens parole. J'ai été bien accueilli par le nouveau gouverneur. Il me témoigne une confiance que je mérite. Ma politique, mes plans de campagne, mes projets, il les apprécie et me laisse la plus grande latitude. Connais-tu le gouverneur? C'est un homme intelligent et spirituel. Il a de la décision et du commandement. La responsabilité ne le fait pas reculer devant elle. Il a eu la politesse de dire que le gouvernement de l'Algérie récompenserait un jour mes succès. Que Dieu l'entende !

Il me fallait cette réception satisfaisante pour compenser de tristes préoccupations.

Je suis tombé ici au milieu d'un choléra effrayant. Avant-hier, à dix heures, je prenais le thé chez Mme d'Avanne dont la fille est l'amie de Louise, la brave dame me versait du thé de sa main. Je la quitte à onze heures et hier matin, à six heures, on m'envoyait chercher : elle était à la mort. Je lui ai fermé les yeux à trois heures. Nous l'enterrons aujourd'hui. C'est foudroyant! Comme j'ai été bien inspiré de ne point amener Louise. Cette mort l'eût effrayée.

Le résumé du message présidentiel est remarquablement bien. Le général d'Hautpoul dit qu'il est de la main du Président ; mais alors, c'est un homme [1], c'est plein de cœur et d'esprit.

[1] Parti pour l'Afrique au mois d'avril 1848, le général de Saint-Arnaud ne connaissait pas encore le Prince, alors Président de la République.

AU MÊME.

Décembre 1850.

Il y a un siècle, frère, que tu n'as de mes nouvelles : je suis dans le coup de feu de mon inspection générale et si occupé que ma santé en souffre.

La politique me paraît toujours la même, fausse et embarrassée. La situation est bien tendue. Le message produit un bon effet partout. C'est droit et habile, et cela finit bien l'année.

Et vous, comment la finissez-vous? Comme je serais heureux de me sentir auprès de vous! L'absence et l'éloignement me pèsent d'autant plus que je n'aperçois pas encore le moment de la réunion. Dans quelques mois, déjà trois ans de séparation. Nous ne nous verrons pas avant 1852.

Tu auras la visite d'un capitaine de mon état-major, M. de Serionne, bon officier, excellent dessinateur, neveu de notre ami de Lurieu.

N'oublie pas d'aller à notre annuel Napoléonien. Tu y verras de vieilles figures, nos condisciples ; ils en disent autant de nous. Qui est-ce qui est jeune? Ta décision suprême sur les voyages projetés est raisonnable, mais ne me va que tout juste. Pauvre frère, encore deux ans sans te voir. Songe donc que je ne puis aller en France qu'à la fin de 1852. Je serai certes heureux et bien heureux de recevoir mon frère et sa femme, mon fils et mon neveu, mais plus j'en aurai, plus tu me manqueras.

AU MÊME.

Constantine, les 12 et 22 janvier 1851.

Le courrier de France ne nous apportait rien de toi, cher frère. Un mot seulement de notre sœur Adèle, écrit entre deux petits sommes réparateurs de la fatigue des bals. Nous sommes sous la neige. Constantine a sa coiffure blanche, et je dois à la température un fort rhume que Louise soigne au lieu d'aller au bal, ce qui est d'une bonne femme.

Voici donc que nos cartes se brouillent; les portefeuilles vont encore changer de mains. Ne voit-on pas le mois de mai 1852 qui s'avance à pas de géant?

Sermonne mon fils. Dis-lui que la polka et la danse ne vont pas avec les mathématiques, l'histoire et l'allemand. Il aura le temps de polker dans trois ans d'ici.

Adieu, frère, je t'embrasse entre deux accès de toux.

AU MÊME.

Constantine, le 7 février 1851.

Ta lettre, frère, me rend perplexe; on dit que je suis général de division et rappelé. Ta lettre n'est pas la seule qui relève ce bruit. Vous êtes nommé, disent les uns; il n'est bruit que de votre nomination, me disent les autres et toujours avec le « rappelé à » Paris. » C'est ce qui m'arrange le moins et ferme la porte à toute joie. Jamais je ne puis avoir commandement plus beau, plus intéressant, plus selon mes goûts. Je passerais volontiers un bail pour rester encore deux ans ici avec deux étoiles. Ce que je désire, c'est de faire l'expédition de Kabylie. Je l'ai préparée avec amour, je la ferai avec succès. Elle me fera connaître comme général et comme administrateur. Ce à quoi je dois viser, c'est à une réputation militaire pure de politique. Je ne suis ni usé, ni coulé comme tant d'autres. Je suis jaloux de ne pas perdre cette rare et précieuse virginité.

Gagnant ma troisième étoile avec l'expédition de Kabylie, je regretterai moins de rentrer en France. Il faudra bien toujours que j'y rentre pour revenir plus tard, car c'est là mon but avoué et bien avouable, pour revenir au gouvernement général. Tels sont bien clairement ma pensée, mes désirs; mais que fait tout cela contre la volonté du destin! Je suis militaire : j'obéirai, je tâcherai de faire bien partout.

Dans un moment d'embarras, et ils ne sont pas rares, on peut bien songer à des hommes nouveaux. A-t-on pensé à moi? C'est possible; mais, la crise passée, on me laissera ici, on m'oubliera : ce que je souhaite du fond de mon cœur.

Si l'on m'appelle à Paris, mon thème est fait, ma ligne tracée, je n'en sortirai pas. Je suis militaire avant tout, résolu à devenir homme politique à mon aise et à mon heure. Le droit chemin toujours et toujours le dévouement à la France.

Cela ne convient-il pas? Je prends ma disponibilité et, avec 8,000 francs, je vais vivre avec Louisette dans un coin d'Ittre. Voilà mon plan, frère : l'approuves-tu? Je le crois simple et sage.

Dans toutes ces prévisions d'avenir, ma compensation c'est de vous embrasser et de me retrouver au milieu de vous. Mais je regretterai amèrement que vous n'ayez, ni les uns ni les autres, fait le voyage de Numidie. Ma femme regrettera plus d'une fois son palais de Constantine; tout y a été pour elle jouissance et plaisir. Je garde les soucis pour moi seul, et ceux du commandement semblent lourds quand on prend les affaires à cœur.

Enfin, frère, ne nous creusons pas la tête et attendons. Si je suis nommé, jamais grade ne m'aura fait moins de plaisir; c'est cependant le dernier auquel je puisse prétendre.

Le lieutenant-colonel Espinasse se rend à Paris, il ira te voir.

AU MÊME.

Constantine, les 12 et 22 février 1851.

Cher frère, tu crois à un répit pour ma rentrée en France. J'en serai bien satisfait, si je puis faire mon expédition de Kabylie; ma position sera faite au retour, et je pourrai voir, à Paris, se dessiner mon but final : le gouvernement de l'Algérie. Souvent je me rassure à penser que Louise aura bien le temps de voir pousser les fleurs qu'elle a semées dans ses jardins. L'eau nous arrive au palais; dans deux mois nous aurons un bassin en marbre blanc. C'est une belle habitation que je regretterai, fût-ce même dans l'hôtel d'Alger. Rien, en Afrique, ne me paraît comparable au palais de Constantine. Est-ce parce que j'y suis heureux? Dix ans général de division, je les y passerais volontiers. Je crois que Louise y toperait, quoiqu'elle ait bien son petit grain d'ambition.

Les bals continuent à Constantine. Il y en a trois cette semaine, c'est un peu trop. Je crains que Louise ne se fatigue. Heureusement voici le carême, et je le ferai saintement... par raison.

J'attends le printemps pour aller en guerre. J'envoie par ce courrier mon plan définitif de campagne. Je ne demande pas un sol à l'État. Si l'on me refuse, on fera plus qu'une faute.

A quoi pense l'Assemblée? Refuser la dotation,

c'est faire fausse route. Le discours éloquent du comte de Montalembert est d'un maladroit ami, s'il est d'un ami.

Le gouverneur donne la préférence à l'expédition de la grande Kabylie ; je regarde l'expédition de la petite Kabylie comme plus opportune et plus facile. Qui aura raison ?

AU MÊME.

Constantine, les 7 et 12 mars 1851.

Frère, je me suis laissé acculer jusqu'au dernier jour ; puis la besogne commande et la correspondance particulière en pâtit. Je prends sur le temps de dîner pour t'écrire. Nous avons honorablement clos les soirées et le carnaval par un beau bal, gai, animé et qui a réuni les suffrages unanimes, chose rare ici comme partout. Illumination à giorno, tapisseries, tentures, verres de couleurs serpentant autour des colonnes et sous les arceaux des galeries garnies de fleurs et de verdure ; la neige, tombée à flocons, couvrant la terre et les orangers des jardins, faisait un magnifique contraste : rien ne manquait, c'était féerique. On a bu, mangé, dansé jusqu'à six heures du matin, et l'on a fini au jour par un combat de boules de neige. Louise était charmante de toilette et de grâce ; elle a fait à ravir les honneurs de son palais et de son bal.

Le carême commence : plus de soirées; nous nous reposons, heureux du repos. Nous en sommes toujours à préférer le tête-à-tête aux réunions et au monde.

Forcade m'écrit pour me recommander Laferté qui est à Alger. S'il vient ici, je le recevrai comme un parent.

Je viens encore d'obtenir un succès dans le genre de celui de Bou-Akkas. Les Tolbas de Ben-Driss, marabouts très-influents, ont fait leur soumission qui entraînera probablement celle des Zouaouas et de presque toute la Kabylie. Cet heureux événement me donne raison et fera sans doute adopter mes plans.

Je ne m'occupe pas, frère, de ce que disent les journaux. Je ne m'y arrête pas et je vais droit mon chemin. Quel homme est à l'abri de leurs attaques? C'est une sottise que de les relever.

Nous recevons une petite lettre de Louisette à sa mère, lettre fort gentille, bien écrite et bien tournée. J'en ai été bien satisfait. Les larmes m'en sont venues aux yeux. Tu embrasseras dix fois Louisette pour moi. Sa petite mère lui écrit. Ce que tu me dis de mon fils me remplit de joie; je serais si heureux de le voir réussir cette année! C'est ma préoccupation continuelle et le sujet de nos conversations avec Louise qui aime beaucoup mes enfants.

J'ai reçu de Paris un intéressant courrier.... D'abord acceptation complète de mon plan, autorisation de faire la campagne comme je l'entends. Je ne suppose pas qu'on me rappelle avant trois mois.

AU MÊME.

Constantine, le 21 mars 1851.

Cher frère, le courrier de France nous apporte une nouvelle qui n'est que justice, la promotion du général Exelmans au maréchalat. Et moi, je fais l'expédition de Kabylie. Mes idées sont adoptées, on me les tronque un peu, mais je me contente de la part qu'on me laisse.

Fleury m'écrit qu'il a bien envie de venir faire l'expédition avec moi. Je lui réponds qu'il sera le bien venu. Je lui ferai entendre une musique qui vaut mieux que celle des concerts de Paris. Cela lui refera l'oreille et lui donnera l'épaulette de lieutenant-colonel.

J'ai écrit à mon fils pour l'encourager. Ne le laisse pas se refroidir, chauffe son ardeur. Il faut qu'il emporte Saint-Cyr d'assaut.

Le soleil est revenu: je pars pour Milah avec Louise. Je vais préparer mon expédition, voir les montagnes que je traverserai avec mes colonnes. Une division de huit mille hommes, c'est quelque chose.

Je fais venir à Milah Bou-Akkas et les frères Ben-Azzeddin. Il faut que je fasse causer ces chefs. Mon intention est d'entrer à Djidjelli le 13 mai. C'est le 13 mai 1839 que j'y entrais le premier à la tête de ma compagnie de voltigeurs. Comme les événements ont marché, frère! Qui m'eût dit en 1837, le 13 octobre, quand je montais à l'assaut de Constantine où j'entrais par la brèche, que, douze ans plus tard, je passerais sous la porte comme chef de la province! Et tu ne crois pas qu'il y a une destinée.... Et si je suis gouverneur dans ce palais d'Alger, où j'ai monté la garde comme lieutenant! Puisse mon étoile me garder cette fin-là! Dans ce monde il ne faut vraiment jurer ni désespérer de rien. Avec un peu de bonheur, de l'audace, de l'intelligence, on doit toujours arriver quelque part. Le diable m'a tendu bien des piéges, mais, à présent, je me ris de lui.

Enfin, frère, laissons aller la barque, seulement tâchons d'éviter les écueils.

AU MÊME.

Constantine, le 6 avril 1851.

Je suis dans un terrible coup de feu, cher frère. C'est dans ces occasions que l'homme intelligent et vigoureux se pose ; aussi, suis-je assez satisfait, bien qu'entouré d'une foule de difficultés. Le gouverneur ne nous a pas encore envoyé d'ordres ni communiqué les instructions du ministre, mais cela n'arrête pas mon activité. J'irai à Djidjelli, tout aussi bien avec dix bataillons qu'avec quatorze. Je me suffirai avec mes propres ressources. Le gouverneur projette une tournée sur le littoral jusqu'à Bone avant son départ, et me prescrit de me trouver à son passage le 7 ; je pars demain et j'irai recevoir ses instructions.

Les événements généraux me contrarient. Les Kabyles du Djurjura et de ses pentes se soulèvent.

Les Beni-Mellikens, conduits par une parodie de Bou-Maza, un chérif nommé Bou-Barghla, ont attaqué et chassé de chez lui notre allié Si-ben-Aly Chérif. J'ai, tout de suite, écrit à Bosquet de partir avec une petite colonne pour prendre position aux Bibans. D'Aurelles est également sorti d'Aumale. Rien ne périclite, mais je fais un second plan de campagne qui puisse s'adapter aux circonstances. Je proposerai mes deux plans au gouverneur. Ces deux plans me conduisent l'un et l'autre à quatre mois de campagne. Ce sera long, mais quel résultat je me promets !

Je serai fixé demain à Philippeville. Si j'ai le temps, je t'écrirai quatre lignes. Ai-je raison de te dire que je suis dans le coup de feu ? Mes ordres sont prêts pour tous les cas. Je ne pense pas que devant cette complication, le gouverneur m'emmène à Bone.

AU MÊME.

Constantine, le 12 avril 1851.

Cher frère, le gouverneur nous quitte. Il vient de partir enchanté de la division. Il a été bien reçu partout, a tout vu en détail, quoique vite, et ne s'est montré contraire à aucune de mes propositions.

J'ai une colonne superbe, forte de douze bataillons qui forment deux brigades, sous les ordres des généraux Luzy et Bosquet. Je suis prêt, à tout événement, à me porter sur le Djurjura par Sétif ou sur Djidjelli ; mais je crois que c'est à Djidjelli que j'irai. Dans tous les cas, je ferai une belle et utile expédition. Peut-être en ferai-je deux ?

Blangini a porté son quartier général à Aumale avec dix bataillons ; le général Camou vient à Sétif avec quatre autres, pendant que Bosquet m'accompagne. Toutes les mesures sont bien prises. Le gouverneur part pour Paris le 25, et se rend à l'Assemblée. Il lui demandera son expédition de la grande Kabylie. Si l'on la lui refuse, il ne veut pas revenir. Pélissier fera l'intérim et pourrait bien, cette fois, passer en titre. Je pourrais bien, pour mon compte, et voudrais bien surtout rester à Constantine jusqu'après mai 1852. Au delà, l'horizon n'est plus visible. Voilà cinq nuits que je ne prends pas de sommeil. J'ai bien pensé à mon expédition et à vous tous que j'aime.

AU MÊME.

Constantine, le 22 avril 1851.

J'ai écrit à Eugénie par le courrier du 19 et je réponds, frère, à ta lettre du 11 ; tu connais la visite du gouverneur avec qui je suis dans les meilleurs termes. Il m'accorde tout ce que j'ai demandé ; ses instructions pour la campagne s'accordent avec mes projets. Ma colonne sera réunie à Milah le 8, j'entrerai dans la montagne le 10 ; le 12 et le 13 j'aurai déjà frappé de grands coups, et le 16, je veux être à Djidjelli.

Mon expédition a partout du retentissement ; on a l'œil sur elle. Le Président m'envoie Fleury ; le ministre m'envoie Waubert ; le roi des Belges, trois officiers de son armée. Nous ferons en sorte de satisfaire tout le monde. J'en ai bien pour mes deux mois et plus.

Louise va rester presque seule dans son palais. La plupart des dames de Constantine rentrent en France pour l'été. Je pense que vers le 10 juin, au moment où je ramènerai ma colonne à Philippeville pour la ravitailler, Louise pourra m'y rejoindre. Cela coupera son veuvage.

Je serai quelque temps sans t'écrire. La besogne me déborde. Organiser le départ, veiller aux approvisionnements, laisser des ordres et des instructions pour toutes les éventualités, cela n'en finit pas. Les détails fatiguent, mais ce sont les détails qui sauvent. J'écris vingt lettres par jour.

Je ne puis partir avant le 7 et, pour bouquet d'adieu, j'ai les fêtes et la cérémonie du 4 mai.

AU MÊME.

Constantine, le 2 mai 1851.

La guerre que j'entreprends sera sérieuse, frère ; de Milah à Djidjelli, de Djidjelli à Collo, j'aurai devant moi dix mille fusils qui défendent un pays difficile. Je n'ai que sept mille baïonnettes et de jeunes soldats. Ces conditions n'altèrent pas ma confiance dans le succès. Je frapperai des coups si vigoureux et si rapides, que les Kabyles auront bientôt perdu de leur audace.

J'ai écrit une longue lettre au ministre sur la situation du pays. Je ne sais s'il m'écoutera ; il ferait bien. Au milieu de ces graves affaires qui m'occupent, je ne puis, comme je le voudrais, causer avec toi de ta santé. Elle me tourmente, non que j'en sois inquiet, mais parce que toi-même tu te laisses aller à l'inquiétude. Tu te frappes l'imagination, mauvaise condition pour prêter aux médecins un aide dont ils ne peuvent se passer. Il faut que tu changes d'air, viens à Constantine. Rassure-nous et fais ce que je te dis.

Les trois Belges et le Néerlandais envoyés par le ministre à ma colonne, dînent chez moi ce soir. Ce sont des hommes d'élite. Adieu, embrasse tes enfants et les miens.

A MADAME DE SAINT-ARNAUD, A CONSTANTINE.

Au bivouac, sur l'Oued-L..., les 9 et 10 mai 1851.

Chère amie, je ne désirais que deux choses : tes lettres et le beau temps. Je les ai toutes deux. Après-demain, je battrai les Kabyles, non dans le brouillard, mais au grand soleil... Nous sommes dans un délicieux bivouac. Le colonel Creuly a déjeuné avec nous et nous avons bu à la santé de nos femmes, laissées à Constantine.

Bou-Akkas et les frères Ben-Azzeddin sont à mon camp et pleins de confiance comme tout le monde. Les affaires s'embrouillent fort du côté de Sétif et de Bougie, et il est temps que je frappe des coups décisifs pour arriver à Djidjelli et rétablir les affaires. Les Kabyles m'attendent au col des Beni-Askar. J'ai été visiter les positions qu'ils défendent. Elles sont superbes à attaquer et à enlever, et demain, à dix heures du matin, ce sera une affaire faite.

A LA MÊME.

Au bivouac d'El-Aroussa, le 12 mai 1851.

Je suis fatigué, mais bien portant et je puis t'écrire quelques lignes. J'ai eu une belle affaire. Nous avons enlevé avec une grande vigueur des positions très-fortes, défendues par quatre à cinq mille Kabyles. Les troupes et les officiers ont été admirables; mais j'ai un grand chagrin de la blessure du pauvre commandant Valicon, qui a été brave comme un César. Sa blessure est grave, il a une balle dans l'aine. J'espère qu'il en reviendra. Prépare sa femme tout doucement....

Je viens d'accomplir un triste devoir : je sors de l'ambulance où j'ai été visiter, encourager mes braves blessés, officiers et soldats. J'ai sept officiers à l'ambulance et soixante-trois soldats. Les Kabyles ont perdu plus de trois cents des leurs. Ils avaient promis de venir m'attaquer cette nuit et ils ne l'ont pas osé. Tout le monde a dormi tranquille.

Je fais séjour aujourd'hui pour reposer mes blessés et battre à mon aise les Kabyles qui sont dans les bois autour du camp, et qui essayeront de défendre leurs maisons que je brûlerai. Les troupes sont pleines d'ardeur.

P.-S. Mes colonnes viennent de partir, et de ma tente, en t'écrivant, je vois brûler les villages arabes. J'espère que la leçon sera bonne et leur profitera.

A M. LEROY DE SAINT-ARNAUD, AVOCAT A PARIS.

Au bivouac de Kounar, le 15 mai 1851.

Cher frère, depuis que j'ai quitté Constantine, j'ai été bien occupé. Tu t'en es aperçu à mon silence. Voici une campagne comme je n'en ai point encore faite en Afrique, malgré mes quinze années de vie militante.

De Milah à Djidjelli, dont je ne suis plus séparé que par cinq lieues, j'ai trouvé les Kabyles en révolte et en armes. Partout, depuis le 11, et tous les jours j'ai eu cinq mille fusils devant moi, derrière moi, sur mes flancs. J'ai un convoi de quinze cents têtes, et une colonne tenant plus de deux lieues de longueur à cause des chemins étroits que je dois suivre. Je ne sais comment je n'ai point éprouvé quelqu'échec partiel. J'ai passé partout, brûlant les villages ennemis sur mon passage. Les 11, 12, 13, 14 et 15, je me suis battu depuis cinq heures du matin jusqu'au soir. Le 11 j'enlevais les cols des Ouled-Askar que les Kabyles avaient fortifiés et défendaient avec quatre mille fusils. Je ne suis arrivé à mon bivouac de El-Aroussa qu'à six heures du soir et mon arrière-garde à neuf heures, toujours se battant. Le 12, je suis resté à El-Aroussa pour faire reposer mes troupes et répandre autour de moi la terreur. Le 13 a été une journée difficile. J'ai eu, dans les bois qu'il m'a fallu traverser, cinq mille Kabyles toute la journée sur les bras. Il fallait prendre toutes les positions pour flanquer mon énorme convoi. Deux compagnies du 10ᵉ de ligne, régiment neuf, se sont laissé surprendre par une charge de cinq à six cents Kabyles parvenus à se glisser autour d'elles : cinq officiers et quarante soldats ont payé cette faute de leur vie.

Le 9ᵉ, en dégageant les compagnies compromises, a tué plus de cent Kabyles : chance de guerre qui ne doit pas troubler un chef.

Je ne suis arrivé à Heursa qu'à la nuit, et après avoir chargé moi-même avec quelques compagnies pour empêcher que mon convoi ne fût attaqué et coupé. Le 14, bonne journée, le pays devient plus facile. Une vive attaque des Kabyles a été repoussée; et ils ont subi de grandes pertes. J'établis à cinq heures mon bivouac à Djenaah, sur l'Oued-el-Kébir. Le 15, bonne route et beau combat. J'arrive à deux heures à Kounar d'où je t'écris.

La pluie tombe à torrents; c'est un déluge. Cela ne me favorise pas pour la journée de demain, à cause de mes blessés. Je rentre à Djidjelli avec deux cent soixante-dix blessés et quatre-vingt-sept tués. Toutes ces pertes sont peu nombreuses pour cinq jours de combat, si l'on songe aux difficultés du pays, à la lourdeur de ma colonne, mais c'est beaucoup pour l'Afrique.

J'espère que demain je me battrai peu. Le pays est découvert; les Kabyles ne s'exposeront pas, et, si je puis passer les rivières, je serai à Djidjelli à trois heures.

Tu vois la valeur des opinions sur la prétendue promenade militaire que j'allais entreprendre. Vous irez à Djidjelli, me disait-on, en vous promenant le fusil sur l'épaule. Toute la rive gauche de l'Oued-Sahel est en armes, la route de Bougie à Sétif interceptée, les Beni-Seliman, que j'ai soumis il y a deux ans, sont révoltés. Bougie a été attaquée le 11, et le chérif Bou-Barghla grandit et compte avec lui six mille Kabyles. Si je ne reste pas sous Djidjelli dix jours pour peser sur le pays et forcer les soumissions, Djidjelli ne sera pas débloqué. Je ne m'occupe pas de Collo maintenant. Collo peut rester insoumis sans grand dommage actuel, si ce n'est avec de justes inquiétudes pour les centres agricoles de la vallée de Saf-Saf, et la route de Constantine à Philippeville; mais qu'y faire? Les gros intérêts sont Bougie et Sétif, qu'il faut dégager et relier. La résistance que j'ai trouvée par ici n'est que le reflet de la révolte de Djurjura et de l'Oued-Sahel. Tout cela est grave, frère, et me voici en campagne pour longtemps.

Je finis ma lettre aujourd'hui 16 mai, à Djidjelli, après cinq jours de rudes combats. J'ai trouvé ici Pélissier qui m'a très-bien accueilli. Je te laisse pour achever mon rapport au ministre; Pélissier l'emporte. J'ai deux lettres de toi, je n'ai pu que les parcourir; je les lirai plus tard.

AU MÊME.

Au bivouac de Dar-el-Guidjely, le 20 mai 1851.

Quatre lignes à la hâte, cher frère, pour te donner de mes nouvelles. Tu les répandras dans la famille. Nous faisons une guerre sérieuse, la résistance est générale et bien organisée. Les nouvelles de Bougie sont bonnes. Le chérif s'est retiré chez les Beni-Mellikens. L'insurrection ne s'étend pas, les tribus font des ouvertures. Cela me permet de garder mes bataillons. Le général Camou se porte à Aïn-Roua ; à cheval sur les routes, il est bien placé pour observer et contenir les Kabyles. Je pourrai débloquer Djidjelli et dégager la route de Constantine à Philippeville. Hier, mon camp était entouré de Kabyles se tenant sur les hauteurs, à une lieue et demie. J'ai choisi les plus gros paquets, et avec trois colonnes sans sacs, de trois bataillons chacune, je les ai attaqués. Toutes les positions ont été enlevées à la baïonnette. Ma cavalerie a fait un heureux mouvement. Elle s'est trouvée en face et à portée des Kabyles que nous rabattions dans la plaine. Beaucoup de fusils de prix ont été ramassés, ce qui prouve la valeur des pertes chez l'ennemi.

Aujourd'hui, je vais poursuivre les contingents. Mes troupes sont pleines d'ardeur et de confiance.

J'envoie un rapport que tu trouveras des plus simples : les faits parlent.

Écris au marquis de Trazegnies que la Belgique est bien représentée par ses trois officiers : MM. Hannoteau, Hennel et Wandermissen. Ce dernier a tué deux Kabyles de sa main, le 11, au col. Tu sais que j'ai, en outre, à mon état-major, un officier hollandais, M. Boorns, et un major piémontais, M. Cardena.

J'aurai de grands résultats ; mais ce pays est neuf. Personne n'y est encore venu. Parle de mes combats à mon fils. J'espère que celui qu'il livre sera aussi heureux. Je me porte bien. Clermont-Tonnerre va bien aussi. Envoie de ses nouvelles à sa famille.

6 heures du soir.

Cher frère, encore un mot avant de fermer ma lettre. Je t'écrivais, ce matin, que je me réservais de traiter les contingents, comme les tribus : c'est une affaire faite et bien faite.

Avec deux attaques d'infanterie en tête et sur la droite, j'ai amusé les Kabyles ; puis, massant ma cavalerie dans un pli de terrain, j'ai commencé la charge au signal d'un coup de canon. L'ennemi culbuté, acculé à un ravin, ne pouvait trouver d'issue que par la plaine, où la cavalerie le sabrait sans pitié. Plus de trois cents ennemis ont mordu la poussière, et je n'ai cette fois que deux ou trois tués et quelques blessés. Ç'a été une brillante affaire. Elle a déjà porté ses fruits. Les Beni-Amram, les Beni-Ahmet, sont à mon camp encombré d'armes ramassées sur le champ de bataille.

A M. DE FORCADE.

Au bivouac de ...., le 25 mai 1851.

Cher frère, au moment où tu m'écrivais ta lettre du 11 mai, j'entrais dans les montagnes de la Kabylie. Les journaux te raconteront les détails de mon expédition, une des plus rudes et des plus belles qui aient été entreprises en Afrique... Depuis le col franchi le 11, jusqu'à Djidjelli où je suis arrivé le 16, je me suis battu presque toujours, de cinq heures du matin jusqu'à sept heures du soir ; j'ai laissé sur mon passage un vaste incendie. Tous les villages, environ deux cents, ont été brûlés, tous les jardins saccagés, les oliviers coupés. Nous avons passé. le 14, non loin du lieu où l'armée du bey Osman avait été complétement détruite en 1804. Les Kabyles avaient annoncé qu'ils feraient subir le même désastre à ma colonne. J'ai passé le fer à la main. J'ai fait reposer ma colonne à Djidjelli le 17 et le 18, et je suis reparti, le 19, pour soumettre les tribus au sud de la ville. J'ai été m'établir au milieu des Beni-Amram, la plus grande tribu du cercle. Mon bivouac était entouré de tous les contingents du pays. Le 19, j'ai poursuivi les Kabyles pendant deux lieues, en leur tuant cent vingt hommes, mais la journée du lendemain devait leur coûter bien plus cher. En effet, le lendemain 20, j'ai pu livrer une vraie petite bataille. Les Kabyles, au nombre d'environ deux mille, avaient fait la faute de s'entasser sur une longue crête boisée, défendue à leur gauche par un ravin profond et à leur droite par une plaine accidentée, qui permettait de tourner la position et d'arriver par derrière jusqu'au ravin de gauche. D'un coup d'œil, j'ai vu la faute et de suite j'en ai profité. J'ai ordonné au général Bosquet d'amuser en avant l'ennemi par une fusillade, et d'attendre mon signal pour charger. Puis, j'ai envoyé dans le ravin le bataillon de tirailleurs indigènes. Toute la cavalerie, soutenue par le bataillon de chasseurs à pied, était massée à l'entrée de la plaine, derrière un pli de terrain. Au signal d'un coup de canon, toutes les troupes se sont élancées au pas de charge. La cavalerie a été couper la retraite aux Kabyles à plus de deux kilomètres, et les a rejetés dans le ravin et sur les baïonnettes des zouaves. Alors ce n'a plus été qu'une déroute et un massacre. Quatre cent trente et un Kabyles comptés sont restés sur le terrain. On a rapporté au camp cent cinquante fusils, quatre-vingt-dix yatagans, des centaines de burnous. Depuis ce jour, la grosse guerre est finie près de Djidjelli. Les Beni-Amran, les Beni-Ahmed et toutes les tribus au sud de Djidjelli se sont soumises. Dans les combats du 19 et du 20, je n'ai eu que trois hommes tués et trente-cinq blessés.

J'attaque maintenant et je soumets les Beni-Foughal et les tribus à l'ouest de Djidjelli, puis je repartirai pour l'est en marchant sur Collo. Plus tard, je t'apprendrai la fin de mes opérations.

A MADAME DE SAINT-ARNAUD, A CONSTANTINE.

Au bivouac de ...., le 25 mai 1851.

Chère amie, tu sais enfin tous nos succès, et ces nouvelles ont fait taire la malveillance et la méchanceté. Te voilà tranquille, il n'y a plus de grosses affaires possibles. Tous les contingents sont dispersés, et je n'aurai plus à combattre que les tribus isolées quand j'exigerai leur soumission. C'est un jeu, en comparaison de ce que j'ai eu à faire jusqu'au 20.

Gérard [1], Androclès, comme l'appelle Fleury, te remettra fusil, yatagan et cartouchière, qui ont le mérite d'avoir été arrachés à des ennemis qui les défendaient.

Mareuil, qui nous quitte, m'a promis de te raconter tout ce qu'il a vu. Il te montrera quelque chose qui te fera plaisir. Ce sont trois dessins faits par le

[1] Le chasseur de lions.

capitaine de Serionne, représentant les combats des 11, 19 et 20 mai. Ces croquis te donneront une idée juste, mais en petit, de nos combats. Plus tard on en fera trois jolis tableaux.

Tu as bien fait d'aller au service pour le brave Valicon. Nous le regrettons tous beaucoup. La tombe de Valicon est placée à côté de celle du commandant Horain, tué comme lui sous Djidjelli en 1839. Nous lui ferons faire un monument semblable.

A M. LEROY DE SAINT-ARNAUD, AVOCAT A PARIS.

Djidjelli, le 2 juin 1851.

Frère, j'obtiens des résultats plus complets que je n'osais l'espérer. Les soumissions abondent. La plupart des tribus formant le cercle de Djidjelli, à l'ouest, se sont rendues. J'attends les autres jusqu'au 4 ; si elles ne sont pas venues, je retourne dans l'ouest le 5. J'aimerais mieux ne pas être contraint à cette course, cela m'épargnerait du temps et des malades ; mais je veux terminer complétement ma tâche. Aujourd'hui Djidjelli respire débloqué au sud, et à cinq lieues à l'ouest ; l'est m'attend pour se soumettre jusqu'à l'Oued-el-Kébir. Alors le cercle sera totalement libre, et les communications seront ouvertes, entre Djidjelli et Constantine, par le Ferdjouah... Ce sont de rapides et beaux succès. J'aurais quelque droit d'en être fier, je me contente d'en être heureux.

AU MÊME.

Au bivouac, sur l'Oued-Bou-Kchaïd, le 6 juin 1851.

Voici une lettre que je commence sans savoir où je la finirai ni quand elle partira. Comme je te l'écrivais rapidement le 2 juin, je n'ai plus eu de coups de fusil depuis le 27 mai. Les Beni-Foughal ont effrayé et entraîné dans leur soumission les tribus plus faibles en redescendant vers Djidjelli. Ce qui restait encore d'insoumis dans la partie ouest la plus considérable s'est résolu à la soumission. L'autre partie, qui devait venir à Djidjelli, a suivi la méthode arabe ; voyant le danger passé avec ma colonne, ils ne parlent plus de se soumettre. J'y retourne, ce sera l'affaire de huit jours.

Ce mouvement aura cela de bon, qu'il aidera les opérations de Camou entre Sétif et Bougie. Le 1er juin, Camou et Bosquet battaient le chérif Bou-Barghla qui s'est sauvé en abandonnant ses armes, ses bagages. Les affaires vont bien de ce côté ; mais j'ai de la besogne en bien d'autres lieux. La frontière de Tunis remue, et il me reste l'est de Djidjelli et le pâté de Collo.

Je trouverai là de sérieuses difficultés. Je voudrais avoir terminé vers le 10 juillet. Les troupes se fatiguent, les chevaux et mulets se blessent. Quand on combat longtemps, on n'est plus aussi bien outillé pour combattre avec vigueur.

Que de choses à faire dans ma province de Constantine ! Il me faudrait encore quatre ans pour en faire une perle.

J'en sortirai toujours avec une belle réputation, et qui sait ce que le ciel me réserve. Si j'aime la guerre, je n'aime pas la politique. Enfin, il faut obéir à sa destinée.

Je serai de retour à Djidjelli le 12 ou le 13. Je recevrai un intéressant courrier de France. Le 14 ou le 15, je partirai pour l'est. Nous verrons comment à Paris on aura su juger notre expédition. Serionne a fait trois jolis dessins des combats des 11, 19 et 20 mai. C'est réellement exact. Il croit que *l'Illustration* les reproduira.

Mets les examens de mon fils en bon chemin.

AU MÊME.

Au bivouac de Ziama, le 13 juin 1851.

Quelques lignes pour t'empêcher d'être inquiet. Je t'écris du milieu des ruines de Ziama, entre l'Oued-Ziama et l'Oued-Mansouria, limite extrême du cercle de Djidjelli. Je vois Bougie, j'y serais en deux heures par mer.

J'ai une mosaïque à dix pas de moi, et sous mes yeux un bel aqueduc et un cirque. Nulle colonne française n'était venue ici ni dans tout le pays que je parcours depuis un mois. Le *Titan* m'apporte un ravitaillement nécessaire, il est devant mon camp. Le tableau est pittoresque : une ville de tentes sur les ruines de la vieille Thoba, un port improvisé auprès du port de Mansouria, la mer animée par tous les soldats qui s'y baignent, la gaieté qu'entretient le succès ; car hier, le canon grondait encore et les Kabyles fuyaient leurs villages et abandonnaient leurs troupeaux. Point de morts, peu de blessés : la guerre est belle ainsi.

En résumé, frère, non-seulement Djidjelli est débloqué et les tribus soumises à l'ouest et au sud, mais d'importantes tribus dépendant de Bougie sont également venues se soumettre. Rien de plus complet que mes opérations.

Vos journaux saisissent mal cette série de mouvements prévus, combinés, amenant des résultats que le temps ne détruira point. D'un autre côté, l'esprit de parti enlève toute justice à l'appréciation.

Je repars demain pour Djidjelli, j'y arriverai le 16 ou le 17, et le 19 je me dirigerai vers l'est.

A MADAME DE SAINT-ARNAUD, A CONSTANTINE.

Au bivouac, sur l'Oued-Menchar, le 18 juin 1851.

Je viens de recevoir ta lettre des 15 et 16, ma chère amie, je crois que tu te préoccupes un peu trop des articles de journaux. On sait ce que cela vaut, et d'ailleurs il faut nous y accoutumer. Je répondrai à ces mensonges par de nouveaux succès et par des résultats incontestables. On m'avait aussi désigné à Djidjelli un misérable employé subalterne des vivres, que l'on supposait être l'auteur des calomnies. Je n'ai voulu le voir ni l'interroger. Remercie M. et Mme de Brancion de leur chaleureuse amitié, mais qu'ils fassent comme moi, qu'ils méprisent la calomnie. Les faits sont là, et ils parlent plus haut que les mauvais petits journaux.

Bou-Akkas est venu me voir à Djidjelli. C'est un homme habile, plein de tact et de finesse, que je crois sincère et qui m'a bien servi. Il va à la Mecque faire son pèlerinage.

Je n'ai nulle envie de m'avancer ni de me compromettre dans la politique. Vois le triste rôle que joue à présent Changarnier. Il est monté à la tribune, a brûlé ses vaisseaux avec l'Élysée, et annoncé aux mandataires du peuple qu'ils pouvaient dormir et délibérer en paix. A qui croit-il faire peur? Et ce qu'il y a de fâcheux, c'est que c'est le rôle de presque tous les généraux d'Afrique, excepté Baraguey-d'Hilliers. Cavaignac, Changarnier, Lamoricière font fautes sur fautes ; sur des échelons moins élevés, Le Flô... et plus bas encore, Charras qui tourne au fanatique.

Daumas et Canrobert restent dans leur spécialité, Randon aussi. La scène du monde et de la politique est glissante. Le sage reste dans la coulisse, observe et ne paraît qu'à propos. Les Africains qui se sont mis en avant n'ont fait encore que de fausses entrées et de fausses sorties. Le public rit quand il ne murmure pas. Avec tout cela j'aimerais mieux rester en Afrique, quand je devrais faire chaque année une expédition de deux ou trois mois. Ici l'on a sa réputation dans sa main. A Paris, on la joue sur une phrase, sur un mot, sur une démarche, sur un sourire. J'aime mieux l'Afrique ; m'y laissera-t-on? Nous saurons cela dans un mois... Adieu, j'ai bien bavardé et presque parlé politique, Dieu me pardonne !

A LA MÊME.

Au bivouac de El-Kriba, le 20 juin 1851.

Chère amie, encore un beau succès et un bon résultat. Hier, en arrivant au bivouac, les Beni-Ider m'ont accueilli à coups de fusil. Ils ont blessé Bournan à côté de moi. Je me suis élancé sur eux avec l'avant-garde, j'ai enlevé un bois d'oliviers qu'ils avaient fortifié avec des fossés et des abatis d'arbres, et de suite j'ai envoyé quatre bataillons sans sacs poursuivre l'ennemi. Le combat a duré jusqu'à cinq heures du soir. L'ennemi a perdu beaucoup de monde et nos soldats ont fait un butin immense. Cette nuit, les Kabyles furieux sont venus tirer sur le camp une centaine de coups de fusil. On ne leur a pas répondu, et ce matin les grands sont à mon camp et la tribu se soumet. Nous leur avons fait bien du mal, brûlé plus de cent maisons couvertes en tuiles, coupé plus de mille oliviers. Les insensés! Et ils se soumettent après!

La soumission des Beni-Ider en entraînera d'autres, c'est une des plus influentes du pays. Tout cela avance mes affaires et j'en ai besoin, car la chaleur arrive. J'ai eu cette nuit une petite crise d'estomac qui m'a tenu éveillé avec les coups de fusil. Aussi, ce matin, j'ai la tête pesante et des douleurs d'entrailles. Je mangerai peu.

Les tribus qui se soumettent affaiblissent la coalition, les rassemblements se dispersent et je marche à mon but d'un pas ferme et sûr. Il ne manque plus que deux ou trois tribus pour compléter le cercle de Djidjelli. Chaque tribu que je soumets est bien soumise, et c'est une pierre que je détache de l'édifice kabyle.

Je suis à cinq lieues est de Djidjelli, et j'en ai encore jusqu'au 25 à tourner dans ces parages.

A LA MÊME.

Au bivouac de Tabenna, chez les Ouled-Habibi,
le 24 juin 1851.

Chère bien-aimée, je viens de célébrer la Saint-Jean par un beau combat. Les Beni-Habibi m'ont amusé par de belles paroles. Je suis venu m'établir chez eux où j'ai trouvé des contingents nombreux. Je les ai fait attaquer par deux colonnes que Luzy et Marulaz ont vigoureusement menées. Ils ont bien compris mes instructions. On a jeté les Kabyles dans les ravins et on leur a tué plus de deux cents hommes, brûlé de superbes villages, et maintenant on coupe leurs oliviers. Croirais-tu qu'aujourd'hui 24 juin, en Afrique, nous avons un brouillard tel que deux fois j'ai été obligé d'arrêter mes colonnes et de suspendre le combat? Mes troupes deviennent excellentes; il n'y a plus qu'à leur montrer l'ennemi. Cette colonne sera terrible à la fin de l'expédition... Les officiers de la colonne qui, à d'autres époques, ont fait des expéditions dans la province et qui voient que tous les combats sont des victoires suivies de soumissions et de résultats, ouvrent les yeux et disent : « Nous n'avons jamais assisté à de pareilles » fêtes. » Il y a dans la colonne la confiance et l'élan avec lesquels on fait de grandes choses.

A LA MÊME.

Au bivouac de Kounar, le 27 juin 1851.

Chère amie, je ne t'écris plus que pour te parler guerre et combats, ce qui ne doit pas toujours t'amuser. Hier, nous avons eu une chaude et belle affaire d'arrière-garde. Malheureusement, elle a été meurtrière. Les Kabyles étaient très-nombreux et les chemins difficiles. Ils ont souffert des pertes énormes. De notre côté, nous avons eu vingt-huit tués, dont deux officiers, et cent trois blessés. J'étais à l'avant-garde au bivouac, quand j'ai appris qu'on se battait à l'arrière-garde. Je suis parti au galop avec des bataillons sans sacs et je suis arrivé trop tard. Les zouaves avaient fait une charge offensive qui avait arrêté les Kabyles. Ce combat fait encore du bien à nos affaires qui marchent toujours. Tous les Kabyles du cercle de l'est de Djidjelli sont soumis et organisés. Le programme du gouvernement est rempli en partie. Nous allons procéder à la fin et frapper sur Collo. J'irai où l'ennemi sera le plus fort pour en finir plus vite.

Dans tout ce tracas d'affaires, avec cette énorme responsabilité, je n'ai pas une minute à moi. Je suis descendu de cheval hier à cinq heures du soir. J'y étais depuis cinq heures du matin. J'ai fatigué deux chevaux, et depuis ce moment je ne fais qu'écrire ou donner des ordres. Je me suis levé à trois heures du matin aujourd'hui, et j'en ferai autant demain. Mon corps et ma tête travaillent ensemble, et quelquefois je tombe anéanti. Oh! comme il y a des moments où je préfèrerais le calme et le repos sans honneurs! En jouirons-nous jamais? J'en doute. Je n'aime ni la politique ni les affaires. Je suis fourré jusqu'aux oreilles dans les affaires, et la politique me menace comme l'épée de Damoclès. L'homme n'est jamais content de son sort. Je voudrais voir à ma place bien des gens qui me portent envie.

J'ai trouvé *le Titan* hier ici, et la mer était si mauvaise qu'on n'a pas pu débarquer mes vivres. Nous avons encore eu des brouillards et du froid. En vérité, je ne comprends plus rien aux saisons. Je vais écrire à ma mère et à mon frère. Mes lettres ne partiront que le 5 juillet.

A LA MÊME.

28 juin 1851.

Je viens de recevoir le courrier de France. Tout le monde est content. Le Prince, le ministre me comblent d'éloges. On me nommera général de division à ma rentrée de l'expédition. Charron m'écrit une longue et charmante lettre. D'Hautpoul, Daumas,

Fleury m'ont écrit également. Enfin, j'ai reçu une curieuse lettre anonyme de Cahors que je t'envoie pour t'amuser. On me compare à Bugeaud, Soult, etc.... pour les crimes. J'ai lu les articles de journaux qui parlent de l'expédition. Ils sont généralement bien. Le portrait qu'on a voulu faire de moi dans *l'Illustration* est comique.

A M. LEROY DE SAINT-ARNAUD, AVOCAT A PARIS.

Au bivouac de Sra-Mila, Djebella, le 5 juillet 1851.

Je ne veux pas laisser partir le courrier, cher frère, sans te dire que je me porte bien malgré les fatigues, les préoccupations d'esprit, la chaleur et la guerre. Mes affaires politiques vont à merveille. Les événements se chargent de me donner raison à Alger et partout. J'avance en soumettant.

Depuis le 1er juillet, j'ai eu trois beaux combats et une attaque de nuit. J'ai à regretter dix tués et cinquante blessés, mais j'ai fait subir à l'ennemi des pertes considérables, et, ce qui est mieux, j'ai eu d'importantes soumissions. Autant de pierres détachées d'une coalition qui tombe pour ne plus se relever, si l'on sait se conduire.

Le 4, la journée a été complète ; j'ai manœuvré, j'étais content de moi et de mes soldats aussi. Ils se battent comme des démons. J'avais quitté mon camp à quatre heures du matin. J'étais inquiet, j'avais un mauvais passage à franchir, chemin difficile et étroit à n'y passer qu'un à un. Je craignais pour mon arrière-garde. Je me hâtai de gagner les hauteurs et d'examiner le terrain. L'ennemi occupait de bonnes positions, des villages, des crêtes. Mon plan fut arrêté de suite. Je manœuvrai pour inquiéter l'ennemi et l'empêcher de descendre sur mon convoi.

Sur mon ordre, le général Luzy, prenant une bonne position, amusa les Arabes par une fusillade de riposte; puis, je lançai le colonel Perigot avec trois bataillons sur une crête qui s'avançait à ma droite, parallèlement à celle que j'occupais, et se joignant par le sommet aux villages que tenait l'ennemi.

Je maintins cette situation pendant deux heures par une fusillade sur place, et mon convoi montait, se massait, et l'arrière-garde suivant mon mouvement avait coupé les contingents. A un signal convenu, l'attaque générale a commencé. Les troupes, au pas de charge, ont tout enlevé devant elles, pris les villages, poursuivi les Kabyles, et accompli cette brillante affaire avec huit hommes tués et seize blessés.

A une heure, toutes mes troupes étaient campées. Mon arrière-garde n'avait pas eu un coup de fusil. C'est une belle journée, un bon succès, et les résultats étaient au bout; mon camp regorge de soumissions.

Tu vois, frère, comme tout cela se déroule et avance. Voilà le pâté entre l'Oued-el-Kébir et l'Oued-Z... soumis comme je l'avais annoncé. Je me dirigerai vers Collo sans laisser d'ennemi derrière moi, et n'ayant plus que des gens démoralisés à combattre. Ces conditions me sont nécessaires pour ma colonne affaiblie. Ma situation au 9 mai était de huit mille quatre cent soixante-sept baïonnettes. J'ai donné deux bataillons à Bosquet pour aller renforcer Camou sur la route de Sétif. La marche et les combats m'ont affaibli. Je n'avais plus, au 27 juin, que six mille trois cent douze baïonnettes. Je ne me suis pas plaint ; j'ai continué mon œuvre et le succès m'appartient. J'aurai fait en Afrique une des plus rudes, des plus longues et des plus belles expéditions qui aient été faites. Je serai général de division comme il est bon de le devenir.

Et mon fils, que fait-il? Je le vois piochant ses examens. Comme il me tarde de connaître le résultat ! Et les Écossais, sont-ils revenus? J'ai reçu une lettre de Forcade, datée d'Edimbourg. Je n'ai pu lui répondre. J'espère bien rester assez longtemps à Constantine pour l'y recevoir avec Adèle et vous tous. C'est mon rêve.

Ma gracieuse femme m'écrit tous les jours. Dans douze jours je serai près d'elle.

AU MÊME.

Au bivouac de Melia-O-Kébir, le 10 juillet 1851.

J'ai le cœur gonflé de joie, cher frère : toutes mes opérations ont réussi, comme je l'avais prévu, selon mes plans et au delà de mes espérances ; après vingt-trois combats, les Kabyles, les contingents, la coalition se sont avoués vaincus. J'ai achevé le 6 l'œuvre de la soumission au centre même du pays insurgé. Tous ont baissé la tête et sont venus à mon camp. Ce soir, le pays sera organisé et les chefs investis. Que me reste-t-il à soumettre? Le pâté de Collo avec ses quatre ou cinq tribus qui ne tiraient leur force que des contingents et qui, abandonnées à elles-mêmes, vont tomber au premier choc. Demain, je marche sur Collo. J'y serai le 15. Mon plus redoutable ennemi sera le sirocco qui, le 6, m'a tué trois hommes par asphyxie. Vers le 20, je serai à Constantine où m'attend la milice avec des cris de triomphe et des banquets.

Je t'envoie la copie d'une lettre autographe du Président. Cette lettre m'annonce que je suis général de division. Eh bien, cher frère, la voilà cette troisième étoile! Maintenant, que fera-t-on de moi? Qu'on me laisse ici et que tu y viennes, voilà mon vœu. Aller en France autrement que pour y passer un mois, t'embrasser, soutenir au comité les droits de mon arrondissement d'inspection générale, certes, je ne le désire point. Si l'on me consulte, je resterai ici et n'irai passer à Paris que décembre et janvier. Le printemps me retrouvera à Constantine où j'ai encore tant à faire.

J'aurai donc en soixante-quinze jours, et tout d'une haleine, accompli une opération depuis si longtemps jugée nécessaire. Nous raconterons bien des épisodes à nos enfants, toi aussi tu les écouteras avec plaisir.

AU MÊME.

Collo, le 15 juillet 1851.

Cher frère, je suis ici depuis le 15. C'est te dire que la campagne est finie, et glorieusement, comme elle a commencé. Hier, j'ai malmené les contingents de Collo. Marulaz a été superbe, il les a chargés avec quatre bataillons et les a terrifiés par sa vigueur.

La journée a été belle, mais elle me coûte cher. Le commandant Fornier, des spahis, a été tué. C'est la seule victime.

Le commandant Valicon a péri dans la première journée, Fornier dans la dernière. Tous deux m'avaient supplié de les emmener.

Quatre-vingts jours d'expédition, vingt-six combats, lutte vive et acharnée, mille hommes touchés par l'ennemi. Un sur sept et toujours des succès. Expédition critiquée au début, rude à conduire, aujourd'hui juste sujet d'éloges.

Louise vient me rejoindre ici le 20, je serai bien heureux de la revoir. Je commence demain mon rapport d'ensemble et mon inspection générale. J'aimerais mieux dormir trois jours.

AU MÊME.

Philippeville, le 23 juillet 1851.

Ta lettre du 7 juillet, frère, m'est parvenue ici le 20. Tu sais à présent que je suis général de division. J'ai reçu mon brevet. Voilà ma masse complète, ma carrière accomplie, le but touché. Je suis parvenu au grade le plus élevé de l'armée, car je ne songe point au maréchalat..... à moins qu'on ne fasse la grande guerre en Europe, et que les boulets me respectent comme ici les balles m'ont respecté. Quant aux positions, mon étoile et la destinée y pourvoiront. Je m'efforcerai seulement de me maintenir à leur hauteur. Je me repose donc, frère, dans ce grade, objet d'un long et saint labeur. C'est un rang assez élevé, surtout quand il s'y joint quelque réputation militaire.

Qu'est-ce qu'on dit? Que Baraguey a donné sa démission, que Castellane le remplace, que la première division de Paris m'attend !.... Mon Dieu, je préfère bien rester en Afrique, sauf à t'aller voir un peu en décembre. Je ne demande que ce congé après ma tâche finie et bien finie.

Les Philippevillois, milice, autorités civiles, commerce, population m'ont fait, ainsi qu'à mes troupes, une réception cordiale. Les toasts à l'armée, à la France, à l'Algérie, au commerce, tout cela roulait, mais de politique point. Je n'avais pas permis qu'il en fût question. Ce soir, j'aurai rejoint ma colonne à son dernier bivouac avant Constantine, et demain j'entrerai *ovans et triumphans*. Ces manifestations sont d'un bon esprit ; pourquoi m'y serais-je opposé ? C'est la première fois qu'en Afrique je vois la population civile fêter ainsi les colonnes expéditionnaires qui viennent de se battre pour la sécurité et le progrès de nos intérêts algériens. C'est ainsi que notre expédition se distingue un peu de toutes les autres. Isly à part, elle est peut-être la première [1].

J'ai trouvé Louise ici le 20. Tu conçois le charme de notre réunion. Je te remercie bien de m'avoir annoncé que mon fils est admissible. Encourage-le ; je lui écris quatre lignes.

J'ai reçu du duc d'Aumale une lettre affectueuse et pleine de compliments sur mon expédition.

---

[1] On trouvera dans l'Appendice, à la fin du volume, les principaux passages du rapport présenté le 16 août 1851, par le général Randon, ministre de la Guerre, au Prince, alors Président de la République. Il ne sera pas sans intérêt de rapprocher ce rapport de la correspondance pour bien saisir la suite et l'ensemble des opérations militaires, et l'importance des résultats obtenus par le Maréchal.

A M. ADOLPHE DE SAINT-ARNAUD.

Constantine, le 23 juillet 1851.

Cher enfant, tu es admissible et moi je suis général de division. Nous avons fait tous deux un pas de plus dans le monde. Il t'en reste à toi beaucoup à faire en montant. Je viens d'atteindre le sommet de l'échelle militaire. Ma nomination, l'expédition que je viens d'achever avec quelque succès, aplanissent devant toi les difficultés de la route, je l'espère du moins. Mais que jamais cette idée ne ralentisse tes efforts et ton zèle. Cher Adolphe, il est doux de ne devoir rien qu'à soi-même. C'est une grande satisfaction pour les cœurs bien placés. Fais ta carrière à force de persévérance, d'étude et d'énergie. J'ai plus commandé à la protection que je n'y ai eu recours. Tu feras comme ton père. J'espère qu'au moment où je t'écris, tes affaires sont bien avancées. Que j'aurais de plaisir à presser sur mon cœur un Saint-Cyrien! Adieu, ta petite mère t'embrasse, nous sommes sûrs de te revoir cette année, soit ici soit à Paris.

A M. LEROY DE SAINT-ARNAUD, AVOCAT A PARIS.

Constantine, le 31 juillet 1851.

Cher frère, j'ai reçu ta longue lettre du 10 au 21 juillet, et tu dois penser si je l'ai lue avec intérêt et émotion. Je n'ai pas de temps à perdre en correspondance, puisque dans quinze jours nous pourrons échanger de vive voix nos idées.

Une dépêche télégraphique du 23 me donne avis que je suis nommé au commandement d'une division active à Paris, et me transmet l'ordre de me rendre sur-le-champ à mon poste. Je donne mes instructions et je pars. Où dois-je descendre? Je l'ignore. Je ne connais pas la division qui m'est donnée. Je compte sur toi pour ce détail, si je ne suis pas suffisamment renseigné à Lyon d'où la dépêche est partie.

J'arrive avec ma femme. Je ne te fais part d'aucune réflexion sur la voie qui s'ouvre devant moi. C'est ma destinée. Je la suis ; j'obéis. J'arrive avec un renom militaire qui n'est pas sans valeur, et je saurai le soutenir. Quant à la ligne à suivre, nous serons trois pour trouver la bonne. Le conseil s'assemblera et décidera.

L'idée qui me domine et qui étouffe bien des regrets, c'est le plaisir de te revoir, de t'embrasser, de te serrer sur mon cœur, toi et mes enfants. J'écris à notre mère que je ne puis passer par Bordeaux, mais que j'irai la voir dès que j'aurai pris à Paris terre et langue.

Me voilà donc lancé, frère, dans la politique où Dieu seul sait ce qui m'adviendra.

Mon fils est-il reçu? Notre frère et Adèle seront bien tristes de manquer leur voyage d'Afrique. Aussi pourquoi ont-ils tant attendu!.... Ils viendront plus tard.... à Alger.

A MADAME DE FORCADE.

Constantine, le 1ᵉʳ août 1851.

Bonne mère chérie, j'ai reçu par le télégraphe l'avis que je suis appelé au commandement d'une division de l'armée de Paris, et l'ordre de partir sur-le-champ.

Je m'embarque le 8 pour France, je serai à Paris le 14 ou le 15. J'avais d'abord la pensée de passer par Bordeaux et Malromé, mais je n'aurais pu rester que vingt-quatre heures avec toi. Je vais donc directement à Paris, et quand je serai un peu casé, que j'aurai pris l'air du pays, je monterai dans un wagon et j'irai t'embrasser ainsi que ma fille chérie.

Me voilà rapproché de vous tous. Sera-ce un bien? Sera-ce un mal! L'avenir le dira. Je regrette l'Afrique où j'ai grandi, mais je ne peux pas ne pas obéir à un ordre, et refuser un poste qui n'est pas sans danger.

Je serai bien heureux de te voir, bonne mère, de causer avec toi et de t'embrasser. Que de choses nous aurons à nous dire !

AU COMMANDANT CHARDRON.

Constantine, le 2 août 1851.

Quatre lignes pour vous remercier, mon brave ami, de vos cordiales félicitations. Oui, j'ai fait une belle et rude campagne. Vingt-six combats en quatre-vingts jours, plus de quarante tribus soumises... Me voilà lieutenant général, et je vais à Paris commander une division active. J'aimerais mieux rester ici, mais il faut obéir. J'aurai le bonheur d'embrasser mes enfants. Adieu, ami. Le temps me presse.

MINISTÈRE

(1851-1852-1853-1854)

A MADAME DE FORCADE.

Paris, le 20 août 1851.

Bonne chère mère, Louise, Adèle, mon fils et moi, nous quittons Paris le 24 au matin, pour nous diriger sur Bordeaux où nous arriverons le 25. Le 26 nous prendrons le bateau à vapeur qui nous conduira à Saint-Macaire. Envoie-nous la voiture pour nous mener à Malromé. Je ne te parle pas du bonheur de t'embrasser ainsi que ma fille chérie, mais je te fais les recommandations suivantes que je te prie de ne pas négliger. Louise et moi, nous sommes fatigués de visites, dîners, compliments, etc. Nous avons besoin d'un repos complet. Nous allons chez toi pour toi, pour vivre de la vie de famille et d'intérieur. Ainsi, pas de présentations ni de dîners.

Le Prince, qui m'a parfaitement reçu, n'a voulu m'accorder de permission que jusqu'au 4 septembre. Tu vois que j'ai peu de temps à te consacrer, mais j'ai soif de te voir, de t'embrasser et de causer avec toi, et puis je serais malade si je ne pressais pas ma fille chérie sur mon cœur. A bientôt.....

A M. LEROY DE SAINT-ARNAUD, AVOCAT A PARIS.

Malromé, le 1ᵉʳ septembre 1851.

Cher frère, je pense comme toi : ma présence est nécessaire à Paris et à l'École militaire. Je quitte Malromé, je prends, le 4, le bateau de Langon et après quelques visites indispensables à Bordeaux, je pars. Forcade et sa femme nous remplaceront auprès de ma mère. On m'a offert de me nommer représentant de la Réole. J'ai refusé, le moment n'est pas venu.

A MADAME DE SAINT-ARNAUD.

Paris, le 7 septembre 1851.

Chère amie, je suis arrivé à Paris, hier soir à huit heures, très-fatigué. De Blaye à Poitiers, j'ai voyagé dans une mauvaise voiture qui a failli nous laisser en route. A Poitiers, j'ai retrouvé M. Thiers et sa famille en chemin de fer, et nous sommes revenus devisant de tout, excepté de politique[1].

Les chemins de fer ne me vont pas plus que les diligences et les courses par mer et rivière. Décidément je ne suis plus l'homme des voyages, à moins de les faire à mon aise dans une bonne voiture, à cheval ou en ballon. Cela m'effraye. Est-ce que je vieillirais ?

J'ai trouvé ma maison grande et triste. Il faut que tu sois là pour l'animer. On prépare notre installation.

---

[1] Par un hasard singulier, M. Thiers, qui revenait des Pyrénées, et le Maréchal, qui quittait les propriétés de sa mère, se rencontrèrent sur le bateau à vapeur qui conduit de Langon à Bordeaux. Tous deux revenaient à Paris et ils se retrouvèrent au chemin de fer, qui, à cette époque, s'arrêtait à Poitiers. Avant ce voyage, le Maréchal n'avait parlé qu'une fois à M. Thiers. C'était le 24 février 1848, sur la place du Carrousel. Ils devaient se retrouver encore une fois en présence, le 17 novembre 1851, à l'Assemblée législative, le jour où fut discutée la proposition des questeurs.

A LA MÊME.

Paris, le 8 septembre 1851.

Quel gouffre que ce Paris ! Le temps vous y dévore et s'écoule avec la rapidité de l'éclair. On tourne, on court, on parle, on écrit, on est harassé et rien ne se fait, rien ne marche, rien n'avance. Hier, c'était dimanche, journée perdue. J'ai quitté mon frère à quatre heures, fait quelques visites, dîné seul, et je suis allé m'ennuyer au *Fidèle Berger,* opéra-comique qui passe pour amusant. Ce matin, à six heures, j'étais debout. J'attends le tapissier qui n'est pas venu et j'enrage.

Je n'ai vu personne que Leflô qui part aujourd'hui pour six semaines. Toujours le même homme, maladif, frondeur, inquiet. Il faut qu'il soit sûr de n'être pas réélu, car il dit tout haut qu'il ne veut pas se représenter aux électeurs. Je l'ai trouvé vieilli, il m'a dit que j'étais rajeuni. Il veut retourner en Afrique, il a raison. Je voudrais bien n'en être pas sorti. Plus je vais, plus je m'enfonce dans des regrets qui ne sont pas moins vifs pour être stériles.

Mon pauvre fils n'a plus que quelques jours à passer à Paris. Il faut qu'il soit le 20 à Compiègne. Son régiment quitte Paris à la fin du mois et va à Limoges. Je veux qu'il fasse la route avec le dépôt et à cheval; il faut qu'il apprenne à panser et à habiller sa bête.

A LA MÊME.

Paris, le 9 septembre 1851.

Depuis hier, chère Louise, j'ai des pensées sérieuses et graves, et tu les comprendras quand je t'aurai dit pour toi et la famille que les bruits qui me faisaient ministre sont fondés. Hier, j'ai été embrassé comme ministre par un officier général qui vit dans la pensée du Prince. Il paraît que ma nomination est arrêtée, et qu'elle aurait lieu d'ici la fin du mois. Le soir même, en rentrant chez moi, j'ai trouvé une invitation à dîner à l'Élysée pour aujourd'hui, en bourgeois. J'irai, et peut-être le Prince m'en parlera-t-il? Plus les circonstances deviennent graves, plus je m'effraye, non par peur, non par fausse modestie : j'ai confiance en moi; mais il me semble que je ne suis pas assez mûr pour le ministère. Au reste, et c'est l'avis de mon frère, si je dois être ministre, il vaut mieux que je le sois de suite. J'aurai un mois pour me préparer, prendre de l'aplomb et étudier les questions. Si je suis nommé, mon frère Forcade recevra de suite, par le télégraphe, l'ordre de se rendre à Paris. Que rien de tout ceci ne transpire hors des murs de Malromé.

A LA MÊME.

Paris, le 10 septembre 1851.

J'ai dîné hier chez le Président. Il a été pour moi affectueux, charmant. Il m'a mené au spectacle. En sortant nous avons été accueillis par des cris de : *Vive Napoléon, vive le Président,* quelques cris de *vive la République!* Tout le monde se découvrait : cela vaut mieux que les cris.

Voilà deux nuits que j'ai des maux d'estomac, je ne dors pas. Je m'ennuie dans mon isolement. Ne retarde pas ton départ et quitte Malromé le 15.

A LA MÊME.

Paris, le 11 septembre 1851.

J'ai passé hier une bonne journée à Vincennes, chez le colonel Répon, avec Canrobert, d'Allonville, Marulaz. Tout Orléansville était là. Aujourd'hui, m'est arrivé le courrier d'Alger avec trente lettres. Il y en a trois pour toi que je te garde. Dans une heure je vais à l'Élysée, où j'aurai une grande conversation avec le Prince. Je ne t'écrirai plus à Malromé, mes lettres ne t'y trouveraient plus.

A MADEMOISELLE DE SAINT-ARNAUD.

Paris, le 17 septembre 1851.

Ma fille chérie, tu es aujourd'hui séparée de ta petite mère, et pendant le temps que tu as passé avec elle, tu as pu apprécier toutes ses qualités, et je suis bien heureux de voir à quel point nous serons tous unis dans une même pensée.

Profite du temps que tu passes à la campagne. Travaille, orne ton esprit, donne une bonne direction aux inspirations de ton cœur. Il faut que tu sois une femme distinguée. La société n'accueille avec faveur, en hommes comme en femmes, que ceux qui sont capables de briller dans son sein. Les autres végètent et disparaissent. Le nom et la position de ton père ne doivent pas te suffire. Dans ce temps de révolution, la fortune peut nous élever bien haut comme nous trahir.

Il est bon d'être toujours à la hauteur des événements. Montrons-nous dignes de ses faveurs, et en même temps au-dessus de son inconstance.

A M. DE FORCADE.

Paris, le 30 septembre 1851.

Il y a un quart d'heure que j'ai ta lettre du 27, mon bon frère, et j'y réponds sans perdre une minute. Je suis heureux d'apprendre que tu quittes Malromé et reviens à Paris. Nous causerons tranquillement et nous nous entendrons mieux. Ta politique n'est pas tout à fait la mienne. Tu vois les choses à un point de vue moins élevé, moins général que moi. Tu ne vois que la situation et les embarras du moment, et tu penses que la réélection du Président suffit pour les écarter. Moi, j'embrasse plus d'avenir, je voudrais voir la France sortir du cercle vicieux où elle se perd. Je voudrais surtout anéantir la démagogie, car le gouvernement des démagogues m'est tellement odieux, que j'aimerais mieux mille fois mourir que d'en subir la honte.

Puisque notre bonne mère consent à faire le sacrifice de votre présence à Malromé, il faut qu'elle le fasse tout entier et vous laisse partir de suite. Plus tôt tu seras à Paris, mieux cela sera. Je n'ai pas besoin de te dire, cher frère, combien tout le monde ici accueille avec joie l'idée de ton retour.

A MADAME DE FORCADE.

Paris, le 9 octobre 1851.

Bonne chère mère, je réponds sans retard à ta lettre, et te donne des nouvelles de toute la famille. Mes frères ont déjeuné chez moi ce matin et vont bien, ainsi que leurs femmes.

Je suis encore un peu souffrant. Les préoccupations politiques ne me vont pas. J'aime mieux la vie active et la guerre en plein air, que la guerre qui commence dans les discussions de cabinets et d'assemblées et finit dans les rues. Tous les journaux du matin annoncent que j'entre au ministère. Je n'en sais encore rien.

Il paraît qu'à Malromé vous avez de la pluie et de la grêle. C'est fâcheux pour tes vendanges. Tout va de travers dans ce siècle. Mon fils travaille sa théorie et se prépare à partir pour son régiment.

A MADEMOISELLE DE SAINT-ARNAUD.

Paris, le 1er novembre 1851.

Ma fille chérie, je n'ai pas reçu de tes nouvelles depuis plusieurs jours, et tout occupé que je suis depuis mon entrée au ministère, je pense à toi et je suis inquiet.

Ton frère est parti hier pour son régiment. Il était bien triste, mais déterminé, en garçon de cœur, à faire son devoir et à honorer son nom.

Je mène, ma fille chérie, une vie bien agitée, et ce sera bien pis quand l'Assemblée sera réunie dans trois jours. Le ciel aidant je ferai face à tout. Embrasse cent fois ta bonne maman.

A LA MÊME.

Paris, le 9 novembre 1851.

Ma fille chérie, au milieu de tous mes soucis, de toutes mes occupations, je prends un instant pour t'écrire, pour t'envoyer tous mes baisers de cœur. Je serais bien heureux de t'avoir près de moi, mais je pense à l'avenir et je m'efforce d'être raisonnable. D'abord, et avant tout, il faut songer à ta santé qui a besoin du bon air de la campagne. Tu es trop jeune pour aller dans le monde, tu es trop délicate pour te fatiguer avant que ta santé soit complétement rétablie. Au printemps, tu te prépareras peu à peu et tu y paraîtras convenablement l'hiver prochain. Le temps passera vite, et si je ne suis plus ministre et que j'aie quelque mission en Afrique, alors je t'emmène avec moi.

Je ne te parle pas de la vie que je mène, elle est rude. Je travaille dix-huit heures sur vingt-quatre, et je ne vois plus ta petite mère qu'aux heures du repas, tout au plus. Tout cela me fatigue beaucoup, et les séances de l'Assemblée me donnent des émotions que je contiens et qui me tuent. Je ne conçois pas qu'on accepte deux fois d'être ministre.

Je n'ai pas le temps d'écrire à ta bonne maman aujourd'hui. Ton frère m'a écrit une seule lettre. Je commençais à être inquiet. Il se porte bien, est content de son sort, de son pantalon de treillis et de son grand sabre. Nous embrassons tous bonne maman. Aujourd'hui, dimanche, j'ai toute la famille à dîner. C'est notre jour de réunion et nous parlons de vous.

A MADAME DE FORCADE.

Paris, le 19 novembre 1851.

Chère bonne mère, voilà deux jours que je te sais indisposée. Tu as fait une chute et tu t'es blessée à la tête. J'espère que les sangsues auront produit un heureux effet, et qu'une bonne lettre viendra demain dissiper toutes mes inquiétudes. Je t'en supplie, mère, soigne-toi. J'ai bien assez de soucis politiques sans avoir à y joindre des inquiétudes de cœur.

J'ai obtenu avant-hier à l'Assemblée une grande victoire. Nous étions entre la dictature de Changarnier, une convention ou un coup d'état immédiat. J'ai montré de l'énergie et nous avons évité tout cela. Je suis monté trois fois à la tribune. J'ai bien vécu depuis quarante-huit heures. Ma position s'est affermie. Me voilà ancré dans la politique et placé bien haut. Dans ce monde, il ne faut qu'aller droit et avoir du cœur. Toute la famille est dans la joie. Je n'ai peur que d'une chose, rester au ministère plus que je ne voudrai et pourrai. C'est trop de fatigue.

A LA MÊME.

Paris, le 2 décembre 1851, 4 heures du matin.

Bonne chère mère, je t'écris dans un moment solennel. Encore deux heures et nous allons assister à une Révolution qui, je l'espère, sauvera le pays.

Cette Assemblée folle, aveugle, factieuse sera dissoute, et un appel au peuple décidera du sort d'une nation fatiguée d'être ballottée par les inquiétudes et les soucis.

Nous aurons un gouvernement stable, et j'ai la confiance que tout ira bien. La République reste, avec le Président nommé pour dix ans. Je n'ai pas le temps de t'écrire tous les détails. Paris se réveillera ce matin, la révolution faite! Une centaine d'arrestations et la porte de l'Assemblée fermée, et tout est dit. Aujourd'hui, je n'aurai pas le temps de t'écrire. Mes frères le feront sans doute.

J'attends le commandant de l'armée de Paris pour lui donner des ordres. Tout est prêt, réglé, le ministère changé. Je fais toujours partie du nouveau : c'est sur moi que reposent l'action et la force.

Adieu, bonne mère, je t'aime et t'embrasse de cœur.

A LA MÊME.

Paris, le 5 décembre 1851.

Bonne mère chérie, nous sommes dans un terrible coup de feu, mais nous en sortirons. Mes frères t'écrivent tous les jours et te donnent des détails. Moi, je n'ai que le temps de t'embrasser et de te dire que je t'aime.

A LA MÊME.

Paris, le 11 décembre 1851.

Chère bonne mère, j'ai reçu ta lettre et je vois que tu as le sang guerrier. Tu prends d'excellentes dispositions pour ta défense. Tu es à la guerre[1] pendant que nous sommes à la paix. Tout se calme chaque jour. Dans quelques départements on s'est insurgé. Les rebelles seront punis.

Le lieutenant de gendarmerie de la Réole, M. Malfrein, est capitaine. Le gendarme Michel, dont tu es satisfaite, sera brigadier. Adieu.

---

[1] La propriété qu'habitait la mère du Maréchal est située dans l'arrondissement de la Réole, contigu à l'arrondissement de Marmande où une insurrection avait éclaté.

A MADEMOISELLE DE SAINT-ARNAUD.

Paris, le 11 décembre 1851.

Bonjour, gracieux lieutenant du plus illustre capitaine! Vos dispositions belliqueuses ne m'ont pas donné d'inquiétudes. J'ai une grande foi dans la fortune et la raison de la France. J'ai vu ton amie Marie, et je l'ai embrassée en souvenir de toi. Ta petite mère t'envoie bien des baisers. Ton frère commence à être soldat. Adieu, ma Louise chérie, je n'ai que le temps de t'embrasser de toute mon âme [1].

---

[1] Peu de temps après, la mère et la fille du Maréchal revinrent à Paris. A partir de cette époque, la correspondance n'a plus l'enchaînement qu'elle présente jusque-là. Les lettres qui suivent ont été écrites par le Maréchal pendant les différents voyages qu'il fit dans le cours de son ministère, et notamment pendant le grand voyage en France qui précéda la proclamation de l'Empire. Il trouva encore quelques occasions d'écrire à l'époque de la maladie et de la mort de son fils et du séjour passager que sa santé l'obligea de faire à Vichy et à Hyères. Après le départ du Maréchal pour l'Orient, la correspondance reprend sa régularité habituelle.

A M. ADOLPHE DE SAINT-ARNAUD[1].

Paris, le 9 février 1852.

Cher enfant, Mme de Brancion m'annonce que tu as été repris par la fièvre et la diarrhée. C'est un surcroît de douleur qu'il faut supporter avec patience et résignation. Si je ne te savais raisonnable et bien soigné, je serais bien inquiet, bien tourmenté, et je ne suis que triste et chagrin de te savoir souffrant.

Ta petite mère, ta sœur t'ont écrit. Il me tarde bien de recevoir quelques lignes de toi. Ce sera la preuve de ton retour à la santé. Ne fais pas d'imprudences et soigne-toi pour pouvoir venir plus tôt voir ton père qui t'aime tendrement et t'embrasse de cœur.

AU MÊME.

Élysée, le 11 février 1852,

Cher enfant, j'ai écrit à la bonne Mme de Brancion, et je ne croyais pas pouvoir trouver un moment pour

---

[1] Le fils du Maréchal, cavalier au 5e régiment de hussards, en garnison à Limoges, venait d'être atteint d'une fluxion de poitrine à la suite d'un incendie qui avait réclamé le secours de la garnison.

t'embrasser. Ta maladie se prolonge et mon inquiétude aussi. Ton oncle de Forcade partira demain pour te voir, juger de ton état, et décider s'il y a moyen de t'amener chez ton père; après lui, ta petite mère et ta bonne maman partiront et te ramèneront si cela est possible.

C'est une grande chose pour ces dames que ce voyage, mais elles restent ici sous le poids de l'inquiétude et elles aiment mieux partir. Je me désespère de ne pouvoir les accompagner.

Elles te porteront mes caresses et mes baisers. Soigne-toi bien et dépêche-toi de guérir; fais tout ce que te dira Mme de Brancion.

Ta sœur, qui est aux Oiseaux depuis hier, t'écrit. Tu fais le sujet de toutes les conversations et de toutes nos pensées.

AU MÊME.

Paris, le 13 février 1852.

Cher Adolphe, ton oncle est auprès de toi et j'attends avec impatience de tes nouvelles par lui. Il est chargé de te donner tout ce que tu désireras.

Mme de Brancion continue à m'envoyer exactement les bulletins de ta santé. Pauvre enfant, comme tu souffres et comme on t'arrange! Patience! Tu ne sauras jamais combien ton père souffre et quelles inquiétudes l'ont assailli depuis sept jours.

Ta petite mère t'écrit. Dépêche-toi de guérir et viens me dédommager de tout le chagrin que tu m'as causé.

Ton père qui t'aime.

AU MÊME.

Paris, le 15 février 1852.

Cher Adolphe, je rentre chez moi et je trouve un moment pour t'écrire deux lignes et t'envoyer deux baisers. Ta sœur, que j'ai été voir ce matin, me charge de te faire passer sa lettre que je t'envoie religieusement. Tu y verras que ta sœur est en cage *aux Oiseaux* où elle commence à s'accoutumer plus qu'elle ne veut le dire. Elle n'y restera d'ailleurs pas longtemps et le mois de mai arrivera vite. Sa santé est bonne et je voudrais que la tienne lui ressemblât.

Tu as vu ton oncle ; après lui tu verras Boyer et de Place, et j'espère qu'alors ta convalescence te permettra de venir chez ton père où tu recevras les soins nécessaires. Remercie encore la bonne Mme Brancion. Je ne saurais trop lui exprimer toute ma gratitude.

Je serai bien heureux quand tu seras en état de m'écrire toi-même. Ta petite mère t'embrasse ; elle ne t'écrit pas aujourd'hui, parce qu'elle est allée aux Oiseaux.

Ta tante Adèle va bien et t'embrasse. Tes cousins en font autant. Adieu, cher Adolphe, je t'aime tendrement.

A M. DE FORCADE, A LIMOGES[1].

Paris, le 15 février 1852.

Cher frère, je viens de recevoir tes deux lettres. Je ne suis pas content des nouvelles que tu me donnes. Je vois une maladie très-grave, que les médecins ont de la peine à définir, qui tourne en longueur, une complication de maux et de souffrances pour mon pauvre enfant, et je suis dans une inquiétude mortelle. Si je n'étais pas lié ici, je partirais de suite.

Tu as beau me dire qu'il n'y a pas de danger, je ne me défends pas de mes inquiétudes. J'attends ta lettre demain avec impatience.

Remercie Mme de Brancion et son excellent mari de leurs soins pour mon fils.

---

[1] M. de Forcade s'était rendu à Limoges. La fluxion de poitrine de son neveu s'était compliquée d'une fièvre typhoïde.

AU MÊME.

Paris, le 17 février 1852.

Cher frère, nous avons reçu ta lettre ce matin. Le conseiller d'État est venu avec la sienne. J'ai le cœur un peu moins brisé, mais toujours gros, bien inquiet. Cette maladie traîne trop. Je me débats contre l'anxiété. Mes cheveux en blanchissent encore.

Embrasse mon fils et donne-lui du moral et du courage. Pauvre enfant, tant souffrir si jeune !

AU MÊME.

Paris, le 19 février 1852.

Cher frère, je suis anéanti de douleur, j'étouffais depuis quinze jours, car mes pressentiments ne me trompent jamais. Je n'ai pas une lueur d'espoir, il y a mieux, je n'en ai jamais eu.

Ne quitte pas mon pauvre enfant.

AU MÊME.

Paris, le 21 février 1852.

Je n'ai pas la force de t'écrire, mon frère; moi je n'ai jamais espéré, moi je souffre depuis vingt jours et je renferme mes larmes et ma douleur profonde, éternelle, et je travaille. C'est ma vie qui commence à partir avec mon pauvre enfant.....

A M. LEROY DE SAINT-ARNAUD, CONSEILLER D'ÉTAT.

Élysée, le 23 février 1852.

Cher frère, je t'écris quelques lignes du Conseil où ma pensée n'est pas avec ma personne. J'ai reçu, ce matin, la lettre collective de mon frère et de toi. Je ne te parle pas de mon désespoir, je vis de cela depuis six jours. Que faire! Qu'imaginer! Je n'ai même plus la force de prier ni de me révolter. J'attends mon frère Adolphe ce soir. Viendra-t-il, ne viendra-t-il pas? Que me dira-t-il? Que m'écriras-tu demain? Mon Dieu, je crois être préparé à tout et je sens que je redoute encore tout. Quelle épreuve, mon frère! Aurai-je la force d'y résister? Pauvre enfant, si noble, si fort, et le perdre!... Ce ne sont que ceux-là qui s'en vont.

AU MÊME.

Paris, le 23 février 1852.

Cher frère, Adolphe est arrivé et m'a donné les plus déchirants détails. Je n'ai pas plus d'espoir ni plus de souffrance.

Je fais partir, ce soir, M. de Place, Cœuret et Delattre. Si mon pauvre fils vit encore, reconnaît encore quelqu'un, il aura un moment de douce émotion, et quelques baisers de plus de la part de son père.

Je respire encore jusqu'à demain au moment où je recevrai ta lettre...

A M. DUFAŸ DE LAUNAGUET,
PRÉFET DE TARN-ET-GARONNE.

25 février 1852.

Cher Henri, le même malheur qui t'a frappé et dont tu souffriras toujours est venu m'accabler. Je n'ai plus de fils. Je vais rouvrir toutes tes plaies. Mais à qui veux-tu que je dise mes tortures, si ce n'est à mon meilleur ami ? Pleurons ensemble, ami, car pour des consolations, pour du bonheur il n'en est plus pour nous. J'étais trop fier de lui, trop heureux par lui. Dieu m'a frappé. Dieu me l'a retiré. Sa volonté soit faite ! Mais elle est par trop cruelle.

A MONSIEUR DE FORCADE,

MAITRE DES REQUÊTES AU CONSEIL D'ÉTAT.

Paris, le 23 mai 1852.

Cher frère, j'ai bien pensé au triste vide qui t'entourait dans ce Malromé, ou tant de doux souvenirs nous suivaient[1]. Je t'ai plaint du fond du cœur, tout en me promettant de ne plus aller chercher là des regrets que je retrouve partout. Tu as raison de t'occuper beaucoup pour ne plus penser. Finis-en vite avec les affaires, et reviens-nous.

Je suis dans une mauvaise veine de santé. Mon estomac me fatigue. J'ai bien besoin de Vichy et de son secours.

A M. LEROY DE SAINT-ARNAUD, CONSEILLER D'ÉTAT.

Vichy, le 17 juin 1852.

Cher frère, nous sommes arrivés hier à cinq heures. Mauvais temps, mauvaises routes, froid, installation petite, étroite, peu convenable ; d'ailleurs, tout

---

[1] Six semaines après la mort de son fils, le Maréchal avait perdu sa mère.

paraît triste par une pluie battante. Vichy est un grand et beau village; les établissements de bains sont remarquables. C'est un curieux spectacle que cette procession de malades de tout rang, de tout âge, de tout sexe, de toute figure, qui se presse en tout sens, et n'a d'autre but, d'autre occupation, que de boire de l'eau, de prendre des bains et des douches. C'est une distraction pour les oisifs... Ce matin, nous avons bu notre premier verre et pris notre premier bain. Les deux Louise boiront une eau différente de la mienne, eau ferrugineuse et provenant d'une autre source. Du reste, la mauvaise humeur de toute mauvaise installation à part, les deux Louise vont bien.

J'ai trouvé du travail ici, et je n'en suis pas fâché. Je n'aime pas l'oisiveté. Je me suis arrêté à Nevers et à Moulins, où j'ai vu les autorités et visité les établissements militaires et les casernes.

Le pays n'est pas bon. Les fonctionnaires m'ont paru inférieurs aux difficultés du temps. C'est un mal à peu près général.

AU MÊME.

Vichy, le 20 juin 1852.

Cher frère, je t'avais déjà écrit quand j'ai reçu ta lettre du 16. Depuis, j'ai reçu une lettre de notre frère. Je lui ai répondu. Il a dû te communiquer ma réponse suivant nos us et coutumes.

Il y a du vrai dans ta lettre, cher frère ; mais du vrai applicable aux situations ordinaires de la vie politique et officielle. En thèse générale, tout homme politique qui quitte sa place, s'expose à ne plus la retrouver ; mais, grâce au ciel, je n'en suis pas là ; et si je devais défendre ma position, j'aimerais mieux me retirer de suite. Je n'userai jamais mes forces et ma valeur dans des luttes cachées de cabinet. Quand on ne me croira plus utile, je suis prêt à m'en aller. Les eaux de Vichy m'étaient ordonnées, elles me sont nécessaires ; jusqu'à présent elles me vont bien, j'y reste..., non pas en homme trop sûr de lui et de sa position, puisque je devais y passer au moins six semaines, et que je n'y resterai que vingt-cinq jours. Tu vois donc que je fais la part de toutes les nécessités.

Après des déluges, une inondation véritable, car l'Allier a envahi les promenades, et comble la source des goutteux qui fulminent, les eaux baissent, le soleil se montre sous un ciel grisâtre. Il y a lutte et j'espère des jours meilleurs.

Tu sais que nous faisons ménage commun [1], mais dans les meilleures conditions. On est peu chez soi. Vingt jours sont bien vite passés ; c'est un bivouac de plus, moins la compensation des coups de fusil. Je bois, je baigne, je douche. L'appétit revient. Je

---

[1] Avec la famille Feray.

sens la force me pénétrer et tendre mes muscles.

Écris-moi. Rends-moi compte de ce qui se passe dans la grande ville.

AU MÊME.

Vichy, le 24 juin 1852.

Je viens de lire ta lettre à ma femme : je l'ai trouvée si gentille, si gaie, que j'ai auguré que tu te portais bien. Je devrais aussi écrire gaiement, car les eaux me vont, c'est positif ; je reprends le teint clair et les couleurs de la famille. Je m'occupe toujours d'affaires et d'affaires sérieuses. Je réfléchis de loin sur la politique. Combien de gens s'égarent, qui croient se donner du relief en se pavanant dans une hostilité futile, car elle ne repose sur rien. Le devoir des hommes du gouvernement, c'est de l'éclairer et de le soutenir à la fois, non de le miner sourdement sous le prétexte de le servir en niant sa force et son droit.

Il n'est pas de pouvoir qui n'ait fait des fautes ; mais il n'est pas de corps qui ne subisse l'influence de quelques mineurs. Tant que je serai aux affaires, je ne céderai rien à ces faiseurs d'opposition, que l'ambition et le regret de n'être plus rien consument. Tristes gens, mais peu à craindre aujourd'hui !

A M. DE FORCADE.

Vichy, le 1ᵉʳ juillet 1852.

Cher frère, le moment de mon départ approche, et les occupations de tout genre se multiplient tellement que je n'ai plus un moment à moi pour t'écrire. Dans deux heures je pars pour la Palisse, et cette tournée va me prendre ma matinée.

Je connais ta faiblesse pour les traditions parlementaires. Tu manques encore d'expérience politique, cher frère, puisque tu n'as pas tout à fait abandonné ces idées anti-gouvernementales. Rappelle-toi ce que je te dis : il n'y a pas de gouvernement possible, en face des idées dominantes, le socialisme et la révolte, en suivant les idées parlementaires, vieilles ornières remplies de boue où l'on tombe... et où l'on tombe misérablement. Rappelle-toi cet aphorisme; c'est le vrai.

A M. LEROY DE SAINT-ARNAUD, CONSEILLER D'ÉTAT.

Vichy, le 5 juillet 1852.

Cher frère, je ne voulais plus t'écrire, mais un petit événement, arrivé hier soir, me remet la plume à la main pour t'épargner toute inquiétude à mon sujet, au cas où le fait embelli arriverait à Paris jusqu'à toi.

Hier, après midi, je suis monté à cheval avec ma femme, le sous-préfet de la Palisse et sa femme. Je voulais voir l'embarcadère du chemin de fer de Clermont qui sera à Saint-Germain, gros bourg à trois lieues de Vichy. C'était la fête. La population de Saint-Germain est très-augmentée par les ouvriers qui viennent travailler au chemin de fer, et par un assez grand nombre d'internés politiques appelés là par le même motif. Il y avait beaucoup d'ivrognes. En sortant du village, nous avons donné sur une bande qui barrait le chemin. Mécontents d'être troublés, ils ont été insolents et ont passé de la menace aux violences. Ils ont crié aux pierres dont les tas bordaient la route. Nous avons fait filer les femmes et tâché de faire entendre quelques paroles de raison, puis résisté à la violence. Les coups de pieds aux chevaux roulaient, les pierres volaient ; j'en ai reçu une très-grosse à la tête. Mon chapeau est tombé, le sang coulait abondamment. J'ai donné le signal de la retraite. Le crépuscule était venu et j'ai pu, en me mettant du bas côté, dissimuler à Louise ma blessure jusqu'au moment où j'ai trouvé de l'eau pour me laver la tête. A dix heures, j'étais à Vichy, pansé et arrangé. J'ai bien dormi, je suis pansé de nouveau ce matin. Ce ne sera rien et je partirai toujours le 8.

Ce n'est pas au ministre que les pierres ont été

lancées, c'est tout simplement aux *aristos*. C'est la guerre de la veste contre l'habit. C'est l'esprit général du mauvais peuple. Et vous rêvez des ménagements, vous préparez des grâces, vous doublez une dangereuse audace, vous creusez l'abîme et vous y tomberez tôt ou tard, tôt si vous n'y faites pas attention ! Du reste, rien de nouveau qu'une chaleur étouffante.

Nous avons été voir Effiat.... souvenir de la folie de Cinq-Mars et de Thou qui voulaient conspirer contre un grand homme, pygmées qu'ils étaient, sacrifiant leur pays à leur ambition et à leurs passions! Les femmes les plaignent, tous les hommes sensés les auraient condamnés. Les meubles, les tapisseries, le style, les arbres séculaires, tout parle du maréchal d'Effiat et de ses fils. C'est un paysan enrichi qui possède Effiat. Il vit dans sa cuisine et va la faire couper en deux par une cloison, parce qu'il la trouve trop grande. Il veut vendre et demande 750,000 francs. Il faudrait en dépenser 300,000 pour rendre le château habitable. C'est beau de souvenir, mais sans agrément. Adieu, frère, à toi de cœur.

A M. DE FORCADE.

Strasbourg, le 19 juillet 1852.

Cher frère, un mot avant de monter à cheval et de faire exécuter un passage du petit et du grand Rhin. Le voyage se continue au milieu des acclamations et d'une pluie, d'une mitraille de bouquets et de fleurs. Demain je vais à Baden avec le Prince accompagner la grande duchesse Stéphanie. Cela prolonge mon absence de deux jours.

Strasbourg a sa robe de fête. Le soir, la ville est en feu. Il aurait fallu mettre les incrédules sur le passage du Prince. J'en aurais volontiers attaché quelques-uns derrière le train de ma voiture. C'est un curieux voyage et j'en jouirais si j'étais maître de moi.

AU MÊME.

Baden, le 21 juillet 1852.

Cher frère, je t'écris d'Allemagne, dans un magnifique pays où tout en admirant, tout en nous reposant, nous faisons de bonnes affaires pour notre pays à nous.

Je ne te décrirai pas Baden, où l'on vient, de tous les coins de l'Europe, chercher moins la santé que le plaisir et l'aspect de la belle nature. Otez les jeux. il serait impossible de ne pas goûter ici un profond calme d'esprit.

Notre frère a retrouvé ses vingt-cinq ans, sa santé, sa gaîté. Je ne peux plus le tenir. Tu le crois à Baden avec moi, pas du tout. Hier et ce matin, il a tout vu, tout visité, et il est parti pour Carlsruhe avec Canrobert qui va en mission. Moi, je ne suis pas gai; je pense beaucoup et ma santé, très-belle en apparence, n'est pas ce que je la voudrais.

A M. LEROY DE SAINT-ARNAUD, CONSEILLER D'ÉTAT.

Moulins, le 17 septembre 1852.

Cher frère, je trouve un moment de liberté. Je m'enferme chez moi et je t'écris. J'assiste, depuis mon départ de Paris, à un spectacle incroyable. Je me replie sur moi-même, j'ouvre les yeux, je les referme et je me demande si je suis en France, et sous quel millésime je vis. Quelle nation!.. Quel peuple!.. Qu'est-ce que l'opinion! A Bourges, vive Napoléon; à Nevers, vive Napoléon, vive l'Empereur; à Moulins, vive l'Empereur seulement. Une foule, un concours immense, malgré la pluie..... une sympathie visible.... parfois de la frénésie.... toujours l'ombre de l'Empereur au fond du tableau, quand elle n'est pas au fond des cœurs. C'est étourdissant, c'est parfois même attendrissant et, chose consolante et rassurante à la fois, l'homme que l'on entoure de cette ovation continue, toujours calme sans être insensible, ne s'enivre pas, ne se monte pas, il reste dans son imperturbable sang-froid. Bien des têtes partiraient.... Il veut que la vérité se fasse jour et voilà tout.

Frère, l'Empire est fait; mais il ne sera proclamé qu'à son moment utile.

Nous sommes dans les mauvais départements, que sera-ce plus loin? Je vais traverser de nouveau ce bouge de la Palisse. Je vais bien, me ménage et me sens fort. Je comprends que je ne puis pas être malade. Je te recommande mes Louise.

AU MÊME.

Grenoble, le 23 septembre 1852.

Cher frère, je t'écris quatre lignes en poste. Où es-tu? A Ittre, à Paris? Ma lettre te trouvera. Quelle manifestation, frère, quelle signification ! Voilà un peuple qui retrouve un nom, un souvenir, un homme, le prend, l'élève, écrase de son ombre une ridicule République, et sur ses débris rebâtit un trône impérial !

Dieu fasse que le trône soit solide et que ses bases compriment à jamais les révolutions.

Les étrangers qui sont avec nous n'en reviennent pas. Ils sont plus impérialistes que nous-mêmes. Le département de l'Isère et les départements voisins se sont levés poussant un seul cri : Vive l'Empereur !

Nous marchons sur Toulouse. Je voudrais y être. Dieu protége la France et le Prince. C'est ce qui me donne de la force. Je reçois une lettre de Forcade ; il goûte les douceurs d'Arcachon.

AU MÊME.

Avignon, le 26 septembre 1852.

Eh bien! frère, qu'en dis-tu? Nous avons gagné notre Austerlitz. Vit-on jamais route mieux tracée? A Avignon, l'enthousiasme était impossible à décrire. Jusqu'à la corporation des portefaix enrégimentée et gardant le Prince!

Lis *le Moniteur*. Porte-toi bien et sois le plus fortuné des chasseurs.

A M. DE FORCADE.

Marseille, le 26 septembre 1852.

Cher frère, nous arrivons dans cette ville où une nouvelle machine infernale devait nous envoyer dans un monde meilleur et changer nos triomphes en massacre. Dieu ne l'a pas permis; la tâche du Prince n'est pas terminée.

Nos triomphes continuent malgré cette machine qui devait éclater au milieu des roses et des bouquets. Nous voguons en plein Empire, et les oreilles me cornent : *Vive l'Empereur!*...

AU MÊME.

Aix, le 29 septembre 1852.

Nous nous rapprochons, et ce n'est pas sans un vif plaisir que je pense que je me reposerai près de toi, à Bordeaux. Je remercie le ciel de me donner la force nécessaire pour supporter les fatigues de tout genre qui m'accablent jour et nuit. Quelle responsabilité ! Que de soucis ! Nous avons déjà eu le complot de Marseille, mais nous n'en sommes pas quittes. Je ne puis pas te dire ce qui se trame, mais je puis t'assurer que je veille sur l'homme qui sauve et grandit la France. Je le couvrirai de mon corps, car je comprends où sa mort mènerait notre pays. Comme un généreux cheval de course, j'irai jusqu'au bout et j'espère ne pas tomber en touchant le but.

Nous allons toujours de triomphe en triomphe. L'enthousiasme fait la traînée de poudre, la présence du Prince y met le feu. A Toulon, nous avons eu un spectacle grandiose : l'entrée en rade en présence de la flottille pavoisée, parée, enthousiaste et faisant feu comme un volcan continu ; le soir une fête vénitienne, un épisode des *Mille et une nuits,* un bal sur mer ravissant, merveilleux. Je raconterai cela à ma sœur pour la faire enrager. Je vous embrasserai dans huit jours.

A M. LEROY DE SAINT-ARNAUD, CONSEILLER D'ÉTAT.

1ᵉʳ octobre 1852.

Cher frère, je t'écris à Paris où tu arriveras le 4 ou le 5. Encore une entrée, et une belle entrée. L'Hérault a fait son sacre comme les autres départements. C'est égal, je veille ; dans les contrées méridionales, derrière l'enthousiasme on peut trouver le fanatisme. Je voudrais être à Bordeaux.

Hier, à Nîmes, les rues étaient encombrées. Trente mille blouses, vestes et bonnets, nous rappelaient drôlatiquement aux arènes les anciens Romains assistant à des jeux plus sérieux que ceux où nous avons vu de tristes taureaux rossés à coups de pieds et à coups de bâtons.

Tu as ramené Louisette. Je suppose Louise également de retour. Nous serons le 17 à Bordeaux où j'aurai le plaisir de revoir mon frère Forcade.

AU MÊME.

Carcassonne, le 4 octobre 1852.

Cher frère, je t'écris de la préfecture de l'Aude. J'ai parcouru dans tous les sens et avec un mélancolique plaisir ces lieux où a vécu notre père, ces salons où notre mère a brillé¹. J'habite l'appartement qu'occupait notre grand-père. Carcassonne est encore plein du souvenir de notre père... probablement parce que son fils y revient ministre. J'ai reçu une foule de lettres et de demandes de vieilles momies qui toutes étaient les amies de la préfecture de 1803. C'est toujours ainsi.

La réception de Carcassonne a été très-bonne, comme partout, bruyante, napoléonienne, impérialiste. Le bal n'a fait entendre qu'un cri : *Vive Napoléon III*.

Nous partons pour Toulouse. Là finissent mes appréhensions. On dit que les socialistes battus partout se sont réunis à Toulouse pour faire une dernière résistance. Ce sont gens la plupart graciés.

Il en sera à Toulouse ce qu'il en a été partout. La présence du Prince fait comme le soleil, elle fond la glace.

Adieu, frère, j'aurai bien du plaisir à t'embrasser.

AU MÊME.

Bordeaux, le 9 octobre 1852.

Cher frère, j'avais chargé Forcade de t'écrire, pensant ne pouvoir le faire moi-même, je trouve cinq minutes et je t'écris.

¹ Le père du Maréchal avait été préfet de l'Aude, sous le Consulat.

Bordeaux s'est montré la première ville de France par sa réception. A Grenoble, enthousiasme de cœur; à Toulouse, enthousiasme de tête; ici, enthousiasme de conviction et bonne société. Curieuse page d'histoire. Le Prince a fait un discours qui aura un long retentissement.

Que j'aurai du plaisir, après tant d'émotions, de me retrouver au milieu de vous. J'ai présenté le Conseil général au Prince. Dans une courte et gracieuse réponse, il m'a donné le nom d'ami.

Nous partons demain après la messe, quittant Bordeaux enchantés, et le laissant sous le charme.

Eh bien! toi qui n'aimes pas les discours, comment trouves-tu celui de Bordeaux? Voyons? C'est un beau et noble manifeste qui satisfera l'Europe, ou elle est bien difficile. Tout le discours est dans cette pensée française : « Quand la France est satisfaite, l'Europe est tranquille. »

Il faut qu'on s'accoutume à voir la France prendre son rang.

Je n'ai plus que quatre bals, c'est-à-dire quatre jours. J'en ai assez. Je demande le silence et des pommes de terres en chemise.

Beau soleil, mais vent du nord. Gros rhume, esprit content, espoir de te voir, voilà la situation, elle est satisfaisante. Fais comme l'Europe, sois tranquille. Je t'embrasse de cœur.

J'espère que tu seras à la gare avec le Conseil d'État... je me trompe, Monsieur le maire, vous serez à votre poste.

AU MÊME.

Hyères, le 17 mars 1853.

Cher frère, je t'écris à tout hasard, car je crains bien que tu ne sois parti et en route pour Hyères. Louise s'est inquiétée un peu vite le jour de mon arrivée à Marseille, et a sonné l'alarme.

Il est vrai que j'ai été rùdement atteint, mais je suis resté le plus fort. Je suis en convalescence. Je cours après les forces, je le fais avec une prudence dont ce que j'ai souffert m'a fait comprendre l'absolue nécessité. Si donc tu n'es pas parti, ne t'expose pas à faire inutilement un ennuyeux et long voyage. Si tu es parti, tu seras le bien venu et le bien reçu. Ne permets à personne de la famille de courir les routes. En vérité, nous sommes trop loin. Je suis bien soigné, bien tranquille. Tout ira bien.

A M. DE FORCADE.

Hyères, le 22 mars 1853.

Cher frère, le conseiller d'État vient de partir pour Toulon, heureux, tranquille, autant qu'il était arrivé inquiet et bouleversé. Il a vu les progrès d'un vilain mal arrêtés, la santé revenir comme par enchantement avec les forces qui augmentent chaque jour. Il se passait chez moi quelque chose d'extraordinaire. Le corps, l'esprit, tout était malade, et cet état avait occasionné un grand désordre qui avait attaqué le principe de la vie. Je me suis réfugié dans la méditation, de la méditation dans la prière. J'ai élevé mon âme vers Dieu, et le calme est rentré dans mon cœur.

J'ai trouvé dans le curé d'Hyères un prêtre comme je les comprends et les aime. Nous avons eu de longues conférences, et dimanche je communierai comme un vrai chrétien. Cette conversion t'étonnera peut-être, et tu verras en moi une grande transformation. La prière est un excellent médecin, rappelle-toi cela dans l'occasion. Tu feras lire cette lettre à ma gracieuse sœur, son âme élevée me comprendra.

Notre frère est donc parti ce matin, et cette fois en touriste, l'esprit libre et le cœur léger. Il arrivera vendredi et vous donnera des détails. J'ai été bien bas et il m'a vu ressusciter. Le général Yusuf et sa femme, dont l'amitié dévouée était venue soutenir la Maréchale dans une dure épreuve, sont aussi partis ce matin quand ils m'ont vu dans le port.

A M. LEROY DE SAINT-ARNAUD, CONSEILLER D'ÉTAT.

Hyères, le 27 mars 1853.

Frère, dans la nuit d'hier, j'ai eu une crise bien douloureuse. Une névralgie s'est promenée dans mes bras, dans mes reins, s'est fixée au milieu de ma poitrine. Quelles atroces douleurs ! Pas une seconde de repos ni de calme, bains sulfureux, ventouses ; la douleur a cédé. Elle m'a permis de respirer, j'étouffais.

Ce matin, le curé d'Hyères est venu me dire la messe dans mon salon. La Maréchale et moi nous avons communié. C'était une cérémonie digne et simple qui élevait l'âme vers la prière. J'en étais ému et j'en ai retiré autant de calme que de satisfaction. Donne ces détails à mon frère et à ma fille.

La névralgie devait sortir, elle est sortie. Si elle ne doit pas revenir, je ne l'ai pas payée trop cher. Je n'ai rien perdu de mes forces.

AU MÊME.

Marseille, le 29 mars 1853.

Cher frère, j'ai levé mon camp d'Hyères, et je suis à Marseille en bon état. J'établis mon quartier général au Prado, dans une jolie maison, sur le bord de la mer, avec jardin, rivière, billard, et en plein midi. Je suis là, seul avec ma smalah, en bon air, maître de me promener, de me renfermer, de recevoir, de me céler, enfin, dans toutes les conditions nécessaires à une bonne convalescence. Je resterai là tout le temps convenable pour suivre sévèrement sous les yeux de Chargé, qui en est ravi, le traitement qui doit me rendre la vigueur dont les affaires d'Orient rendront l'emploi utile... si cela marche mal.

L'Empereur m'ordonne de me soigner. Il ajourne, à cause de ma santé et des affaires d'Orient, l'expédition de la Kabylie à l'année prochaine. Je suis donc libre de toute préoccupation et je resterai ici huit, dix, quinze jours s'il le faut. Ma convalescence marche d'un pas ferme, malgré les rudes assauts que j'ai supportés. Les jambes reviennent, je prends un exercice modéré, l'appétit est bon. J'en suis à la poule au riz sans pain.

L'Egyptus, arrivé de Stamboul, apporte d'assez graves nouvelles. Le gouvernement se montrera prudent, mais ferme et décidé à maintenir la dignité de la France. Je ne sais pas, frère, mais il me semble que d'ici à peu de temps, il faudra en découdre quelque part. A la volonté de Dieu, nous sommes prêts.

A M. DE FORCADE.

Marseille, le 30 mars 1853.

Cher frère, me voici installé à Marseille, aussi bien que possible pour n'être pas chez moi...

La partie religieuse de ta lettre m'a fort touché. Chez les hommes de cœur, chez les hommes de bien, Dieu finit toujours par parler, parce que sa voix est la seule vérité, la seule consolation. Une fois cette voix sainte entendue, on ne prête plus l'oreille à autre chose. J'ai été tout naturellement conduit à Dieu par la voie ordinaire que parcourt la faiblesse humaine : la douleur, la méditation, la prière. Dieu ne m'a pas repoussé, et tu peux être sûr que je ne ferai plus un pas en arrière. A la fougue, à l'irritation qui me dominaient, ont succédé le calme et une gravité peut-être trop sérieuse, mais qui tient encore à ma maladie. J'ai tant souffert! J'espère retrouver bientôt une douce gaieté, mais je ne me dissimule pas que toutes mes idées sont graves et sérieuses. Je lis beaucoup *l'Imitation de Jésus-Christ*, et cet admirable livre qui me pénètre d'admiration m'inspire aussi une défiance pénible de mes forces. Dieu me donnera-t-il assez de puissance de volonté, assez de persévérance pour rester dans cette noble voie qu'il me montre? C'est ce que je lui demande tous les jours avec ferveur.

Je ne pense pas quitter Marseille avant d'être en excellente situation... Il faut que je me prépare pour les événements qui peuvent nous arriver d'Orient. De toutes manières, je puis rendre encore quelques services, soit au dedans, soit au dehors. Je sens que ma tâche n'est pas terminée et je veux être à sa hauteur.

A M. LEROY DE SAINT-ARNAUD, CONSEILLER D'ÉTAT.

Marseille, le 31 mars 1853.

Cher frère, pendant que je me porte bien ici, que mes forces reviennent, que je me nourris, que je digère, que je dors, que j'oublie mes douleurs, tu broies trop de noir à Paris et tu me déclares.... incurable. Mais j'espère bien guérir, et radicalement. Je ne suis pas assez ennemi de moi-même pour repousser tout régime, et même un régime très-sévère et très-long. Je ne le redoute pas, je m'y soumettrai. J'appellerai à mon aide tous les moyens que la prudence, l'expérience, suggéreront. Je guérirai, Dieu aidant. Tu enveloppes dans le même anathème allopathie, homœopathie ; alors il n'y a plus de médecine, il faut laisser voguer la barque au hasard. Je suis plus reconnaissant que cela. J'honore l'homœopathie à laquelle je crois devoir un fameux cierge ; il n'y a que la foi qui sauve. Tu écrivais sous l'influence de tes névralgies accumulées dans le voyage ; quand tu seras dégelé tu penseras autrement. Tu aurais été mieux à Marseille qu'à Hyères, qui n'a eu pour nous que le mistral et la neige. Ici nous avons des jours mêlés de soleil. La température est douce, et voici venir avril qui n'a pas les caprices de mars.

AU MÊME.

Marseille, le 5 avril 1853.

Tu persistes dans tes conclusions, cher frère, et tous tant que nous sommes qui nous trouvons, par la grâce de Dieu, *on the wrong side of fifty*[1], nous sommes, nous devons être incurables et végéter la proie des infirmités.... Tu pourrais bien avoir raison ; plus j'y réfléchis, plus je suis porté à le croire. Cependant je lutterai sans laisser peser dans la balance ni espérance, ni crainte, mais comme un chrétien doit le faire. Sais-tu, frère, ce que l'on nomme *épiphénomène ?* La science appelle de ce nom une des mille misères qui, dans le cours d'une maladie, surtout dans une maladie grave, tombent sur un pauvre malade déjà las de souffrir.

[1] Dicton anglais qui signifie : être du mauvais côté de cinquante ans, avoir dépassé cinquante ans.

L'épiphénomène ne tient pas à la maladie et n'a de valeur qu'en raison de la masse de souffrances qu'il apporte. Tu comprends ? Eh bien ! frère, je viens de supporter un second épiphénomène, c'est-à-dire un second accès de névralgie en pleine poitrine, comme le premier, et qui, pendant douze heures, m'a arraché un long cri de douleur. C'est le martyre ou je ne m'y connais pas. Aujourd'hui je suis dans le paradis. La douleur a disparu ; mes forces n'ont pas souffert, car je rentre de faire une promenade de deux heures ; malgré cela, je ne pense pas partir lundi. Je veux réparer le mal de ce maudit épiphénomène. Quand les médecins ne comprennent pas quelque chose, ils font les plus drôles de raisonnements. Tout cela ne prouve qu'une chose, c'est que la pauvre humanité est bien frêle, bien chétive, et qu'il faut toujours être prêt à plier bagage et à s'en aller.

Donne ce bulletin à la famille, cher frère, il n'a rien de mauvais. L'œil est vif, la tête bonne et les jambes assurées. Le cœur t'aime toujours.

A MADAME DE FORCADE.

Marseille, le 9 avril 1853.

Chère sœur, je suis en retard avec vous et je réclame l'indulgence qu'on ne refuse pas aux malades même en convalescence, et j'y suis grâce à Dieu, qui m'a donné la force de supporter bien des souffrances. Aujourd'hui que je me vois dans le port, je puis bien dire que j'ai aussi, d'un œil calme et résigné, vu le naufrage de bien près....

Le calme et le repos me sont désormais nécessaires. Quand la vie a été ébranlée dans sa base, il faut si peu de chose pour la briser, surtout quand on végète sur cette terre depuis plus d'un demi-siècle! Que d'hivers à côté des printemps qui vous bercent de leur riant avenir!

Nous causerons en famille de ma vie, de mes méditations d'exil à Hyères : c'est un souvenir qui ne s'effacera pas facilement de mon esprit.

A M. LEROY DE SAINT-ARNAUD, CONSEILLER D'ÉTAT.

Marseille, le 13 avril 1853.

Je ne t'écrirai plus de Marseille, ni de la province, frère, et je vois arriver avec un vif plaisir le moment de t'embrasser. Je pars samedi 16, je dînerai avec toi et la famille; ce sera une véritable fête. Ma santé est bonne, la maladie est morte, le progrès continu, sûr et lent. Les forces renaissent; la graisse reparaît par places, pas encore sur mon visage qui a cependant repris ses couleurs. Le coffre était d'airain, il ne sera plus que de fer ; il a reçu une fière secousse qui aurait fait sombrer bien des bâtiments.

Le curé d'Hyères est venu me voir. C'est un digne prêtre.

AU MÊME.

Marseille, le 15 avril 1853.

Je ne voulais plus t'écrire de ce Marseille, dont le mistral me chasserait aujourd'hui, si je n'étais décidé à le quitter demain. Demain je coucherai à Avignon qui vaut moins, et j'irai à Valence, qui ne vaut pas mieux.

Tu prêches bien, cher frère, mais je voudrais te voir ministre et composer ta bile. Des ennemis, qui n'en a pas ? J'en ai, mais ils ne valent pas mes amis.

Je ne suis pas encore assez chrétien pour professer le calme dont tu parles et dont je comprends toute la nécessité, tous les avantages, tous les mérites. Quoique vieux, je suis un homme d'État encore jeune, mais on apprend autant sur ce terrain que sur celui des batailles ; j'ai encore le temps de travailler et je travaillerai à me refaire.

Ainsi donc, frère, jeudi 21, je t'embrasserai. Je me rejette avec complaisance sur cette pensée qui adoucit pour moi les derniers sifflements du mistral.

Nous allons nous retrouver en famille. C'est une bonne chose et qui vaut mieux que toutes les grandeurs. Préviens toute la famille. Que personne ne manque à l'appel.

AU MÊME.

Saint-Omer, le 4 juin 1853.

Cher frère, quatre lignes pour te donner de mes nouvelles. Je me porte à ravir, et malgré des journées très-fatigantes, cinq à six heures à cheval. C'est une remarquable épreuve. Maintenant je puis marcher sans crainte de rechute.

J'ai été reçu partout avec faveur et sympathie. C'est un bon voyage qui prépare bien celui de l'Empereur. Il faut que toutes ces populations aiment l'Empereur, pour qu'elles reçoivent si bien son ministre de la guerre que l'on sait être la personnification du dévouement à sa personne. Il paraît que j'ai plu aussi aux Lillois. Le temps m'a favorisé jusqu'ici. Je n'ai plus qu'un jour de fatigues. Je serai lundi à Paris.

A M. DE FORCADE.

Paris, le 11 juin 1853.

Il y a quelques jours que j'ai reçu ta lettre, cher frère, et je m'empresse de te reconforter contre le spleen anglais qui menace de te saisir à Londres. Vois tout, promène-toi, admire, fais tes affaires et reviens-nous. Comment es-tu arrivé à ton âge et à une expérience que donnent toujours le maniement des affaires et le frottement avec les hommes, sans être pénétré de cette vérité que, dans ce monde, tout marche lentement, quand cela marche? Le *statu quo*, l'inertie, c'est l'état naturel des choses, et plus on désire le mouvement, le progrès, plus on voit à quel point il est difficile de l'obtenir. Tu quitteras l'Angleterre sans avoir terminé les affaires de ta femme. Le palais de la chicane, à Londres, est un antre où l'on se perd. Il y a des procès qui durent trois siècles, et ils ont traversé six générations. Laisse Saint-Paul et reviens admirer Notre-Dame : c'est plus facile. A Londres, la vie n'est supportable qu'avec un grand luxe de voitures et de chevaux, beaucoup de société, de distraction et des parties de campagne tous les dimanches. Ne quitte pas Londres sans avoir été dîner à Richmond au *Star and garter* et n'y bois pas de bourgogne.

Je pars jeudi pour Metz et Lunéville.

A M. LEROY DE SAINT-ARNAUD, CONSEILLER D'ÉTAT.

Lunéville, le 19 juin 1853.

Cher frère, tu me crois en route pour Paris. J'ai le cap sur la Prusse. Il a plu à S. A. R. le prince de Prusse d'aller inspecter Sarrebruck, pendant que j'inspecte Metz, et l'Empereur, qui songe à tout, m'a ordonné d'aller de sa part saluer le prince de Prusse. J'espère me tirer convenablement de la commission ; je sais mon monde. Cette excursion m'intéresserait, si je ne me sentais tant d'affaires derrière moi. C'est égal, je vais voir les troupes prussiennes. Je comparerai. Je viens d'en inspecter de si belles et de si bonnes ! Si je pouvais les emmener à Sarrebruck, le Prince rirait et moi aussi.

Ma santé tient bon. Le mouvement, l'action, me réussissent. Quand je suis au milieu des troupes, je ne suis jamais malade.

J'ai fatigué, j'ai eu des journées cruelles à Metz où j'ai voulu tout voir ; mais je suis reposé et cela va bien. En Prusse je me reposerai, tout en voyant et en observant tout.

AU MÊME.

Sarrebruck, le 20 juin 1853.

Me voici en Prusse, cher frère. Beau pays, bons chevaux, femmes.... nous avons mieux. J'ai visité les casernes, les écuries, les magasins du 8ᵉ hulans. J'ai été.... *fier d'être français*. Nous n'avons rien à envier à nos voisins. Nous verrons l'ensemble demain à la revue.

J'ai envoyé un aide de camp prendre les ordres du prince de Prusse qui arrivera ce soir à Sarrelouis. J'irai, je pense, trouver son Altesse Royale demain de grand matin. Je l'accompagnerai dans ses revues et je reviendrai avec elle à Sarrebruck, je dînerai et je m'arrangerai de manière à partir immédiatement. Cela s'appelle marcher, mais je n'aime pas à perdre le temps.

Je me repose un peu de mes revues, réceptions et ovations de Metz et de Lunéville. Comme j'ai été reçu ! Il paraît décidément que je suis quelque peu populaire en France. Les civils m'accueillent aussi bien que l'armée.

Ce soir, je traite les autorités civiles et militaires de Sarrebruck, des braves gens bien raides qui ne disent pas vingt paroles de français, et, dans ma smalah, nous avons de la peine à rassembler trente mots d'allemand. Cela va faire une conversation bien intéressante.

Que de besogne je vais retrouver dans mon cabinet !

A M. DE FORCADE.

Paris, le 7 août 1853.

Te voilà, cher frère, dans les montagnes, dans les paysages, dans les surprises et les grandeurs de la nature si belle et si imposante des Pyrénées. J'envie ton sort, moi qui viens des brouillards de la Saône et des pavés de Lyon. La ville des révoltes a cependant été hospitalière pour moi: j'ai été reçu très-chaudement, et en songeant à l'accueil de sifflets fait au brave maréchal Bugeaud, j'ai pensé à l'injustice et à la sottise des hommes. Les socialistes s'étaient donné rendez-vous à Sathonay pour m'examiner. Je les ai vus et j'ai été me jeter dans leur masse en disant : « Vous voulez voir le ministre de la guerre, regardez-le bien ; moi j'aime assez regarder les gens en face. » Le procédé leur a plu et ils l'ont dit. Tu juges si je suis flatté.

L'affaire d'Orient est toujours en suspens. La Russie nous joue et traîne en longueur pour arriver au temps où l'on ne pourra plus tenir la mer. Dans mon opinion, les Russes garderont ce qu'ils ont pris et ne quitteront les provinces que contraints et forcés. Il faudra en venir à la guerre.

La question des subsistances nous prépare aussi des embarras. On prend toutes les mesures possibles, mais tout est délicat. Ce n'est pas une chose facile que d'administrer et de gouverner. La disette est un mal dangereux. De la disette à la révolte, et de la révolte à la révolution il n'y a qu'un pas, et le pas serait bien vite franchi dans la situation des partis, qui ne pensent qu'au mal sans songer à la patrie qu'ils ruinent.

A M. LEROY DE SAINT-ARNAUD, CONSEILLER D'ÉTAT.

Boulogne-sur-Mer, le 27 septembre 1853.

Je voulais t'écrire, frère, hier en arrivant, mais j'ai été saisi par le froid à Calais, je me suis mis au lit. Bien frotté, bien chauffé, j'ai retrouvé la chaleur et le repos. Aujourd'hui je vais bien, malgré les caprices de l'équinoxe: froid, pluie, peu de soleil. Je supporte bien le voyage. Nous voici à Boulogne.

Quel rapprochement, frère! Mesure le temps de 1840 à 1853. Celui que l'on traînait en prison rentre Empereur, salué, fêté, reçu avec un enthousiasme impossible à décrire. Quelles pensées ont dû remuer son cœur! Et, sans compter le doigt de Dieu, que de persévérance, de patience et d'habileté il a fallu pour en arriver là ! Mon frère, tout est écrit : l'homme s'agite et Dieu le mène. Comme cela est vrai ! Et Dieu a bien choisi son élu. L'Empereur le fera voir dans des circonstances peut-être plus graves encore que celles dont il a su faire les marches de son trône.

Ce voyage a été une longue suite de triomphes et d'enthousiasmes de bon aloi.

LL. MM. sont satisfaites et heureuses, elles se portent bien. L'impératrice a de la volonté et de l'énergie, elle ne veut pas être fatiguée.

Adieu. L'Empereur me fait appeler.

GUERRE D'ORIENT

(AVRIL-SEPTEMBRE 1854).

Constantinople. — Gallipoli et Varna. — Organisation de l'armée. — Siége de Silistrie et retraite des Russes. — Choléra et incendie de Varna. — Expédition de Crimée. — Débarquement. — Bataille de l'Alma. — Passages de la Katcha et du Belbeck. — Marche sur Balaclava. — Mort du Maréchal.

> « Ma santé est toujours la même. Elle se soutient entre les souffrances, les crises et le devoir. Tout cela ne m'empêche pas de rester douze heures à cheval un jour de bataille. Mais les forces ne me trahiront-elles pas ? »
> (*Le Maréchal de Saint-Arnaud au Ministre de la Guerre*, 22 septembre 1854.)

A M. LEROY DE SAINT-ARNAUD, CONSEILLER D'ÉTAT.

Marseille, le 19 avril 1854.

Cher frère, après un voyage dont le commencement avait été si agréable pour nous jusqu'à Dijon[1], nous avons parcouru notre route sans fatigue avec un peu de poussière et nous arrivons à Marseille à bon port, assez bien portants tous deux. J'ai trouvé

---
[1] Les deux frères du Maréchal l'avaient accompagné jusqu'à Dijon.

de la besogne à Marseille et des nouvelles contradictoires de l'Orient. On parle d'une marche rapide des Russes ; Omer-Pacha aurait été forcé de se concentrer en avant de Schumla ; si les Russes font une pointe vigoureuse, ils peuvent nous mettre dans l'embarras, arriver vite sur Andrinople et trouver la capitale ouverte... Mon sang bout dans mes veines. Que de temps perdu, et tout marche encore si lentement !

J'ai écrit à ma fille qui doit pleurer son mari [1] ; la Maréchale écrira demain aux Forcade. Adieu, frère, nous voici encore séparés pour longtemps, mais nous pensons l'un à l'autre et nous nous aimons toujours de loin comme de près.

AU MÊME.

Toulon, le 23 avril 1854.

Je suis à Toulon, cher frère ; j'y ai retrouvé le soleil du midi, ses splendeurs, sa chaleur douce, un beau ciel bleu... A la bonne heure, voilà un pays. J'avais laissé à Marseille la pluie et un ciel gris et froid. J'ai fait une entrée superbe à Toulon où m'at-

[1] Le marquis de Puységur, gendre du Maréchal, l'avait suivi en Orient en qualité d'officier d'ordonnance.

tendait la réception la plus cordiale. Ce soir, grand dîner chez le préfet maritime. J'ai trouvé, à Toulon, notre Eugène de Faget, major de la marine[1]. Demain, journée bien occupée : visite à l'arsenal et au port où je vais examiner l'installation de deux bâtiments mis à ma disposition, *le Chaptal* et *le Dauphin*. Nous serons bien, je l'espère, et la traversée sera bonne. Le vent est à l'ouest. Après déjeuner, revue de la division Forey réunie à Toulon, près de quinze mille hommes. Je verrai tout le monde de près, je lui dirai un mot. J'ai déjà longuement devisé avec les généraux Forey, d'Aurelles et Lourmel, chacun saura ce qu'il lui reste à faire.

Louise t'a rendu compte de ce que nous avons fait à Marseille. J'ai revu et reçu lord Raglan et son état-major. Je les ai réunis à dîner avec les autorités civiles et militaires de Marseille. Nous sommes avec lord Raglan dans les meilleurs termes. J'ai visité son *Caradoc;* ce n'est assurément pas le type de l'installation anglaise. Lord Raglan s'est embarqué hier, par un bien mauvais temps.

Je rentre à Marseille mardi, et jeudi je compte m'embarquer... Plus je vais, plus j'ai confiance. L'Autriche a fait un pas en envoyant des troupes dans le Monténégro et une flotte contre l'insurrection grecque ; c'est une manière de se déclarer contre la Russie.

Le 7, je serai donc à Constantinople. Je t'écrirai

---

[1] Camarade de collège et ami du Maréchal.

de Malte, de Candie, d'Athènes. Delattre[1] va bien, il monte à cheval souvent. Je n'ai encore ni Puységur, ni de Villers, ni Lostanges; mes domestiques rament sur le Rhône, Dieu sait quand ils arriveront à Avignon.

A MADAME DE FORCADE.

Marseille, le 26 avril 1854.

Chère sœur, je vous adresse nos adieux que vous transmettrez à votre mari et à la famille. En passant par votre bouche, ils auront quelque chose de moins amer. Vous savez que je ne dis jamais adieu, mais toujours au revoir. Cela m'a réussi assez bien jusqu'à présent pour que je continue.

Nous nous embarquons donc demain et nous ne vous écrirons plus que de Constantinople.

Constantinople! comme nos projets s'envolent, comme le destin se joue des hommes, comme la volonté de Dieu est souveraine auprès de la nôtre!... J'ai vu le bon curé d'Hyères et nous avons causé longuement.

Toute la Smalah va bien; les maris soupirent bien en pensant à leurs femmes. Qui ne soupire pas? Mais

[1] Neveu du Maréchal, engagé volontaire aux chasseurs d'Afrique.

la gloire est dans les nuages qui empêche les regrets d'être trop amers, et puis on espère un prompt retour et on le caresse déjà avec les songes de l'espérance. Il faut laisser à tout le monde ses illusions.

Adieu, chère sœur, écrivez-nous souvent et ne nous oubliez pas...

A M. LEROY DE SAINT-ARNAUD, CONSEILLER D'ÉTAT.

Marseille, le 27 avril 1854.

Cher frère, je vous avais fait mes adieux, je croyais m'embarquer aujourd'hui, le ciel en a décidé autrement; je le regrette moins, puisque j'ai pu recevoir ta lettre à laquelle je réponds. *Le Chaptal* qui m'était destiné a fait, heureusement sans nous, en venant me chercher à Marseille, une grosse avarie qui le menait droit à un naufrage. Il en a pour un mois de réparations. Dans quelques heures, *le Berthollet* sera dans le port de la Joliette à ma disposition; mais il lui faudra la nuit, la journée de demain pour s'installer, prendre mon changement, mes chevaux, etc. Le 29, je serai donc à bord. A quelque chose malheur est bon : le vent se calme; que *le Berthollet* nous mène donc sains et saufs aux rives désirées du Bosphore et voyons les Russes le plus tôt possible.

Il nous faut des succès ; des revers seraient désastreux au dedans comme au dehors ; et cependant, pas un homme de bonne foi ne pourra dire, quelle que soit sa couleur, que nous allons chercher de gaîté de cœur une guerre lointaine par amour pour la guerre. Nous la faisons, indispensable qu'elle est à l'honneur, à la dignité de la France et par-dessus tout inévitable. Que nous soyons vainqueurs ou vaincus, qui pourrait aller contre cette vérité?... Mais je ne crains pas les revers, je ne redoute que les lenteurs obligées. J'ai foi en Dieu et en mon étoile. Advienne que pourra, j'aurai fait mon devoir. Je me sens plein d'énergie et de force.

Dans ce que tu dis, frère, il y a beaucoup de vrai, mais c'est le vrai des gens sensés. Tu ne te mets pas assez au point de vue des masses et il faut compter avec elles. Le peuple donne son argent, ses enfants, sans murmurer. Il supporte la guerre un an, deux ans, mais il lui faut des bulletins, des résultats, des succès qui le dédommagent. *Un Fabius Cunctator* se coulerait ici. Le général doit être sage, prudent, mais profiter des occasions et agir ; c'est ce que je ferai. Toute la politique, je le sais, n'est pas en Orient. Mais c'est là que pèsent les efforts gigantesques de la France et de l'Angleterre. Jeter à six cents lieues du pays, la France soixante mille hommes, l'Angleterre trente mille, c'est énorme. Et compare : l'armée d'Egypte avait d'abord dix-huit mille et puis trente et un mille. — L'armée de Morée, vingt-cinq mille. — L'armée d'Afrique en 1830, trente mille. —

Nous en avons le double, transportés à une double distance, et nous marchons vers le Danube. Nous ne pouvons perdre de tels efforts dans l'inaction.

La Crimée, tu parles de la Crimée! c'est un joyau, j'en rêve et j'espère que la prudence ne me défendra pas de l'ôter aux Russes. Ce sera pour eux un coup terrible. Au reste, ne disons rien à l'avance. Il faut causer d'abord avec les Turcs, voir les Russes de plus près, savoir ce qu'ils veulent et ce qu'ils peuvent. Ce sera le moment d'un plan sage et hardi. Traîner la guerre en longueur, c'est faire l'affaire des révolutions. Voilà, frère, mes idées pour le moment, nous verrons plus tard.

Demain donc à midi, nous serons à bord. Refais nos adieux, toujours pleins de regrets et d'espoir, et partant du cœur.

A M. DE FORCADE.

A bord du *Berthollet,* le 1ᵉʳ mai 1854,
par le travers du cap Bon, en route sur Malte.

Cher frère, il faut avoir envie de donner de ses nouvelles à ses amis pour se décider à quitter le grand air, pour descendre se faire secouer en écrivant dans une cabine où l'on étouffe. Cependant, j'aurais mauvaise grâce à me plaindre de la traversée, elle m'est favorable plus que je ne pouvais l'espérer. J'ai été très-peu malade et je ne sens aucune douleur. Le mal de mer a tout chassé ou tout absorbé pour le moment.

Demain mardi 2 mai, vers six heures du matin, nous entrerons à Malte, où je passerai la journée, très-occupé avec les Anglais. C'est ce qui fait que je t'écris d'avance. Le courrier passe à Malte le 3, et emportera cette lettre que tu recevras le 8 ou le 9, juste au moment où j'arriverai à Constantinople; car je compte m'arrêter à Candie, Smyrne, Gallipoli et Rodosto. Rien ne me presse et j'ai beaucoup à voir et à étudier.

La Maréchale a été malade pendant deux jours et deux nuits. Aujourd'hui, elle va mieux. Mes aides de camp ont plus ou moins souffert, Puységur et de Place beaucoup, Cugnac et de Villers un peu. Le reste de la smalah jouit d'une santé insolente. Delattre et Lostanges sont les plus fiers et se moquent des blessés.

Adieu, cher frère, le mouvement commence à me fatiguer et je vais remonter prendre l'air.

Malte, le 2 mai.

Nous sommes arrivés à Malte à huit heures du matin. J'ai revu cette ville avec plaisir et regret. Quel joyau perdu pour la France! Le gouverneur, le général, l'amiral m'ont envoyé complimenter. Je déjeune et dîne chez le gouverneur. Les soldats anglais nous ont accueillis avec des hourrahs répétés. Il nous faut la journée pour nous ravitailler d'eau et de charbon. Je serai à bord ce soir à dix heures, et vendredi matin à Candie....

A Mʳ. LEROY DE SAINT-ARNAUD, CONSEILLER D'ÉTAT.

Smyrne, le 6 mai 1854.

Voici une occasion de te donner de nos nouvelles, cher frère, je la saisis. Je me suis arrêté quelques heures à Smyrne pour voir quels établissements pourraient ici être utiles à l'armée. Je trouve le courrier pour France ; il te portera nos souvenirs et cette lettre.

J'ai écrit de Malte à Forcade. Il a dû te communiquer sa lettre ; cette fois, tu te charges de lui donner de nos nouvelles.

Depuis trois jours, plus de mal de mer à bord *du Berthollet*. La Maréchale, qui ne devait jamais *s'amariner*, est comme dans son salon. Elle n'a ni assez d'yeux, ni assez de lunettes, pour admirer les villes de l'Archipel qui passent sous son regard en fuyant. Nous filons douze nœuds. Elle a vu Chio, Milo, Paros, elle visite Smyrne. Hier, nous avons passé une partie de la journée à la Canée. Réception officielle, intéressante pour Puységur, Delattre et les conscrits qui n'avaient jamais vu de Pacha, de vraies pipes, de vrai tabac et de vrai café.

Au point de vue politique, ma visite à la Canée a produit un bon effet; elle a prouvé que l'alliance française et turque n'est point une fable, comme l'affirment et voudraient qu'on le crût, peuple et parlement grec. Aussi le Pacha s'est-il montré tout à notre dévotion. Il n'y avait rien à faire dans Candie pour nos troupes, c'est trop malsain.

Serai-je ici mieux servi par les localités? Demain à Gallipoli, la *res militaris* va commencer et m'occupera sans partage. Je verrai mes troupes, les généraux, les dispositions prises, l'installation de chacun, grosse et utile besogne. Plus tard, à Constantinople viendra la politique. Je me tiendrai plus en garde, mais conservant toujours la base de mon système et l'allure de mon caractère : aller droit mon chemin.

Ma santé dont je ne te parle pas est aussi satisfaisante que possible. J'ai de temps à autre de petites crises de même nature, courant de mes bras à ma poitrine, pas trop longues, mais douloureuses. Avec cela, j'engraisse, ce me semble, et les forces sont visiblement revenues. Je ne puis guère me plaindre, quand je jette un regard en arrière; il faut vivre avec son ennemi.

Je ne m'attends pas à recevoir de vos nouvelles avant Constantinople. J'y serai le 8 ou le 9; j'y ferai une station de quelques jours, puis je reviendrai fixer mon quartier général, je ne sais trop où encore, mais je le choisirai bien.

Nous sentons aujourd'hui la température de l'Asie. Adieu frère, souvenir aux amis.

AU MÊME.

Constantinople, le 16 mai 1854.

J'ai tant d'affaires que je n'ai pas encore eu le temps de quitter le *Berthollet*. J'installe demain la Maréchale dans sa maison à Yeni-Keuï sur le Bosphore, près Tophana, en face Béikos ; cherche sur ta carte. L'installation est médiocre ; nous y attendrons les événements. Je suis ici pour dix jours au moins. C'est à Constantinople que tout se traite, et mes troupes sont loin d'être réunies.

J'ai vu le Sultan, ses ministres, les ambassadeurs. J'ai été partout reçu comme je devais l'être. Demain, conférences avec lord Raglan, Reschid-Pacha et Rizza-Pacha, grande journée où seront prises de graves résolutions.

Si tu veux une description de Constantinople, prends Théophile Gautier.

AU MÊME.

Constantinople, le 14 mai 1854.

Cher frère, j'ai trop de choses à te dire pour entrer dans les détails. Je suis plus enveloppé par la besogne que dans les jours les plus rudes de mon ministère. Qu'il te suffise de savoir que j'ai pris ici la position qui convient au généralissime français. Mon influence grandit et s'étend. Le Sultan, que j'ai déjà vu deux fois, me témoigne bienveillance et faveur ; les ministres gouvernant ne me refusent rien de ce que je crois juste et nécessaire. La question est de savoir s'ils pourront tenir tout ce qu'ils promettent.

Je crois, cher frère, et bien sincèrement, que nous servons la Turquie en soutenant son ministère. Je trouve dans Reschid et dans Rizza deux auxiliaires utiles aux intérêts de la France et de son alliée. Je les soutiens. Convaincu qu'un ministère nouveau serait un danger, je l'évite. J'ai dépeint exactement la situation à l'Empereur. Il sait que je fais mon devoir suivant ma conscience. Dès mon premier pas sur le terrain de la diplomatie, je suis obligé d'avouer que c'est une chose difficile à traiter.

Je suis donc ici retenu malgré moi ; je préférerais être au milieu de mon armée.

Jeudi 18, lord Raglan, Rizza-Pacha, le Séraskier et moi nous irons rencontrer à Varna Omer-Pacha, mandé à cet effet, et nous y trouverons les deux amiraux Hamelin et Dundas. Nous aurons à discuter nos plans.

Dès ma rentrée à Constantinople, j'irai à Gallipoli voir mes troupes, faire commencer les mouvements convenus.

Peu de nouvelles des Russes; ils se concentrent pour attaquer Silistrie, que j'ai engagé Omer-Pacha à défendre à outrance.

Ma santé est bonne. Les crises se montrent quelquefois, mais courtes; une infusion de *poudre* compléterait la guérison.

A M. DE FORCADE.

Yeni-Keuï, le 17 mai 1854.

Cher frère, je pars demain soir pour Varna et je ne serai pas ici pour le courrier qui part le 20; aussi je prends les devants pour ne pas vous laisser sans nouvelles. Quelle vie agitée, frère! quel chaos de pensées se choquent dans ma tête avant de se caser! Quelle existence à la vapeur, qui ne laisse pas à un événement le temps de se produire et le fait suivre sans intervalle d'un autre tout aussi important!

J'arrive ici au milieu d'une crise ministérielle. Je

vois le Sultan en particulier, et je le prie de conserver des ministres qui sont utiles à la France. Mon influence grandit, les affaires marchent, j'obtiens tout ce que je demande.

Hier, invitation du Sultan d'assister à l'examen des élèves de l'école militaire turque. Le Sultan a été des plus gracieux et a beaucoup causé avec moi.

Aujourd'hui, je dîne chez le Sultan; véritable corvée. Le Sultan ne dîne pas à table. Il paraît avant le dîner dans un salon, cause un peu et s'en va, laissant le soin à un grand visir de présider un repas qui dure deux heures et demie et qui est aussi froid que les plats qu'on y sert. Demain, départ pour Varna; vendredi et samedi, grande et sérieuse entrevue, important conseil. Dimanche, retour à Constantinople. Lundi et mardi, exécution rapide des affaires décidées à Varna, et probablement dans la nuit départ pour Gallipoli, où j'irai voir les travaux et les troupes, régler les mouvements, passer des revues.

La saison est mauvaise, des brouillards, du vent du nord, un froid de février. Nos santés vont bien. La Maréchale est allée aujourd'hui faire une partie avec le prince Napoléon et l'élite des dames de Péra. Puységur et de Place l'accompagnent. On va déjeuner à Béïkos et visiter la mer Noire. Je n'ai pu être des leurs, je travaille.....

Le 18.

Il est plus que probable que je pousserai jusqu'à

Schumla. Je veux voir l'armée turque et la force de défense de Schumla par mes yeux. J'ai décidé Rizza à m'accompagner. Je ne sais si lord Raglan pourra venir.

A M. LEROY DE SAINT-ARNAUD, CONSEILLER D'ÉTAT.

Yeni-Keuï, le 25 mai 1854.

Cher frère, ma main est lasse d'écrire. Je te donne seulement de mes nouvelles. Voici en deux mots où en sont les affaires, qui deviennent graves.

Le bal va s'ouvrir; je suis allé à Varna et à Schumla. J'ai passé trois jours avec Omer-Pacha; dans l'armée turque, désagréable à la vue, il y a de bons soldats. Ils se battront comme des Anglais et des Français quand ils seront près de nous. Il y a soixante-dix mille hommes et deux cents bouches à feu dans le camp retranché de Schumla, qui est magnifique.

Si les Russes attaquent vigoureusement Silistrie, ils en seront maîtres peut-être avant quinze jours. La politique avec ses ménagements, et la lenteur des arrivages nous condamneront-ils à laisser inactive l'armée anglo-française? A la suite d'un conseil de guerre, nous avons choisi Varna comme base d'opérations. Je crois qu'il faut entrer en ligne le plus tôt possible. L'embarquement de nos troupes est ordonné, il va commencer dans trois jours; le 2 juin j'aurai douze mille hommes à Varna, le 8 vingt-quatre mille, le 18 quarante mille. Les Anglais suivent le mouvement. Nous pourrons donc, si Dieu le veut, vers le 20 juin, opposer aux Russes soixante-dix mille Turcs, quarante mille Français, vingt mille Anglais, et près de trois cents bouches à feu. Le reste arrivera plus tard. Je juge que la partie est égale, surtout contre des gens que feront peut-être la faute de se placer entre un grand fleuve à dos et un camp retranché leur faisant face. Je pars ce soir pour Gallipoli, j'y resterai jusqu'au 2 juin pour presser et surveiller l'embarquement; de là, j'irai à Varna surveiller le débarquement et l'emplacement des divisions; je reviendrai à Constantinople recevoir la 3ᵉ division du Prince, la présenter au Sultan et la faire embarquer. Du 15 au 20 mon quartier général sera à Varna. Là nous agirons suivant les mouvements des Russes. Au prochain courrier les détails.

J'ai bien supporté de rudes fatigues et un excès de travail. Je vous embrasse tous.

AU MÊME.

Gallipoli, le 30 mai 1854.

Frère, ma vie se passe dans un tourbillon qui me roule jusqu'au moment où il m'entraîne. J'ai tant d'affaires vitales à diriger que si je rencontre par hasard une minute de liberté pour ma correspondance avec vous tous que j'aime, je ne trouve plus la force nécessaire. La fatigue est telle que je n'ai plus la puissance de penser et d'écrire. C'est mon histoire du dernier courrier. Je voulais te donner des détails sur mon voyage à Varna et à Schumla, l'armée turque et son chef. Je suis déjà d'un demi-siècle en avant de cette course, et voici venir des actualités à remplir bien des pages. Mais où prendre le temps? En deux mots, j'ai trouvé Varna une place défendable, et Schumla fort habilement transformée en un camp retranché formidable.

J'ai vu dans Omer-Pacha un homme incomplet, mais remarquable pour son pays d'adoption. J'ai trouvé, je te l'ai dit, une armée où je ne comptais voir qu'une foule. Troupe mal habillée, mal chaussée, médiocrement armée, mais qui manœuvre, obéit, se bat et se fait tuer. J'ai trouvé Silistrie se défendant sans espoir d'une longue résistance, et les Russes, en force et en nombre, attaquant mal, mais sûrs de l'emporter en sacrifiant du monde, s'ils persévèrent.

Si j'étais en mesure de livrer *bataille !* Mais je ne le serai pas de quelque temps. Je suis revenu à Gallipoli et j'ai vu. Je n'ai pas le droit de hasarder ni de compromettre l'honneur du drapeau en mettant en ligne une armée non constituée, non organisée ; n'ayant ni son artillerie, ni sa cavalerie, ni son ambulance, ni son train, ni ses transports, ni ses approvisionnements.

L'armée anglaise n'est pas plus avancée que nous. On ne se fait pas une idée juste de ce qu'est une expédition lointaine avec le morcellement des transports. Tout arrive par pièces et morceaux ; des canons sans leurs affûts et leurs chevaux, des chevaux sans leurs pièces et caissons, etc. J'ai quarante-deux pièces attelées au lieu de cent. Mille chevaux dépareillés et de tout corps, au lieu de six régiments formant trois mille chevaux. A toutes ces misères plus regrettables qu'évitables, répondent de sérieux retours sur les plans adoptés. Nous ne pouvons montrer à Varna que nos têtes de colonnes.

J'organise donc l'armée à Gallipoli ; au fur et à mesure que les divisions se complètent, je les dirige par terre sur la ligne des Balkans. Mes troupes s'aguerrissent par la marche et les bivouacs, le pays parcouru par les troupes françaises sentira son courage se relever et les Russes sauront que nous marchons à eux. La 3ᵉ division partie pour Constantinople par Rodosto, encadre dans ses rangs une bonne division turque de six mille hommes et trente pièces de canon qui nous serviront comme nombre et comme force. Dès que la 4ᵉ division attendue d'ici à quatre jours sera débarquée, la 2ᵉ division marchera sur Andrinople, et vers le 15 juin, la 3ᵉ quittera Constantinople pour marcher sur Bourgas.

Quand la brigade destinée à tenir garnison à Gallipoli sera arrivée, la 4ᵉ division remplacera à Andrinople la 2ᵉ, qui viendra s'établir à Aïdos. Les troupes à Varna seront portées à douze mille hommes, et ma cavalerie sera dans les plaines d'Andrinople, où elle mangera et me fera des foins.

Ma réserve d'artillerie, quarante pièces, suivra quand elle sera organisée. Hélas ! quand le sera-t-elle ?

Tu le vois donc, mes mouvements s'organisent et mon plan se développe. Me rapprocher des Balkans, des Turcs et des Russes en prenant le temps de me concentrer ; je ne puis rien de plus.

Depuis que je suis à Gallipoli tout a changé de face, tout marche. J'ai passé des revues, parlé aux chefs, aux soldats ; tout le monde a confiance et porte la tête haute. En passant dans les rangs de trente-huit mille Français, j'ai pleuré de joie et de fierté. J'admirais les soldats que je suis chargé de conduire à la victoire, mais pas tous. Combien pleurerons-nous de victimes !

Cette activité dévorante que tu me connais, frère, m'anime et m'empêche d'être malade. On dirait que jamais je ne me suis mieux porté. Les crises s'éloignent ; je reprends mes forces et mon air de jeunesse. Dieu aura pitié de cette belle armée en ayant pitié de son chef.

Le Sultan m'a envoyé ici, par son séraskier, la plaque de son ordre du Medjidié. C'est une dignité dont je devrai porter les insignes pendant tout mon séjour en Turquie.

Chaque jour, frère, à déjeuner, à dîner, j'ai des officiers de tout grade à ma table. Je leur fais des théories de guerre qui paraissent fort goûtées. Mais je m'échauffe et m'anime en les faisant ; ma digestion en souffre. Il n'y a que les bêtes qui digèrent bien.

A M. DE FORCADE.

Gallipoli, le 3 juin 1854.

Cher frère, le bateau parti le 1er juin a porté à mon frère huit pages de détails communs à tous et qui t'intéresseront. J'ai redonné de la vie à Gallipoli, j'ai passé des revues, causé avec les généraux et les soldats. J'ai pu comparer mes hommes si pleins d'ardeur, à la démarche fière, à l'air martial, avec les Anglais solides comme des murailles, mais qui marchent comme des machines qui ne demandent qu'à s'arrêter. J'ai aussi passé les Anglais en revue, j'ai mêlé à ma table les habits rouges et les habits bleus. Tout cela commence à s'organiser et je suis satisfait. Je voudrais cependant voir tous mes paquets réunis. Ma cavalerie n'arrive pas, j'ai beau la faire repêcher et remorquer par tous les bateaux à vapeur qui me tombent sous la main, cela va lentement. Cependant, les mouvements de troupes ont commencé et l'armée, à mesure qu'elle s'organise, se porte en avant. Je vais retourner à Yeni-Keuï pour presser auprès du Sultan la solution de plusieurs affaires, et je repars pour Varna. Si je puis, en revenant, j'irai donner un coup d'œil furtif à Sébastopol. Pour cela, il faut que la flotte soit dehors, je n'ai pas envie de me faire enlever par les Russes. Je vais arranger cela avec l'amiral Hamelin. Je me meurs d'envie de voir Sébastopol, parce que j'ai dans l'idée qu'il y a quelque chose à faire par là. Les débarquements me font frémir. Je viens de voir par mes yeux ce qu'il faut de temps, de ressources et de moyens de transport pour embarquer une simple brigade d'infanterie de six mille hommes et une batterie d'artillerie avec six cents chevaux. Il m'a fallu trois jours pour démonter le matériel de la batterie, il en faudra autant pour le remonter. On a passé trois jours en travaillant sans relâche de cinq heures du matin à six heures du soir, pour embarquer matériel, hommes et chevaux, et il n'y avait pas de cavalerie. J'ai dû employer pour le transport de Gallipoli à Varna neuf gros bateaux à vapeur remorquant trente-deux transports du commerce; il faudra quarante-huit heures pour arriver à destination. Maintenant, calcule ce qu'il me faudrait de temps, de vaisseaux, de moyens de tout genre pour embarquer cinquante mille hommes, les transporter à Sébastopol ou Odessa, et les débarquer en pays ennemi sous le feu des Russes qui ont partout des masses. Quel homme sensé entreprendrait cela maintenant? C'est possible, mais il faut le temps et les moyens matériels.

Je viens de recevoir des nouvelles de Silistrie. Omer-Pacha m'écrit que les Russes attaquent avec une grande vigueur et que les Turcs se défendent de même. La place est complétement investie et la cavalerie russe intercepte les communications avec Schumla. Omer-Pacha croit que Silistrie tiendra encore quelque temps. Je le désire sans y croire beaucoup, j'en ai fait mon deuil.

J'ai d'assez bonnes nouvelles de ma fille, et je vous remercie d'aller souvent peupler si agréablement sa solitude de Montalais[1]. Il y a à peine six semaines que nous sommes séparés, et cela semble déjà bien long à tout le monde. Que sera-ce quand nous compterons par années? Adieu, cher frère, ma santé est bonne, et malgré quelques douleurs qui diminuent en longueur et en intensité, j'engraisse et je noircis à vue d'œil...

AU MÊME.

Gallipoli le 3 juin 1854.

Je reçois, cher frère, ta lettre des 21 et 23 mai. Ah! voilà comment l'on juge les décisions et les

---

[1] Maison de campagne du Maréchal à Meudon.

mouvements d'un général en chef! Est-ce qu'il faut, est-ce qu'on peut raisonnablement, de l'asphalte, des salons et des cafés de Paris, s'ériger en conseil aulique? Ne peut-on attendre les résultats? Quand on voit les choses, quand on les touche, tout se modifie, tout change. Il n'y a que les principes généraux de guerre, les bases fondamentales qui ne varient point.

La Crimée était mon idée favorite ; j'ai pâli sur ses plans. J'ai envisagé d'abord cette conquête comme un sérieux et beau coup de main ; mais j'ai vu les embarquements et les débarquements, et je dis que, pour faire une descente en Crimée, il faut de longs préparatifs, une campagne entière, cent mille hommes peut-être, et toutes les ressources des flottes françaises et anglaises réunies, plus mille transports du commerce.

On m'envoie près de soixante mille hommes, huit régiments de cavalerie, un matériel immense ; j'aurai eu tout cela en trois mois et demi ou quatre mois : c'est fabuleux, frère, et cependant je me plains ! Vois-tu, dans ces grandes expéditions, l'homme, c'est bien peu de chose ; ses desseins, ses projets, c'est moins encore : il faut que Dieu sanctionne et protége tout cela.

Je ferai de mon mieux : Dieu est le maître. Je ne néglige rien pour mettre les bonnes chances de mon côté ; mais je sens bien que je navigue dans une mer semée d'écueils, et que chaque jour j'en vois sortir de nouveaux du fond des eaux. Adieu, je t'aime bien ; laisse-moi faire une sieste pour rêver de vous tous.

AU MÊME.

Varna, le 9 juin 1854.

Je t'écris entre deux courses pour visiter mes établissements. Je viens de créer ici un second Gallipoli, cher frère, et avec tout aussi peu de moyens.

Nous marchons lentement : les événements ne nous attendent pas. Silistrie se défend héroïquement ; voici le quatrième assaut russe repoussé.

Si nous étions prêts, organisés et concentrés, j'irais aux Russes, et cependant rends-toi compte de cette situation. Les Russes sont difficiles à saisir. Quand je les chasserais de la rive droite du Danube, je les aurais rejetés sur leurs réserves, voilà tout, et moi je me serais éloigné de ma base d'opérations. Puis les fièvres ne me permettraient pas de rester sur le Danube, et je serais contraint de m'en aller.

Quand on cherche le point vulnérable des Russes, partout on trouve les piquants du porc-épic. Quoi ! la seule chose à faire est-elle donc de rester maître de la mer Noire et de seconder d'insignifiants mouvements de troupes ? N'avons-nous pas l'air de rester les bras croisés et de n'être pas venus pour aider les Turcs ? En passant, hier, sur les hauteurs de Varna, la revue de la division Canrobert, mon cœur bondissait, j'avais envie de crier : « En avant ! » Avec de telles troupes, où n'irait-on pas ! Mais je me suis retenu.... l'Empereur m'a confié son armée.

Je tiens à sauver Silistrie. La raison politique comme la raison militaire ont marqué ma place à Varna. Dès que je pourrai réunir entre cette place et Schumla une force suffisante, j'irai la montrer aux Russes. Adieu, frère, prie Dieu qu'ils m'attendent.

A M. DE FORCADE.

Yeni-Keuï, le 15 juin 1854.

Voici, je crois, cher frère, la derniere lettre que tu recevras datée de Yeni-Keuï. Mon quartier général sera le 25 à Varna, où je concentre l'armée avec des efforts surhumains ; car tout m'arrive par pièces et morceaux, et il faut relier tout cela pour en faire un ensemble respectable à montrer aux Russes. Oh ! les embarquements et les débarquements, que de temps, que d'embarras ! Enfin, ma première division sera complète à Varna dans cinq jours ; à la fin du mois, la deuxième et la troisième y arriveront, la deuxième par terre et la troisième par mer presque en même temps. La troisième division, commandée par le Prince, est arrivée par terre de Gallipoli le 12 ; elle a eu à souffrir de la chaleur et du mauvais état des routes. Le 17, je présente cette division au Sultan, et le 18 elle s'embarque ou plutôt elle commence son embarquement, qui durera au moins quatre ou cinq jours. Le 18, je pars moi-même pour Gallipoli régler définitivement les affaires et les mouvements de troupes, et je n'y retournerai plus de quelque temps. Le 20, je serai de retour ici ; je prendrai mon audience de congé du Sultan, et le 25 je serai établi à Varna, à six marches des Russes, que je jetterai dans le Danube s'ils osent m'attendre et si les Turcs sont assez braves pour tenir dans Silistrie, qui se défend toujours vigoureusement. Les Russes les aident ; ils font les attaques les plus maladroites, font sauter des mines qui leur tombent sur le dos. Quel malheur que je ne sois pas prêt ! Et je ne le serai pas avant le 10 juillet, malgré une activité infernale. Les Anglais se concentrent de leur côté ; la division du duc de Cambridge part aujourd'hui même par mer.

A M. LEROY DE SAINT-ARNAUD, CONSEILLER D'ÉTAT.

Yeni-Keuï, le 20 juin 1854.

Cher frère, j'ai reçu tes deux lettres des 8 et 9 juin. Je vois que tu te livres toujours avec ardeur aux plans de campagne. J'en ai déjà construit laborieusement plus de vingt, et je n'en exécuterai probablement pas un. On dit : il faut toujours avoir son plan arrêté d'avance ; moi je dis : il faut être prêt à tout et avoir des idées promptes et saines. Les plans se modifient selon les circonstances et jour par jour.

Je quitterai probablement Varna du 10 au 15 juillet pour marcher sur Silistrie, et mon plan est de sauver la ville et de jeter les Russes dans le Danube. Mais qui dit que je ne serai pas obligé de faire tête de colonne à droite contre les trente mille Russes qui sont dans la Dobrutscha? C'est pour cela que je fais occuper fortement Kustendje par les marins de la flotte ; et si les Russes qui, d'après de nouveaux renseignements bien sûrs et bien positifs, assiégent Silistrie régulièrement et non pas sans ordre, procèdent par tranchées, etc., et ont fait en avant du Danube un très-fort camp retranché défendu par quatorze ouvrages armés de pièces de gros calibre, camp où ils ont environ quatre-vingt-dix mille hommes ; si les Russes, dis-je, laissent l'armée alliée se débrouiller au sortir de la forêt sous Silistrie, mettent vingt mille hommes pour défendre leur camp, ce qui suffit, et avec soixante mille hommes et les trente mille descendus de la Dobrutscha, vont se placer sur ma droite et mes derrières, occupent la grande route de Varna et Pravadi, et coupent mes communications avec la mer, je puis me trouver dans une position très-grave. Sois tranquille, j'ai pris mes précautions contre la manœuvre et je la déjouerai ; mais tu vois avec quelle prudence il faut agir. Si j'avais cent mille hommes, je mettrais trente mille hommes en potence sur ma droite et j'irais droit mon chemin.

Le Sultan a passé le 17 la revue de la troisième division. Sa Hautesse a fait deux choses qui feront époque en Turquie ; elle a galopé deux fois et est venue saluer la Maréchale, qui assistait en voiture à la revue. Elle a dit à la Maréchale des choses fort gracieuses et lui a offert son kiosque à Thérapia.

Ta sœur y sera installée le 26 ; elle y sera fort bien pendant mon absence. Elle aura sa résidence d'hiver à Péra, dans le palais de l'ambassade.

Le Sultan parlant en public à une femme chrétienne, c'est une révolution.

Je continue mes embarquements et mes préparatifs. Je ne t'écrirai point par le courrier du 25, je serai en mer, voguant sur Varna.

P.-S. Je t'envoie un croquis des travaux de siége devant Silistrie, attaque, défense, camp retranché des Russes. Occupe-toi là-dessus ; c'est le pont que je voudrais détruire en attaquant le camp par sa droite et faisant faire de fausses attaques de front et de gauche.

A M. DE FORCADE.

Yeui-Keni, le 24 juin 1854.

Cher frère, je ne sais si cette lettre te trouvera à Paris, ou si tu es encore à mener ta douce vie de propriétaire à Malromé. Dans tous les cas, je t'écris parce que je ne veux pas, qu'autant que possible, un courrier se passe sans vous porter de mes nouvelles. J'ai écrit à notre frère une bonne lettre militaire, puisqu'il fait des plans et qu'il les aime. J'y ai joint un croquis fort intéressant de Silistrie et du camp retranché des Russes, qui, loin de perdre leur temps, comme on le dit, s'établissaient solidement de ce côté du Danube, rendaient leur armée mobile et se préparaient un champ de bataille. Tout cela n'est pas si mal conçu ; dans quelques jours nous en jugerons de près.

Quant à vous, vous vous courberez sur ce chiffon huilé qui vous donne une idée du théâtre où se passeront de grands événements, et vous ferez vos mouvements stratégiques pour mes menus plaisirs. Je serai bien heureux si mes idées se rencontrent avec les vôtres.

Je suis dans un coup de feu terrible, la concentration de mes troupes à Varna, des approvisionnements de tout genre, de biscuit surtout pour l'armée. Il m'en faudrait deux millions de rations, et je n'en ai encore que quatre cent mille, c'est-à-dire pour environ huit jours. Pas d'opérations à faire dans de telles conditions. Heureusement, on m'amène quinze cent mille rations. Comme cela mange une armée, et cela doit boire aussi, et de Varna à Silistrie il y a pénurie d'eau. Je suis obligé de m'ingénier, de faire faire mille grosses outres pour suivre l'armée. Quel attirail! Quel embarras! Quel plaisir de faire la guerre en Afrique et en Turquie! Quand pourrai-je la faire dans un pays où rien ne manque? A Bazardjick, ville de vingt mille âmes, que je fais occuper par quinze mille hommes, on n'a trouvé personne pour avoir des renseignements, pas d'eau courante, des puits sans cordes et sans seaux.

Dans quelques heures, je m'embarque et je laisse la Maréchale bien portante, mais bien triste. Voilà la véritable séparation, voilà la guerre qui commence. Ne comptez pas non plus sur la même exactitude dans la correspondance. Acceptez les lettres sans vous occuper quand elles viendront. Elles seront plus rares, mais elles gagneront en intérêt. Ah! le premier bulletin fera du bruit en France!

A M. LEROY DE SAINT-ARNAUD, CONSEILLER D'ÉTAT.

Varna, le 28 juin 1854.

Cher frère, j'arrive ici en toute hâte et les Russes n'y sont plus. C'est ce qui pouvait m'arriver de plus fâcheux. Les Russes me volent, en se sauvant, une bonne occasion de victoire. J'en ai un véritable chagrin. Au moment où j'allais recueillir le fruit de toutes mes peines! Ce n'est vraiment pas une noble action. Ils ont repassé le Danube en détruisant leurs redoutes, leurs batteries, leur camp retranché. Ils ont fui devant Silistrie, une bicoque dont les braves défenseurs ont écrit une belle page de l'histoire de Turquie.

Nous sommes bien pour quelque chose dans ce mouvement rétrograde; il était évident que nous avancions, et l'armée russe affaiblie, fatiguée, démoralisée, n'a pas osé nous attendre...

Où vont les Russes? Je n'en sais encore rien. Vont-ils prendre la ligne du Sereth ou du Pruth? Vont-ils se concentrer à Bucharest? se jetteront-ils sur les Autrichiens avant que ceux-ci ne soient complétement préparés? Tout cela est encore dans le doute. J'ai envoyé à leur suite des agents intelligents, et mes reconnaissances de cavalerie ont poussé jusqu'au Danube. Je crois qu'ils se retireront derrière le Pruth, et là ils attendront les événements. Je ne puis, je ne veux marcher en avant que pour aider les Autrichiens. S'ils tirent le canon et se battent, je les soutiendrai et j'irai prendre les Russes à dos ou en flanc. Si l'on reste les bras croisés, je n'irai pas passer le Danube comme un niais, rejeter les Russes sur leurs réserves et leurs magasins, et m'éloigner des miens et de la mer, ma base véritable d'opérations. Il faut donc un mouvement bien décidé des Autrichiens et un appel de leur part pour me faire m'éloigner beaucoup de Varna et de la mer. Je sais bien que l'on criera après moi en France. Je ne m'en occupe pas.

L'armée française est superbe, pleine d'ardeur, l'état sanitaire est bon, malgré la chaleur. L'armée anglaise est très-belle. J'ai parcouru leur camp hier et ce matin. J'ai été accueilli par des vivats chaleureux, tous les soldats agitaient leurs armes en criant hourra, ça m'a un peu remué. Il y a entre les deux armées une cordialité, une union, une sympathie dont on ne se fait pas d'idée, et qui semble incroyable quand on regarde vers le passé. Lord Raglan et moi nous donnons l'exemple.

Je suis toujours dans le même état, des crises douloureuses de temps en temps, la figure bonne, du sommeil, assez d'appétit. Cela marche, et je ferai bien la campagne, deux aussi, trois peut-être. Mais après, frère, un repos, un long et entier repos. Avec mes souffrances dix-neuf sur vingt seraient au lit, moi, je suis à cheval et je commande une armée. Mais tout cela se paye, la corde se détend un jour et alors...

à la volonté de Dieu. En attendant, je prie et ne me plains pas.

A MADAME LA MARÉCHALE DE SAINT-ARNAUD.

Varna, le 28 juin 1854.

Je ne puis me relever du coup que m'a porté la retraite honteuse des Russes. Je les tenais, je les aurais infailliblement battus, jetés dans le Danube. Nos affaires étaient simplifiées, et si ma santé ne me permet plus de continuer à porter mon écrasant fardeau, je me serais retiré avec quelque gloire. Au lieu de cela, nous voici rejetés dans l'incertitude... J'ignore encore où sont les Russes, ce qu'ils font et ce qu'ils feront.

J'ai des affaires par-dessus la tête, et chaque jour cela augmente, car chaque jour les troupes arrivent à Varna. La cinquième division a commencé à débarquer. Ce sera un grand ennui que cette agglomération de troupes à Varna. On ne peut pas laisser les soldats inactifs sans danger. Quelle boutique à mener! Ce ne serait rien devant l'ennemi, c'est énorme dans la condition où nous sommes.

Toutes ces préoccupations ne vont pas à ma triste santé! J'aurais besoin d'un repos complet, moral et physique, et tout repos de corps et d'esprit m'est interdit. Que Dieu ait pitié de moi, je le prie beaucoup, mais sans succès. Enfin, tout cela changera peut être!! Chaque jour je suis plus dégoûté des grandeurs et des hautes positions. Je ne rêve plus que le repos à Montalais avec toi, bien tranquillement. Malheureusement, je ne puis pas, je ne dois pas me retirer à présent. J'appartiens à mon pays et à l'Empereur. Je resterai jusqu'au bout, mais c'est un grand sacrifice que je fais... Tout me fatigue, parler, écrire, manger, marcher, monter à cheval, tout est la cause d'une douleur. Mon Dieu, quelle vie! J'ai cependant bien assez souffert...

A M. LEROY DE SAINT-ARNAUD, CONSEILLER D'ÉTAT.

Varna, le 4 juillet 1854.

Cher frère, Omer-Pacha est chez moi depuis ce matin, nous sommes les meilleurs amis du monde. Il a été parfait de déférence et souvent de raison. Demain je lui montre plus de quarante mille Français pleins d'ardeur, trop pleins d'ardeur, car ils demandent tous à marcher, et c'est un embarras, même un danger. L'armée est magnifique, son état sanitaire excellent; il ne nous manque que des Russes qui s'en vont, Schilder avec une jambe de moins, Paskiewitz avec une contusion au pied, Luders avec la dyssenterie.

Quel malheur que nous n'ayons pas des ailes! Mais, mais, que ferai-je, une fois sur le Danube et même à Bucharest? Il faudra revenir.

Je cherche jour et nuit le défaut de la cuirasse russe, je le trouverai et j'y frapperai. On ne peut laisser se perdre dans l'inaction une armée et une flotte semblables.

Le 8 juillet.

Omer-Pacha m'a raconté d'intéressants épisodes de la défense de Silistrie. C'est d'un héroïsme si simple que cela fait venir les larmes aux yeux. Le bataillon égyptien, après avoir passé dix jours dans Arab-Tabia, a été relevé. Il avait perdu deux cent cinquante hommes sur cinq cents. Ces braves gens ne voulaient pas s'en aller et regardaient comme une punition d'être arrachés à une mort certaine et qu'ils avaient acceptée. La même batterie a voulu faire le service dans Arab-Tabia. Il reste le capitaine et huit artilleurs, tous les autres ont été tués.

J'ai demandé à l'Empereur dix croix et vingt médailles pour les défenseurs de Silistrie.

Les Russes ont enterré quinze cents morts sous Silistrie. L'un de mes officiers que j'ai envoyé est revenu hier, il a tout vu, tout visité, il me donne d'incroyables détails. Arab-Tabia n'a plus forme de redoute, les boulets, les obus l'ont tellement labouré qu'il n'y a plus ni angles, ni crête, c'est un talus informe... Les Russes étaient à trente pas. Ils demandaient souvent du tabac qu'on leur jetait.

Après ma revue dont j'ai fait les honneurs à Omer-Pacha qui était dans l'admiration, nous sommes allés voir à Devena la division du duc de Cambridge, composée de la garde anglaise et des écossais. C'était beau, mais un peu raide, *stiff*. C'est égal, c'est une belle armée et qui se battra bien. Mais la nôtre, frère, quelle ardeur, quel élan, quelle désinvolture militaire, fière et aisée !

Ma santé dont tu t'inquiètes est toujours la même. Je ne m'en plains pas, je souffre de temps en temps. Je n'y comprends rien, ni les docteurs non plus. Je dors et j'engraisse, surtout je t'aime bien.

A M. DE FORCADE.

Varna, le 13 juillet 1854.

Le temps marche, frère, et nous n'avançons pas ou si lentement que cela n'est pas visible à l'œil nu. Cependant, l'envoyé d'Autriche, colonel comte de Lowenthal, a passé deux jours chez moi à Varna. Les Autrichiens sont disposés à entrer dans la petite Valachie, mais non encore en partie belligérante. Ils veulent seulement occuper les positions et places évacuées par les Russes dans leur retraite. Ils ne feront usage de leurs armes que si les Russes, par un retour offensif, veulent reprendre leurs positions...

La politique, frère, a de la peine à marcher avec la gloire. Il sera difficile d'atteindre les Russes; mais s'ils ne font pas la paix, nous les atteindrons cruellement. En attendant, j'organise et je travaille à Varna. Ce qui me donne le plus de mal, c'est de retenir l'ardeur des officiers et soldats. Tout le monde veut marcher en avant et moi qui le veux plus que personne, je ne le fais point paraître et je reste froid comme glace. Je finirai par passer pour un poltron.

Triste vie que celle de Varna ! Mauvais climat, agglomération énorme d'hommes, mauvaises émanations, mauvaises influences, quelques cas de choléra, voilà la situation. J'en ai eu plusieurs cas dans l'armée, à Gallipoli, à Constantinople, en mer et ici. Je prescris des précautions et l'orage passera. C'est Marseille et Avignon qui nous envoient cela.

Les Turcs viennent d'obtenir un nouveau succès. Ils ont passé le Danube à Routschouk, croyant trouver à Giurgewo trois ou quatre bataillons russes. Ils sont tombés sur douze mille hommes et seize pièces de canon. Il a fallu le courage turc et la démoralisation russe, pour faire rester les premiers dans la position prise sur la rive gauche. Ils ont perdu du monde; trois officiers anglais ont été tués. Ils pouvaient être jetés dans le Danube et perdre l'avantage moral du succès de Silistrie. J'ai loué le courage et blâmé la témérité.

Nous attendons donc, frère, la réponse de la Russie, qui sera plus évasive que négative et ouvrira une autre porte aux négociations. Serait elle positive et ferme dans le sens du non, il faudra à l'Autriche quelque temps avant de déclarer la guerre. Les Russes seront renforcés, ils seront chez eux, et ferions-nous la sottise d'aller les chercher, nous ne pourrions, en les battant, que les rejeter sur leurs réserves. Une bataille perdue aurait pour eux peu de conséquences, mais une défaite serait désastreuse pour nous. Les chances ne sont pas égales. Ce n'est pas là qu'il faudra frapper l'ennemi.

A MADAME LA MARÉCHALE DE SAINT-ARNAUD.

Varna, le 13 juillet 1854.

Chère amie, je viens de recevoir tes deux lettres du 10, l'une jaune et l'autre bleue, mais toutes les deux bien bonnes... Le courrier ne nous apporte rien de nouveau sous le rapport politique. Toujours même incertitude bien fatigante en attendant la réponse de la Russie. Il faudra cependant prendre un parti. Nous ne pouvons pas rester ici les bras croisés, à attendre les fièvres, la peste et le choléra.

J'ai un vésicatoire sur la poitrine depuis hier soir. J'ai bien souffert cette nuit, mais une douleur chasse l'autre et je n'ai pas eu de crise. Si elles reprennent, je me déciderai à subir les ventouses scarifiées. Quelle vie et loin de toi !

La maréchale Ney est morte, tu gagnes un grade d'ancienneté, je crois que tu es destinée à devenir la doyenne des maréchales de France. C'est dans l'ordre naturel, la plus jeune était la maréchale Bugeaud qui a mon âge. Quant à moi, je suis toujours le moins vieux; mais je ne sais si je serai jamais le doyen....

A M. LEROY DE SAINT-ARNAUD, CONSEILLER D'ÉTAT.

Varna, le 17 juillet 1854.

Cher frère, j'ai peu à te dire en fait de nouveautés. Nos affaires semblent reculer au lieu d'avancer. Ce n'est encore ni la guerre ni la paix; mais le temps marche et traînera l'hiver après lui... Demain nous avons chez moi grande conférence. Nous verrons une bonne fois s'il n'est pas possible de faire quelque chose et s'il convient de rester indécis devant les Russes s'en allant sans bruit, les Autrichiens disant, pas trop haut, qu'il faut marcher, les Turcs marchant trop, les Prussiens immobiles. On peut bien dire que tout n'est pas fini, car rien n'est commencé. Je remercierais bien qui pourrait me dire quel jugement l'histoire portera, dans cent ans, sur le général en chef condamné à se mouvoir dans cet obscur dédale!

AU MÊME.

Varna, le 19 juillet 1854.

Cher frère, hier grande et longue conférence d'un intérêt bien saisissant. Tu nous vois d'ici, les amiraux Dundas et Hamelin, Bruat et Lyons, lord Raglan et moi.

Oui, ce sera, si l'on veut, une audacieuse entreprise ; on en aura peu vu de plus vigoureuses et de plus énergiques. A voir la position où nous sommes, militairement et politiquement, les moyens dont nous disposons, on nous accusera de témérité ; soit. Mais est-il possible d'admettre que, devant un ennemi qui se retire et vous brave, deux belles armées, deux belles flottes resteront inactives et se laisseront dévorer par les fièvres ?..... Non, il faut sa part au canon.

Le duc d'Elchingen nous a été enlevé à Gallipoli en douze heures ! Tirons de cette cruelle perte un avertissement.

Or, frère, je dépose dans le creux de ton oreille que, vers le 10 août, nous débarquerons en Crimée.

Je calcule mes moyens, j'accumule mes ressources, et, tu peux le noter, ce sera. Si nous attendons, nous perdrons l'armée et la guerre sera sans fin. Ma santé gagne ; ma décision prise, j'ai passé une excellente nuit.

AU MÊME.

Varna, le 29 juillet 1854.

La commission spéciale que j'ai encore envoyée reconnaître et étudier à fond les points de débarquement en Crimée est revenue hier. Son rapport est clair, unanime. Tous ces hommes distingués, spéciaux, ont bien vu, bien étudié, se sont assez approchés pour recevoir six boulets russes dans leur bâtiment, et tous déclarent que le débarquement est possible sans témérité, et doit réussir si les troupes sont vigoureuses, les mesures bien prises et les ressources suffisantes.

Il faut s'attendre à une forte résistance, à une artillerie formidable et bien servie, à des difficultés de terrain comme position pour combattre. Le fort Constantin, au nord de la ville, est considérable. C'est la clé de Sébastopol; c'est par là qu'il faudra commencer un siége en règle, mais il faudra en même temps faire un siége et livrer bataille. Quelle belle page d'histoire militaire! Au même moment immortaliser la Crimée par un siége, une et peut-être plusieurs batailles, et un combat naval! car la flotte russe ne se laissera pas brûler sans sortir. 14 vaisseaux de ligne se défendent partout, et la flotte russe a sa valeur, si j'en juge par le coup plein d'audace du *Wladimir*.

Une conférence a eu lieu hier, chez moi, sous ma

présidence. Lord Raglan, sir Georges Brown, l'amiral Lyons, le général Canrobert et le général Martimprey y assistaient ; et, après l'exposé fidèle de la situation politique et militaire, après avoir comparé, discuté les chances de succès, il a été décidé à l'unanimité que les préparatifs pour l'expédition de la Crimée seraient poussés avec la plus grande activité, les essais, les répétitions d'embarquement et de débarquement de personnel et de matériel continués, et que si mon parc de siége, qui est indispensable à la réussite de l'opération, est arrivé à temps, nous irons débarquer en Crimée. Tout ceci est naturellement subordonné aux événements politiques qui peuvent se produire. Si je débarque en Crimée, si Dieu m'accorde quelques heures d'une mer calme, je suis maître de Sébastopol et de la Crimée. Je mènerai cette guerre avec une activité, une énergie qui frappera les Russes de terreur.

Voilà, frère, où en sont les choses. Je vais demain dimanche à Thérapia ; je verrai le séraskier, le divan entier, le Sultan, M. de Bruck, M. Benedetti. Je ferai mes affaires, et mardi soir je me rembarque pour Varna.

Quand je t'ai souligné la loyauté de lord Raglan, ce n'était pas un doute que j'émettais, mais une double affirmation. Lord Raglan est la loyauté même ; plus on apprend à le connaître, plus on l'apprécie. Nous sommes au mieux sous tous rapports, et je le considère comme un ami.

AU MÊME.

Varna, le 4 août 1854.

Cher frère, je rentre de Thérapia, où j'ai passé quarante-huit heures. J'avais besoin de voir le Sultan et les ministres pour presser l'exécution de plusieurs mesures. J'ai vu Sa Hautesse et suis resté longtemps avec elle. Je lui ai expliqué mes projets. Le Sultan y voit le salut de la Turquie... Oui, si Dieu nous protége, et si le choléra qui sévit sur ma pauvre armée ne rend pas toute entreprise impossible.

La reconnaissance de la Dobrustcha s'est faite. Les spahis d'Orient se sont rencontrés deux fois avec les Cosaques et les ont mis en fuite en leur tuant une quarantaine d'hommes, sans compter les blessés. Les zouaves n'ont pu atteindre les Russes fuyant devant eux. Tout cela est bon; mais le côté triste, c'est le choléra, qui a éclaté comme la foudre dans les spahis d'Orient, dans la première division, de là dans la seconde et la troisième, et fait bien des victimes. Dieu sait si, avec un tel état de santé, il me sera possible d'embarquer des troupes! Irai-je empoisonner ma flotte? Du reste, le choléra est déjà à bord aussi, mais moins fort qu'à terre. A Varna, le fléau faiblit : j'espère que nous sommes dans la période décroissante.

Je fais contre une si mauvaise fortune bon cœur. Je soutiens tout le monde, mais j'ai l'âme brisée.

J'ai lu à Constantinople la réponse faite par la France à la Russie. C'est simple, ferme et digne. Celle de l'Autriche est habile en attermoiement, en espérances de paix, en lenteurs ménagées. Le factum russe est un chef-d'œuvre d'astuce.

Comme tout cela changerait si Sébastopol était en nos mains !

La Maréchale se porte bien ; elle est dans les honneurs. Le Sultan l'a reçue dans son harem. Elle y a passé une journée. Sa Hautesse lui a fait un cadeau magnifique. Mmes Yusuf et Weyer n'ont point été oubliées.

Louise a été invitée aux noces de la fille du Sultan, destinée au fils de Reschid-Pacha. C'est encore un honneur inusité, car la fête se passera en famille. Dans le monde diplomatique, à Constantinople, on s'étonne de cette faveur si loin de l'étiquette et des usages turcs. Je laisse à Louise le soin de te donner des détails. Elle s'en fait une fête.

Voilà donc, frère, où nous en sommes. Volonté d'agir, moyens préparés, et Dieu qui nous frappe dans notre orgueil en nous envoyant un fléau plus fort que la résistance humaine. Je m'incline, mais je souffre bien ; cependant, j'espère encore. J'ai quinze jours devant moi. Le mal peut s'arrêter ; la santé peut revenir.

Pour moi, rien de changé ; résistant à d'atroces douleurs, la vigueur, la force morale sont là.

A M. DE FORCADE, A BORDEAUX.

Varna, le 4 août 1854.

Mon cher Adolphe, je réponds bien vite à ta lettre du 18. Rien d'ennuyeux comme ces distances énormes qui font que ce que l'on nomme des nouvelles vous arrivent quand les événements ont marché, les choses changé de face, et les nouvelles vieilles comme les rues ont l'air d'avoir été écrites du temps de la reine Margot. Il s'agit bien de Silistrie, du Danube et des canards qui m'ont transporté à Bucharest sur leurs ailes, avec vingt mille hommes pour battre les Russes. Je n'ai, hélas, encore battu personne ; mais ce n'est pas la bonne volonté qui me manque. Les Russes s'en vont et moi je me prépare jour et nuit à frapper un coup de massue. Mon plus grand embarras, comme mon plus grand ennemi, c'est le choléra. Celui-là, je ne puis le détruire à coups de canon. Je lui oppose un *œs triplex*, mais je souffre bien. Je n'avais pas besoin de cette complication.

J'écrirai à ta femme par le prochain courrier, à Malromé. Heureux mortel, *recubans sub tegmine fagi*. Je suis bien loin de là. Je t'envoie une lettre pour le conseil général. Mes amitiés à nos collègues de la Gironde.

A M. LEROY DE SAINT-ARNAUD, CONSEILLER D'ÉTAT.

Varna, le 9 août 1854.

Cher frère, jamais, si je me laissais aller à mes impressions, à ma disposition d'esprit et de cœur, je ne t'aurais écrit une lettre plus triste. Je suis au milieu d'un vaste sépulcre, faisant tête au fléau qui décime mon armée, voyant mes plus braves soldats s'éteindre au moment où j'ai le plus besoin d'eux, et n'en continuant pas moins les préparatifs d'une expédition formidable.

Chaque jour la rend plus nécessaire. Je ne puis rester à Varna; au choléra succéderont les fièvres. Je ne puis relever l'armée que par un coup de tonnerre.

Y a-t-il eu dans l'histoire beaucoup de situations semblables à la mienne? Mon moral et mon énergie du moins s'élèveront à sa hauteur. Dieu qui me frappe d'une main me soutient de l'autre. Ma santé n'a de longtemps été meilleure, au milieu des chagrins et des soucis qui me rongent, et que je dévore en secret, la mort dans le cœur, le calme sur le front, voilà mon existence.....

Quand tu recevras cette lettre, je serai embarqué pour la Crimée ou bien près de l'être. En attendant, je passe cinq heures par jour au milieu des morts et des mourants. Cependant le fléau diminue, les cas sont moins foudroyants et plus rares. Il faut quitter Varna pour ne pas faire comme les Russes qui battent en retraite vers le Pruth, en traînant avec eux vingt-quatre mille malades. Mon mouvement les a chassés de la Dobrustcha. Les Turcs sont à Bucharest.

Mon neveu a été pris de la fièvre, je l'ai envoyé à Thérapia ; il reviendra vers le 15 pour s'embarquer. Thérapia est mon infirmerie.....

La Maréchale t'écrit régulièrement, tu sais de ses nouvelles. Elle continue à Thérapia, que le choléra vient d'envahir à mon grand chagrin, ses fonctions de sœur de charité.

Puységur et Clermont-Tonnerre sont revenus à Varna. Cugnac rentre en France, il périrait ici sous les retours de sa fièvre typhoïde. Boyer est fort malade, je le renvoie en France. Dieu veuille qu'il y arrive. Espinasse est chez moi fortement touché. Il faut qu'il aille chercher en France un air réparateur; ses deux aides de camp, ses quatre domestiques sont morts. Espinasse s'embarque demain. Et moi, témoin de toutes ces plaies, de toutes ces misères, moi brisé par la douleur physique, usé par le travail, je résiste, et l'on dirait que je me fortifie de toutes ces santés qui s'en vont!

A MADAME LA MARÉCHALE DE SAINT-ARNAUD.

Varna, le 9 août 1854.

Chère amie, le prince Napoléon part sur *le Berthollet*. Le Prince vient d'arriver chez moi malade, bien malade de la fièvre. Il lui faut des soins de femme, offre-lui l'hospitalité et ma chambre. La place du cousin de l'Empereur malade est chez le Maréchal qui commande l'armée. Quand tu recevras cette lettre, qui te sera remise par M. Ferri-Pisani, aide de camp du Prince, tu auras une heure pour préparer sa chambre et faire tes dispositions. Le pauvre Prince est désolé de la peine qu'il va te causer, je le rassure à cet égard. N'es-tu pas la providence des malades et de ceux qui souffrent ?

A LA MÊME.

Varna, les 9 et 10 août 1854.

Chère amie, la santé est bonne, j'ai encore passé une excellente nuit sans douleurs, mais l'âme est triste. J'ai été hier voir, sur les hauteurs de Franka, mes deux hôpitaux de fiévreux et les débris du 1er de

zouaves qui sont campés près de là avec les malingres
de la première division. C'est navrant, la fatigue, la
maladie sont écrits sur tous les traits de ces braves
gens, ils sont résignés mais profondément tristes.
J'ai vu là onze cents malades et deux mille malingres qui ne me sortent pas de la pensée. Je crois que
pour être général en chef il faut être égoïste; moi,
je ne puis pas l'être; j'aime mes soldats et je souffre
de leurs maux.

Les cas diminuent cependant, la maladie change
d'aspect, il y a amélioration évidente, mais le choc a
été terrible et il faudra du temps pour nous en remettre. Ma pauvre tête travaille sans cesse. Je
cherche, je fouille, je demande à Dieu des moyens
et je tombe avec douleur devant une effrayante réalité. Avec cela, le moral est bon et à la hauteur des
circonstances. Je m'en tirerai, mais j'y use ce qui me
reste de vie. Oh! le repos, comme je le demande et
l'appelle, et comme j'en sens le besoin !

A LA MÊME.

Varna, le 11 août 1854.

Dieu ne nous épargne aucun malheur, aucune calamité, ma chère amie; je cherche au fond de mon
âme toute mon énergie; je voudrais y trouver plus

de résignation, mais la patience la plus sublime échappe en présence de catastrophes indépendantes de toute volonté, qui frappent sans cesse autour de vous et annihilent comme avec un souffle tout le bien que vous préparez à grand'peine. Un violent incendie a éclaté hier soir, à sept heures, à Varna, comme je descendais de cheval, de retour d'une visite à mes malades. Le septième de la ville n'existe plus, le feu brûle encore, mais nous en sommes maîtres. Pendant cinq heures, nous avons lutté contre une perte presque certaine. Le feu tourbillonnait autour de trois poudrières, anglaise, française et turque! Dix fois, j'ai désespéré et j'ai été sur le point de faire sonner la retraite, signal du sauve qui peut. La ville tout entière pouvait sauter. A trois heures du matin, le danger n'était plus imminent; deux heures plus tard, il avait cessé. Il nous reste une grande fatigue, le spectacle d'un grand désastre, des pertes importantes pour les deux armées et des précautions infinies à prendre. Tout le monde a rivalisé de zèle et de dévouement. Tout le monde est harassé, triste, mais ferme et calme.

Je suis retourné tout à l'heure sur le théâtre de l'incendie, j'ai organisé le service, l'ordre et les précautions. Si le vent ne se lève pas avec violence du côté de la mer, nous sommes tranquilles.

Au milieu de ces affreux malheurs, j'ose à peine te parler de moi et de toutes les péripéties qui ont marqué cette nuit. Naturellement, j'ai souffert beaucoup; j'ai eu trois crises violentes et j'ai été obligé de rentrer chez moi deux fois. Deux fois je me suis couché, deux fois on est venu me faire lever pour fuir le saut en l'air. J'ai répondu en retournant sur le théâtre de l'incendie. Figure-toi que l'on a tout déménagé dans ma maison et que, rentrant pour la troisième fois, je ne pouvais plus trouver à me coucher. Mes chevaux étaient partis au bivouac. Quelle scène, quel encombrement! Le zèle inintelligent et qui obéit à la peur est plus à craindre que la sottise elle-même. Enfin, la ville est sauvée et les Grecs, qui riaient sous cape de notre infortune publique, ne comprenaient même pas que nous leur avions sauvé la vie. Surcroît d'embarras, surcroît de soucis, je les surmonterai. Ce matin je suis brisé, mais pas plus mal du reste.

Lord Raglan était allé à la flotte à Balchick pendant que nous brûlions. Je l'attends d'un moment à l'autre. L'envoyé autrichien, comte de Lowenthal, s'est annoncé pour ce soir; il paraît que les Autrichiens veulent entrer à Valachie.

Je te prie de lire ma lettre au Prince; sa division a bien travaillé.

A LA MÊME.

Varna, le 12 août 1854.

Notre incendie brûle toujours, je vais en finir dans la journée, je ne peux pas vivre avec ce danger près de moi. La nuit s'est bien passée, j'ai eu une petite crise, mais courte et faible. La chaleur est mortelle, lourde, suffocante.

Notre état sanitaire s'améliore. Je ne pense plus qu'à la flotte. J'ai vu l'amiral Bruat hier, il était fort triste de tout ceci. Qui ne le serait? Je suis le plus ferme et le plus gai en apparence, mais le fond de mon cœur est déchiré! Cependant, je ne désespère de rien et je continue à marcher vers mon but.

A M. LEROY DE SAINT-ARNAUD, CONSEILLER D'ÉTAT.

Varna, le 13 août 1844.

Cher frère, je croyais que le ciel n'avait plus de calamités à m'envoyer, je l'espérais du moins. Je me trompais cruellement. Le 10 août, à sept heures du soir, comme je descendais de cheval, revenant de visiter mes cholériques, un violent incendie a éclaté dans le quartier marchand de Varna. Un imbécile tirant de l'esprit de vin a laissé sa lumière près du tonneau, quelques gouttes ont pris feu, ont enflammé les vêtements de l'homme, qui en fuyant a mis le feu partout. En un moment, dix baraques brûlaient, l'incendie dévorait tout, alimenté par les esprits, l'huile, les liqueurs, les allumettes chimiques, que sais-je? Pendant cinq heures nous avons été entre la vie et la mort. Les flammes léchaient les murailles de nos trois magasins à poudre français, anglais et turcs. Les munitions pour toute la guerre étaient là, huit millions de cartouches. Quatre fois, j'ai désespéré, j'ai hésité à prendre le dernier parti, faire sonner la retraite, signal du sauve qui peut. Dieu m'a inspiré. J'ai résisté, j'ai lutté, envoyé mes adieux à toi, à tous et j'ai attendu le *saut!* Le vent a changé. Le vide s'est fait à coup de hache, les magasins ont été dégagés. A cinq heures du matin on était maître du feu, qui brûle encore... le septième de Varna n'existe plus. Une grande partie des magasins français et anglais a été brûlée; les pertes sont considérables, non irréparables.

Rien ne m'aura manqué, frère : le choléra, le feu, je n'attends plus que la tempête.... pour la braver aussi. C'est le choléra qui m'attriste le plus. Il peut, s'il continue, me clouer dans ce sépulcre de Varna. La flotte est envahie, des vaisseaux ont perdu le dixième de leur équipage. Vois-tu ce que serait le choléra se déclarant dans des troupes entassées ! Qui ne reculerait devant une entreprise risquée dans de telles conditions ? Et le temps marche, et mes instructions comme nos véritables intérêts nous interdisent le Danube et nous montrent la Crimée. La santé, frère, je ne demande que cela pour mes soldats et pour moi.

Cette dure épreuve de l'incendie ne m'a pas trop abîmé! Après ces heures fatales, j'ai eu trois crises atroces. Le lendemain j'étais bien.

A MADAME LA MARÉCHALE DE SAINT-ARNAUD.

Varna, les 15 et 16 août 1854.

Je rentre de la messe solennelle en plein air du 15 août, et j'ai passé la revue de mes troupes. Tout cela est encore beau, mais il faudrait un autre pays, un autre climat, une autre santé et des ennemis à combattre.

Le choléra s'en va de l'armée. Hier, j'ai eu vingt-cinq cas, vingt-six guérisons, vingt et un décès. C'est la situation de l'hôpital. Il y a dix jours, j'avais cent cinquante cas, quatre-vingts décès et pas de guérisons. Nous avons une amélioration visible, mais malheureusement la saison marche toujours et trop vite. Après tant de traverses et d'épreuves, Dieu me devrait quinze jours de bonheur, ce n'est pas trop.

A MADAME DE FORCADE.

Varna, le 18 août 1854.

Ma chère sœur, pendant que vous vous reposez doucement sous les tranquilles ombrages de Malromé, je me débats péniblement contre toutes les complications, toutes les calamités imaginables. Elles m'ont toutes frappé, sans m'abattre cependant. Le choléra, l'incendie, la peste, le feu et l'eau, j'ai tout supporté. Le cœur dévoré de douleur, j'ai présenté à tous et toujours un visage calme et riant. J'ai vu mes amis, mes compagnons d'armes, mes soldats, qui sont mes enfants, moissonnés comme par la foudre, et je suis resté debout sur cet ossuaire. On dirait que dans mon corps brisé par les souffrances, usé par le travail et la pensée, les forces augmentent en raison de leur décroissance chez tous ceux qui m'entourent. Espinasse, Cugnac, Boyer rentrent en France. Puységur et Clermont-Tonnerre ont été malades. Delattre est à Thérapia chez la Maréchale, qui a fait de son habitation une maladrerie charitable où le prince Napoléon se rétablit de la fièvre. Quelle épreuve au bout de ma vie ! J'en sortirai, ma sœur, parce que j'ai foi et que j'ai un cœur qui ne faiblit devant rien. Si je succombe, je serai tombé avec honneur ; c'est le seul sentiment d'orgueil que je me permette.

Quand vous recevrez cette lettre, je serai embarqué ou bien près de l'être. Priez pour les combattants de Crimée. Quel siècle ! quelle année ! L'Espagne a voulu aussi sa page de trouble et de désordres. Le monde est agité comme une mer en courroux sous un ciel noir. D'ici à la fin de l'année nous verrons bien des choses. Moi, je voudrais un grand coup, une belle victoire et ensuite un repos complet, absolu. Ah ! Montalais ! ah ! Malromé ! quand m'envelopperai-je tout entier de votre quiétude si douce, loin des affaires, des soucis et des hommes... mais pas des femmes, chère sœur, je suis trop galant pour penser cela. Si jamais je me retrouve au milieu de ma famille réunie, bien fin qui pourra m'en séparer. Adieu, chère sœur, embrassez votre mari qui vous le rendra pour moi.

A MADAME LA MARÉCHALE DE SAINT-ARNAUD.

Varna, le 19 août 1854.

Mauvaise nuit, chère amie, longue crise de deux heures, agitation; je suis fatigué ce matin et j'aurai une mauvaise journée, car j'ai beaucoup à travailler. Rien de bien nouveau. Le choléra est toujours la même chose, diminuant chez nous, ravageant la flotte. C'est bien triste. Les amiraux s'assemblent aujourd'hui à Baltchick pour conférer. Bientôt aussi, je réunirai un conseil de guerre. Beaucoup hésitent ou sont maintenant opposés à l'expédition. Comme les circonstances sont changées par le choléra, je veux avoir de nouveau l'opinion des chefs.

Adieu, tu es bien tranquille à Thérapia, ma fille bien tranquille à Montalais, ta sœur bien tranquille à Noisy, Adèle bien tranquille à Malromé, il n'y a que moi qui suis dans l'enfer à Varna.

A LA MÊME.

Varna, le 23 août 1854.

Chaque jour me pousse vers mon but, et j'y marche franchement. Les positions fausses me sont odieuses. Je perdrai moins de monde en Crimée que je n'en ai perdu ici sans gloire par le choléra.

J'ai été voir hier tous mes cholériques et je n'ai pas été mécontent. Un pauvre officier d'artillerie m'est mort entre les bras. J'espère en avoir sauvé un autre, en parlant un peu à son moral et à son imagination. Toutes les sœurs, avec leur supérieure, que tu connais, car elle me parlait de toi, me suivaient au lit des malades. J'espère que, Dieu aidant, nous nous tirerons de là.

Voilà trois nuits que je n'ai pas eu de crises, mais à présent c'est l'estomac qui souffre; il faut toujours que j'aie quelque misère. Cependant, je ne maigris pas et mes forces sont toujours au même degré.

A M. LEROY DE SAINT-ARNAUD, CONSEILLER D'ÉTAT.

Varna, le 23 août 1854.

Cher frère, je ne t'écrirai pas longuement, le temps me manque. Mais le peu que je te dirai aura son poids et son prix. Quand tu liras cette lettre, je serai en mer depuis le 2 septembre. La plus redoutable flotte que depuis longtemps on ait vue, si l'on en a vu de pareille, voguera vers la Crimée pour y vomir en vingt-quatre heures, à la barbe des Russes, soixante mille hommes et cent trente pièces de canon. Nous dépassons Agamemnon, et notre siége ne durera pas aussi longtemps que celui de Troie. Il y a dans l'armée plus d'un Achille, pas mal d'Ajax et plus encore de Patrocles. Tout ira bien, mes ordres sont donnés et, Dieu aidant, la France aura, en octobre, à enregistrer un des plus beaux, un des plus hardis faits d'armes de son histoire militaire. Je n'embouche pas la trompette, je ne sonne pas le tocsin, mais ce sera beau, très-beau. Nous ne demandons qu'une mer hospitalière pour quinze jours.

L'état sanitaire de l'armée et de la flotte va s'améliorant de jour en jour. La vigueur et le moral reviennent à nos soldats, que j'ai vus homme par homme, dimanche dernier, pendant six heures. Enfin, j'ai confiance entière, toute indécision a cessé, tout le monde est content.

Je t'ai exposé le pour et le contre à l'endroit de Sébastopol. Aujourd'hui, je ne vois plus que le *pour*. Je perdrai moins de monde pour prendre Sébastopol que je n'en ai perdu par le choléra et par les fièvres. C'est une grande responsabilité, il faut savoir la porter, même se mettre au-dessus d'elle, c'est ce que je fais. Si je réussis, je serai un grand homme ; si je ne réussis pas, je serai ce que l'on voudra, mais cela sera débattu, c'est toujours une consolation. Quant à moi, j'ai la conscience intime que je fais ce que je dois. Peu importe le reste.

Ah! frère, comme je me reposerai après cela! J'ai passé ma nuit à faire dix siéges de Sébastopol et des proclamations à mes soldats!

Le 24 août.

Le courrier m'apporte ta lettre du 9. On commence à comprendre en France nos difficultés et nos embarras de tout genre. On nous rend justice, on applaudit à l'expédition de Crimée. Quelques-uns même s'étonnent que nous ne soyons pas encore arrivés. C'est charmant. Allons, frère, je ne demande plus qu'un bon vent qui m'y mène. Plus j'y pense, plus je trouve l'entreprise belle et grande, et quelque chose me dit que je réussirai.

A MADAME LA MARÉCHALE DE SAINT-ARNAUD.

Varna, le 25 août 1854.

C'est ta fête aujourd'hui, ma Louise, et je ne suis pas près de toi pour te la souhaiter. Cela me fait un vif chagrin. Hier, je t'ai envoyé par *la Mouette* mon petit souvenir qui t'arrivera aujourd'hui.

Tu croyais peut-être que j'oublierais ta fête, c'eût été presque pardonnable au milieu de tant d'affaires;

mais non, tu recevras un bouquet de fleurs dé toute nature, odoriférantes et non mêlées de soucis, je les garde pour moi. Quant au solide, je te l'enverrai de Sébastopol; il faudra bien que tu aies un souvenir de ce pays-là ; il me préoccupe assez. Je voulais partir le 25, mais nous ne sommes pas encore prêts. Je pousse tout le monde, je gronde, cependant cela marche et je serai en mesure pour le 2 septembre. Demain, les amiraux viennent et nous aurons notre dernier conseil. Je te promets que je mènerai les choses si vigoureusement en Crimée que nous aurons bientôt fini. Je ne veux pas que cela dure plus d'un mois. Nous aurons bien de la peine à nous débrouiller les premiers jours, mais nous nous tirerons toujours d'affaire. La smalah va bien. J'ai passé une assez bonne nuit. J'avais eu une petite crise en me couchant, une friction de fioravente m'a calmé et j'ai bien dormi.

A LA MÊME.

Varna, le 28 août 1854.

Je souffre, mais tu sais que je sais souffrir, je dévore le temps de la pensée. Oh! le temps! c'est le sixième jour de la lune, et il est beau. Toute la lune sera belle, c'est le calcul que faisait mon vénérable maître le duc d'Isly, et j'y crois comme à tout ce qui vient de lui. J'espère que du haut du ciel il m'inspirera devant l'ennemi.

Le prince Napoléon m'a bien dit qu'il voulait te prendre sur *le Roland*. Tu serais venue que j'aurais été bien heureux, mais ce sont de ces bonheurs bien courts que l'on paye trop cher. Il vaut mieux que je ne te voie pas. Je me serais beaucoup attendri et cela m'aurait fait mal. Je souffre déjà bien assez et j'ai besoin de tout mon courage, de toute mon énergie. Peut-être le repos forcé de la traversée me remettra-t-il. Dans tous les cas, je me connais et je sais qu'au moment solennel la machine se remontera au diapason le plus élevé, dût-elle ensuite retomber affaissée sur elle-même ! J'ai éprouvé cela bien des fois dans ma vie. Dieu ne me retirera pas sa grâce au moment où elle me sera le plus nécessaire.

A M. LEROY DE SAINT-ARNAUD, CONSEILLER D'ÉTAT.

Varna, le 29 août 1854.

Cher frère, deux mots. Je suis trop près du moment de mon embarquement pour t'en dire plus. Nous nous en tirerons honorablement, j'en ai la confiance.

Tout est à peu près embarqué. Une grande partie de mon parc de siége, à peu près la moitié, est arrivée et arrive..... L'état sanitaire gagne tous les jours sans être encore parfait. Toujours quelques cas par-ci par-là. Mauvaise chance à ajouter aux mille et une que j'ai rencontrées.

Comme nous remonterons au nord vers Odessa, pour nous laisser descendre avec le vent et les courants vers Eupatoria, nous avons devant nous la perspective de huit jours de traversée, cela donnera le temps de voir venir et de travailler.

Les Russes ont établi un grand camp sur la Katcha, au point où je voulais débarquer. Les journaux avaient pris soin de les instruire, c'est tout simple. J'examinerai avec lord Raglan si j'aurai à prendre un autre point de débarquement. C'est un ennui de plus, mais qui ne me gêne pas beaucoup. Je trouverai bien le moyen de débusquer l'ennemi et de débarquer en perdant le moins de monde possible. Je voudrais bien être en novembre. Ma santé n'est pas aussi bonne. Je souffre sans cesse depuis quatre jours, mais cela ne m'arrête pas. Adieu, cher frère.

A MADAME LA MARÉCHALE DE SAINT-ARNAUD.

Varna, le 30 août 1854.

J'ai passé une triste nuit, malgré les sangsues qu'on m'a posées hier. Ce matin, je me suis trouvé si brisé que j'ai fait le paresseux et je n'ai pas eu une seconde pour t'écrire. Après déjeuner, le malaise m'a reconduit sur mon lit, et à quatre heures je me suis fait appliquer un vésicatoire, mon dernier recours pour combattre mon ennemi. J'en suis là, je lutte, j'attends, surtout j'espère. Il me faudrait un mois consécutif de repos et de chaleur dans mon lit, puis des soins, puis les eaux de Barèges ou de Bagnères-de-Luchon. Tout cela est bien loin de moi; mais les crises se rapprochent, prennent de la violence. L'état aigu tourne au permanent. J'ai l'espoir que le retentissement des coups de canon longtemps répétés agira sur mes nerfs et sur ma poitrine. C'est une chance à laquelle je me rattache, comme l'homme qui se noie à la branche de saule. La branche cassera peut-être... Tout cela est entre les mains de Dieu.

Nous allons toujours, les minutes sont précieuses. Le coup d'œil si vivant, si animé de la rade de Varna est saisissant, et cependant beaucoup de bâtiments ont déjà gagné Baltchick, rendez-vous général.

Le temps se soutient toujours et augmente mes regrets d'être encore ici.

A LA MÊME.

Varna, le 31 août 1854.

Maintenant, chère amie, il ne s'agit plus de songer aux obstacles, il faut les vaincre. Il n'y a plus à reculer, la tâche de chacun est tracée, le devoir et l'honneur parleront et l'entraînement du canon fera le reste. Je tâcherai, d'ailleurs, de prendre si bien mes mesures, que l'on sera surpris en voyant la rapidité du résultat. Malgré les souffrances que j'endure, j'ai encore foi en mon étoile. Nous ne sommes pas venus de si loin, nous n'avons pas supporté tant de traverses pour venir échouer au port. Si je triomphe, je ne resterai pas longtemps à jouir du succès. J'aurai fait plus que ma tâche et je laisserai le reste à faire à d'autres. Mon rôle sera fini dans ce monde. Nous vivrons pour nous dans la retraite et le repos. Il n'y a pas moyen de faire autrement, à moins que la santé ne me revienne, et j'en doute. Le mal est bien profond pour être si tenace. Ne faisons pas de châteaux en Espagne, ils ne sont pas solides dans ce pays-là, la révolution les démolit. Quel malheureux peuple et quel triste rôle joue Espartero : c'est un autre Lafayette.

A LA MÊME.

Varna, le 2 septembre 1854.

Chère Louise, je me lève dans les conditions les plus tristes du monde, nuit atroce, faiblesse, souffrance, coup de vent dans la rade, enfin toutes les contrariétés imaginables, physiques et morales. Malgré tout, je m'embarque à deux heures et je serai à Baltchick à quatre heures. Nous ne mettrons à la voile que demain, si le vent le permet. Je m'abstiens de toute réflexion, celles que je pourrais faire seraient tellement amères qu'elles ne seraient plus chrétiennes. Aurai-je assez bu dans le calice d'amertume? Il y a des moments où mon âme entière se révolte et se soulève. La prière n'agit plus sur moi que comme une tempête. Son impuissance me rejette parfois dans le doute et je souffre tant que ma foi s'ébranle. Je me demande pourquoi s'accumulent sur un pauvre être tant de tortures et de supplices infligés au corps comme à l'âme. Si encore la douleur physique me laissait toutes mes forces, je lutterais ; mais les forces s'épuisent dans la lutte, elle est trop longue. Tout a un terme. Enfin, il me reste un espoir : le repos forcé du bord. La mer m'éprouvera, et ce mal fera diversion à l'autre. De plus, je serai forcé de garder le repos absolu du corps, je m'efforcerai d'y joindre celui de l'esprit.

Je t'aime de toutes les forces de mon âme, et pour cela j'en retrouve beaucoup.

A M. LEROY DE SAINT-ARNAUD, CONSEILLER D'ÉTAT.

Varna, le 2 septembre 1854.

Cher frère, je m'embarque dans deux heures et je suis combattu entre le désir de t'embrasser encore et le peu de dispositions que je trouve en moi pour t'écrire, parce qu'en vérité j'ai de tristes choses à te dire. Mais nous sommes des hommes, et une goutte de plus dans ce calice d'amertume où je me désaltère par force depuis longtemps, ne fait pas grand'chose à l'affaire....

Ce soir, je serai à Baltchik. Les Anglais ne sont pas encore prêts. Les flottes ne partiront pas avant demain soir ou le 4 de grand matin. Cet appareil est formidable et difficile à mettre en mouvement. J'ai écrit à l'amiral Hamelin une lettre d'inspiration qui a été trouvée très-belle.

...Enfin, nous partirons et tu peux garder la pensée bien arrêtée que je ferai le possible, rien que le possible et le sage, mais vigoureusement.

Il est temps que cela finisse, frère, car mes forces s'usent et la maladie qui me mine prend des proportions effrayantes. Jour et nuit, des crises atroces qui se rapprochent et deviennent plus violentes.

L'appétit disparaît; l'inflammation viendra se porter sur le cœur et s'annoncera par une péricardite. J'en ai déjà paré une à Paris, au ministère; un vésicatoire que j'ai à présent sur la poitrine lutte contre une seconde attaque. Mais avec de telles douleurs augmentées par de profondes préoccupations, l'inflammation doit venir et ce sera la fin.

Je ne demande que de pouvoir terminer ma tâche. Si j'ai le bonheur de prendre Sébastopol, je demanderai à l'Empereur de rentrer en France. En honnête homme, je ne puis garder un fardeau que je n'aurai plus la force de porter.

Par une dernière grâce d'état, ma figure ne dit rien de mes souffrances, et pour tout le monde je représente. Mon énergie fait le reste. Le jour du débarquement, le jour d'une bataille, je retrouverai du ressort, mais après... ?

Adieu, cher frère, je suis bien fatigué, j'ai beaucoup à faire, j'écris quelques lignes à Louise, donne de mes nouvelles à notre frère...

Alfred de Wailly, dans son discours de distribution des prix et sur les drapeaux brisés de ses jeunes soldats défaits et bien vaincus, a prononcé mon nom. Remercie-le de ce souvenir amical.

AU MÊME.

A bord de *la Ville-de-Paris*, rade de Baltchick,
le 5 septembre 1854.

Frère, nous appareillons. J'avais donné l'ordre de départ pour le 2 septembre. Le 2 septembre j'étais sur *la Ville-de-Paris*, à mon poste, et la flotte française prête à appareiller. Les Anglais n'étaient pas encore prêts; ils nous rejoindront ce soir, je l'espère ; d'ailleurs, je ne débarquerai pas sans eux.

J'ai reçu avant-hier ta lettre du 19 août, rien à y répondre. Je te répète ce que je t'ai dit : les circonstances, le temps, la position des Russes et leurs préparatifs de défense me guideront dans ce que je devrai faire et dicteront ma conduite. Dans tous les cas, ce sera quelque chose de glorieux.

Il est temps en effet que nous fassions quelque chose. La santé et les forces me trahissent au moment où j'en aurais le plus besoin. Je viens d'avoir des crises répétées plus violentes et plus longues que jamais. J'ai été deux jours au lit ; pour moi et avec les affaires que j'ai en main, tu dois penser si j'étais souffrant ! Aujourd'hui, je suis un peu mieux, mais faible et brisé. Les narcotiques ont un peu calmé les douleurs et forcé le repos, mais tout cela n'est qu'un palliatif. Il arrivera ce que Dieu voudra.

Adieu, frère, le temps me presse ; je profite d'une dernière occasion pour le Bosphore. Donne de mes nouvelles à Malromé.

A MADAME LA MARÉCHALE DE SAINT-ARNAUD,

A bord de *la Ville-de-Paris,* dix lieues ouest du cap Tarkan,
le 10 septembre 1854.

Ma femme bien-aimée, tu vas juger par la date de ma lettre qu'il faut que j'aie été bien souffrant pour t'avoir laissée plusieurs jours sans nouvelles. C'est que depuis le 6, je n'ai pas quitté mon lit de douleur, c'est que mes souffrances sont devenues plus fréquentes et plus vives, et qu'il s'y est mêlé une espèce de fièvre froide d'un mauvais caractère. C'est un souvenir de Varna. Aujourd'hui je me suis levé pour entendre la messe et ensuite je suis resté au soleil sur ma galerie, bien enveloppé, et j'ai recueilli toutes mes forces pour préparer quelques lignes que te portera le premier vapeur que je pourrai envoyer vers le 13. Tu t'attends à des volumes, pauvre amie, tu auras de courtes et tristes pages qui t'affligeront, mais tu auras du courage jusqu'au bout, comme ton mari. La traversée n'a cependant pas été fatigante, la mer jamais trop mauvaise. Cette grosse *Ville-de-Paris* est un monde qu'on ne remue pas facilement.

Cherche ta carte, chère Louise, vois le cap Tarkan au nord d'Eupatoria ; je suis en face de ce cap, à dix lieues au large et en calme. Toute la flotte anglaise et le convoi sont mouillés plus au nord que moi, et je manœuvre pour les joindre et attendre là les quatre vaisseaux à vapeur que j'ai envoyés reconnaître la plage et les positions russes. Je n'ai pas pu, à mon cuisant regret, aller voir moi-même. J'étais sur mon lit au paroxysme de la fièvre. La reconnaissance sera faite demain 11, et alors j'arrêterai le point de débarquement, la baie de Kalamita ou Théodosie, dans la baie de Kaffa, au sud de la Crimée. Demain je saurai te dire cela et t'indiquer à peu près le jour où je prendrai terre en Crimée, soit par une pointe vigoureuse sur Sébastopol, si elle est possible, soit par une campagne en règle débutant par l'Est de la presqu'île, en m'emparant de Kaffa, de Kertch et d'Arabat. L'occupation de ces points peut me donner une bonne base d'opérations. Regarde la carte avec attention, et tu comprendras avec plus de facilité mon projet. Là, je me fortifierai, j'attendrai mes renforts et mes vivres, je soulèverai le pays autour de moi et je profiterai de toutes les occasions pour joindre les Russes, les battre et m'avancer sur Simféropol et Batchi-Seraï. C'est plus long, mais plus sûr pour les flottes, qui ont toujours un abri assuré dans la baie de Kaffa. Te voilà aussi avancée que moi, prie Dieu qu'il me donne de la santé et de la force. Mais si cela continue ainsi, je serai obligé de quitter la partie, et aussitôt que j'aurai établi l'armée en Crimée, je demanderai à l'Empereur un remplaçant.

En commençant cette lettre, chère amie, je ne croyais pas avoir la force d'aller si loin. Adieu, je ne te dis pas toutes mes tendresses, toutes mes pensées pour éviter de m'attendrir, ce qui me fait mal, mais tu les devineras. Mets-en beaucoup, tu n'en mettras jamais assez.

A LA MÊME.

Ville-de-Paris, même position maritime, plus au nord
du cap Tarkan, le 11 septembre 1854.

Ma lettre sera moins longue que celle d'hier, chère Louise, mais aussi moins triste. Je crois que je suis hors d'affaire. Le quatrième accès de fièvre a manqué. Hier pas de crise, cette nuit pas de sommeil, mais pas de crise, l'agitation du quinine, j'en suis gorgé. J'ai pris plus de soixante grains en trois jours. C'est ce qui m'a sauvé ; mais j'ai la tête comme un boisseau. Cela passera, et il le faut, car le temps marche. La commission que j'avais envoyée pour faire la reconnaissance vient de revenir. Tout ce qu'elle rapporte est fort rassurant. Les Russes nous attendent à la Katcha et à l'Alma, mais ils n'ont pas fait de préparatifs de défense exorbitants, ils ont des camps, des troupes sur ces deux points, mais rien de bien formidable.

Je crois bien, chère amie, que le débarquement pourra avoir lieu le 13 ou le 14. Tu sais que le 13 est mon jour favori, ce chiffre m'a toujours porté bonheur. Il me faudra deux jours au moins pour avoir tout débarqué. Le 17 ou le 18, j'aurai une belle bataille à l'Alma, et peut-être une seconde à la Katcha, et je compte être sous Sébastopol le 25. Tout sera fini le 15 octobre, avec la protection de Dieu.

Chère amie, j'en sortirai, je l'espère, avec les honneurs de la guerre, et quand je le pourrai honorablement, je me sauverai dans le repos et dans le bonheur auprès de toi. Oh ! j'en ai bien besoin.

À M. LEROY DE SAINT-ARNAUD, CONSEILLER D'ÉTAT.

A bord de la Ville-de-Paris, dix lieues nord du cap Tarkan, le 11 septembre 1854.

Si j'avais pu t'écrire avant-hier, frère, c'aurait été pour te dire un triste adieu. Depuis le 6, je n'ai pas quitté le lit, et un lit de douleurs. J'avais remporté de Varna le germe d'une fièvre pernicieuse de la pire espèce ; elle a éclaté ici.

J'ai subi les trois accès critiques, le quatrième a manqué. Il a bien fait, je n'aurais pas pu le supporter. Je crois que je suis hors d'affaire. Mais quel assaut ! quelle lutte ! quelle faiblesse elle me laisse ! quel désordre dans le principe de la vie !

Ajoutons à tout cela mes préoccupations, mes soucis... la pensée de laisser sans direction, sans chef, une armée à la veille d'un débarquement..... et moi, mourir de la fièvre devant l'ennemi.... Par la grâce divine, j'ai surmonté tout cela, remercions

Dieu, frère. Je rassemble mes forces pour t'écrire à main posée. N'attends donc pas de longs détails, je te dirai seulement les faits principaux ; quand tu liras cette lettre, tous ces faits seront accomplis et déjà vieux. Ce matin, la commission que j'avais envoyée pour reconnaître la position des Russes et un point de débarquement, est revenue. Les Russes occupent la Katcha et l'Alma, ils y ont des camps, des troupes dont il est difficile d'évaluer le nombre, mais qui n'est pas considérable ; ils n'ont pas fait de travaux de défense extraordinaires. Mon opinion n'a pas changé et je suis toujours pour un débarquement de vive force à la Katcha. C'est du temps et de la marche d'épargnés. Les Anglais ne l'ont pas jugé possible. J'ai cédé, on débarquera à Old-Fort, et j'espère que ce sera le 13 ou le 14.

Le 12 septembre.

La fatigue m'a empêché de continuer ma lettre hier, cher frère, et je la reprends aujourd'hui ; nous marchons au but. Les flottes et les convois sont réunis autour de nous dans un espace de plus de sept lieues. C'est imposant au-dessus de toute idée. Deux cent quatre-vingts voiles allant porter la destruction en Crimée. Il faudra se raccorder pour arriver et débarquer avec ordre. Je ne pense pas que le débarquement puisse se faire avant le 14 de grand matin, c'est toujours le calcul que je t'ai fait.

Donne de mes nouvelles à notre frère. Je n'aurai ni le temps, ni la force de lui écrire. J'ai écrit à ma fille. Vois-la, rassure-la en lui annonçant mon prochain retour. Je lui ramènerai son mari.

Adieu, cher frère, je t'embrasse avec d'autant plus de plaisir que j'ai bien cru que je ne t'embrasserais plus.

Le docteur Cabrol a été parfait. Ses soins m'ont sauvé.

A MADAME LA MARÉCHALE DE SAINT-ARNAUD.

A 5 lieues du cap Tarkan, le 12 septembre 1854.

Rien de bien nouveau aujourd'hui, chère Louise ; excepté pour moi qui travaille, qui prends mes dispositions, la vie de bord est bien uniforme et bien monotone. Enfin, tout le convoi est réuni autour de nous, sur un espace de plus de sept lieues. Nous ne sommes plus qu'à vingt lieues du point de débarquement. Regarde sur ta carte, nous allons entrer dans la baie de Kalamita, et si nous ne débarquons pas demain, ce sera pour après-demain matin de bonne heure.

J'ai passé une nuit agitée et sans sommeil, et avec quelques douleurs ; mais les grandes crises ne sont pas revenues et la fièvre a cédé au quinine. Les forces reparaissent lentement ; cela me préoccupe. J'espère que la réaction se fera par la force des choses devant l'ennemi, et nous y serons dans trois jours.

A M. LEROY DE SAINT-ARNAUD, CONSEILLER D'ÉTAT.

Baie de Kalamita, deux lieues d'Eupatoria,
le 13 septembre 1854.

Cher frère, encore un mot à la hâte. Un coup de vent du nord nous a un peu désunis cette nuit et rend un point de ralliement nécessaire. Nous allons mouiller devant Eupatoria, où notre drapeau flottera ce soir. Demain 14, nous débarquons à Old-Fort, entre quatre et six heures du matin. Ma santé se soutient au milieu des crises qui me torturent souvent. Mes forces reviennent enfin. Le temps est beau.

Les Russes doivent faire de singulières réflexions en voyant notre flotte. Je les occupe partout par de fausses attaques, à Alma et Katcha.

Adieu, je t'embrasse.

A MADAME LA MARÉCHALE DE SAINT-ARNAUD.

Old-Fort (Crimée), 6 heures du matin, le 14 septembre 1854.

Chère bien-aimée, nous débarquons par le plus beau temps du monde et je ne vois pas encore apparence de Russes. Tout se passe parfaitement, je ne demande à Dieu que des forces pour aller jusqu'au bout. Eupatoria s'est rendue hier soir sans résistance. Donne de mes nouvelles en France.

A LA MÊME.

Old-Fort (Crimée), le 16 septembre 1854.

Ma femme bien-aimée, j'ai reçu hier soir en rentrant de passer la revue de l'armée, ta bonne petite lettre du 12. Tu avais mauvais temps dans le Bosphore et tu souffrais pour moi. Ne te crée pas de soucis imaginaires, c'est bien assez de ceux qui sont réels.

Nous avions alors en mer un temps très-passable et aujourd'hui le ciel est pur, le soleil luit, la mer seule est un peu forte, ce qui rend le débarquement difficile et me désole, car cela m'arrête ici, tandis que je brûle d'être en face des Russes.

Toute l'armée est débarquée ; mais j'attends encore le matériel, les chevaux et mulets pour les transports et les ambulances, sans lesquels je ne puis avancer.

J'espère partir demain et coucher sur l'Alma après avoir chassé les Russes. Je marcherai rapidement sur la Katcha et le Belbeck, j'y serai vers le 20. Tu dois comprendre que je suis absorbé par les détails et les affaires. Jusqu'à présent tout va bien. De mémoire d'homme on n'a pas vu un plus beau spectacle que ce débarquement aux cris de *Vive l'Empereur!* Le 14 au soir, toute l'armée était en position. J'ai débarqué vers une heure et j'ai parcouru toute la ligne à cheval aux cris de : *Vive l'Empereur! Vive le Maréchal!* Les troupes sont superbes, pleines d'ardeur, nous battrons les Russes.

Adieu, je t'écrirai dans deux jours, je t'envoie avec un baiser une petite fleur russe cueillie sous ma tente.

A M. LEROY DE SAINT-ARNAUD, CONSEILLER D'ÉTAT.

Old-Fort (Crimée), le 16 septembre 1854.

Cher frère, le 14 septembre 1812 la grande armée entrait à Moscou : le 14 septembre 1854 l'armée française débarquait en Crimée et foulait le sol de la Russie. Les Russes ne sont pas venus s'opposer à notre débarquement, qui s'est opéré avec une rapidité et un ordre admirables.

A cinq heures du soir, j'avais trois divisions et quarante pièces de canon en ligne, et occupant leur position.

Le lendemain 15, la mer a rendu le débarquement plus difficile, cependant j'avais à terre ma quatrième division, la division turque et toute mon artillerie. Aujourd'hui, on débarque encore chevaux, mulets, matériel d'ambulance, etc. J'espère que ce soir tout sera terminé et que je pourrai partir demain si les Anglais sont en mesure comme moi.

Les Tartares nous reçoivent bien. Eupatoria est déjà soulevée et en armes. Les Grecs ont été désarmés.

Je n'ai encore vu que quelques védettes russes et j'ai fait enlever quelques postes ennemis appartenant au 41e. J'ai obtenu de mes prisonniers des renseignements utiles. Il n'y a pas en Crimée plus de soixante mille hommes, un peu répartis partout et occupés à se concentrer.

Jamais, frère, tu ne t'imaginerais un spectacle plus grandiose que le débarquement opéré aux cris de Vive l'Empereur! Il n'y manquait que des Russes. La diversion que j'ai fait faire à la Katcha a démontré à tout le monde que j'avais raison et que c'était là qu'il fallait débarquer. Dix mille Russes n'auraient pas empêché cinquante mille Français et Anglais de débarquer. Aux premiers obus lancés sur leur camp, les Russes ont filé, et si la quatrième division en avait eu l'ordre, elle aurait pu débarquer seule. Je ne fais pas trop sentir aux Anglais que j'avais raison. Vois-tu, frère, j'ai un flair militaire qui ne me trompe pas, et les Anglais n'ont pas fait la guerre depuis 1815. Je vais presser les opérations le plus vite possible. Je me défie de mes forces. Ma santé se débat au milieu des crises et des souffrances. Le 14, j'ai

passé six heures à cheval, et j'ai visité toute la ligne...
Hier, j'ai passé l'armée en revue aux cris de Vive
l'Empereur ! Les troupes sont superbes, en bonne
santé, pleines d'ardeur et d'entrain. Il y a plus de
quinze jours que je n'ai reçu des nouvelles de France.
Je ne sais où sont mes courriers. Tu comprends
combien je désire tes lettres. Donne de mes nouvelles à ma fille et à mon frère. Je suis si occupé et
si fatigué que je ne puis écrire longuement. Je tiens
un journal de l'expédition qui sera curieux.

Adieu, cher frère, quel plaisir j'aurai à t'embrasser dans deux mois et à vivre un peu de la vie si
bonne de la famille.

A MADAME LA MARÉCHALE DE SAINT-ARNAUD.

Old-Fort (Crimée), le 17 septembre 1854.

Ma femme bien-aimée, les Anglais ne sont pas
prêts et me font perdre un temps précieux. Je leur
ai prêté des chalands, ce matin, pour hâter le débarquement de leurs chevaux, et j'espère pouvoir
démarer enfin demain à onze heures du matin.

J'irai coucher sur le Bulganak pour être tout frais
le 19 et forcer le passage dans la journée. Si je le
puis, je pousserai les Russes jusque de l'autre côté
de la Katcha. Je te promets que je ne leur laisserai

pas le temps de s'amuser. Le temps est beau et nous sommes favorisés. Que Dieu nous protége encore quelques jours et tout ira bien. J'ai entendu, ce matin, la messe sous ma grande tente, et j'ai prié pour toi. J'ai eu quatre abbés à déjeuner.

Il y a un grand revirement dans l'armée, et le Prince est à la tête ; il dit hautement que je suis un homme, et que sans moi nous ne serions pas en Crimée. Ma santé est moins mauvaise aujourd'hui. J'ai eu une crise favorable cette nuit, une sueur abondante qui m'a soulagé. Comme je dois supporter toutes les douleurs, j'ai deux clous au-dessus du sein gauche qui me font un mal affreux. Cabrol dit que c'est de la santé, je l'étranglerais.

Rien n'est changé jusqu'à présent à mes prévisions. Le prince Menschikoff a beau faire, je serai du 20 au 22 sous Sébastopol. Peut-être irai-je les attaquer par le sud et laisserai-je leurs grands préparatifs du nord inutiles. Tout cela dépendra de ce que je verrai en arrivant au Belbeck.

Plus le temps marche, chère bien-aimée, et plus il me rapproche de toi. C'est ce qui double mon courage. Je ne pense qu'au moment où nous serons chez nous bien tranquilles. Au printemps, nous irons voyager en Italie et nous reviendrons par la Suisse et l'Allemagne. Nous voyagerons simplement avec deux domestiques et en bons bourgeois. Ne faisons pas trop de châteaux en Espagne, cela porte malheur.

A M. LEROY DE SAINT-ARNAUD, CONSEILLER D'ÉTAT.

Old-Fort (Crimée), le 17 septembre 1854.

Cher frère, demain 18, je compte me mettre en mouvement vers onze heures du matin. Je ferai ma première marche courte... j'irai coucher sur le Bulganak. Le lendemain 19 je serai frais et dispos, j'aurai reconnu les positions russes, et je serai en mesure de forcer le passage de l'Alma et même de pousser l'ennemi jusqu'à la Katcha, si j'en ai le temps.

Aujourd'hui j'ai envoyé un vapeur à l'Alma et à la Katcha pour reconnaître encore les camps ennemis et savoir s'ils n'ont pas pris de nouvelles dispositions. Je saurai cela ce soir. Dans tous les cas, l'armée est superbe et pleine d'ardeur. Nous battrons les Russes.

Tu vois, frère, que notre situation est aussi satisfaisante que possible. L'armée ne demande qu'à en venir aux mains et nous nous montrerons dignes de nos pères. Les Anglais iront très-bien, ils sont dans les meilleures dispositions. D'aujourd'hui en huit, j'espère bien que l'on dira, au bruit du canon, une messe solennelle d'actions de grâce sous les murs de Sébastopol. Ce matin, on a dit une basse messe sous ma grande tente.

Ma santé est meilleure aujourd'hui; j'ai eu cette nuit une crise favorable, une sueur abondante et je souffre moins. Je vais monter à cheval pour aller voir la 4ᵉ division et les Turcs, qui sont aussi pleins d'élan. Je n'ai pu les voir hier, je souffrais trop.

.... La Maréchale est à Thérapia un peu tourmentée, mais raisonnable. Je lui écris le plus que je puis. J'attends ce soir les courriers de France qui sont en retard pour l'armée. Adieu, cher frère, j'espère recevoir des volumes de toi. Il y a longtemps que je suis privé de tes lettres.

A MADAME LA MARÉCHALE DE SAINT-ARNAUD.

Crimée, le 18 septembre 1854.

Je viens d'écrire à lord Raglan que je ne pouvais plus attendre plus longtemps et que je lançais mon ordre de départ pour demain matin à sept heures, et rien ne m'arrêtera plus.

J'ai reçu hier soir ta petite lettre du 14, et ce matin ton paquet de quatre lettres du 2 au 11. Pauvre amie, que d'inquiétudes, de soucis et de larmes! et tu avais raison, car j'étais bien malade. Enfin, tout est passé, je suis en Crimée, j'ai les renseignements les meilleurs. J'ai passé une nuit agitée et pleine de sueurs. Je suis fatigué, mais je puis aller. Demain cela ira tout seul, le canon parlera. Avant quatre jours, je serai sous Sébastopol, après avoir bien battu les Russes.

Tu verras le commandant de *la Tisiphone*, qui a déjeuné ce matin avec moi, et qui veut bien te rendre compte de notre situation générale.

A LA MÊME.

Champ de bataille d'Alma, le 21 septembre 1854.

Victoire, victoire, ma Louise bien-aimée ; hier 20 septembre, j'ai battu complétement les Russes, j'ai enlevé des positions formidables défendues par plus de quarante mille hommes qui se sont bien battus; mais rien ne peut résister à l'élan français et à l'ordre, à la solidité anglaises. A onze heures j'ai attaqué, à quatre heures et demie les Russes étaient en pleine déroute, et si j'avais eu de la cavalerie, je leur prenais plus de dix mille hommes. Malheureusement je n'en ai pas.

L'effet moral est immense. Le champ de bataille sur lequel je bivouaque, sur l'emplacement même qu'occupait le prince Menschikoff hier, est jonché de cadavres russes. J'ai douze cents hommes hors de combat, les Anglais quinze cents. Les Russes doivent en avoir de quatre à cinq mille. Mes ambulances sont pleines de leurs blessés, que j'envoie à Constantinople avec les miens. Ils ont laissé plus de deux mille fusils et sacs sur le champ de bataille. C'est une magnifique journée, et la bataille d'Alma figurera honorablement à côté de ses sœurs de l'Empire. Les zouaves sont les premiers soldats du monde.

Toute victoire se paye. Canrobert est blessé d'un éclat d'obus, mais légèrement. Le coup a frappé à la poitrine et à la main. Le général Thomas a une balle dans le bas-ventre; il rentre en France. Le commandant Troyon a été tué. Pauvre Charlotte! J'écrirai à Mme de Soubeyran. J'ai trois officiers tués, cinquante-quatre blessés, deux cent cinquante-trois sous-officiers et soldats tués et mille trente-trois blessés.

Les Anglais sont tombés sur des redoutes très-fortes et sont plus maltraités que moi. De plus, j'ai perdu moins de monde, parce que j'ai été plus vite. Mes soldats courent, les leurs marchent. Aujourd'hui, je reste ici pour l'évacuation de mes blessés, l'enterrement de mes morts et le renouvèllement de mes munitions. Demain 22, à sept heures du matin, je marche sur la Katcha. Si je trouve les Russes, je les bats encore et je reste le 23 à la Katcha. Le 24, je serai au Belbeck.

Je suis content de mon état-major. Gramont a reçu un éclat d'obus dans son manteau. Maurice [1] s'est montré très-brave; Eynard s'est bien conduit [2]; je leur ai fait entendre à tous des boulets et des balles. Raoul [3] est très-brave; mon fanion a été traversé

[1] M. de Puységur.
[2] M. de Clermont-Tonnerre.
[3] M. de Lostanges.

d'une balle et le cheval de Raoul touché, c'est sa croix. J'écris deux lignes à Mathilde[1]. Écris-lui.

Le Prince a été très-bien et je l'écris à son père, qui, en m'adressant une bonne lettre, te présente ses hommages.

Le mouvement tournant que j'avais ordonné et qui a décidé de la victoire a été parfaitement exécuté par le général Bosquet. L'oreille de son cheval a été emportée par un éclat d'obus.

L'enthousiasme des troupes est admirable. *Vive l'Empereur! vive le Maréchal!* voilà leur cri toute la journée. Toute l'armée m'aime et a grande confiance en moi.

Ma santé se soutient, je suis resté hier douze heures à cheval, et toujours sur Nador, qui a été magnifique, galopant au milieu des boulets, le soir comme le matin. J'ai pris la voiture du prince Menschikoff avec toute sa correspondance. Tout ce qu'il y a de forces disponibles en Crimée était devant moi hier. Cela ne m'empêchera pas de prendre Sébastopol.

Adieu, ma Louise, Dieu nous protége. Sois calme et tranquille. Voilà une belle page à enregistrer dans nos états de service.

---

[1] Madame la marquise de Rougé.

A M. LEROY DE SAINT-ARNAUD, CONSEILLER D'ÉTAT.

Champ de bataille d'Alma, le 21 septembre 1854.

Cher frère, les Russes m'ont opposé, hier, toutes leurs forces disponibles en Crimée, plus de quarante mille hommes, une cavalerie nombreuse, une puissante artillerie ; ils occupaient des positions formidables, bien défendues. Tout a été enlevé. Si j'avais eu de la cavalerie, j'obtenais d'immenses résultats. C'est égal, c'est une belle journée pour nos fastes militaires. Les Français se sont montrés ce qu'ils sont, les plus brillants soldats du monde. Toutes les batteries ont été enlevées à la baïonnette et aux cris de *Vive l'Empereur!*

Tu comprends l'effet moral de cette première affaire ; maintenant, mes soldats ne doutent plus de rien, et cependant les Russes ont bien tenu hier; il a fallu revenir à trois fois pour enlever des positions ; ce sont de bons soldats.... Mais les Anglais et les Français... quelles troupes! quelle solidité chez les uns, quelle ardeur, quel élan chez les autres !! Je n'ai jamais vu de plus beau panorama que cette bataille.

Arrivé sur les hauteurs pour mieux juger des mouvements de l'ennemi, j'ai pu voir les positions enlevées par mes zouaves, et l'armée anglaise faisant un passage de lignes sous le feu de l'artillerie russe pour aller enlever ses batteries. C'était sublime...

J'ai été content de mon état-major. Maurice est très-brave.

Canrobert est blessé, mais légèrement, brillant officier général!

Donne de mes nouvelles à notre frère. J'ai écrit à ma fille.

Et ma santé... incroyable ! Je suis resté hier douze heures à cheval. Et plus d'appétit, plus de sommeil, maigreur effrayante... A la grâce de Dieu !

Adieu, frère, je suis un peu fatigué, mais je t'aime bien et j'ai le cœur content. Embrasse les tiens.

Je t'envoie copie de mon ordre du jour à mes soldats.

A MADAME LA MARÉCHALE DE SAINT-ARNAUD.

Champ de bataille d'Alma, le 22 septembre 1854.

Ma santé n'est pas plus mauvaise, c'est toujours la même chose. Pas d'appétit, pas de forces, peu de sommeil. Mes clous me font souffrir. Les crises paraissent vouloir diminuer, voilà trois nuits que je n'en ai presque pas.

Canrobert va bien, mais sa contusion est forte; il l'a échappé belle.

Quelle belle victoire, ma Louise ! Tout le monde est heureux et fier et brûle de rencontrer encore les

Russes. A présent, je conduirais l'armée au bout du monde. Mais ma carrière est remplie, et après Sébastopol, je ne veux plus songer qu'à me soigner.

Comme toute la famille sera heureuse à Paris. Écris à ton père et à ton oncle de Mercy. Je le ferai aussitôt que j'aurai le temps, mais je suis si occupé. Que de choses roulent sur ma pauvre tête, qui y suffit à peine !

Nous avons un temps de juin en France. Le ciel est avec nous, mais les Anglais me retardent toujours. Adieu, chère amie, je t'écrirai de Sébastopol.

A M. LEROY DE SAINT-ARNAUD, CONSEILLER D'ÉTAT.

Champ de bataille d'Alma, le 22 septembre 1854.

Cher bon frère, les Anglais ne sont pas encore prêts, et je suis retenu ici comme à Baltchick, comme à Old-Fort. Il est vrai de dire qu'ils ont plus de blessés que moi et qu'ils sont plus loin de la mer. Enfin, demain soir je coucherai à la Katcha.

Les renseignements m'arrivent par les déserteurs et les prisonniers. Les Russes ont perdu plus de six mille hommes. Ils sont partis en déroute et tellement démoralisés qu'ils ont été tout droit s'enfermer à Sébastopol. Je ne trouverai personne à la Katcha, et tout au plus des batteries au Belbeck. Je viens de recevoir le courrier de France qui m'a apporté ta lettre du 1er septembre. Ma fille était chez toi.

Ta politique est vieille et les faits se sont chargés d'y répondre. Je suis loin de penser que la victoire lève toutes les difficultés et délivre de tous les embarras... nous en aurons toujours. Mais ce que je pense, c'est que ce que j'ai fait était la seule chose à faire.... eussé-je dû ne pas réussir ! Je ne raisonne donc pas après le succès.

Aujourd'hui, tout le monde est de mon avis dans les armées et dans les flottes. Le revirement a été prompt, il commençait le 14, il a éclaté le 20 au soir avec acclamations, et aujourd'hui je suis un grand homme. Voilà le monde.

Adieu, frère, restons toujours ce que nous sommes, et aimons-nous, voilà le bonheur. Écris à notre frère, dis-lui de remercier M. Denjoy et le conseil général en mon nom. Je n'ai pas le temps de leur écrire.

A MADAME LA MARÉCHALE DE SAINT-ARNAUD.

Au bivouac sur la Katcha, le 24 septembre 1854.

Ma chère bien aimée, je viens de recevoir ton gentil paquet de lettres du 16 au 19. Tu savais le débarquement, mais tu ignorais encore la victoire du 20 à Alma. Cette victoire grandit tous les jours, par ce que nous apprenons par les déserteurs russes des résultats de la bataille et de la démoralisation de l'armée ennemie, qui est rentrée à Sébastopol en déroute, sans s'arrêter nulle part, ni à la Katcha, aussi facile à défendre que l'Alma, ni au Belbeck, dont ils ont fait sauter les ponts. Ils se sont retirés derrière leurs remparts et élèvent des batteries partout. Le général russe Karatief, surnommé le brave, aide de camp de l'Empereur, a eu la jambe emportée par un boulet. Les Russes ont commis un acte désespéré qui prouve à quel point ils sont frappés et terrifiés. Ils ont fermé l'entrée du port de Sébastopol en y coulant trois de leurs gros vaisseaux et deux de leurs frégates. C'est un commencement de Moscou. Cela me gêne beaucoup, parce que cela me forcera peut-être à changer mes plans d'attaque, et à me porter vers le sud du côté de Balaclava.

Je ne sais pas si je partirai d'ici aujourd'hui. Il faut que je me concerte avec lord Raglan sur tous ces nouveaux incidents, et que nous décidions si nous attaquerons au nord ou au sud.

Nous avons encore eu quelques cas de choléra dans les deux armées. Du reste, la santé est bonne et l'esprit excellent. Les hommes sont pleins d'élan. Canrobert va bien.

Ma santé... je n'ose pas t'en parler, ma femme chérie, je me soutiens par miracle, je souffre toujours, je ne mange pas, je ne dors pas, je digère mal, j'ai de plus un gros rhume, un fort mal de gorge qui m'empêche d'avaler ma salive, et deux clous sur la poitrine qui me supplicient. Voilà mon état ; impossible d'avoir des forces avec tout cela, et elles me manquent. Cependant, aujourd'hui je vais moins mal, je souffre moins, j'ai un peu dormi, un peu mangé ce matin.

Au bivouac sur le Belbeck, 6 heures du soir.

J'arrive au bivouac. Cette vallée du Belbeck est un paradis. Il y a des choux et des fruits pour une armée. On a envahi la maison du prince Bibikoff, tu auras un petit guéridon qui appartenait à la princesse, souvenir de la guerre de Crimée.

Demain, je pars de bonne heure et nous marchons sur Balaclava. Je coucherai sur la Tchernaia.

Les Russes sont toujours épouvantés, ils ne tiendront plus que derrière leurs murailles. J'ai un peu souffert ce soir.

A M. LEROY DE SAINT-ARNAUD, CONSEILLER D'ÉTAT.

Au bivouac de Belbeck (Crimée), le 24 septembre 1854.

Cher frère, les Russes sont frappés de terreur, ils ont fui jusque dans Sébastopol et ne tiendront plus que derrière leurs remparts. Ils auraient pu me tuer beaucoup de monde au passage de la Katcha et surtout du Belbeck. Je n'ai trouvé personne sur mon chemin que des morts, des blessés et des débris de leur armée en fuite.

Ils avaient élevé de fortes batteries en face des passages du Belbeck, je me suis jeté à gauche et j'ai passé à six kilomètres au-dessus d'eux. J'ai tourné toutes leurs positions.

Nous bivouaquons dans un pays superbe. Les armées ont trouvé des choux et des fruits en abondance. Demain, je me dirige par la route de Balaclava. J'irai coucher sur la Tchernaia, et le 26 je serai au sud de Sébastopol, maître de Balaclava et ayant tourné toutes les fortes batteries et redoutes de l'ennemi au nord. C'est une belle manœuvre.

Nous voyons Sébastopol, et de la ville on peut voir les feux de nos bivouacs qui tiennent près de trois lieues.

Adieu, je t'écris à la hâte ; ma santé ! ma santé ! elle est toujours la même. Je t'embrasse, bon frère [1].

---

[1] Ici se termine la correspondance du Maréchal avec sa famille. Dans la nuit du 25 au 26, une attaque de choléra vint épuiser ce qui lui restait de forces. Le 26, il résigna son commandement et adressa ses adieux à l'Armée.

La lettre qui suit a été écrite la veille de la mort du Maréchal, par son gendre, M. de Puységur.

LE MARQUIS DE PUYSÉGUR

A M. LEROY DE SAINT-ARNAUD, CONSEILLER D'ÉTAT.

Balaclava, le 28 septembre 1854.

Mon cher oncle, après une lutte acharnée, le mal a été le plus fort. Nous ramenons mon pauvre père à Therapia. Il va rentrer en France, après avoir remis son commandement au général Canrobert. Le 6 septembre c'était une fièvre pernicieuse, le 24 c'était une attaque de choléra. C'était trop.

Mon père lutte avec son énergie habituelle. Du reste, il est sauvé et sera en France probablement vers le 20 octobre. Il vous charge de donner de ses nouvelles à M. Fould, et de le prier de dire à l'Empereur que son plus grand regret est de ne pas pouvoir le servir aussi longtemps qu'il l'aurait voulu, mais les forces de l'homme ont des bornes.

Au surplus, les Russes sont dans une panique tellement incroyable que depuis Alma on n'en a pas vu, excepté quelques petits détachements errants qui se sont fait prendre avec les bagages du prince Menschikoff. Les armées alliées sont maîtresses de Balaclava et du monastère. C'est un point assuré pour le débarquement de tout ce qui leur est nécessaire et vous pouvez compter que dans quinze jours le drapeau de la France flottera sur Sébastopol.

Donnez des nouvelles de mon père à la famille.

On lit sur la seconde page :

Tout ce qui précède, mon cher oncle, m'a été dicté par mon beau-père, et j'ai transcrit fidèlement. Mais après avoir fait mon office de secrétaire, il me reste à faire mon devoir de gendre et à vous dire la vérité vraie.

Mon beau-père est fort mal. Les symptômes de choléra on disparu complétement, c'est vrai ; mais il reste une faiblesse excessive qui nous donne les plus grandes inquiétudes. Cabrol est comme nous fort inquiet, mais il ne désespère pas. Depuis hier, le Maréchal va mieux évidemment, la figure est meilleure et les vomissements ne se renouvellent pas, mais il est toujours bien faible et son estomac reçoit avec bien de la peine quelques gouttes de bouillon. Nous ne perdons pas encore l'espoir de vous le ramener à Paris. Nous nous embarquons demain à bord *du Berthollet* qui, en trente heures, nous mènera à Thérapia, où nous comptons faire reposer notre cher malade pendant six ou sept jours, avant de l'embarquer pour France. Je vous tiendrai, d'ailleurs, au courant de l'état de sa santé par toutes les occasions qui se présenteront.

Qu'il est triste d'être ainsi contraint d'abandonner

son commandement au moment de toucher le but et de couronner une expédition qu'il avait conçue, méditée, préparée et mise à exécution ! Heureusement ses efforts n'auront pas été stériles. L'armée est campée à deux kilomètres de Sébastopol, dont la garnison est frappée de terreur.

Je n'écris pas à Louise[1], j'ai peur de trop l'inquiéter. Soyez assez bon, mon cher oncle, pour lui donner vous-même des nouvelles de son père, de manière à ne pas trop la frapper. Pauvre femme, que d'épreuves le ciel lui envoie !

Veuillez aussi prévenir mon oncle de Forcade. Je viens de lire à mon beau-père une lettre de lui et de ma tante Adèle. Elles lui ont fait du bien ainsi que les deux vôtres que je lui ai lues également.

[1] Madame la marquise de Puységur.

FIN DU SECOND ET DERNIER VOLUME.

APPENDICE

AU SECOND VOLUME.

Cet appendice contient les principaux passages extraits du rapport du général Randon, Ministre de la Guerre, sur l'expédition de Kabylie; le résumé des actes politiques et administratifs qui ont marqué le ministère du Maréchal de Saint-Arnaud, enfin les divers documents relatifs à la guerre d'Orient et à la mort du Maréchal.

Plusieurs des documents qu'on a réunis dans cet appendice ont frappé à diverses époques l'attention publique. On peut citer notamment les discours prononcés par le Maréchal sur la proposition des questeurs et à la cérémonie d'inauguration de la statue du Maréchal Ney; les rapports sur la bataille de l'Alma; les dernières lettres au Ministre de la Guerre et les adieux à l'Armée.

RAPPORT DU GÉNÉRAL RANDON, MINISTRE DE LA GUERRE, AU PRINCE PRÉSIDENT DE LA RÉPUBLIQUE, SUR L'EXPÉDITION DE KABYLIE[1].

« Depuis longtemps l'attention du Gouvernement est fixée sur les montagnes qui bordent le littoral entre Dellys et Philippeville. Cette partie du pays était restée en dehors de notre autorité, alors que

[1] Ce rapport peut être utilement rapproché de la Correspondance.

l'Algérie tout entière, de la frontière de Tunis à celle du Maroc, de la Méditerranée aux limites sud du Sahara algérien, avait reconnu notre domination. Le groupe de montagnes plus particulièrement connu sous le nom de Kabylie, est habité par une population belliqueuse, mieux armée et mieux organisée pour la résistance que les Arabes, parlant un langage différent, obéissant à des habitudes et à des mœurs qui lui sont propres. Sous le gouvernement turc, les Kabyles avaient toujours échappé à l'action des chefs qui administraient les tribus et jouissaient d'une indépendance complète sinon en droit, au moins en fait.....

» Les instructions adressées au gouverneur général de l'Algérie dès le 15 mars dernier, lui prescrivaient de réunir à la fin d'avril ou dans les premiers jours de mai, une colonne de huit mille combattants pour opérer dans le triangle montagneux compris entre Milah, Djidjelli et Philippeville.....

» Les ordres du gouvernement étaient à peine connus en Algérie, qu'une vive agitation se déclarait dans les montagnes qui devaient être le théâtre de l'expédition; exaltées par le souvenir des armées turques, qu'ils avaient à diverses reprises taillées en pièces au milieu de leur pays, les Kabyles juraient de disputer le passage à l'armée française. La ville de Collo elle-même, dont la population s'était jusqu'alors montrée animée de bonnes dispositions à notre égard, fut entraînée dans une manifestation hostile contre le commandant supérieur de Philippeville, arrivé dans cette localité sans une escorte suffisante.....

» Le général de Saint-Arnaud réunit à Milah une division de douze bataillons, quatre escadrons, huit pièces de montagnes (huit mille hommes). Ces forces étaient organisées en deux brigades, l'une sous les ordres du général de Luzy, la seconde commandée par le général Bosquet.

Marche du général de Saint-Arnaud sur Djidjelli.

» Pour se porter à Djidjelli, la division avait à traverser un pays de montagnes abruptes, sans routes et dans la majeure partie duquel jamais soldat français n'avait pénétré; il lui fallait lutter contre l'énergie de tribus qui croyaient encore à l'inviolabilité de leur territoire. Le général se mit en mouvement le 8 mai; il était attendu par les Kabyles au passage de l'Oued-Dja, chez les Ouled-Askar.

» Le 11 mai, nos troupes devaient descendre du Fedj-Beïnem, en vue de l'ennemi jusqu'au fond du ravin dans lequel coule l'Oued-Dja, dont le lit est à quatre cents mètres au-dessous du niveau du Fedj; elles avaient ensuite à gravir sur la rive gauche une pente escarpée dominée par des villages retranchés. Trois colonnes s'avancent avec audace et enlèvent les retranchements en passant sous le feu plongeant du gros village de Kazen; elles poursuivent l'ennemi jusqu'aux trois cols des Ouled-Askar, d'où elles commandent la position. Le général Saint-Arnaud établit son camp à El-Aroussa.

» L'ennemi éprouva des pertes nombreuses dans cette affaire, qui dura depuis sept heures du matin jusqu'à la nuit; mais le succès fut acheté au prix de deux officiers et seize soldats tués, et de cent blessés, dont sept officiers.....

» La journée du 12 fut employée par les généraux de Luzy et Bosquet à opérer contre les villages des Ouled-Askar et des Ouled-Mimoun. Les Kabyles opposèrent une vive résistance à tous les mouvements de nos troupes.....

» Le 13, la division avait à parcourir un pays très-difficile. Le convoi suivait un sentier étroit, bordé de taillis épais et dominé par des positions que l'infanterie occupait successivement pour protéger la marche. Des engagements très-vifs, où nous avions constamment l'avantage, avaient lieu en tête, en queue, sur les flancs, quand un incident malheureux vint inopinément doubler les pertes de la journée. Deux compagnies de grenadiers du 10ᵉ de ligne avaient remplacé, sur une position escarpée et couverte de bois, deux compagnies du 16ᵉ léger. Assaillies à l'improviste par trois à quatre cents Kabyles qui s'étaient approchés sans être aperçus, elles sont précipitées du haut des rochers. Les cinq officiers et quarante-trois hommes sont tués; soixante sous-officiers, caporaux ou soldats sont blessés. Un bataillon du 9ᵉ de ligne, accouru au bruit de l'engagement, ne recueille que les débris des compagnies et ne reprend la position qu'au prix de neuf blessés et de quatre tués. Les troupes s'étaient battues tout le jour avec un grand courage. Les pertes réunies de la journée s'élevèrent à six officiers et soixante soldats tués, et à cent vingt-quatre blessés.

» Le 14 mai, la division combattant sans cesse comme la veille, continua de descendre par des sentiers impraticables vers l'embouchure de l'Oued-el-Kébir (qui n'est autre que le Roumel). Les Kabyles redoublaient d'efforts; c'était non loin de ces terrains si profondément tourmentés que l'armée du bey Osman avait été complétement détruite vers 1804; ils avaient annoncé un pareil désastre pour nos troupes. Mais aucune difficulté de terrain, aucune position escarpée, aucune fatigue ne surprit ni ne lassa nos soldats, l'ennemi fut partout repoussé.

» On était sorti du massif montagneux; le pays s'élargissait, on entrait dans la plaine. Dans la marche du 15, les bataillons qui furent chargés d'attaquer les plus beaux villages des deux rives de l'Oued-el-Kébir, ne rencontrèrent qu'une faible résistance.

» Le 16, la colonne bivouaquait sous les murs de Djidjelli.

» Cette longue et pénible marche pendant cinq jours consécutifs, au milieu d'un pays inconnu, à travers des tribus nombreuses et réunies en armes, n'amena pas de résultats ostensibles. Le général de Saint-Arnaud, pressé de déposer ses blessés à Djidjelli et de s'y ravitailler, n'avait pas eu le temps d'obtenir des soumissions; mais le moment approchait où nous allions recueillir le fruit de ces premiers efforts.

» En effet, le 19, le général de Saint-Arnaud était parti pour Djidjelli et avait dans la matinée établi son camp au milieu de la tribu des Beni-Amran. Après quelques heures de repos, dix bataillons sans

Opérations au sud et à l'ouest de Djidjelli.

sacs, toute la cavalerie et l'artillerie prirent les armes pour assaillir les masses de Kabyles qui se montraient sur les hauteurs à deux kilomètres et à gauche du camp. Toutes les positions furent enlevées, et l'ennemi poursuivi pendant plus de deux heures, éprouva de grandes pertes ; la cavalerie sabra bon nombre de fuyards.....

» Un succès plus important encore devait récompenser le lendemain la bravoure et la persévérance de nos soldats. Les Kabyles couronnaient en face, à quatre kilomètres du camp français, une crête boisée, longue de deux kilomètres; leur gauche s'appuyait à un ravin profond et escarpé ; à leur gauche, la ligne des crêtes s'abaissait par mamelons étagés jusqu'à un col de facile accès, par lequel la cavalerie pouvait tourner toute la position et arriver par derrière au ravin de gauche. Au signal d'un coup de canon, la cavalerie, masquée par un pli de terrain et par les bois, s'élance au galop, sabre tout ce qu'elle rencontre, gagne le col qui vient d'être décrit et arrive sur le bord du ravin, derrière la gauche de l'ennemi, pendant que l'infanterie l'aborde de front avec impétuosité. Les Kabyles rejetés de leur droite à leur gauche, tournés par la cavalerie, s'entassent dans le ravin sur le bord duquel les tirailleurs, formant l'extrême droite de la ligne française, les ont devancés malgré les difficultés du terrain. Fusillés à bout portant par nos intrépides fantassins, à travers les rochers et les broussailles, trois ou quatre cents Kabyles restent sur la place sans autre perte de notre côté que trois hommes tués et six blessés.

» Les résultats de ces brillants combats ne se firent pas attendre : dès le lendemain, le général de Saint-Arnaud recevait la soumission des Beni-Ahmed, des Beni-Khetab et des trois grandes fractions des Beni-Amram.

» La journée du 21 fut employée à faire reposer les troupes ; les malades et les blessés furent évacués sur Djidjelli, et le lendemain 22 la division continuait sa marche, sans rencontrer d'autres difficultés que celles qu'opposait le terrain. Elle arriva à Tibairen, le 24 mai.

» Le lendemain 25, le général Bosquet se sépara de la colonne pour aller rejoindre le général Camou sur la route de Sétif à Bougie....

» Le général de Saint-Arnaud établissait, le 26 mai, son bivouac au milieu des Beni-Foughal et, sans perdre de temps, il attaquait le même jour les rassemblements qui s'étaient formés à son approche et s'emparait de quelques villages. Le lendemain 27, les Beni-Foughal et les Beni-Ourzeddin venaient faire leur soumission, après avoir essayé de lutter encore dans un second engagement, où nous leur tuâmes beaucoup de monde, sans pertes de notre côté.

» A dater de ce moment la colonne n'eut plus un coup de fusil à tirer jusqu'à son arrivée à Djidjelli, le 2 juin. Sur son passage, les Kabyles ne quittaient plus leurs habitations ; ils s'empressaient autour de nos soldats pour demander l'aman et donnaient des otages. Toutefois, quelques tribus situées à l'extrémité ouest du cercle de Djidjelli et chez lesquelles nous n'avions pas pénétré, s'étaient contentées de faire des promesses qui ne se réalisèrent pas.

» Après avoir donné quelques jours de repos à ses troupes, le général de Saint-Arnaud entrait de nouveau en opération le 5 juin, pour se porter à l'ouest, et obtenir raison des tribus qui croyaient en être quittes pour des promesses mensongères. Le 9 juin, il avait avec les Beni-Aïssa un engagement qui décidait de leur soumission ; le 10, il bivouaquait chez les Beni-Maad, tribu considérable où il trouva réunis tous les contingents des Ouled-Nabet, Ouled-Ali et Beni-Marmi. Les Kabyles couronnaient les hauteurs et occupaient les positions les plus difficiles ; ces positions furent successivement enlevées... Après deux jours de combats, les Beni-Maad et les Beni-Marmi arrivèrent à composition.

» Le 12, la division marchant sur Ziama rencontra les contingents des Ouled-Nabet et des Beni-Seghoual, paraissant vouloir lui disputer le passage du col qui sépare les bassins de l'Oued-Mansouria et de l'Oued-Ziami. Les tirailleurs indigènes abordèrent franchement la position et les Kabyles ne tinrent pas. Le soir du même jour, les Ouled-Nabet et les Beni-Seghoual faisaient leur soumission. Cet exemple était suivi le lendemain par les Beni-Bou-Youcef, qui relèvent de Bougie.

» Toutes les tribus de la partie ouest du cercle de Djidjelli étant ainsi soumises, la place débloquée, le pays ayant reçu son organisation, rien ne retenait plus de ce côté le général de Saint-Arnaud, qui rentra à Djidjelli le 16 juin pour se diriger vers l'est afin de terminer sa tâche laborieuse.

» Pour ne pas augmenter, Monsieur le Président, la longueur de ce rapport, j'ai passé sous silence les difficultés du terrain qui arrêtaient à chaque pas la colonne : ravins profonds, cols élevés, pentes abruptes, rochers escarpés, sentiers qui n'étaient rendus praticables que la pioche à la main, marches des plus pénibles sur des crêtes boisées, pluies torrentielles, puis chaleurs accablantes. Les personnes qui connaissent la configuration tourmentée de la Kabylie, l'élévation des montagnes, la rapidité des pentes, l'absence de toute voie de communication comparable à nos plus mauvaises routes d'Europe, apprécieront à leur valeur les travaux de nos soldats par la seule indication des différents points où ils se sont portés avec tant de rapidité.

» Le 18 juin, le général Saint-Arnaud continuait ses opérations. Il bivouaquait le 19 chez les Beni-Ider et avait avec eux un premier engagement qui nous coûta un homme tué et dix blessés. Les Kabyles vivement poursuivis perdirent une quarantaine des leurs. A dater de ce jour, la colonne eut constamment devant elle les contingents qu'elle avait déjà combattus dans sa marche de Milah à Djidjelli. Les Beni-Ider, les Beni-Habibi, les Ouled-Aïdoun, les Ouled-Aouhat, les Ouled-Askar, les Beni-Meslem, les Beni-Fergan, les Beni-bel-Aïd, les Ouled-Attia, les Beni-Toufout sont les principales tribus qui cha-

Opérations à l'est de Djidjelli.

que jour viennent disputer le passage à notre armée. Elles luttaient jusqu'au moment de leur soumission, et chaque soumission obtenue affaiblissait l'effort de la résistance sans diminuer l'ardeur et l'acharnement du combat...

» Le 21, la colonne alla bivouaquer au Tahar, position militaire qui domine le pays des Ouled-Askar, la vallée de l'Oued-el-Kébir et une grande étendue de pays. L'avant-garde et l'arrière garde furent seules engagées pendant cette marche. Mais arrivés au bivouac quelques bataillons sans sacs, lancés sur l'ennemi, le poussèrent très-loin, et le même jour toutes les fractions des Beni-Ider venaient faire leur soumission....

» Le 22, les contingents des tribus voisines se réunirent et se montrèrent sur les crêtes en vue du camp. C'était une simple démonstration, quelques bataillons suffirent pour les chasser de leur position qu'ils abandonnèrent sans résistance. Au soir, les Beni-Mamer et les Beni-Itah se rendirent au camp, et le lendemain les Ouled-Askar demandèrent l'aman.

» Le 24 juin, la colonne se montra chez les Beni-Habibi, où elle fut accueillie à coups de fusil. Quatre bataillons aux ordres des lieutenants-colonels Espinasse et Perigot prirent aussitôt l'offensive et se rendirent promptement maîtres des villages ; mais à leur retour au camp ils furent suivis par les Kabyles qui payèrent cher leur audace. Sept bataillons sans sacs, enlevés avec une grande énergie par le général de Luzy, fondent sur eux, et sans les laisser respirer un moment, les poursuivent la baïonnette dans les reins. Plus de deux cents cadavres restèrent sur le terrain. Nous eûmes de notre côté six hommes tués dont un officier et vingt et un blessés. Cette vigoureuse action dans laquelle le général de Luzy fut parfaitement secondé par le colonel Marulaz et les chefs de bataillon Bataille et Lenoir, nous valut la soumission des Beni-Habibi, chez lesquels la colonne séjourna le 25 pour régler leurs affaires.

» Le général de Saint-Arnaud descendit le 26 de Tabenna à Kounar, sur le bord de la mer, pour prendre un ravitaillement que lui apportait la corvette à vapeur *le Titan*. La distance à parcourir n'était que de seize kilomètres, mais le pays était très-difficile et le sentier suivi par nos troupes sur l'arête d'un contrefort tellement étroit, qu'on était obligé de défiler par un. L'ennemi ne se montra pas d'abord ; le général avait reçu des otages des tribus dont il parcourait le territoire et tout annonçait une marche pacifique, quand tout à coup l'arrière-garde, aux ordres du colonel Marulaz, fut assaillie par trois mille Kabyles avec une sorte de fureur. Repoussés, ils reviennent à la charge : on se mêlait, on se battait corps à corps avec ces intrépides montagnards. Le terrain est disputé pied à pied et ce n'est qu'après plusieurs retours offensifs, vigoureusement conduits par le lieutenant-colonel Espinasse et le chef de bataillon Picard, que l'arrière-garde parvint à décider la retraite des Kabyles. L'ennemi laissa plus de cent vingt cadavres sur le terrain, le chiffre de ses blessés dépassait deux cent cinquante ; mais de notre côté, nous avions des pertes sensibles, vingt-huit hommes et deux officiers tués, et cent cinq blessés dont deux officiers. On sut, depuis, que les contingents de quatorze tribus avaient été réunis par un Arabe de Collo, fils d'un caïd sous la domination des Turcs, et qu'il avait dû user de violence pour forcer les Beni-Habibi à marcher contre nous. Toutefois, cette sanglante affaire compléta les résultats obtenus par les combats précédents ; les Ledjennah et les Beni-Salah vinrent demander l'aman.

» Toutes les tribus du cercle de Djidjelli ayant fait acte de soumission, le général de Saint-Arnaud se porta sur la rive droite de l'Oued-el-Kébir pour continuer sa rude mission dans le cercle de Collo.

Marche du général de Saint-Arnaud sur Collo.

» Il était le 1er juillet à Bou-Adjoul, chez les Bel-Aïd, dont il trouva les contingents en armes. Nos troupes divisées en plusieurs colonnes les attaquèrent aussitôt avec leur vigueur accoutumée, les rassemblements furent bien vite dispersés, une quarantaine de Kabyles furent tués. Cette action nous coûta deux hommes tués et quinze blessés.

» Le lendemain 2, on pénétrait chez les Beni-Meslem, tribu nombreuse dont les villages étaient défendus par quinze cents fusils. L'ennemi paraissait vouloir opposer une résistance sérieuse ; mais après un engagement de courte durée, qui fut signalé comme les précédents par des actes de bravoure, les Beni-Meslem vinrent offrir le payement de l'impôt. Dans la nuit qui suivit, le général de Saint-Arnaud fut attaqué dans son camp par des contingents des Ouled-Aïdoun, Ouled-Attia, Ouled-Aouhat. Nos troupes furent admirables de calme et de sang-froid ; les dispositions du combat furent aussitôt prises et avec le plus grand ordre. On laissa l'ennemi s'approcher jusqu'à dix pas et après une décharge meurtrière faite presqu'à bout portant, la compagnie du capitaine Lasalle, des chasseurs à pied, s'élança à la baïonnette sur les Kabyles que se retirèrent précipitamment en laissant un douzaine de cadavres entre nos mains...

» Le 4, la division se porta chez les Djebala qui couronnaient les crêtes et se montraient disposés à défendre leurs villages. Deux colonnes légères sont aussitôt formées, les positions de l'ennemi sont enlevées au pas de course et les Kabyles chassés de leurs villages, poursuivis dans toutes les directions. Cette action, qui coûta huit hommes tués et quinze blessés, décida la soumission immédiate des Djebala et des Beni-Fergan.

» Le général Saint-Arnaud se porta le 6 chez les Mechat, où il trouva encore de nombreux rassemblements qu'il fallut disperser à coups de fusil : chaque tribu voulait avoir sa journée de poudre, et ne se rendait que bien convaincue de l'inutilité de la résistance... Les troupes avançaient lentement dans le pays, frappant les tribus les plus fortes, choisissant les positions centrales pour rayonner dans tous les sens, descendre sur l'ennemi, le harceler sans cesse, le vaincre et le dégoûter de la résistance. Avant de pénétrer dans le massif de Collo, le général fit venir des vivres de Milah sous la protection de cinq cents hommes d'infanterie et des goums, il évacua sur cette ville ses blessés et ses malades. Ces quelques jours de repos furent employés à peser sur les tribus, qui, nous voyant maîtres du pays, fatiguées d'être battues et chassées à travers les contrées les plus tourmentées renoncèrent enfin à la lutte. Les Ouled-Aïdoun, les Ouled-Ali, les Ouled-Aouhat, les Beni-Aïcha, les Beni-Khetal-Cheraga et les Ouled-Askar, une des plus puissantes tribus de Zouaga, reconnurent notre autorité.

» La division quitta le 12 juillet son bivouac d'El-Milia pour marcher sur Collo. Dans cette journée, les villages de la seule fraction des Ouled-Aïdoun restée insoumise furent attaqués. Les spahis, soutenus par le 20ᵉ de ligne et les zouaves, ont pu dans cette action joindre le gros des Kabyles et leur faire beaucoup de mal. Un cheick influent qui était à la tête de l'opposition contre les Français a été tué.

» Le 13, le chemin à parcourir était long et difficile; il fallait marcher plus d'une heure dans le lit de l'Oued-Yzougar, occuper des positions au milieu des rochers, sur des pics élevés. Les Ouled-Aïdoun insoumis, les Beni-Toufout de la montagne, les Ouled-Attia, les Beni-Ishach, les Achach, avaient réuni six cents fusils pour disputer le passage. Un combat dans un pareil terrain ne pouvait avoir d'avantage décisif. Le général amusa les Kabyles par une fusillade de flanc dans laquelle les chasseurs à pied ont montré beaucoup d'adresse, et faisant tête de colonne à droite, il engagea toute sa colonne sur les crêtes et il redescendit sur l'Oued-Driouat, affluent de l'Oued-Guebli, où il établit son bivouac. Nous n'avons eu à regretter qu'un homme tué et huit blessés. La colonne bivouaqua le 14 à El-Hamman et le 15 sous Collo.

» Le 16, deux colonnes légères aux ordres des lieutenants-colonels Espinasse et Périgot furent lancées contre les villages des Achach ; en exécutant cette opération elles tuèrent une trentaine des plus intrépides défenseurs. Le 17, deux colonnes furent encore mises en mouvement. Pendant que le lieutenant-colonel Espinasse, avec trois bataillons, cinquante chevaux, deux obusiers, maintenait les Achach, quatre autres bataillons conduits par le colonel Marulaz recevaient mission de pénétrer chez les Beni-Ishak. Ils enlevèrent d'abord les quatorze villages des Beni-Ishak, puis ils se trouvèrent en face d'un rassemblement de sept cents fusils environ. Ce rassemblement tint contre l'artillerie et la mousqueterie dans une bonne position. Le signal de l'attaque est donné ; aussitôt les zouaves, le 20e, les tirailleurs indigènes, la légion étrangère, s'élancent au pas de course et abordent vigoureusement l'ennemi. Les Kabyles cherchent leur salut dans un ravin profond ; mais la cavalerie, à la tête de laquelle charge le commandant Fornier, leur coupe la retraite et les arrête. Les Kabyles maintenus dans le ravin tombent sous nos coups ; cent d'entre eux y perdent la vie. Malheureusement le commandant Fornier a été tué roide dans la charge. C'était un officier brillant et plein d'avenir. Nous n'avons eu que cinq blessés. Le résultat de ces deux journées a été d'amener la soumission des Achach. Pendant ces opérations, Collo était entouré d'ouvrages en terre par le reste des troupes; le kaïd était changé et le successeur pris dans une famille influente chez les Aïchaoua.

» Collo était rentré dans le devoir, les Achach étaient soumis, les Aïchaoua étaient neutralisés par l'influence du nouveau kaïd de Collo, les Beni-Ishack étaient terrifiés par l'exécution faite contre leurs villages et la perte d'un grand nombre des leurs.... Le soleil brûlant d'Afrique pesait de toute son ardeur sur une colonne fatiguée par trois mois de marches et de combats.... Le général a dû cesser ses opérations et renvoyer les troupes prendre dans leurs garnisons un repos chèrement acheté....

» Il est intéressant, Monsieur le Président, de noter que ces opérations si importantes qui ont soumis à la France quarante nouvelles tribus, qui ont été compliquées encore par les mouvements qu'il a fallu faire dans le cercle de Bougie, qui se sont prolongées jusqu'à l'époque des plus fortes chaleurs, n'ont cependant nécessité ni accroissement d'effectif ni augmentation de dépenses....

» La conquête de la Kabylie orientale est accomplie; les troubles qui surviendraient à l'avenir n'exigeront plus des efforts aussi longs et aussi sérieux pour être comprimés.

» Je ne terminerai pas ce rapport, Monsieur le Président, sans signaler à la reconnaissance du pays les nouveaux titres que nos braves soldats de l'armée d'Algérie viennent de conquérir. Dans cette série d'opérations et de combats livrés sur un terrain toujours difficile à un ennemi ardent et acharné, la colonne commandée par le général de Saint-Arnaud qui a tenu la campagne pendant quatre-vingts jours, a parcouru six cent quarante kilomètres; elle s'est mesurée vingt-six fois contre l'ennemi et l'a vaincu dans toutes les rencontres. Treize officiers ont été tués, quarante-deux blessés; cent soixante-seize sous-officiers, caporaux ou soldats ont trouvé la mort sur le champ de bataille et sept cent quarante et un ont été blessés. De ces derniers, beaucoup sont rentrés ou rentreront bientôt dans le rang. C'est environ un homme tombé sur huit, proportion peu ordinaire et qui, en témoignant de l'ardeur de la défense, place bien haut la valeur de nos soldats.

RÉSUMÉ

DES ACTES POLITIQUES ET ADMINISTRATIFS
DU MINISTÈRE DU MARÉCHAL DE SAINT-ARNAUD.

Deux mois après son retour d'Afrique, le général de Saint-Arnaud fut appelé au ministère de la Guerre, par décret du 26 octobre 1851.

En présence de la situation politique qui préoccupait si vivement le pays et des grands événements qui se préparaient, le général s'attacha d'abord à assurer la force de l'armée et l'unité de son action. La netteté, la résolution de son langage dans son ordre du jour à l'armée et dans sa circulaire aux généraux, fixèrent l'attention publique. Voici ces documents :

ORDRE A L'ARMÉE.

27 octobre 1851.

Soldats, le Président de la République m'appelle à votre tête ; l'honneur est grand, la tâche facile si vous restez ce que vous êtes : unis sous la loi du devoir, forts par votre discipline.

Partout où l'ordre faiblit, partout où la paix publique est menacée, les gens de bien tournent les yeux vers vous et vous cherchent.

Jamais plus sainte cause ne fut confiée à des hommes plus dignes de la défendre.

N'oubliez pas que dans les temps difficiles, l'armée prévient par la seule énergie de son attitude les désordres qu'elle réprimerait toujours par l'emploi de sa force.

Esprit de corps, culte du drapeau, solidarité de gloire, que ces nobles traditions nous inspirent et nous soutiennent. Portons si haut l'honneur militaire, qu'au milieu des éléments de dissolution qui fermentent autour de nous, il apparaisse comme moyen de salut à la société menacée.

CIRCULAIRE AUX GÉNÉRAUX COMMANDANT LES DIVISIONS TERRITORIALES.

Paris, le 28 octobre 1851.

Général, en confiant le ministère de la guerre à mon dévouement, le Président de la République savait où je puiserais ma force : elle est dans le caractère des hommes que leur expérience et l'éclat de leurs services ont placés à la tête de nos divisions territoriales.

Heureux de compter parmi vous tant de chefs sous lesquels je m'honore d'avoir servi, je n'ai point à demander à nos nouveaux rapports l'occasion de vous retracer des règles dont votre vie entière a été la leçon et l'exemple. Toutefois je répondrais mal à votre attente et je resterais au-dessous de mes devoirs, si je ne m'empressais de me montrer à vous tel que je suis, imbu des traditions dont vous étiez avant moi les fidèles interprètes.

Plus que jamais, dans le temps où nous sommes, le véritable esprit militaire peut assurer le salut de la société.

Mais cette confiance que l'armée inspire, elle la doit à sa discipline et nous le savons tous, Général, point de discipline dans l'armée où le dogme de l'obéissance passive ferait place au droit d'examen.

Un ordre discuté amène l'hésitation et l'hésitation la défaite. Sous les armes, le règlement militaire est l'unique loi.

La responsabilité, qui fait la force et l'autorité du commandement, ne se partage pas; elle s'arrête au chef de qui l'ordre émane; elle couvre, à tous les degrés, l'obéissance et l'exécution.

Dans ce principe si simple, qui est l'âme de la discipline, réside la source féconde des prodiges du courage et du dévouement.

Si devant l'ennemi, la discipline ainsi comprise fut de tout temps l'un des secrets de la victoire, dans les luttes intestines dont la seule menace trouble nos cités, elle assure aussi le triomphe de l'ordre.

On ne choisit pas son temps; nos pères plus heureux ont vu l'ordre public renaître et s'affermir sous les reflets de la gloire militaire; pour nous, c'est à la défense de la civilisation que nous devons aujourd'hui notre sang et nos veilles.

Soyons donc prêts à tout, et soit qu'il faille un jour au nom de la patrie soutenir au dehors l'honneur de nos armes, soit qu'au dedans la société en péril cherche en nous son plus ferme appui, que ces sentiments qui m'animent et qui sont aussi les vôtres, entretenus dans les rangs de l'armée, la maintiennent à la hauteur de sa double mission.

DISCOURS PRONONCÉ A L'ASSEMBLÉE LÉGISLATIVE PAR LE GÉNÉRAL DE SAINT-ARNAUD, MINISTRE DE LA GUERRE, DANS LA SÉANCE DU 17 NOVEMBRE 1851, CONTRE LA PROPOSITION DES QUESTEURS, RELATIVE AU DROIT CONFÉRÉ AU PRÉSIDENT DE L'ASSEMBLÉE DE REQUÉRIR LA FORCE ARMÉE.

Messieurs, la proposition de MM. les Questeurs soulève des questions d'une telle gravité, qu'avant tout débat c'est un devoir impérieux pour les ministres auxquels le Président de la République a accordé sa confiance, de vous exprimer d'une manière précise l'opinion du gouvernement.

Nous ne demanderons pas aux auteurs de la proposition pourquoi ils ont choisi le moment où le calme le plus profond régnait dans le pays et où le message faisait appel aux sentiments de conciliation, pour remettre en vigueur un décret de la Constituante voté la veille du 15 mai, peu de jours avant l'insurrection de juin. Nous ne voulons examiner que la question de légalité.

La Constituante était un pouvoir souverain, absolu, et l'on conçoit que pendant toute sa durée, le décret du 11 mai 1848 ait eu force de loi. Mais après la Constituante, ce décret qui n'était qu'une partie de son règlement, fut de plein droit abrogé, puisque l'Assemblée législative en faisant un règlement nouveau ne l'a pas reproduit.

C'est donc dans la constitution seule qu'il faut chercher les droits de chacun. Or, que dit l'art. 32?

« L'Assemblée fixe l'importance des forces mili» taires établies pour sa sûreté et elle en dispose. »

La proposition a-t-elle pour objet de fixer l'importance de ces forces militaires? Nullement.

Elle demande pour le président de l'Assemblée un droit de réquisition, directe, illimitée, absolue sur l'armée tout entière, au lieu d'un droit limité à une force militaire déterminée d'avance.

Aux termes du projet, il n'est pas un officier de l'armée qui ne puisse être requis directement par le président de l'Assemblée.

C'est là un empiètement véritable contre lequel il nous est impossible de ne pas protester.

L'art. 32 attribue à l'Assemblée, pour sa sûreté, la disposition de forces détachées dont elle aura préalablement déterminé l'importance. Ce droit, nul ne le conteste; mais il faut le renfermer dans les limites prescrites par la constitution.

Le Président de la République ne peut être dépouillé des attributions que les art. 19, 50 et 64 lui ont conférées.

Ces articles dérivent d'un principe fondamental, condition première des gouvernements libres, la séparation des pouvoirs.

Si vous adoptez la proposition des Questeurs, si vous inscrivez dans un décret le droit absolu, illimité de réquisition directe pour le président de l'Assemblée, vous faites passer dans sa main le pouvoir exécutif tout entier.

Ce droit qu'on demande pour lui, ne serait pas seulement la violation du grand principe de la séparation des pouvoirs, ce serait aussi la destruction de toute discipline militaire. La condition essentielle de cette discipline, c'est l'unité du commandement. Or, le projet donne un nouveau chef à l'armée, le président de l'Assemblée législative.

Maintenant, supposez une insurrection, des ordres contradictoires, puisqu'ils pourraient émaner de deux chefs différents, que devient l'armée, sa force, son action? Là où ne règne plus le principe de l'unité du commandement, il n'y a plus d'armée.

Ainsi, inopportune, inconstitutionnelle, destructive de l'esprit militaire, la proposition accuse, malgré la modération du langage, une méfiance injuste envers le pouvoir exécutif; elle répand l'anxiété dans le pays, l'étonnement dans les rangs de l'armée.

Au nom du salut du pays, nous vous demandons de ne point prendre ce projet en considération.

Au moment du vote, M. le général Bedeau adressa au ministre de la guerre l'interpellation suivante.

M. le général Bedeau, de sa place. Avant qu'il soit passé outre au vote, je demande à l'Assemblée de me permettre d'adresser une question aux membres du gouvernement.

Est-il vrai que le décret du 11 mai, approuvé dans sa signification légale par l'honorable chef du cabinet d'alors, M. Odilon Barrot, affiché dans les casernes par le ministre de la guerre d'alors, M. le général Rulhière, qui l'était encore il y a quelques jours, est-il vrai que, par ordre du pouvoir exécutif, il ait été retiré? (Mouvement.)

M. le ministre de la guerre, de sa place. Ainsi que j'ai déjà eu l'honneur de vous le dire, le décret du 11 mai 1848, tombé en désuétude, jamais exécuté, n'était plus affiché que dans un très-petit nombre de casernes. Je n'ai pas voulu laisser aux soldats un prétexte de doute et d'hésitation ; je l'ai fait enlever là où il existait encore.

La proposition des questeurs fut rejetée par une majorité de 108 voix.—408 contre 300.

(*Moniteur* du 18 novembre 1851.)

PROCLAMATION DU MINISTRE DE LA GUERRE
AUX HABITANTS DE PARIS.

3 décembre 1851.

Habitants de Paris, les ennemis de l'ordre et de la société ont engagé la lutte. Ce n'est pas contre le gouvernement qu'ils combattent, mais ils veulent le pillage et la destruction.

Que les bons citoyens s'unissent, au nom de la société et des familles menacées.

Restez calmes, habitants de Paris ; pas de curieux inutiles dans les rues, ils gênent les mouvements des braves soldats qui vous protégent de leurs baïonnettes. Pour moi, vous me trouverez toujours inébranlable dans la volonté de vous défendre et de maintenir l'ordre.

(*Moniteur* du 5 décembre 1851.)

ARRÊTÉ DU MINISTRE DE LA GUERRE.

3 décembre 1851.

Le Ministre de la guerre, vu la loi sur l'état de siége, arrête : Tout individu pris construisant ou défendant une barricade sera fusillé.

(*Moniteur* du 5 décembre 1851.)

ARRÊTÉ DU MINISTRE DE LA GUERRE SUR LES RÉUNIONS, CLUBS OU ASSOCIATIONS.

4 décembre 1851.

ARTICLE 1ᵉʳ. Tout individu, quelle que soit sa qualité, qui sera trouvé dans une réunion, club ou association tendant à organiser une résistance quelconque au gouvernement ou à paralyser son action, sera considéré comme complice de l'insurrection.

ART. 2. En conséquence, il sera immédiatement arrêté et livré aux conseils de guerre qui sont en permanence.

(*Moniteur* du 6 décembre 1851.)

Après les événements du mois de décembre 1851 et le vote presque unanime de la nation qui confiait au prince Louis-Napoléon le gouvernement de la France sur les bases fixées par les décrets du 2 décembre, le Ministre de la Guerre eut à réaliser, dans la sphère de ses attributions, les intentions du Chef de l'État en faveur de l'armée.

Élever la position de l'armée dans l'État et assurer sa force matérielle en même temps que sa puissance morale, faire pénétrer l'esprit des institutions nouvelles du pays dans son organisation altérée par les mesures prises et les décrets rendus à la suite de la révolution de 1848, tel était le but que devait se proposer le Ministre et tel fut l'esprit général qui présida à l'ensemble des dispositions administratives qui vont être analysées.

ÉTAT-MAJOR GÉNÉRAL DE L'ARMÉE.

Dès le 20 décembre 1851, un décret rendu sur le rapport du ministre de la guerre abrogea le décret du 3 mai 1848, qui avait réduit le cadre d'activité des officiers généraux et le cadre de l'état-major.

L'expérience avait fait reconnaître les vices de l'organisation territoriale décrétée après la révolution de février. La trop grande étendue des commandements retardait la transmission des ordres et diminuait ainsi l'efficacité des mesures de répression ordonnées par le Gouvernement pour arrêter toute tentative de désordre.

Ces inconvénients disparurent par le rétablissement des cadres de l'état-major combiné avec un remaniement des circonscriptions territoriales décrété le 26 décembre 1851.

Le nombre des généraux de division fut élevé à quatre-vingts, le nombre des généraux de brigade à cent soixante, et le corps d'état-major fut ramené au complet déterminé par l'ordonnance du 23 février 1833. Le chiffre des divisions militaires fut reporté de 17 à 21, et chaque département eut, comme autrefois, une subdivision militaire commandée par un général.

Dans le but de relever la situation des généraux commandant les divisions territoriales, un décret des 2-11 juin 1852 met à la charge du budget de la guerre l'ameublement des appartements de réception, de leurs dépendances obligées et du cabinet du général dans les hôtels affectés au logement des officiers généraux commandant les divisions territoriales.

Enfin, un décret des 1-28 décembre 1852 rétablit la seconde section du cadre d'état-major de l'armée (la réserve), instituée par la loi du 4 août 1839, et supprimée par le décret du 11 avril 1848.

Ce décret a sensiblement amélioré la position des officiers généraux parvenus à la limite d'âge où cesse leur activité, en leur restituant les trois cinquièmes de leur solde au lieu de la pension de retraite.

RÉORGANISATION DE L'ARMÉE D'AFRIQUE.

CRÉATION DE DEUX NOUVEAUX RÉGIMENTS DE ZOUAVES.

Peu de temps après son entrée au ministère, au mois de février 1852, le général de Saint-Arnaud soumit au Prince président de la République un ensemble de mesures ayant pour objet de créer en Afrique une armée permanente au moyen de l'augmentation des corps d'élite habitués à la guerre et au climat d'Afrique. Dans ce but, le décret du 13 février 1852 créa deux nouveaux régiments de zouaves, compléta l'organisation des bataillons de tirailleurs indigènes, et augmenta l'effectif des escadrons de spahis. Voici les principaux passages du rapport présenté par le ministre pour motiver ces importantes mesures :

« Monseigneur, le temps et l'expérience de la guerre en Algérie ont consacré quelques principes dont votre Gouvernement, justement préoccupé des grands intérêts qui se rattachent à cette question, veut poursuivre l'application successive. L'un des plus féconds de ces principes, au point de vue militaire proprement dit, comme au point de vue économique, est celui de la permanence appliquée aux troupes formant cette partie de l'armée.

» Le raisonnement suffirait pour démontrer que des hommes préparés par un long séjour à subir les épreuves du climat, à prendre part à des luttes où la force physique, la force morale et l'habitude ont une valeur considérable, où le soldat est beaucoup plus individualisé que dans toute autre guerre, et réduit à chaque instant aux ressources qu'il trouve en lui-même, sont les seuls qui soient en mesure d'accomplir utilement l'œuvre difficile et laborieuse que la France poursuit en Algérie. Mais les faits ont confirmé la théorie d'une manière éclatante. Le rôle que le régiment des zouaves et les régiments de chasseurs à cheval d'Afrique ont joué dans le rôle de la conquête et qu'ils jouent tous les jours dans l'œuvre de la pacification a été apprécié par tous. Ils sont par le fait de véritables corps d'élite, fonctionnant dans cette guerre à la manière des réserves appelées à trancher les questions militaires les plus difficiles, ayant un passé et des traditions dont ils sont fiers, et auxquels ils doivent un esprit de corps très-solide et tout algérien.

» En présence de ces faits. on peut regretter que la France ait si longtemps tardé à multiplier dans son armée d'Afrique les créations permanentes. Après une occupation de vingt années, elle devrait peut-être n'avoir aujourd'hui dans ce pays que des corps organisés à la manière des zouaves et des chasseurs d'Afrique. Suppléant à la quantité par la spécialité, elle aurait pu restreindre dans une proportion notable le chiffre des régiments qu'elle entretient annuellement, se réservant d'appeler momentanément en Afrique, dans des circonstances d'une gravité exceptionnelle et qui deviendront de plus en plus rares désormais, des régiments pris dans les garnisons de l'intérieur. Ainsi, les considérations d'économie ne sont pas moins importantes que les considérations d'ordre militaire.

» Ces considérations me conduisent à vous proposer de décider que la portion permanente de l'armée d'Afrique sera augmentée de deux régiments de zouaves.

» Elle serait alors composée comme suit :
» Trois régiments de zouaves;
» Trois bataillons d'infanterie légère d'Afrique;
» Trois bataillons de tirailleurs indigènes;
» Deux régiments (légion étrangère);
» Quatre régiments de chasseurs d'Afrique;
» Trois régiments de spahis.

» L'ordonnance constitutive de l'infanterie indigène, en date du 7 décembre 1841, dispose que les trois bataillons à former dans chacune des trois provinces seront de huit compagnies chacun. Le bataillon de la province de Constantine a seul été organisé d'après ces bases. Celui d'Alger est de six compagnies, celui d'Oran de quatre seulement.

» La partie jeune et entreprenante de la population indigène, déjà modifiée par le contact de nos mœurs, montre beaucoup de goût pour le service, et le gouverneur général appelle toute mon attention sur la nécessité d'encourager et de développer cette tendance. Il démontre qu'il est possible aujourd'hui de trouver de bons éléments de recrutement parmi les Kabyles depuis longtemps soumis à notre domination, comme ceux du Dahra, des environs de Mascara, de Mostaganem, de Tlemcen, et parmi les Coulouglis. Il constate que le service militaire est entre nos mains un puissant moyen d'assimilation, en même temps qu'il utilise au profit de notre domination des éléments qui pouraient être dangereux, s'ils n'étaient employés.

» Ces considérations me conduisent à regarder comme indispensable d'élever à huit compagnies, comportant un effectif de mille hommes, les bataillons indigènes et de les encadrer plus solidement qu'ils ne l'ont été jusqu'à ce jour.

» L'ensemble des dispositions à arrêter pour réaliser le projet de création en Algérie d'une portion d'armée permanente fortement constituée :

» Par la formation de deux nouveaux régiments de zouaves,

» Par un complément d'organisation aux bataillons d'infanterie indigène,

» Par une augmentation proportionnelle de l'effectif des escadrons de spahis,

» Sont l'objet du décret ci-joint que j'ai l'honneur de soumettre à votre approbation. »

La composition des deux nouveaux régiments de zouaves et le choix des officiers qui devaient les commander, fut fait avec le plus grand soin et l'on a pu reconnaître dans la guerre d'Orient que les zouaves, pour avoir vu leur effectif triplé, n'avaient rien perdu de leur valeur individuelle et de leur supériorité comme corps d'élite. Enlevés à la guerre

d'Afrique par les nécessités de la guerre contre la Russie, les trois régiments de zouaves ont formé un véritable corps d'armée qui a mérité cet éloge qui termine le rapport du maréchal de Saint-Arnaud sur la bataille d'Alma. « Les zouaves se sont fait admi-
» rer des deux armées, ce sont les premiers soldats
» du monde. »

CRÉATION DE DIX NOUVEAUX BATAILLONS DE CHASSEURS A PIED, ET CRÉATION DE DEUX COMPAGNIES NOUVELLES DANS CHACUN DES DIX BATAILLONS DÉJA EXISTANTS.

Le décret relatif à ces créations nouvelles est du 22 novembre 1853. On a cru devoir le rapprocher du décret qui a créé deux nouveaux régiments de zouaves, parce qu'il a été dicté par une pensée semblable : augmenter dans l'armée le nombre et la force des corps d'élite destinés à jouer un rôle important dans la guerre et à assurer la supériorité de notre armée. Cette pensée est nettement expliquée dans le rapport présenté à l'Empereur :

« Sire, les hommes de guerre sont unanimes à reconnaître l'importance du rôle que sont appelés à jouer dans les armées, à côté de l'infanterie de bataille, des corps spéciaux de fantassins que l'aptitude physique des hommes, des habitudes de grande mobilité, une éducation militaire particulière ayant surtout pour objet la justesse du tir, enfin un armement particulier, ont rendus propres, soit à l'action de tirailleurs couvrant les mouvements généraux pendant l'engagement, soit à être groupés sur un point donné pour déterminer par un feu meurtrier des effets comparables à ceux de l'artillerie, soit enfin à des missions spéciales, à des pointes hardies dans le pays occupé.

» La solution de ce problème, longtemps cherchée par toutes les nations militaires, s'est incontestablement rencontrée dans l'institution des chasseurs à pied. Il est facile d'en juger par le vif intérêt que cette création a excité en Europe, et par les nombreuses imitations auxquelles elle a donné lieu dans les armées étrangères, lesquelles ont profité, pour l'organisation de leurs corps de tirailleurs, des recherches et des expériences de toute nature qui se sont succédé dans l'armée française. Il importe donc que l'arme des chasseurs à pied reçoive promptement les développements nécessaires... J'ai en conséquence l'honneur de proposer à Votre Majesté de porter de dix à vingt le nombre des bataillons de chasseurs à pied. En outre, mettant à profit l'expérience acquise depuis 1840, il m'a semblé nécessaire de composer les bataillons de dix compagnies au lieu de huit, de donner le grade de capitaine à l'officier instructeur du tir. Dans ces conditions, les bataillons pourront, tout en présentant, en cas de mobilisation, une force active respectable, laisser des dépôts mieux constitués sur tous les rapports, et le tir, base essentielle de l'instruction particulière à cette arme, ne manquera pas de se perfectionner sous l'influence d'une direction plus élevée.

» Ces utiles modifications seront naturellement appliquées aux dix bataillons d'ancienne formation, et la France sera en mesure de faire entrer un bataillon de chasseurs dans la composition de vingt divisions d'infanterie. »

On sait les services que les chasseurs à pied comme les zouaves ont déjà été appelés à rendre dans la guerre d'Orient, et l'on peut apprécier l'importance d'une mesure qui a eu pour effet de doubler le nombre des bataillons de chasseurs à pied et d'augmenter de deux compagnies la force de chaque bataillon.

L'organisation originaire des chasseurs à pied remontait à 1840. Ils ont été successivement désignés sous le nom de chasseurs d'Orléans et de chasseurs de Vincennes.

GENDARMERIE.

Depuis la révolution de février 1848 et pendant les événements de décembre 1851, la gendarmerie avait rendu d'éminents services à l'ordre public. Déjà avant le 2 décembre, diverses mesures avaient été prises dans l'intérêt de ce corps devenu populaire au milieu des troubles civils. En proposant un ensemble de dispositions pour perfectionner l'organisation de la gendarmerie et pour améliorer le sort des gendarmes, le Maréchal satisfaisait aux vues éclairées du gouvernement de l'Empereur.

Un décret du 16 décembre 1851 rétablit le comité consultatif de gendarmerie. Il était nécessaire que les questions diverses et souvent toutes spéciales qui intéressent l'organisation, le service, la discipline, l'instruction, et enfin le personnel du corps de la gendarmerie, fussent soumises aux délibérations d'officiers généraux compétents. C'était une garantie de bonne administration.

Peu de jours après ce permier décret, le 22 décembre 1851, un autre décret a été rendu pour la réorganisation du corps de la gendarmerie.

Voici, en substance, l'économie et les dispositions de ce décret :

1° Le commandement de chaque compagnie comprenant, en moyenne, deux cent quarante sous-officiers et gendarmes à administrer, à diriger dans des fonctions multiples, souvent délicates et qui s'appliquent à une étendue de territoire considérable, est confié à un chef d'escadron.

2° Un assez grand nombre de lieutenances importantes sont érigées en capitaineries.

3° Des emplois d'adjudants sous-officiers et de maréchaux des logis chefs, sont créés pour le commandement des brigades importantes.

4° Enfin, pour assurer le service de la comptabilité, des maréchaux de logis adjoints aux trésoriers ont été compris dans les nouveaux cadres.

L'ensemble de ces dispositions a constitué pour le corps de la gendarmerie d'utiles améliorations. L'augmentation du nombre des chefs d'escadron, des capitaines, des sous-officiers, présente cet avantage, que l'avancement entre les divers grades est mieux réglé et se rapproche du mouvement progressif qu'il suit dans les autres armes. La composition du personnel de l'arme devait s'en ressentir, car l'espoir d'un avancement plus assuré avait pour résultat d'y attirer un plus grand nombre d'officiers distingués appartenant aux autres corps de l'armée.

Une décision ministérielle du 27 mars 1852 est venue combler une lacune que présentait l'organisation de la gendarmerie. Ce corps n'avait pas de service de santé organisé comme pour les autres corps de l'armée. Les inspecteurs généraux de l'arme se plaignaient que les gendarmes et leurs familles fussent obligés de recourir à leurs frais à la médecine civile ou exposés à manquer de soins.

Par la décision ministérielle du 27 mars 1852, il a été ordonné qu'un service de santé serait organisé pour la gendarmerie, dans toutes les villes de garnison ayant ou non des hôpitaux militaires.

Par une anomalie difficile à justifier, la gendarmerie composée de soldats permanents et mariés ne comportait pas dans son organisation spéciale de places d'enfants de troupes. Les militaires de cette arme chargés de famille devaient concourir pour l'obtention de places vacantes dans les corps de troupe de ligne. La création d'un nombre déterminé d'enfants de troupes par compagnie de gendarmerie a été décrétée.

On peut citer encore diverses autres dispositions ayant toutes pour objet l'amélioration du bien-être des gendarmes.

Ainsi les gendarmes vétérans ont vu leur position relevée et leur solde notablement augmentée.

Les sous-officiers et brigadiers de l'arme ont été

admis à jouir d'un accroissement de solde de dix centimes par jour.

Dans toutes les localités pourvues de manutention, les sous-officiers, brigadiers et gendarmes, ont été autorisés à se fournir de pain de troupe à un prix fixé par le ministre.

Enfin, les militaires de la gendarmerie réformés pour cause d'infirmités sans avoir droit à pension et qui comptaient au moins huit ans de service, ont été admis à jouir d'une gratification temporaire de réforme.

CAVALERIE.

La législation qui régissait la remonte à titre gratuit des officiers des armes à cheval était éparse dans plusieurs ordonnances et instructions. Elle présentait des imperfections auxquelles il était important de remédier dans l'intérêt des officiers et du service lui-même. Les décrets des 23 décembre 1851, 11 février 1852, 28 mars 1852 ont eu pour but de coordonner, de réformer et de compléter la législation en cette matière.

Sous l'empire de l'ancienne législation, un cheval devenait la propriété de l'officier qui le montait, lorsqu'il avait été inscrit pendant huit années sur le contrôle spécial des chevaux d'officiers, bien qu'il eût passé en plusieurs mains. Cette disposition, qui appelait à jouir du bénéfice de la propriété le détenteur dernier en date, quelle qu'eût été la durée de sa possession, n'atteignait pas suffisamment le but que l'État s'était proposé, et qui consistait à intéresser l'officier à la conservation du cheval et à le récompenser des soins qu'il avait donnés à sa monture. Aujourd'hui une possession de sept années suffit pour assurer à l'officier la propriété du cheval, mais il faut que la possession soit continue.

Les décrets des 11 février et 28 mars 1852 autorisent les capitaines (pour le second cheval dont ils doivent être pourvus), les chefs d'escadrons, lieutenants-colonels et colonels des corps de troupe à cheval, à choisir leurs montures dans les dépôts de remonte ou parmi les chevaux disponibles des corps, sous la condition de verser au Trésor une somme égale au prix d'achat des chevaux.

Précédemment, les cessions de cette nature, autorisées seulement pour les capitaines et chefs d'escadrons, s'effectuaient sous la condition du payement par les officiers d'une somme invariable de 900 fr. Il en résultait que, lorsque le cheval avait coûté un prix inférieur à cette somme, ce qui arrivait généralement pour les chevaux destinés à la cavalerie légère, l'administration prélevait un bénéfice là où elle avait voulu faire un avantage. Le décret du 28 mars 1852, en disposant que les chevaux cédés aux officiers leur seraient livrés dans tous les cas au prix d'achat pour le service de la remonte, est rentré dans des conditions plus conformes à l'équité.

Enfin la décision ministérielle du 26 juin 1852 autorise l'acquisition par l'État des chevaux des officiers passant dans une position non montée, mis en disponibilité, en non-activité, admis à la retraite ; disposition qui les soustrait aux embarras d'une vente souvent difficile, parce qu'elle doit se faire dans des conditions d'urgence dont profitaient généralement les spéculateurs au détriment des officiers.

Un décret du 28 janvier 1852 est venu réorganiser le corps des vétérinaires militaires, en leur donnant une position hiérarchique plus élevée, plus conforme à l'importance des études exigées pour leur service, enfin une retraite plus en rapport avec leur situation nouvelle. Ce décret leur a en outre appliqué le bénéfice de la loi du 19 mai 1834 sur l'état des officiers.

Un autre décret, en date du 26 février 1852, a également amélioré la position des militaires appartenant aux compagnies de cavaliers de remonte, facilité et amélioré le recrutement de ces compagnies, qui rendent des services importants pour la remonte de la cavalerie.

INTENDANCE MILITAIRE.

Un décret rendu par le gouvernement provisoire, le 28 avril 1848, avait réduit le nombre des intendants militaires dans des proportions incompatibles avec le bien du service. Un décret du 29 décembre 1851 abrogea ce décret et réorganisa le corps de l'intendance militaire.

Un autre décret du 26 décembre 1852 a rendu applicables aux intendants militaires, âgés de soixante-deux ans, les dispositions du décret du 2 décembre 1852, qui avait rétabli le cadre de réserve de l'état-major de l'armée. Ce décret a eu à la fois pour résultat d'améliorer et de relever la position des intendants militaires et d'augmenter l'homogénéité de notre organisation militaire et administrative.

L'organisation des personnels administratifs (subsistances, hôpitaux, habillement et campement) telle qu'elle résultait de l'ordonnance royale du 28 février 1838 et de celle du 25 août 1840, présentait des anomalies et des lacunes qu'il importait de faire disparaître.

Le personnel des subsistances militaires, le plus important de tous, ne jouissait pas de l'état des officiers et des garanties précieuses qui y sont attachées, ce qui le plaçait dans un état d'infériorité vis-à-vis le personnel des autres corps. Réduit de trois cent vingt-neuf à deux cent quatre-vingt-huit par la loi de finances du 15 juillet 1849, le personnel des subsistances ne suffisait plus aux besoins du service. D'un autre côté, les personnels des hôpitaux et de l'habillement présentaient des effectifs trop élevés, ce qui nuisait à l'avancement d'un certain nombre de sujets méritants.

Un décret du 9 janvier 1852 a modifié profondément cet état de choses.

Il a été établi en principe par ce décret que les personnels administratifs auraient un caractère essentiellement militaire. Ainsi, le personnel des subsistances a été militarisé commme l'étaient déjà les personnels des hôpitaux et de l'habillement. L'admission dans les services d'agents civils auxiliaires pouvant devenir titulaires a été interdite et le recrutement a été concentré dans les sous-officiers de l'armée.

Les commis entretenus des bureaux de l'intendance avaient été laissés en dehors des services militarisés, bien qu'ils dussent être rattachés à l'armée au même titre que les officiers d'administration des subsistances, des hôpitaux et de l'habillement. Le décret du 1er novembre 1852, en créant une quatrième section du personnel des services administratifs, a fait disparaître cette inégalité.

Une question d'organisation vivement débattue depuis plusieurs années restait encore à vider à la fin de 1851. Il était devenu nécessaire de prendre un parti définitif sur l'organisation du corps de santé de l'armée. En outre, le service sanitaire dans les corps de troupes et dans les établissements hospitaliers réclamait des améliorations forcément tenues en suspens jusqu'à ce qu'il eût été statué sur l'organisation du personnel.

Un décret du 23 mars 1852 est venu régler cette organisation. Les dispositions de ce décret ont eu pour objet de fixer l'effectif du corps de santé de manière à satisfaire aux exigences du service tant à l'intérieur qu'aux armées, d'améliorer les conditions d'avancement, de déterminer la hiérarchie des officiers de santé et l'assimilation de leurs grades avec ceux des autres corps de l'armée.

AMÉLIORATIONS DANS LA CONDITION DES SOLDATS.

Une décision ministérielle du 24 décembre 1852 a substitué les gamelles individuelles aux gamelles communes dans tous les corps de troupes. Avant cette décision ministérielle, une seule gamelle était affectée à la nourriture de huit hommes, comme il y a quelques années deux hommes partageaient le même lit. Chaque soldat a maintenant sa gamelle comme son lit.

Un décret impérial des 10-31 décembre 1853 a établi un nouveau mode de blanchissage du linge de la troupe, au moyen de la création de buanderies mi-

-litaires dans les garnisons. Voici quelques passages du rapport qui précède le décret et qui en font comprendre l'utilité :

« Dans l'état actuel des choses, la chemise et le mouchoir du soldat sont seuls blanchis régulièrement au moyen d'une imputation hebdomadaire et individuelle de 10 centimes sur le fonds de l'ordinaire ; le blanchissage des autres effets (caleçon, calotte, musette, pantalon de treillis) est laissé aux soins du soldat et ne lui coûte pas moins de 5 centimes par semaine dans l'infanterie et 8 centimes dans la cavalerie .. Suivant le système proposé, tous les effets du soldat seraient blanchis au moyen d'appareils à vapeur, dans des buanderies militaires et par des soldats propres à ce service. La dépense du blanchissage devant, dans de telles conditions, se trouver considérablement réduite, elle pourrait être imputée sur le fonds de la masse individuelle... Le paiement aurait lieu au moyen d'un abonnement. Le taux de l'abonnement serait réglé par trimestre, savoir : pour les troupes à pied 65 centimes par trimestre et par homme, pour les troupes à cheval 1 franc 5 centimes par trimestre et par homme... Il est incontestable que l'usage habituel du linge de corps plus fréquemment et mieux blanchi, apportera dans l'état sanitaire de l'armée une amélioration qui indemnisera le gouvernement de ses avances par la diminution du nombre des journées d'hôpital ».

ALGÉRIE.

Le décret relatif à la réorganisation de l'armée d'Afrique et à la formation de deux nouveaux régiments de zouaves, avait eu pour but de constituer en Algérie les éléments d'une armée permanente. Pour fortifier encore les moyens de défense propres à la colonie elle-même, un décret du 12 juin 1852 réorganisa la milice algérienne.

Ce décret donne au gouverneur général les pouvoirs les plus étendus en tout ce qui touche l'organisation des milices, leur suspension ou leur dissolution, la nomination et la révocation des officiers de tout grade. Une disposition spéciale confère au gouverneur général et même aux généraux commandant les divisions, en cas d'urgence, le droit de faire passer les milices sous l'autorité militaire.

Un grand nombre de mesures furent prises dans l'intérêt de la colonisation, telles que concessions de terres, créations de routes et de villages, etc. On peut citer notamment la concession faite par décret du 26 avril 1853, à la Compagnie Genevoise de 20,000 hectares de terre aux environs du Sétif, à la charge par la Compagnie de construire dix villages et d'installer cinq cents familles dans un délai de deux ans. Le succès de cette grande entreprise paraît aujourd'hui assuré.

Divers décrets réalisèrent des améliorations importantes pour la prospérité de l'Algérie.

Une bourse de commerce fut créée à Alger. (Décret du 16 avril 1852.)

Un Mont-de-Piété y fut établi ainsi que des caisses d'épargne, de prévoyance et des sociétés de secours mutuels.

Un conseil d'hygiène et de salubrité fut institué. (Décret du 23 avril 1852.)

Enfin, le décret impérial du 9 novembre 1853 sur la culture du coton en Algérie consacra un ensemble de mesures destinées à encourager et à développer cette culture si importante pour l'avenir de la colonisation.

Le rapport présenté à l'Empereur, le 16 octobre 1853, fait connaître l'état de la question à cette époque :

« Sire, je viens, conformément aux ordres de Votre Majesté, lui soumettre des propositions en vue de développer énergiquement la culture du coton en Algérie.

» Mais, avant tout, je crois indispensable d'entrer dans quelques détails sur l'état dans lequel cette question se présente aujourd'hui.

» La France a le plus grand intérêt, au point de vue de son industrie manufacturière, à encourager la culture du coton en Algérie.

» D'une part, en effet, la production des États-Unis, qui fournit à l'Europe la plus grande partie de cette matière première, ne suit qu'avec peine les progrès de la fabrication, et le moment n'est peut-être pas éloigné où le coton fera défaut aux manufactures du continent, surtout quand on voit les Américains mettre chaque année en œuvre des parties de plus en plus considérables de leurs propres produits. D'un autre côté, les autres pays qui pourraient fournir cette matière à l'Europe ne lui en livrent que des quantités tout à fait insuffisantes.

» Aussi, l'Angleterre s'est-elle déjà préoccupée de cette situation. Depuis plusieurs années, elle encourage la culture du coton dans ses possessions de l'Inde et de l'Australie, les seules qui puissent le produire sur une grande échelle, de manière à pouvoir s'exonérer un jour de la dépendance dans laquelle elle se trouve, sous ce rapport, vis-à-vis d'une nation rivale.

» La France est aussi fort intéressée à ce que le coton ne manque pas à ses manufactures. Notre pays, on le sait, consomme chaque année pour environ 100 millions de francs de coton, qu'il tire principalement des États-Unis et de l'Égypte.

» Les expériences faites en Algérie depuis plus de dix ans dans les pépinières du Gouvernement, et dans les dernières années par quelques colons intelligents, ont prouvé que la culture du coton était non-seulement possible, mais profitable aux agriculteurs, et que les produits récoltés étaient susceptibles de rivaliser avec les meilleures qualités obtenues dans d'autres pays.

» Parmi les nombreuses espèces de coton qui ont été expérimentées en Algérie, il a été reconnu que la culture de celles dites Géorgie longue soie, Jumel, Nankin et Louisiane blanc réussissent le mieux, et ce sont précisément les espèces qui sont les plus recherchées par l'industrie. Les chambres de commerce de France auxquelles des échantillons de ces sortes ont été soumis à plusieurs reprises ont été unanimes pour témoigner de leur bonne qualité, et cette opinion a reçu une éclatante sanction de la part du jury international de l'exposition universelle de Londres, qui, en 1851, a accordé à ces cotons onze récompenses.

» Au rapport d'un filateur distingué, M. Feray, la récolte des cotons Géorgie longue soie d'Amérique ne dépassait pas 30,000 balles par an, et on ne pourrait l'augmenter d'une manière notable en raison du peu d'étendue des terres propres à la produire. On ne pourrait davantage obtenir ce coton en Égypte. En Algérie, au contraire, il est facile de trouver, comme dans la Géorgie et la Caroline du Sud, des terrains à proximité de la mer ou naturellement saturés de sel, où la longue soie croîtrait parfaitement. Ainsi tout le Sahel de la province d'Alger et la plaine de la Mitidja, le littoral de la province d'Oran, principalement dans la partie comprise entre cette ville et Mostaganem, les plaines du Tlélat, de l'Habra et du Sig, celles de Bône et de Philippeville, dans la province de Constantine, sans compter beaucoup d'autres localités, sont susceptibles de produire le coton dans d'excellentes conditions. Il serait sans doute facile, sur ces terrains, de se procurer, indépendamment des autres espèces, les quantités de Géorgie longue soie qui manquent à l'industrie, et que M. Feray évalue à 15,000 balles. Or, un pareil placement dans la métropole ou sur les autres marchés de l'Europe procurerait à lui seul un mouvement d'affaires de plus de 20 millions [1].

» On peut par ce seul fait juger de l'avenir qui est réservé à l'Algérie.

» Déjà des résultats remarquables ont été obtenus par les colons; la première récolte de Géorgie longue soie obtenue en Algérie en 1850, et soumise à un habile filateur du nord, M. Cox, a été estimée par lui au prix de 9 francs le kilogramme; elle a servi à faire des filés qui ont atteint facilement les numéros 250 à 360 en fil simple, et 400 en fil retors. D'un autre côté, M. Feray, appelé à expérimenter les cotons de cette espèce provenant de la récolte de 1852, a reconnu qu'ils avaient conservé la bonne qualité des cotons américains, la finesse, la force, la longueur, et qu'ils se seraient vendus depuis 700 francs jusqu'à 900 francs les 100 kilogrammes sur le marché du Havre; ce qui, dans ces conditions, aurait assuré un beau bénéfice au planteur. Enfin, d'après les expériences faites à la pépinière centrale d'Alger en 1851, le rendement net à l'hectare de cette espèce serait de 1,400 francs, ce qui est un produit très-avantageux.

» Dès à présent donc la culture du coton longue soie en Algérie est très-profitable au colon; elle le deviendra davantage encore quand les détails en seront plus généralement connus. Dans quelque temps, sans doute, quand la population aura augmenté et que la main-d'œuvre aura baissé, il n'est pas douteux que l'agriculteur trouvera des avantages à produire aussi le coton courte soie dans les parties du territoire qui ne seront pas reconnues propres à donner la longue soie; peut-être aujourd'hui pourrait-on,

---

[1] La balle américaine est de 150 kilogrammes environ. — Le prix du kilogramme évalué à 9 francs.

en employant la main d'œuvre indigène et en intéressant les Arabes aux cultures, se livrer avec fruit à cette production. L'expérience faite en grand, il y a quelques années, par Mehemed-Ali avec les Fellahs de l'Égypte, autorise à le penser.

» De ce qui précède, il résulte que le Gouvernement a le plus grand intérêt à encourager la culture du coton en Algérie. Du reste, les colons commencent à pressentir les bénéfices qu'ils doivent retirer un jour de cette culture. Restés peu importants jusqu'en 1852, les essais se sont tout à coup multipliés dans ces derniers temps, et, d'après les renseignements parvenus à mon département, on peut évaluer à 700 hectares les ensemencements qui ont été faits cette année par les colons dans les trois provinces. Ce chiffre est très-considérable si on le rapproche des essais antérieurs. L'impulsion est donc donnée, et il semble qu'il n'y ait plus qu'à la développer énergiquement.

On sait que l'Empereur ne se contenta pas des encouragements établis avec les fonds de l'État, dans l'intérêt de la culture du coton. Le jour même où parut le décret dont il vient d'être parlé, l'Empereur signa un autre décret, qui affectait un fonds de cent mille francs à prendre sur sa liste civile aux encouragements pour la culture du coton en Algérie.

DISCOURS PRONONCÉ PAR SON EXCELLENCE LE MARÉCHAL DE SAINT-ARNAUD, MINISTRE DE LA GUERRE, A LA CÉRÉMONIE D'INAUGURATION DE LA STATUE DU MARÉCHAL NEY, DUC D'ELCHINGEN, PRINCE DE LA MOSKOWA, LE 7 DÉCEMBRE 1853.

Messieurs, nous venons accomplir aujourd'hui un grand acte de réparation nationale; nous venons élever une statue au maréchal Ney, à cette place même où, il y a trente-huit ans, le héros tomba victime des discordes civiles et des malheurs de la patrie.

Cette réparation solennelle était due à la mémoire du prince de la Moskowa, elle était due à ses services et à ses compagnons d'armes : car s'il est un privilége qui appartienne à ces grandes existences liées aux destins des empires, c'est d'être jugées par leurs services et non par leurs erreurs.

Leurs services sont à eux, leurs erreurs sont de l'homme et de son temps.

Vainement des voix éloquentes avaient entrepris l'œuvre de la réhabilitation légale du maréchal Ney : on ne refait pas l'histoire avec des arrêts de justice.

Le sentiment public ne s'y est jamais mépris; ce qu'il voulait c'était la réalité de la réhabilitation.

Cette réalité, la voici !

Pressés autour de la statue du maréchal Ney, tenons-le pour réhabilité par un de ces arrêts tels que les rend celui qui détruit et relève les empires, et se réserve, à son heure, par d'éclatants retours, de fixer sur les événements et sur les hommes le jugement de la postérité.

La France accueillera cet acte réparateur avec un respect mêlé de reconnaissance.

Soldats ! c'est à vous surtout que j'ai mission de m'adresser aujourd'hui. La gloire du maréchal Ney appartient à la France, mais elle est d'abord le patrimoine de l'armée. Sa vie fut mêlée aux plus beaux souvenirs de notre histoire militaire. Son nom a grandi sous le drapeau, de bataille en bataille, d'Elchingen à la Moskowa.

L'Allemagne, l'Italie, l'Espagne, la Russie, ont contemplé sur leurs plus fameux champs de bataille cette mâle et noble figure, aussi impassible dans le danger que le bronze qui la représente aujourd'hui.

Suivre le maréchal Ney dans sa carrière militaire serait écrire l'histoire de nos plus glorieux succès; contentons-nous aujourd'hui d'esquisser rapidement les principaux traits de sa vie.

Né la même année que le grand homme qui devait être son Empereur, son maître et son ami, Michel Ney s'engagea en 1788 comme simple hussard. En 1792, il était sous-lieutenant; en 96, général de brigade, et à trente ans, en 99, général de division.

Tous ses grades, il les avait gagnés sur un champ de bataille ; tous, ils avaient été la récompense d'un fait d'armes éclatant ou d'une victoire, et cet homme, déjà illustre dans l'armée, déjà connu et aimé des soldats, dont il avait conquis la confiance, aussi simple, aussi modeste qu'habile et vaillant, n'avait d'autre ambition que de servir son pays, et refusait deux fois les grades qu'il avait si bien mérités. Deux fois il ne cédait pour les accepter qu'aux instances et même aux ordres de Kléber et de Bernadotte, alors ses chefs immédiats.

En 1800, à Hohenlinden, cette sœur rivale de Marengo, Ney seconde puissamment les efforts de Moreau.

Envoyé, en 1802, en Suisse comme ministre plénipotentiaire, le guerrier devient pacificateur, et fait un traité de paix dont les bases subsistent encore.

Appelé au camp de Boulogne, son génie s'applique à former ce 6e corps, qui devait bientôt se montrer digne de son chef. L'Empire était créé, et Napoléon Ier, qui connaissait si bien les hommes, choisit pour maréchaux, parmi ses lieutenants qui depuis longtemps repoussaient l'ennemi du sol de la France, ceux qu'il avait jugés les plus habiles et les plus braves : Ney avait conquis son bâton de maréchal, comme tous ses grades.

C'est alors que le génie du guerrier grandit avec sa position et paraît dans tout son lustre.

Quel est le militaire français dont le cœur n'a pas battu au récit de ce beau combat d'Elchingen, qui aurait suffi seul à la gloire d'un homme ?

Elchingen préparait la chute d'Ulm, Elchingen s'attache au nom de Ney.

Le suivrons-nous dans le Tyrol, à Iéna, où il combat à côté du maréchal Lannes ; à Magdebourg, à Eylau, dont il décide la victoire, si longtemps disputée, si chèrement achetée ?

Mais, Messieurs, cet homme si bouillant, si impétueux dans l'attaque, voyez-le calme et impassible dans la retraite, donnant par son attitude un éclatant démenti à ceux qui voudraient prétendre que le Français ne sait se battre qu'en marchant en avant.

Admirez Ney et les soldats qu'il commande : il a fait passer dans tous les cœurs son calme intrépide et sa puissance de résistance ; il nous a appris à tous ce que la volonté, l'habileté et l'énergie peuvent obtenir dans les circonstances les plus désespérées.

En Prusse, à Gutstadt, le 6e corps ne compte plus que huit mille hommes ; Beningsen, à la tête de quarante mille Russes, se flatte hautement de l'enlever tout entier ; mais Ney sait rendre tous ses efforts impuissants. Il défend le terrain pied à pied, profite de toutes les positions, recule avec calme et lenteur ; en trois jours il fait cinq lieues ! Et toujours attaqué par des forces quintuples des siennes, sans perdre un seul canon, il rejoint l'armée pour triompher avec elle à Friedland.

En Espagne, de belles journées l'attendaient encore, et de 1808 à 1811 il fait l'admiration des Anglais comme des Français.

En 1812 s'ouvre la campagne de Russie ; l'Empereur confie au duc d'Elchingen le commandement du 3e corps. Les victoires de Smolensk, de Valutina, de la Moskowa, complètent la gloire du maréchal

Ney ; mais c'est au moment où commencent nos désastres que le héros se montre tout entier.

Ney avait enfoncé, détruit les bataillons russes ; aujourd'hui, il les arrête, les défie, les force à l'admirer encore. Le fusil à la main, sans déposer le bâton du commandement, mêlé aux soldats qu'il enflamme de son courage, multipliant cette poignée de braves qui grandit sous son regard, il oppose au nombre l'habileté, la tenacité de la défense : il triomphe à l'instant même où l'on croit qu'il va tomber, et à lui la gloire éternelle d'avoir sauvé les débris de l'armée française ; bien plus, d'avoir sauvé son honneur.

La Moskowa avait donné son nom au maréchal Ney le jour d'une victoire ; mais, à côté de ce nom glorieux, la postérité, toujours impartiale, en écrit un autre en lettres impérissables : la Bérézina ! ! !

Au milieu de tant d'actions héroïques, savez-vous, soldats, quel est le plus beau titre de gloire du maréchal Ney ? C'est cette fermeté inébranlable dans les revers !

Tant que durèrent les jours de victoire, Ney avait eu des rivaux ; il cessa d'en avoir au jour des désastres.

1813 et 1814 !.... souvenirs pleins de douleurs et de gloire ! Ney dispute aux masses ennemies le sol qu'il a conquis, et, blessé deux fois avant de le quitter, il rentre en France pour présenter encore sa poitrine à l'invasion étrangère. Champaubert, Montmirail, le trouvent à côté de l'Empereur, défendant de village en village le sol sacré de la patrie !

A Waterloo, la fortune refuse tout à son courage, tout, jusqu'à cette mort du soldat qui était due au brave des braves, et qu'il chercha vainement à travers la mitraille.

Ici, Messieurs, je voudrais pouvoir écarter de ma pensée, comme de la vôtre, le souvenir des discordes civiles qui, en 1814 et en 1815, pesèrent sur la France, plus encore peut-être que les armées étrangères.

Émue des divisions de la patrie, l'âme du maréchal Ney se troubla, comme s'était troublée à une autre époque l'âme des Turenne et des Condé. Comme eux il a fait des fautes; plus qu'eux il les a expiées.

Aussi la postérité oubliera cette faiblesse passagère d'un héros, et dira du prince de la Moskowa ce que Bossuet a dit du prince de Condé :

« *Il parut alors avec ce je ne sais quoi d'achevé* » *que les malheurs ajoutent aux grandes vertus.* »

C'est ainsi que le nom du maréchal Ney, ennobli par la victoire et consacré par le malheur, est immortel comme celui de ces héros populaires que la tradition transmet d'âge en âge.

Il entrait sans doute, Messieurs, dans les desseins de la Providence qu'une satisfaction suprême fût donnée aux mânes du maréchal Ney par l'héritier même de l'Empereur.

Accomplie sous le règne de Napoléon III, cette réparation nationale offre quelque chose de plus touchant pour la famille et de plus saisissant pour la postérité.

Remercions donc, Messieurs, celui dont la pensée noble et grande a voulu acquitter cette dette de la France, et a permis à l'armée de venir chercher des inspirations militaires au pied de la statue d'un grand capitaine.

DISCOURS PRONONCÉ PAR LE GÉNÉRAL DE SAINT-ARNAUD, AU CONSEIL GÉNÉRAL DE LA GIRONDE, LE 23 AOUT 1852.

Messieurs, en m'appelant à l'honneur de présider vos délibérations, le Gouvernement a voulu reconnaître quelques services rendus au pays, et c'est une récompense dont j'ai lieu d'être fier.

Depuis longtemps j'étais attaché à ce département par des intérêts et des souvenirs de famille; les devoirs de ma vie militaire avaient pu seuls m'en tenir éloigné. Aujourd'hui que l'élection m'appelle à siéger parmi vous, je suis heureux de voir se resserrer les liens qui m'unissaient aux habitants de la Gironde.

Il y a plusieurs années, Messieurs, que la session du conseil général ne s'est ouverte au milieu de circonstances aussi favorables. Vous vous rappelez les luttes politiques qui, depuis 1848, agitaient ses délibérations; vous vous rappelez les préoccupations profondes qui, depuis cette époque, pesaient sur tous les esprits.

Ces préoccupations ont disparu, et, plus rassurés sur l'avenir, nous pouvons nous livrer avec calme à l'étude des questions administratives et financières qui intéressent ce beau département.

Le Prince ferme et éclairé qui nous gouverne a montré lui-même l'importance qu'il attachait à la bonne administration départementale. Vous savez qu'au lendemain d'une lutte suprême contre l'anarchie, il a le premier introduit dans nos lois le principe de la décentralisation administrative.

Il nous appartient, Messieurs, de seconder par des travaux utiles la pensée du Gouvernement, et de l'aider à accomplir ces améliorations pratiques qui augmentent progressivement le bien-être et la prospérité de tous.

Déjà quelques mois d'un gouvernement réparateur ont suffi pour relever le crédit public et pour donner aux affaires une activité nouvelle. De grands travaux sont entrepris, et la Gironde, trop longtemps privée des rapides communications créées par la vapeur, voit s'achever le chemin qui mettra Bordeaux aux portes de Paris, au moment même où va s'exécuter la ligne nouvelle qui va mettre la Méditerranée aux portes de Bordeaux.

Jouissons, Messieurs, des biens qu'apportent à notre pays le rétablissement de la paix publique et le triomphe des vrais principes de gouvernement. Sachons les féconder par nos efforts; sachons surtout les rendre durables, car la stabilité constitue cette garantie de l'avenir, qui seule peut permettre à la France de reprendre le cours interrompu de ses destinées. Enfin, remercions la Providence qui a voulu que la patrie, fatiguée des discordes civiles, pût se reposer sous un Prince capable de porter le plus grand nom des temps modernes.

DISCOURS PRONONCÉ PAR LE MARÉCHAL DE SAINT-ARNAUD, AU CONSEIL GÉNÉRAL DE LA GIRONDE, LE 22 AOUT 1853.

Messieurs, en me retrouvant au milieu de vous, ma pensée se reporte d'abord vers les souvenirs de notre dernière session. Ces souvenirs sont, en effet, bien précieux pour moi, et je suis heureux de trouver une occasion nouvelle de vous remercier des témoignages de cordiale sympathie que j'ai reçus de vous, lorsque je suis venu pour la première fois présider vos délibérations.

Je me félicite également d'être aujourd'hui votre interprète pour rendre un juste tribut d'éloges à l'administrateur si distingué qui partageait, l'année dernière, vos travaux.

L'Empereur, en appelant M. Haussmann à de nouvelles fonctions, a montré le prix qu'il attachait à ses services ; mais, en même temps, Sa Majesté lui a donné pour successeur un homme d'un cœur énergique et dévoué, éprouvé aussi dans l'administration des grandes préfectures. Déjà, sans doute, vous avez apprécié vous-mêmes le caractère élevé, l'esprit à la fois ferme et bienveillant de notre nouveau préfet de la Gironde [1].

Tout à l'heure, il vous fera connaître l'état des affaires du département, et vous soumettra dans son rapport annuel divers plans d'administration. L'amélioration des édifices publics, le développement du système des routes ; enfin, l'exécution des chemins de fer qui, des différents points du territoire, convergent vers Bordeaux, soulèvent des questions importantes et donneront un vif intérêt à vos délibérations.

J'aurais désiré pouvoir me consacrer tout entier aux travaux de la session, d'impérieux devoirs ne me le permettront pas encore cette année. Mais vous savez que, de près comme de loin, je suis attentif à vos discussions, et que j'aime à les suivre avec cet intérêt particulier que je dois à tout ce qui touche le département de la Gironde.

A l'ouverture de la dernière session, vous avez été des premiers à manifester vos vœux pour que le principe d'hérédité vînt compléter les garanties attachées à nos institutions.

Peu de jours après, dans cette ville même, à quel-

[1] M. de Mentque.

ques pas de cette enceinte, un discours mémorable annonçait à la France et à l'Europe les principes sur lesquels serait fondé le nouvel empire que la nation tout entière allait être appelée à consacrer par ses suffrages.

L'Empereur disait à Bordeaux, dans son simple et noble langage : « L'Empire c'est la paix. »

L'épreuve s'est présentée plus tôt peut-être qu'on ne devait s'y attendre ; la paix a pu paraître un instant compromise. Mais en France comme à l'étranger, au moment des plus sérieuses complications, on a rendu universellement ce témoignage, que si les chances mauvaises étaient écartées, nul n'y aurait plus contribué que l'Empereur des Français par sa modération pleine de noblesse, autant que par sa fermeté.

Il appartenait, en effet, Messieurs, à celui qui avait vaincu l'esprit révolutionnaire au dedans, de rendre au dehors, à l'influence française, toute sa puissance, ses traditions régulières et son caractère civilisateur.

Ainsi, l'héritier des plus glorieux souvenirs de notre histoire, appuyé sur la volonté nationale, accomplit sa double mission par le maintien de l'ordre et de la paix, et grandit à chaque épreuve nouvelle dans l'amour de la France et le respect du monde !

DOCUMENTS RELATIFS

A LA GUERRE D'ORIENT ET A LA MORT DU MARÉCHAL.

ORDRE GÉNÉRAL.

Au quartier général, à Marseille, le 20 avril 1854.

Soldats, dans quelques jours vous partirez pour l'Orient; vous allez défendre des alliés injustement attaqués, et relever le défi que le czar a jeté aux nations de l'Occident.

De la Baltique à la Méditerranée, l'Europe applaudira à vos efforts et à vos succès.

Vous combattrez côte à côte avec les Anglais, les Turcs, les Égyptiens. Vous savez ce que l'on doit à des compagnons d'armes : union et cordialité dans la vie des camps, dévouement absolu à la cause commune dans l'action.

La France et l'Angleterre, autrefois rivales, sont aujourd'hui amies et alliées. Elles ont appris à s'estimer en se combattant; ensemble elles sont maîtresses des mers; les flottes approvisionneront l'armée pendant que la disette sera dans le camp ennemi.

Les Turcs, les Égyptiens ont su tenir tête aux Russes depuis le commencement de la guerre; seuls, ils les ont battus dans plusieurs rencontres ; que ne feront-ils pas secondés par vos bataillons!

Soldats! les aigles de l'empire reprennent leur vol, non pour menacer l'Europe, mais pour la défendre. Portez-les encore une fois comme vos pères les ont portées avant vous. Comme eux, répétons tous, avant de quitter la France, le cri qui les conduisit tant de fois à la victoire : *Vive l'Empereur.*

*Le maréchal de France,
commandant en chef de l'armée d'Orient,*

A. DE SAINT-ARNAUD.

ORDRE GÉNÉRAL.

Varna, le 1er juillet 1854.

Soldats, pour vous rapprocher de l'ennemi, vous venez de mettre en quelques jours cent lieues de plus entre la France et vous. Depuis que vous l'avez quittée, votre activité, votre énergie ont été à la hauteur des difficultés qu'il fallait vaincre, mais vous ne les auriez pas dominées sans le concours dévoué que vous a offert la marine impériale.

Les amiraux, les officiers, les marins de nos ports et de nos flottes se sont voués à la pénible mission de transporter vos colonnes à travers les mers. Vous les avez vus livrés aux plus durs travaux pour réaliser des opérations d'embarquement et de débarquement souvent répétées, et nous pouvons dire qu'ils se sont disputé l'honneur de hâter la marche de nos aigles.

Témoin de cette loyale confraternité des deux armées, je saisis avec bonheur l'occasion qui s'offre à moi de lui rendre hommage, et j'irai demain porter solennellement aux flottes des amiraux Hamelin et Bruat des remerciements auxquels j'ai voulu associer chacun de vous et qui s'adresseront à la marine impériale tout entière.

Le maréchal de France,
commandant en chef de l'armée d'Orient,
A. DE SAINT-ARNAUD.

ORDRE GÉNÉRAL.

Au quartier général, à Varna, le 25 août 1854.

Soldats, vous venez de donner de beaux spectacles de persévérance, de calme et d'énergie au milieu de circonstances douloureuses qu'il faut oublier.

L'heure est venue de combattre et de vaincre. L'ennemi ne vous a pas attendus sur le Danube. Ses colonnes démoralisées, détruites par la maladie, s'en éloignent péniblement. C'est la Providence peut-être qui a voulu nous épargner l'épreuve de ces contrées malsaines, c'est elle aussi qui nous appelle en Crimée, pays salubre comme le nôtre, et à Sébastopol siége de la puissance russe, dans ces murs où nous allons chercher ensemble le gage de la paix et de notre retour dans nos foyers. L'entreprise est grande et digne de vous. Vous la réaliserez à l'aide du plus formidable appareil militaire et maritime qui se vit jamais. Les flottes alliées avec leurs trois mille canons et leurs vingt-cinq mille braves matelots, vos émules et vos compagnons d'armes, porteront sur la terre de Crimée une armée anglaise dont vos pères ont appris à respecter la haute valeur, une division choisie de ces soldats ottomans qui viennent de faire leurs preuves à vos yeux, et une armée française que j'ai le droit et l'orgueil d'appeler l'élite de notre armée tout entière.

Je vois là plus que des gages de succès, j'y vois le succès lui-même.

Généraux, chefs de corps, officiers de toutes armes, vous partagerez et vous ferez passer dans l'âme de vos soldats la confiance dont la mienne est remplie.

Bientôt, nous saluerons ensemble les trois drapeaux réunis flottants sur les murs de Sébastopol de notre cri national : Vive l'Empereur.

Le maréchal de France,
commandant en chef de l'armée d'Orient,
A. DE SAINT-ARNAUD.

A SON EXCELLENCE LE MARÉCHAL VAILLANT,

MINISTRE DE LA GUERRE.

A bord du vaisseau *la Ville-de-Paris*, le 12 septembre 1854.

Monsieur le Maréchal, ma situation sous le rapport de la santé est devenue grave. Jusqu'à ce jour j'ai opposé à la maladie dont je suis atteint tous les efforts d'énergie dont je suis capable, et j'ai pu espérer pendant longtemps que j'étais assez habitué à souffrir pour être en mesure d'exercer le commandement sans révéler à tous la violence des crises que je suis condamné à subir.

Mais cette lutte a épuisé mes forces. J'ai eu la douleur de reconnaître dans ces derniers temps et surtout dans cette traversée, pendant laquelle je me suis vu sur le point de succomber, que le moment approchait où mon courage ne suffirait plus à porter le lourd fardeau d'un commandement qui exige une vigueur que j'ai perdue et que j'espère à peine recouvrer.

Ma conscience me fait un devoir de vous exposer cette situation. Je veux espérer que la Providence me permettra de remplir jusqu'au bout la tâche que j'ai entreprise, et que je pourrai conduire jusqu'à Sébastopol l'armée avec laquelle je descendrai demain sur la côte de Crimée ; mais ce sera là, je le sens, un suprême effort, et je vous prie de demander à l'Empereur de vouloir bien me désigner un successeur.

Veuillez agréer, Monsieur le Maréchal, l'expression de mes sentiments très-respectueux.

Le maréchal de France,
commandant en chef de l'armée d'Orient,
A. DE SAINT-ARNAUD.

AU MÊME.

Au bivouac, à Old-Fort, le 16 septembre 1854.

Monsieur le Maréchal, j'ai l'honneur de vous confirmer ma dépêche télégraphique en date de ce jour.

Notre débarquement s'est opéré, le 14, dans les conditions les plus heureuses, et sans que l'ennemi ait été aperçu. L'impression morale qu'ont reçue les troupes a été excellente, et c'est au cri de *Vive l'Empereur!* qu'elles ont mis pied à terre et pris possession de leurs bivouacs.

Nous sommes campés sur des steppes où l'eau et le bois nous font défaut. La nécessité d'effectuer un débarquement difficile et compliqué au delà de tout ce qu'on peut dire, contrarié par un vent de mer qui a rendu la plage souvent inabordable, nous a retenus jusqu'à ce jour dans ces mauvais bivouacs.

J'avais d'abord voulu occuper Eupatoria, dont la rade foraine est l'unique refuge qui nous soit ouvert sur cette côte difficile. Mais j'ai trouvé les dispositions des habitants si accommodantes, que je me suis contenté d'y établir une station navale et quelques agents qui ont mission de recueillir les ressources qui s'y peuvent rencontrer.

Les Tartares commencent à arriver au camp ; ils sont très-doux, très-inoffensifs et paraissent très-sympathiques à notre entreprise. J'espère que nous obtiendrons par eux du bétail et des transports. Je fais payer avec soin toutes les ressources qu'ils nous offrent, et je ne néglige rien pour nous les rendre favorables. C'est un point très-important.

En tout, notre situation est bonne et l'avenir se présente avec de premières garanties de succès qui semblent très-solides. Les troupes sont pleines de confiance. La traversée, le débarquement étaient assurément deux des éventualités les plus redoutables qu'offrait une entreprise qui est presque sans précédent, eu égard aux distances, à la saison, aux incertitudes sans nombre qui l'entouraient. Je juge que l'ennemi, qui laisse s'accumuler à quelques lieues de lui un pareil orage, sans rien faire pour le dissiper à son origine, se met dans une situation fâcheuse, dont le moindre inconvénient est de paraître frappé d'impuissance vis-à-vis des populations.

J'ai l'honneur de vous adresser, ci-joint, l'ordre

du jour que j'ai fait lire aux troupes au moment du débarquement.

Veuillez agréer, Monsieur le Maréchal, l'expression de mes sentiments très-respectueux.

Le maréchal de France,
commandant en chef de l'armée d'Orient,

A. DE SAINT-ARNAUD.

ORDRE GÉNÉRAL.

14 septembre, pendant le débarquement
sur les côtes de Crimée.

Soldats, vous cherchez l'ennemi depuis cinq mois. Il est enfin devant vous et nous allons lui montrer nos aigles. Préparez-vous à subir les fatigues et les privations d'une campagne qui sera difficile, mais courte, et qui élèvera devant l'Europe la réputation de l'armée d'Orient au niveau des plus hautes gloires militaires de l'histoire.

Vous ne permettrez pas que les soldats des armées alliées, vos compagnons d'armes, vous dépassent en vigueur et en solidité devant l'ennemi, en constance dans les épreuves qui vous attendent.

Vous vous rappellerez que nous ne faisons pas la guerre aux paisibles habitants de la Crimée, dont les dispositions nous sont favorables, et qui, rassurés par notre excellente discipline, par le respect que nous montrerons pour leur religion, leurs mœurs et leurs personnes, ne tarderont pas à venir à nous.

Soldats, à ce moment où vous plantez vos drapeaux sur la terre de Crimée, vous êtes l'espoir de la France ; dans quelques jours vous en serez l'orgueil. *Vive l'Empereur !*

Le maréchal de France,
commandant en chef de l'armée d'Orient,

A. DE SAINT-ARNAUD.

RAPPORT DE M. LE MARÉCHAL DE SAINT-ARNAUD.

(Extrait du *Moniteur.*)

L'Empereur a reçu du Maréchal de Saint-Arnaud le rapport suivant sur la victoire de l'Alma. Personne ne lira sans émotion ce récit si simple d'une grande victoire, où le général en chef parle de tout le monde, excepté de lui-même.

Néanmoins, le Gouvernement apprécie comme elles le méritent l'énergie et l'habileté déployées dans cette circonstance par le Maréchal.

L'Empereur a décidé que vingt et un coups de canon seraient tirés aujourd'hui, à midi, pour célébrer cette victoire.

Au quartier général, à Alma, champ de bataille d'Alma,
le 21 septembre 1854.

Sire, le canon de Votre Majesté a parlé !... Nous avons remporté une victoire complète. C'est une belle journée, Sire, à ajouter aux fastes militaires de la France, et Votre Majesté aura un nom de plus à joindre aux victoires qui ornent les drapeaux de l'armée française.

Les Russes avaient réuni hier toutes leurs forces, tous leurs moyens, pour s'opposer au passage de l'Alma. Le prince Menschikoff les commandait en personne. Toutes les hauteurs étaient garnies de redoutes et de batteries formidables.

L'armée russe comptait quarante mille baïonnettes venues de tous les points de la Crimée ; le matin il en arrivait encore de Théodosie.... six mille chevaux, cent quatre-vingts pièces de canon de campagne ou de position.

Des hauteurs qu'ils occupaient, les Russes pouvaient nous compter homme par homme, depuis le 19, au moment où nous sommes arrivés sur le Bulbanak.

Le 20, dès six heures du matin, j'ai fait opérer par la division Bosquet, renforcée par huit bataillons turcs, un mouvement tournant qui enveloppait la gauche des Russes et tournait quelques-unes de leurs batteries.

Le général Bosquet a manœuvré avec autant d'intelligence que de bravoure. Ce mouvement a décidé du succès de la journée.

J'avais engagé les Anglais à se prolonger sur leur gauche pour menacer en même temps la droite des Russes pendant que je les occuperais au centre, mais leurs troupes ne sont arrivées en ligne qu'à dix heures et demie. Elles ont bravement réparé ce retard. A midi et demi, la ligne de l'armée alliée occupait une étendue de plus d'une grande lieue, arrivait sur l'Alma, et elle était reçue par un feu terrible de tirailleurs.

Dans ce moment, la tête de la colonne Bosquet paraissait sur les hauteurs. Je donnai le signal de l'attaque générale.

L'Alma fut traversée au pas de charge. Le prince Napoléon, à la tête de sa division, s'emparait du gros village d'Alma, sous le feu des batteries russes. Le prince s'est montré digne du beau nom qu'il porte. On arrivait en bas des hauteurs sous le feu des batteries ennemies.

Là, Sire, a commencé une vraie bataille sur toute la ligne, bataille avec ses épisodes de brillants hauts faits et de valeur. Votre Majesté peut être fière de ses soldats, ils n'ont pas dégénéré ; ce sont les soldats d'Austerlitz et d'Iéna.

A quatres heures et demie, l'armée française était victorieuse partout.

Toutes les positions avaient été enlevées à la baïonnette au cri de *Vive l'Empereur!* qui a retenti toute la journée ; jamais je n'ai vu enthousiasme semblable ; les blessés se soulevaient de terre pour crier. A notre gauche, les Anglais rencontraient de grosses masses et éprouvaient de grandes difficultés ; mais tout a été surmonté.

Les Anglais ont abordé les positions russes dans un ordre admirable sous le canon, les ont enlevées et ont chassé les Russes.

Lord Raglan est d'une bravoure antique. Au milieu des boulets et des balles, c'est le même calme qui ne l'abandonne jamais.

Les lignes françaises se formaient sur les hauteurs en débordant la gauche russe, l'artillerie ouvrait son feu. Alors ce ne fut plus une retraite, mais une déroute ; les Russes jetaient leurs fusils et leurs sacs pour mieux courir.

Si j'avais eu de la cavalerie, Sire, j'obtenais des résultats immenses, et Menschikoff n'aurait plus d'armée ; mais il était tard, nos troupes étaient harassées, les munitions d'artillerie s'épuisaient : nous avons campé à six heures du soir sur le bivouac même des Russes.

Ma tente est sur l'emplacement même de celle qu'occupait le matin le prince Menschikoff, qui se croyait si sûr de nous arrêter et de nous battre, qu'il avait laissé sa voiture. Je l'ai prise avec son portefeuille et sa correspondance ; je profiterai des renseignements que j'y trouve.

L'armée russe aura pu probablement se rallier à deux lieues d'ici, et je la trouverai demain sur la Katcha, mais battue et démoralisée, tandis que l'armée alliée est pleine d'ardeur et d'élan. Il m'a fallu rester ici aujourd'hui pour évacuer nos blessés et les blessés russes sur Constantinople, et reprendre à bord de la flotte des munitions, des vivres.

Les Anglais ont eu quinze cents hommes hors de combat. Le duc de Cambridge se porte bien ; sa division et celle de sir J. Brown ont été superbes.

J'ai à regretter environ douze cents hommes hors de combat, trois officiers tués, cinquante-quatre blessés, deux cent cinquante-trois sous-officiers et soldats tués, mille trente-trois blessés.

Le général Canrobert, auquel revient en partie l'honneur de la journée, a été blessé légèrement par un éclat d'obus qui l'a atteint à la poitrine et à la main : il va très-bien. Le général Thomas, de la division du prince, a reçu une balle dans le bas-ventre, blessure grave. Les Russes ont perdu environ cinq mille hommes. Le champ de bataille est jonché de leurs morts, nos ambulances sont pleines de leurs blessés. Nous avons compté une proportion de sept cadavres russes pour un cadavre français.

L'artillerie russe nous a fait du mal, mais la nôtre lui est bien supérieure. Je regretterai toute ma vie de ne pas avoir eu seulement mes deux régiments de chasseurs d'Afrique. Les zouaves se sont fait admirer des deux armées ; ce sont les premiers soldats du monde.

Veuillez agréer, Sire, l'hommage de mon profond respect et de mon entier dévouement.

Le maréchal de France,
commandant en chef de l'armée d'Orient,
A. DE SAINT-ARNAUD.

ORDRE GÉNÉRAL.

Champ de bataille d'Alma, le 20 septembre 1854.

Soldats, la France et l'Empereur seront contents de vous.

A Alma, vous avez prouvé aux Russes que vous étiez les dignes fils des vainqueurs d'Eylau et de la Moskowa. Vous avez rivalisé de courage avec vos alliés les Anglais, et vos baïonnettes ont enlevé des positions formidables et bien défendues.

Soldats, vous rencontrerez encore les Russes sur votre chemin, vous les vaincrez encore comme vous l'avez fait aujourd'hui, au cri de *Vive l'Empereur!* et vous ne vous arrêterez qu'à Sébastopol ; c'est là que vous jouirez d'un repos que vous avez bien mérité.

Le maréchal de France,
commandant en chef de l'armée d'Orient,
A. DE SAINT-ARNAUD.

A SON EXCELLENCE LE MARÉCHAL VAILLANT,

MINISTRE DE LA GUERRE.

Au quartier général, au bivouac sur l'Alma,
le 21 septembre 1854.

Monsieur le Maréchal, ma dépêche télégraphique, en date d'hier, vous a fait connaître sommairement les résultats de la bataille d'Alma. Le croquis ci-joint, fait à la hâte, vous en donnera une idée plus complète : vous jugerez par lui des difficultés que nous avons eues à vaincre pour enlever ces positions formidables.

La rivière Alma offre un cours sinueux, très-encaissé ; les gués sont très-difficiles et rares. Les Russes avaient posté dans le fond de la vallée couverte d'arbres, de jardins et de maisons, et dans le village de Bourlouck une masse de tirailleurs bien couverts, armés de carabines de précision, et qui ont reçu nos têtes de colonnes par un feu très-vif et très-incommode. Le mouvement tournant du général Bosquet, commandant de la deuxième division, que cet officier général a exécuté sur la droite avec beaucoup d'intelligence et de vigueur, avait heureusement préparé la marche en avant directe des deux autres divisions et de l'armée anglaise. Néanmoins, la position de cet officier général, qui s'est longtemps trouvé sur la hauteur avec une seule brigade, pouvait être compromise dans son isolement, et le général Canrobert, pour l'appuyer, dut faire une pointe vigoureuse dans le sens qu'indique une des lignes directrices du croquis. — Je le fis soutenir par une brigade de la quatrième division qui était en réserve, pendant que l'autre brigade de cette même division, suivant le général Bosquet, allait se mettre à son appui.

La troisième division marchait droit au centre des positions, ayant à sa gauche l'armée anglaise. Il avait été entendu avec lord Raglan que ses troupes opéreraient à leur gauche un mouvement tournant analogue à celui que le général Bosquet effectuait sur la droite. Mais incessamment menacée par la cavalerie et débordée par des troupes ennemies postées sur les hauteurs, la gauche de l'armée anglaise dut renoncer à réaliser cette partie du programme.

Le mouvement général se prononça au moment où le général Bosquet, protégé par la flotte, apparut sur les hauteurs. — Les jardins, d'où s'échappait un feu très-vif des tirailleurs russes, ne tardèrent pas à être occupés par la ligne des nôtres. — Notre artillerie s'approcha à son tour des jardins, et commença à canonner vivement les bataillons russes qui s'échelonnaient sur les pentes pour appuyer leurs tirailleurs en retraite. Les nôtres, les pressant avec une audace incroyable, les suivaient sur les pentes, et je ne tardai pas à lancer ma première ligne à travers les jardins. Chacun passa où il put, et nos colonnes gravirent les hauteurs sous un feu de mousqueterie et de canons qui ne put ralentir leur marche. — Les crêtes furent couronnées, et je lançai ma deuxième ligne à l'appui de la première, qui se jetait en avant au cri de *Vive l'Empereur !*

L'artillerie de réserve s'était, à son tour, portée en avant avec une rapidité que les obstacles de la rivière et la roideur des pentes rendaient difficile à comprendre. Les bataillons ennemis refoulés sur le plateau ne tardèrent pas à échanger avec nos lignes une canonnade et une fusillade qui se terminèrent par leur retraite définitive en très-mauvais ordre, que la présence de quelques milliers de chevaux m'auraient facilement permis de convertir en déroute. La nuit arrivait, et je dus songer à m'établir pour le bivouac à portée de l'eau.

Je campai sur le champ de bataille même pendant que l'ennemi disparaissait à l'horizon, laissant le terrain jonché de ses morts et de ses blessés, dont il avait cependant emmené un grand nombre.

Pendant que ces événements se passaient sur la droite et au centre, les lignes de l'armée anglaise franchissaient la rivière en avant du village de Bourlouk et se portaient sur les positions que les Russes avaient fortifiées et où ils avaient concentré des masses considérables, car ils n'avaient pas jugé que les pentes rapides comprises entre ce point et la mer et couvertes par un fossé naturel pussent être occupées de vive force par nos troupes. L'armée anglaise rencontra donc une résistance très-solidement organisée.

Le combat qu'elle a livré a été des plus vifs et fait le plus grand honneur à nos braves alliés.

En résumé, Monsieur le Maréchal, la bataille d'Alma, dans laquelle plus de cent vingt mille hommes, avec cent quatre-vingts pièces de canon, ont été engagés, est une brillante victoire, et l'armée russe ne s'en serait pas relevée si, comme je l'ai dit plus haut, j'avais eu de la cavalerie pour enlever les masses d'infanterie démoralisées et tout à fait décousues qui se retiraient devant nous.

Cette bataille consacre d'une manière éclatante la supériorité de nos armes au début de cette guerre. Elle a au plus haut point déconcerté la confiance que l'armée russe avait en elle-même, et surtout dans les positions préparées de longue main où elle nous attendait. Cette armée se composait des 16e et 17e divisions d'infanterie russe, d'une brigade de la 13e, d'une brigade de la 14e division de réserve, des chasseurs à pied du 6e corps, armés de fusils à tige tirant des balles oblongues, de quatre brigades d'artillerie dont deux à cheval, et d'une batterie tirée du parc de réserve de siége, comprenant douze pièces de gros calibre. La cavalerie était forte d'environ cinq mille chevaux, et l'ensemble peut être évalué à cinquante mille hommes environ, que commandait le prince Menschikoff en personne.

Il nous est difficile d'évaluer les pertes de l'armée russe, mais elles doivent être considérables, si on en juge par les morts et les blessés qu'elle n'a pu emporter et qui sont restés entre nos mains. Dans les ravins de l'Alma, sur les plateaux en avant, sur le terrain formant la position enlevée par l'armée anglaise, le sol est couvert de plus de dix mille fusils, havre-sacs et objets divers d'équipement. — Nous avons consacré la journée d'aujourd'hui à enterrer leurs morts partout où ils ont été rencontrés, et à donner des soins à leurs blessés, que je fais transporter avec les nôtres sur les bâtiments de la flotte pour être conduits à Constantinople. Tous les officiers russes, généraux compris, sont vêtus de la capote grossière des soldats, et il est conséquemment difficile d'en faire la distinction au milieu des morts ou du petit nombre de prisonniers que nous avons pu faire. Cependant il reste acquis que parmi ceux qu'a l'armée anglaise figurent deux officiers généraux.

La bataille d'Alma, où les armées alliées se sont réciproquement donné des gages qu'elles ne sauraient oublier, rendra plus étroits encore et plus solides les liens qui les unissaient. La division ottomane qui marchait à l'appui de la division Bosquet dans son mouvement tournant a fait des merveilles de rapidité pour arriver en ligne en suivant le chemin du bord de la mer que je lui avais tracé. Elle n'a pu prendre une part active au combat qui se livrait en avant d'elle; mais ces troupes montraient une ardeur au moins égale à la nôtre, et je suis heureux d'avoir à vous dire tout ce que je fonde sur le concours de ces excellents auxiliaires.

Tout le monde a fait brillamment son devoir, et il me sera difficile de faire un choix entre les corps de troupes, les officiers et soldats qui ont montré le plus de vigueur dans l'action et qui doivent être l'objet d'une mention particulière. J'ai déjà fait connaître dans ce rapport l'importance du rôle qu'a joué la division Bosquet dans son mouvement tournant, pendant lequel sa 1re brigade, établie seule sur les hauteurs, est restée longtemps exposée au feu de cinq batteries d'artillerie. — La 1re division a gravi les hauteurs par ses pentes les plus roides avec une ardeur dont son chef, le général Canrobert, lui donnait l'exemple. Cet honorable officier général a été frappé à la poitrine d'un éclat d'obus; mais il a pu rester à cheval jusqu'à la fin de l'action, et sa blessure n'aura aucune suite fâcheuse. — La 3e division, conduite avec la plus grande vigueur par S. A. I. le prince Napoléon, a pris au combat qui s'est livré sur les plateaux la part la plus brillante, et j'ai été heureux d'adresser au prince mes félicitations en présence de ses troupes.

Le général Thomas, commandant la 2e brigade de cette division, a été grièvement blessé d'un coup de feu en conduisant énergiquement ses troupes à l'attaque du plateau. La 2e brigade de la division Forey, marchant à l'appui de la 1re division, sous les ordres du général d'Aurelle, a dignement figuré dans le combat. Le lieutenant Poitevin, du 39e de ligne, a tenu sur le bâtiment du télégraphe, qui formait le point central de la défense de l'ennemi, le drapeau de son régiment; il y est mort glorieusement, emporté par un boulet.

Pendant toute la durée de la bataille, l'artillerie a joué un rôle principal, et je ne puis ici trop rendre hommage à l'entrain et à l'intelligence avec lesquels ce corps d'élite a combattu.

Dans un rapport ultérieur, dont je recueille en ce moment les éléments, je vous ferai connaître les noms des officiers, sous-officiers et soldats qui ont mérité d'être admis à l'ordre du jour; j'y joindrai un travail de demande de récompenses que vous trouverez certainement méritées.

Veuillez agréer, Monsieur le Maréchal, l'expression de mes sentiments très-respectueux.

Le maréchal de France,
commandant en chef de l'armée d'Orient,

A. DE SAINT-ARNAUD.

AU MÊME.

Au quartier général, à Alma, champ de bataille d'Alma,
le 22 septembre 1854.

Monsieur le Ministre, mon rapport officiel rend compte à Votre Excellence des détails de la belle journée du 20, mais je ne puis laisser partir le courrier sans vous dire quelques mots de nos braves soldats,

Les soldats de Friedland et d'Austerlitz sont toujours sous nos drapeaux, Monsieur le Maréchal, la bataille d'Alma l'a prouvé. C'est le même élan, la même bravoure brillante. On peut tout faire avec de pareils hommes quand on a su leur inspirer de la confiance.

Les armées alliées ont enlevé des positions vraiment formidables. En les parcourant hier, j'ai reconnu tout ce qu'elles offraient de favorable à la résistance, et en vérité, si les Français et les Anglais les avaient occupées, jamais les Russes ne s'en seraient emparés.

Aujourd'hui que tout est plus calme, et que les renseignements qui nous arrivent par les déserteurs et les prisonniers sont plus précis, nous pouvons sonder les plaies de l'ennemi.

La perte des Russes est considérable. Les déserteurs accusent plus de six mille hommes. Leur armée est démoralisée. Dans la soirée du 20 elle s'était partagée en deux. Le prince Menschikoff, avec l'aile gauche, marchait sur Bagtché-Séraï; l'aile droite se dirigeait sur Belbeck. Mais ils étaient sans vivres, leurs blessés les encombraient, la route en est jonchée. Beau succès, Monsieur le Ministre, qui fait honneur à nos armes, ajoute une belle page à notre histoire militaire et donne à l'armée un moral qui vaut vingt mille hommes de plus. Les Russes ont laissé sur le champ de bataille près de dix mille sacs et plus de cinq mille fusils. C'était une véritable déroute. Le prince Menschikoff et ses généraux étaient bien fanfarons dans leur camp que j'occupe, le matin du 20. Je crois qu'ils ont un peu l'oreille basse. Le général russe avait demandé à Alma des vivres pour trois semaines ; j'ai dans l'idée qu'il aura arrêté le convoi en route.

Votre Excellence pourra juger qu'il y a beaucoup de mirage dans toutes les affaires russes. Dans trois jours, je serai sous Sébastopol et je saurai dire à Votre Excellence tout ce que cela vaut au juste.

Le moral et l'esprit de l'armée sont admirables.

Les bâtiments qui doivent aller chercher à Varna des renforts de troupes de toutes armes sont partis depuis le 18. Ils m'arriveront à Belbeck avant la fin du mois.

Ma santé est toujours la même : elle se soutient entre les souffrances, les crises et le devoir. Tout cela ne m'empêche pas de rester douze heures à cheval les jours de bataille... mais les forces ne me trahiront-elles pas ?

Adieu, Monsieur le Maréchal, j'écrirai à Votre Excellence quand je serai sous Sébastopol.

Recevez, Monsieur le Ministre, l'assurance de mes sentiments respectueux et dévoués.

Le maréchal de France,
commandant en chef de l'armée d'Orient,

A. DE SAINT-ARNAUD.

AU MÊME.

Au quartier général, au bivouac sur la Tchernaïa,
le 26 septembre 1854.

Monsieur le Maréchal, ma santé est déplorable. Une crise cholérique vient de s'ajouter aux maux que je souffre depuis si longtemps, et je suis arrivé à un état de faiblesse tel que le commandement m'est, je le sens, devenu impossible. — Dans cette situation, et quelque douleur que j'en éprouve, je me fais un devoir d'honneur et de conscience de le remettre entre les mains du général Canrobert, que des ordres spéciaux de Sa Majesté désignent pour mon successeur.

L'ordre du jour ci-joint vous dira dans quels sentiments je me sépare de mes soldats et renonce à poursuivre la grande entreprise à laquelle d'heureux débuts semblaient présager une issue glorieuse pour nos armes.

Veuillez agréer, Monsieur le Maréchal, l'expression de mes sentiments très-respectueux,

Le maréchal de France,
commandant en chef de l'armée d'Orient,
A. DE SAINT-ARNAUD.

Au quartier général, au bivouac de Menkendié,
le 26 septembre 1854.

Soldats, la Providence refuse à votre chef la satisfaction de continuer à vous conduire dans la voie glorieuse qui s'ouvre devant vous. Vaincu par une cruelle maladie, avec laquelle il a lutté vainement, il envisage avec une profonde douleur, mais il saura remplir l'impérieux devoir que les circonstances lui imposent, celui de résigner le commandement dont une santé à jamais détruite ne lui permet plus de supporter le poids

Soldats, vous me plaindrez, car le malheur qui me frappe est immense, irréparable, et peut-être sans exemple.

Je remets le commandement au général de division Canrobert que, dans sa prévoyante sollicitude pour cette armée et pour les grands intérêts qu'elle représente, l'Empereur a investi des pouvoirs nécessaires par une lettre close que j'ai sous les yeux. C'est un adoucissement à ma douleur que d'avoir à déposer en de si dignes mains le drapeau que la France m'avait confié.

Vous entourerez de vos respects, de votre confiance, cet officier général, auquel une brillante carrière militaire et l'éclat des services rendus ont valu la notoriété la plus honorable dans le pays et dans l'armée. Il continuera la victoire d'Alma et aura le bonheur que j'avais rêvé pour moi-même et que je lui envie, de vous conduire à Sébastopol.

*Le maréchal de France,
commandant en chef de l'armée d'Orient.*

A. DE SAINT-ARNAUD.

M. DE PLACE,
AIDE DE CAMP DU MARÉCHAL DE SAINT-ARNAUD,

A M. DE FORCADE.

En mer, à bord *du Berthollet*, le 9 octobre 1854.

Cher Monsieur, une dépêche télégraphique a dû vous apprendre hier la funeste nouvelle qui nous plonge tous dans le deuil, et qui pour la France doit être une calamité publique. Notre Maréchal bien aimé, frappé par le choléra au sein de son armée et au milieu de son triomphe, s'est éteint sans souffrances après six jours de lutte contre le mal. C'est le 29, à quatre heures du soir, que celui que nous pleurons tous s'est pour ainsi dire endormi dans la mort. Nous espérions le ramener encore vivant à Thérapia, mais ses forces étaient épuisées, et son corps si éprouvé par une cruelle et longue maladie n'a pu résister. A notre arrivée, il avait cessé de vivre déjà depuis vingt heures. La Maréchale a éprouvé une douleur qui ne peut se décrire à la nouvelle que nous lui apportions avec des cœurs désolés. Elle n'a pas reculé devant une longue traversée à bord de ce même *Berthollet* qui emporte la tombe de son mari. La présence de cette tombe ravive sa douleur, et j'attends avec une grande impatience que cette longue traversée soit finie.

Il me tarde, cher Monsieur, de mêler mes regrets aux vôtres. Nous parlerons ensemble de notre cher, de notre grand Maréchal dont la gloire brille d'un si vif éclat sur son tombeau. Nous redirons avec votre cher frère cette belle vie si dévouée au pays, qui s'est usée à son service jusqu'à la dernière parcelle. Le Maréchal mort des suites du choléra avait une maladie cruelle. L'autopsie faite par le docteur Cabrol a révélé tous les développements de la péricardite, ossification de l'aorte et adhérence des membranes qui enveloppent le cœur. Cette terrible maladie qui l'avait miné depuis deux ans, se manifestait par des crises continuelles où il perdait presque connaissance.

Le Berthollet, secondé par le beau temps, arrivera à Marseille dans la nuit du 10 au 11. Les formalités que nous avons à remplir ne nous permettront pas de partir de Marseille avant le 11 au soir ou le 12 au matin, et nous arriverons probablement à Paris le 13 avec le précieux dépôt qui nous est confié.

L'Empereur a adressé à Mme la Maréchale de Saint-Arnaud la lettre suivante :

Saint-Cloud, le 16 octobre 1854.

Madame la Maréchale, personne plus que moi ne partage, vous le savez, la douleur qui vous oppresse. Le Maréchal s'était associé à ma cause du jour où, quittant l'Afrique pour prendre le portefeuille de la guerre, il concourait à rétablir l'ordre et l'autorité dans ce pays. Il a associé son nom aux gloires militaires de la France le jour où, se décidant à mettre le pied en Crimée malgré de timides avis, il gagnait, avec lord Raglan, la bataille de l'Alma et frayait à notre armée le chemin de Sébastopol. J'ai donc perdu en lui un ami dévoué dans les épreuves difficiles, comme la France a perdu en lui un soldat toujours prêt à la servir au moment du danger. Sans doute tant de titres à la reconnaissance publique et à la mienne sont impuissants à adoucir une douleur comme la vôtre, et je me borne à vous assurer que je reporte sur vous et sur la famille du Maréchal les sentiments qu'il m'avait inspirés. Recevez-en, Madame la Maréchale, l'expression sincère.

NAPOLÉON.

Le gouvernement de Sa Majesté Britannique a chargé Son Excellence lord Cowley de transmettre au Gouvernement de l'Empereur ses condoléances à l'occasion de la mort du Maréchal de Saint-Arnaud.

Voici la traduction de la lettre adressée par lord Cowley au ministre des affaires étrangères :

Paris, le 10 octobre 1854.

Monsieur le Ministre, le principal secrétaire d'État de Sa Majesté pour les affaires étrangères m'a invité à faire parvenir le plus promptement possible à l'Empereur l'expression du profond regret avec lequel le gouvernement de la reine a reçu la nouvelle de la mort du Maréchal de Saint-Arnaud. Le gouvernement de Sa Majesté est désireux d'offrir à Sa Majesté Impériale et à la nation française ses condoléances pour le douloureux événement qui a privé l'Empereur et la France des services d'un général aussi brave et aussi éminent. Si quelque chose peut adoucir l'amertume des regrets que le gouvernement et le peuple de France doivent ressentir d'une pareille perte et que partage l'Angleterre, c'est la pensée, bien que douloureuse elle-même, que les derniers moments du Maréchal ont été illustrés par l'éclat d'une victoire qui restera éternellement glorieuse dans les annales militaires des deux pays.

En priant Votre Excellence de se faire l'interprète de ces sentiments auprès de l'Empereur, j'ai la confiance qu'elle me permettra d'ajouter l'expression de mes regrets personnels. Connaître le Maréchal de Saint-Arnaud, c'était l'aimer, car la courtoise affabilité de sa vie privée n'était pas moins à remarquer que son intrépide fermeté sur le champ de bataille.

Je saisis cette occasion, etc.

COWLEY.

LETTRE D'OMER-PACHA, GÉNÉRALISSIME DE L'ARMÉE OTTOMANE,

A MADAME LA MARÉCHALE DE SAINT-ARNAUD.

Bucharest, le 1er novembre 1854.

Madame la Maréchale, au moment où l'armée française vient de perdre le chef illustre qui l'avait conduite en Crimée, et qui par la brillante victoire d'Alma avait ajouté une page glorieuse aux faits militaires de son pays, j'éprouve le besoin de vous exprimer tout le chagrin que j'ai ressenti, en apprenant le malheur qui venait de vous frapper.

Ce n'est pas seulement, Madame, le général habile, dont les talents militaires pouvaient être si utiles à la cause pour laquelle nous combattons, que je regrette, c'est encore un ami, pour lequel j'éprouvais des sentiments de sympathie profonde, dont je déplore la perte.

Mes relations avec M. le Maréchal de Saint-Arnaud ont été de bien courte durée, mais elles ont été si franches et si loyales, que j'en conserverai toujours au fond du cœur le plus agréable souvenir.

Pardonnez-moi, Madame, si je viens rouvrir une blessure encore saignante, mais je ne peux résister au désir de vous exprimer les sentiments de haute estime et de véritable affection que j'éprouvais pour votre époux, enlevé jeune encore à une destinée des plus brillantes.

Veuillez agréer, Madame la Maréchale, l'assurance de mes sentiments les plus respectueux et dévoués.

Le généralissime de l'armée ottomane,

OMER.

EXTRAIT DU *MONITEUR*, 11 OCTOBRE 1854.

Nous reproduisons l'article suivant, emprunté à *l'Univers* et inspiré à M. Louis Veuillot par la mort de Son Excellence le Maréchal de Saint-Arnaud :

Une profonde affliction vient se mêler à la joie que répandent les glorieuses nouvelles de la Crimée.

Dieu a pris une grande victime. Le héros de cette prodigieuse campagne a cessé de vivre. Les navires qui nous apportaient ses bulletins si vaillants et si pleins d'une ardeur guerrière sont suivis de celui qui nous ramène son corps inanimé. Il décrivait la bataille comme il l'avait gagnée, du même souffle ardent et puissant, et c'était son dernier soupir. On le savait malade, affaibli, miné par de cruelles souffrances ; mais qui eût pensé que la mort était là, si près, et qu'un homme pût à ce point la voir et l'oublier, ou plutôt lui commander d'attendre [1] ?

Il calculait ses approches, il sentait ses étreintes, à force de volonté il lui arrachait quelques jours, quelques heures. Quels jours et quelles heures ! Les jours de l'arrivée en Crimée ; les heures de la bataille de l'Alma ! C'est au dernier terme d'une maladie de langueur, lorsque la vie fuyait de ce corps épuisé et secoué par des crises terribles, comme l'eau fuit d'une main tremblante, c'est dans cet état qu'il organisait cette expédition incomparable, qu'il en bravait les périls, qu'il en surmontait les obstacles, qu'il plantait son drapeau sur le sol ennemi, qu'il restait douze heures à cheval, qu'il donnait à la France une victoire, qu'il dictait ces ordres du jour

---

[1] M. de Lurieu, camarade de collége et ami du Maréchal, a exprimé la même idée dans les vers suivants qu'il a écrits au bas du portrait du Maréchal :

>   Comme un lion blessé tu renais au combat,
>   Tu prolonges ta vie en respirant la gloire;
>   Dieu, qui t'aimait, reprit ton âme de soldat,
>   En un jour de victoire.

et ces rapports aussi beaux que son triomphe; qu'il investissait Sébastopol, qu'il disait à ses soldats : Vous y serez bientôt !

Il s'arrête là, aux portes de Sébastopol investi, au milieu de l'ennemi défait, comme s'il avait dit à la mort : Maintenant, tu peux venir.

Une immense admiration tempère la douleur publique. On regrette le Maréchal, on ne peut le plaindre. Cette fin est si belle après ce mâle combat contre la mort présente et inévitable, après ce grand service rendu à la civilisation, après ces récits héroïques ! Il meurt sous les regards du monde, frappant un de ces coups d'épée qui comptent dans la vie des empires ; trois nations inclinent sur sa tombe leurs drapeaux reconnaissants ; et une quatrième qui croyait, la veille encore, dominer toutes les autres, se souviendra de lui au jour qui marque le déclin de ses destinées. Entre la Turquie qui se relève pour affranchir l'Eglise, et la Russie qui s'écroule pour la délivrer, sur ces flots qui furent aussi son champ de bataille et dont les caprices terribles n'ont pas étonné son courage, il meurt dans l'un des plus vastes linceuls où la victoire ait enveloppé ses favoris.

C'est assez pour la gloire humaine, et ceux qui n'en connaissent et n'en désirent point d'autre peuvent trouver que le Maréchal de Saint-Arnaud a été comblé.

Mais son âme était plus grande et ses désirs plus hauts, et en le retirant pour quelques heures des soucis du commandement et du bruit des armes, la

Providence lui a donné ce que sans doute il lui demandait : le temps d'humilier son cœur.

Ce grand général était un humble et fervent chrétien. L'empire étant proclamé et établi, Saint-Arnaud, Maréchal de France, Ministre, grand Ecuyer de l'Empereur, au faîte et dans l'enivrement dangereux de toutes les prospérités, se tourna vers Dieu, non pour obtenir la santé, mais pour mourir en chrétien.

Il avait une de ces natures sincères et franches qui ne fuient pas la vérité lorsqu'elles la voient et qui ne craignent pas de la suivre. C'était durant son séjour à Hyères. Il fit venir chez lui le digne curé de cette ville, et, sans chercher de circonlocutions ni de détours, devant tous ceux qui étaient là, il lui dit simplement qu'il voulait se confesser. Le bon prêtre, surpris, tombe à genoux et rend grâce à Dieu, qui daigne aussi parler au cœur des puissants du monde. Le Maréchal, trop malade encore pour quitter sa chambre, fit ses pâques chez lui, sans mystère, en présence de ses officiers, de toute sa maison, faisant venir jusqu'au soldat qui était de planton à sa porte.

Tel il avait été dans cette première occasion, tel il continua d'être. Guéri contre toute attente, rendu aux affaires, il ne négligea plus ses devoirs de chrétien ; il les remplit comme il faut les remplir dans ces hautes situations où l'homme a, de plus que le commun des fidèles, le devoir de l'exemple.

Lorsque l'expédition d'Orient fut décidée et que l'Empereur lui en eut donné le commandement, sa première pensée fut pour l'âme de ses soldats. On ne lira pas sans émotion la lettre suivante, écrite par lui à un illustre religieux [1], son ami, qui avait cru devoir lui adresser quelques recommandations à ce sujet :

Paris, le 6 mars 1854.

Mon révérend père, comment avez-vous pu penser un instant que je négligerais d'entourer les braves soldats de l'armée d'Orient de tous les secours et de toutes les consolations de la religion?

L'aumônerie de l'armée est formée. Je me suis entendu avec le digne abbé Coquereau, qui a mis sur un pied si respectable l'aumônerie de la flotte. Il y a un aumônier par division, par hôpital, et deux aumôniers en chef au quartier général.

Je suis débordé par la besogne et je soigne ma santé pour pouvoir faire vigoureusement la guerre aux Russes. J'aurai bien besoin de vos prières, mon père ; sans l'aide de Dieu on ne fait rien, et je mets ma confiance dans sa miséricorde et dans la protection qu'il accorde à la France. Je compte, avant mon départ, remplir mes devoirs de chrétien....

Ces sentiments éclatent avec la même force dans une lettre écrite de Marseille le 25 avril :

J'arrive de Toulon, où j'ai vu avec bien du plai-

---

[1] Le R. P. de Ravignan.

sir le respectable curé doyen d'Hyères. Nous avons longtemps et sérieusement causé. Il m'a aussi promis ses prières. Vous êtes assez bon pour me promettre les vôtres. Tous ces vœux ne peuvent manquer d'être agréables à Dieu, que je prie moi-même avec tant de foi et de ferveur. Je pars avec une confiance entière. Il est impossible que Dieu ne protége pas la France dans une circonstance aussi grave, aussi solennelle.

Je suis convaincu que tout le monde fera son devoir, plus même que son devoir, et nous combattons pour une cause juste.

Espérons donc, mon révérend père, et donnez-moi votre bénédiction.

Citons encore une de ces admirables lettres où l'homme de guerre et le chrétien paraît tout entier dans sa simplicité et dans sa grandeur :

*Au quartier général, à Old-Fort (Crimée),
le 18 septembre 1854.*

J'ai reçu ce matin même votre bonne lettre, datée du 20 août, et je ne perds pas un instant pour vous remercier de vos vœux chrétiens et de vos prières. Elles ont été écoutées du Très-Haut !... Depuis le 14 je suis débarqué heureusement en Crimée avec toute l'armée, qui est superbe et dans les meilleures dispositions. Le débarquement s'est fait aux cris répétés de *Vive l'Empereur !* et c'est à ce même cri que nous briserons demain les colonnes russes qui nous attendent à l'Alma, et qui ne m'empêcheront pas de m'établir sous Sébastopol le 22 ou le 23 au plus tard.

Je presse les opérations autant que possible, car ma santé est bien mauvaise, et je prie Dieu de me donner des forces jusqu'au bout....

Adieu, mon révérend père, priez pour nous, et croyez à mes sentiments de respectueuse affection.

Que pourrions-nous ajouter qui fût digne de nos respects, de notre admiration, de nos regrets, de nos espérances ? Il n'est plus, mais il a servi son pays et honoré Dieu ; ses œuvres lui ouvrent la porte de l'histoire, et sa foi celle de l'éternité.

DÉCRET RELATIF AUX FUNÉRAILLES DU MARÉCHAL DE SAINT-ARNAUD.

Palais de Saint-Cloud, le 11 octobre 1854.

NAPOLÉON,

Par la grâce de Dieu et la volonté nationale, Empereur des Français.

A tous présents et à venir, salut :

Considérant les éminents et glorieux services du Maréchal de Saint-Arnaud dans les guerres d'Afrique, au ministère de la guerre et dans l'expédition d'Orient ;

Considérant notamment la brillante victoire de l'Alma, où il commandait en chef l'armée française ;

Voulant donner à la mémoire de l'illustre Maréchal un témoignage de la reconnaissance nationale,

Avons décrété et décrétons ce qui suit :

ARTICLE 1er. Les funérailles du Maréchal de Saint-Arnaud seront célébrées, aux frais du trésor public, dans l'église de l'hôtel impérial des Invalides, et ses restes mortels seront inhumés dans le caveau de ladite église.

ART. 2. Notre ministre secrétaire d'État au département de la guerre est chargé de l'exécution du présent décret.

FIN DE L'APPENDICE DU SECOND VOLUME.

TABLE

DES MATIÈRES CONTENUES DANS LE SECOND VOLUME.

GUERRE D'AFRIQUE, 1844, 1845, 1846, 1847. — Commandement supérieur de la subdivision d'Orléansville.— Insurrection du Dahra.— Bou-Maza.— Soulèvement général des tribus de l'Ouest.— Combats dans la vallée du Chélif, dans le Dahra et l'Ouarensenis. — Prise de Bou-Maza. — Le duc d'Aumale, gouverneur général de l'Algérie. .... page 1·

RÉVOLUTION DE FÉVRIER 1848. 169

GUERRE D'AFRIQUE, 1848, 1849.— Commandement supérieur des subdivisions de Mostaganem et d'Alger.— Expédition chez les Beni-Seliman, aux environs de Bougie.— Réflexions sur l'état de la France.— Mort du maréchal Bugeaud. 175

GUERRE D'AFRIQUE, 1850, 1851.— Commandement supérieur de la province de Constantine. — Les transportés de Bône.— Expédition chez les Nemenchas et dans l'Aurès. — Les ruines de Lambessa et de Tebessa. — Réflexions politiques. — Bou-Akkas. — Expédition de Kabylie. 243

MINISTÈRE, 1851, 1852, 1853, 1854. . . . . page 355
GUERRE D'ORIENT, avril-septembre 1854. — Constantinople. — Gallipoli et Varna. — Organisation de l'armée. — Siége de Silistrie et retraite des Russes. — Choléra et incendie de Varna. — Expédition de Crimée : débarquement. — Bataille d'Alma. — Passages de la Katcha et du Belbeck. — Marche sur Balaclava. — Mort du Maréchal. 411
APPENDICE au second volume. 507
RAPPORT du général Randon, Ministre de la Guerre, sur l'expédition de Kabylie. 507
RÉSUMÉ des actes politiques et administratifs du Ministère du Maréchal de Saint-Arnaud. 525
DISCOURS prononcé par le Maréchal de Saint-Arnaud, à l'inauguration de la statue du maréchal Ney. 556
DISCOURS prononcés à l'ouverture des sessions du conseil général de la Gironde. 562
DOCUMENTS relatifs à la guerre d'Orient et à la mort du Maréchal. 567

FIN DE LA TABLE.

Paris. — Typographie WITTERSHEIM, rue Montmorency, 8.

www.ingramcontent.com/pod-product-compliance
Lightning Source LLC
Chambersburg PA
CBHW060257230426
43663CB00009B/1498